Erfolgreicher Umgang mit Stress

Gernot Emberger

Erfolgreicher Umgang mit Stress

Wege zu mehr Energie, höherer Leistung und besserer Gesundheit

Ellert & Richter Verlag

Inhalt

Vorwort

Es ist eine alte Volksweisheit, dass man erst durch Schaden klug wird. Ich machte diese Erfahrung im Sommer 2014. Ein schwerer Herzinfarkt führte mir im Alter von nur 51 Jahren recht drastisch vor Augen, dass auch ich nicht unzerstörbar bin und mich meine Einsatzbereitschaft in Kombination mit jahrelangem Dauerstress an die Wand hat fahren lassen.

Bis zu diesem Zeitpunkt war ich mir meiner körperlichen und geistigen Grenzen nicht einmal ansatzweise bewusst. Dies vor allem, weil ich in meinem Leben als professioneller Handballspieler und Trainer Erfolge feiern konnte, die ohne entsprechenden Einsatz, Leidenschaft und Kampfeswille kaum möglich gewesen wären. Als Spieler war ich auch noch nicht gezwungen, über die Endlichkeit meiner Kräfte nachzudenken. Zum einen lassen sich im Alter zwischen 20 und 30 körperliche Belastungen einfach besser wegstecken, zum anderen macht man sich hinsichtlich der richtigen Belastungsdosierung keinen übermäßigen Kopf – man vertraut auf die Kompetenzen und Erfahrungen der Trainer.

Als Trainer wird sich mit dieser Thematik wesentlich intensiver beschäftigt. Dabei geht es aber nicht um einen selbst, sondern nur um deine Spieler. Du selbst hast in dieser Position niemanden mehr, der dein Belastungsmanagement im Auge behält und dich beizeiten einbremst. Ganz im Gegenteil: Je höherklassiger man unterwegs ist, desto mehr steigt die Erwartung von außen, selbstredend aber auch der Anspruch an sich selbst. So habe ich über Jahre hinweg neben der Vorbereitung und Leitung der Trainingseinheiten täglich Stunden mit Videostudien von gegnerischen Mannschaften zugebracht, mir Tag aus Tag ein den Kopf über Strategien und Spielvarianten zerbrochen und bin – wann immer auch nur das kleinste Zeitfenster zur Verfügung stand – zur Beobachtung von interessanten Spielern oder zukünftigen Gegnern in ganz Europa unterwegs gewesen. Zeitgleich war es mir ebenso wichtig, immer für meine Spieler, mein Betreuerteam sowie sonstige Personen inner- wie außerhalb meines Vereins ansprechbar zu sein.

So habe ich irgendwann nur noch Handball gesehen, gedacht und gelebt. Ich funktionierte über Jahre hinweg wie eine Maschine, nur dass die nötige Wartung nie durchgeführt wurde. Immer nur weiter, weiter und weiter. Im Nachhinein ist mir natürlich bewusst, dass der Organismus da irgendwann „tilt“ machen musste. Doch wenn man mittendrin steckt, im Hamsterrad, hat man dafür einfach keinen Blick.

Kenner von professionellen Sportarten wie Handball oder Fußball wissen natürlich, dass ein solcher Lebens- und Arbeitsstil bei Trainern eher Regel denn Ausnahme ist. Und wenn ich mich mit Führungskräften und Spitzenmanagern aus der Wirtschaft unterhalte, stelle ich fest, dass es auch hier sehr ähnlich läuft.

Insofern spricht mich dieses Buch sehr stark an. Es gelingt Gernot Emberger auf einfache Art und Weise, Leute wie mich genau dort abzuholen, wo sie aufgrund ihrer Einstellung und Motivation stehen. Er kann verständlich darstellen, welche inneren Mechanismen dafür sorgen, dass man absackt und sich im Hamsterrad selbst gefangen hält. Seine Vorschläge, Anregungen und Wege sind klar, realistisch und umsetzbar. Darüber hinaus schafft er aber auch ein Bewusstsein dafür, dass Stress und Belastungen nicht per se zu verteufeln sind, sondern für die Sicherung von Leistungsfähigkeit und Gesundheit eine ebenso große Rolle spielen wie Erholung und regelmäßiges Auftanken. Es kommt tatsächlich auf die richtige Dosierung sowie eine gute Balance zwischen diesen beiden Dingen an.

Heutzutage gibt es unzählige Bücher über Stress. Das Buch von Gernot Emberger stellt für mich eine Klasse für sich dar. Er schöpft aus seiner jahrelangen Erfahrung als Sportpsychologe in unterschiedlichen Sparten des Leistungssports sowie Coach und Berater in der Wirtschaft. Mich hat dieses Buch auf meinem Weg, den ich nach meinem Herzinfarkt gegangen bin, bestätigt. In mir lodert nach wie vor Leidenschaft und Motivation, meine Akkus sind wieder gefüllt und ich bin so fit wie seit Jahren nicht mehr. Ich habe auch großes Interesse daran, erneut als Trainer im Spitzenbereich des Handballs zu arbeiten. Solch ein Engagement würde ich heute allerdings anders angehen und den Absturz ins Hamsterrad aktiv verhindern. Wie von Gernot Emberger so treffend dargestellt, sind dafür die alles entscheidenden Bausteine ein intelligenter statt blinder Umgang mit hohen Anforderungen und Belastungen, das Bewusstsein für die Bedeutung von Freiräumen und Erholungsinseln sowie die Notwendigkeit, seinen Energietank regelmäßig und frühzeitig neu aufzufüllen.

Martin Schwalb

Martin Schwalb wurde am 4. Mai 1963 in Stuttgart geboren und ist einer der erfolgreichsten Spieler und Trainer des deutschen Handballs.

Als Spieler wurde er dreimal deutscher Meister, dreimal DHB-Pokalsieger sowie zweimal Europacup-Sieger. 1996 wurde er Bundesliga-Torschützenkönig und zum Handballer des Jahres gewählt. Er bestritt 193 Länderspiele und gewann dabei mit der Deutschen Nationalmannschaft in Los Angeles 1984 die Silbermedaille.

Als Trainer errang er mit dem Team des HSV-Handball 2006 und 2007 den DHB-Pokal sowie 2011 die Deutsche Meisterschaft. International holte er mit den Hamburgern 2007 den Europapokal der Pokalsieger sowie 2013 den Titel in der Champions League. Schwalb wurde zudem 2000 und 2010 in Deutschland zum Trainer des Jahres gewählt.

Einleitung

„Ich bin auf einem guten Weg, zufrieden zu sein.“

Mehmet Scholl nach 17 Jahren
als Profifußballspieler
Zitat entnommen aus der filmischen
Biographie „FREI:GESPIELT“ von
E. Augustin und F. Neumayr;
Senator Home Entertainment GmbH, 2007

„Wenn ich mich mal zurücklehne und fünf Minuten nichts mache, bekomme ich sofort ein schlechtes Gewissen. Ich empfinde mich dann als faul, und meine Gedanken kreisen nur noch darum, was noch alles zu erledigen wäre."

Dieser Satz stammt von einer Führungskraft, die an einem Projekt teilnahm, das ich im Jahr 2010 im Auftrag eines global tätigen Konzerns entwickelt und durchgeführt habe. Überschrieben war es mit dem griffigen Titel „Nachhaltig leistungsfähig" und zielte darauf ab, gut 40 Personen aus der Führungsriege mit Konzepten und Methoden für einen guten Umgang mit extremen Stressmomenten und länger andauernden Belastungsphasen vertraut zu machen. Dabei wurde bereits in der Phase der Projektvorbereitung deutlich, dass die Teilnehmer in ihrem Job nicht nur durch ihre beruflichen Aufgaben stark beansprucht wurden, sondern ebenso durch hohe Selbstansprüche und ein Leistungsverständnis, mit dem sie sich selbst unter permanenten Dauerstrom setzten.

Waren Leistungsmotivation und Einsatzwille bei den Führungskräften durchaus vergleichbar mit Hochleistungssportlern, so stand ihr Verständnis für Themen wie Pausen, Regenerationszeiten und gute Erholung diesen diametral dagegen. Aktive und Trainer im Hochleistungssport achten sehr bewusst auf eine qualitative und quantitative Balance zwischen Belastungs- und Erholungsphasen – eine der ganz zentralen Säulen, um sowohl kurzfristige Erfolge erreichen, als auch eine möglichst lang andauernde Karriere auf Top-Niveau realisieren zu können. Den Führungskräften fehlte jedoch hierfür jegliches Bewusstsein. Bildlich gesprochen zeichneten sie sich durch die Mentalität eines Marathonläufers aus, der von sich selbst erwartet, unablässig mit maximaler Sprintgeschwindigkeit unterwegs zu sein. Dementsprechend waren viele vor Beginn des Projekts bereits dabei, massiven Raubbau mit ihren Leistungs- und Gesundheitsressourcen zu betreiben und sich körperlich und geistig auszulaugen.

Was also tun? Wie konnte der Zugang zu diesem arg in Schieflage geratenen Leistungsverständnis gelingen? Und in welcher Form könnten die Teilnehmerinnen und Teilnehmer dazu inspiriert werden, sich der Idee einer allumfassenden Stressbalance zu öffnen, die auch innewohnende Faktoren auf den Prüfstand stellt?

Die Antworten zu diesen Fragen finden Sie in diesem Buch. Es beinhaltet die Essenz des damaligen Projekts und stellt ein Selbstcoaching-Konzept für leistungsmotivierte Kopfarbeiter vor, das sich über die letzten Jahre hinweg in Einzelcoachings sowie im Rahmen von Workshops bereits bestens bewährt hat. Es ist als Hilfe zur Selbsthilfe gedacht und gibt Einblicke in Voraussetzungen, Methoden und Maßnahmen, die allesamt im Zusammenhang mit dem erfolgreichen Umgang mit Stress stehen. Dabei werden die Themen „Leistung“, „Gesundheit“ und „Stress“ ganzheitlich miteinander verknüpft. Auf unterschiedlichen Wegen wird aufgezeigt, wie die gewinnbringende Kombination von hohen Leistungs- bzw. Erfolgsansprüchen und biologischen und psychologischen Belastungs- und Erholungsprinzipien gelingen kann.

Hierfür ist das Buch in die beiden übergeordneten Bereiche „Guter Umgang mit Belastungen“ und „Optimierung von Regenerationsprozessen“ eingeteilt. Im ersten Teil lernen Sie Möglichkeiten und Grenzen kennen, die uns aufgrund unserer körperlichen und gehirntechnischen Beschaffenheit zur Verfügung stehen, um leistungs- und gesundheitsorientiert mit uns wie unseren Lebenssituationen und Anforderungen umzugehen. Im zweiten Teil dreht sich alles um die Frage, welche Chancen Sie haben, um Ihre körperlichen und geistigen Regenerationsprozesse möglichst optimal zu gestalten.

Nicht unerwähnt lassen möchte ich an dieser Stelle, dass viele der dargestellten Ansätze auf Erkenntnissen und Methoden des modernen Leistungssports beruhen. Hier bin ich seit über einem Jahrzehnt als Sportwissenschaftler und Sportpsychologe tätig und sehe den Spitzensport mit seinen Ansprüchen, Notwendigkeiten aber auch Reizen als hervorragend geeignetes (und ohne Frage an vielen Stellen auch enorm überzeichnetes) Modell, um die in unserer modernen Leistungsgesellschaft herrschenden Anforderungen, Abläufe und Chancen vereinfacht darzustellen. Gleichwohl war es nicht meine Absicht, Sie mit diesem Buch in die Welt des Leistungssports zu entführen. Daher bin ich auf diese sehr spezielle Welt bewusst nicht übermäßig stark eingegangen und habe es bei der gelegentlichen Verwendung von Fotos aus der Sportszene zur Abrundung spezieller Themen belassen.

Mir liegt es am Herzen zu betonen, dass ich Ihnen mit diesem Buch keine Lehrstunden erteilen möchte. Auch ist es nicht meine Absicht, irgendwelche abstrusen Heilslehren, Dogmen oder Verhaltensrezepte zu präsentieren. Vielmehr würde es mich freuen, wenn Sie die kommenden Themen, Darstellungen und Empfehlungen als eine Art Strauß an Ideen und Anstöße auffassen, aus dem Sie das für Sie Schlüssige und zu Ihrer Person wie Lebenssituation Passende herausnehmen können. Wenn Ihnen dieser Ansatz sympathisch ist und Sie sich die nachhaltige Sicherung Ihrer Leistungsfähigkeit und Gesundheit zum Ziel setzen, bin ich sehr optimistisch, dass Sie mit diesem Buch einen idealen Begleiter für Ihre zukünftigen Lebens- und Erfolgswege in der Hand halten.

Gernot Emberger

Teil 1

1

Gut umgehen mit Stress und Belastungen

1. Grundlagen erkennen – Die Biologie der Stressbalance

Zugegeben, der Vergleich hinkt. Dennoch lassen sich die Grundzüge unserer Biologie ganz gut anhand eines Autos darstellen. Ein Auto benötigt zum Fahren Energie, die es durch Verbrennung von Benzin erhält. Wird das Warnlämpchen ignoriert, das auf einen zur Neige gehenden Benzinvorrat hinweist, darf man sich nicht wundern, wenn das Gefährt irgendwann und irgendwo mitten auf der Strecke liegen bleibt. Um mit seinem Auto die anvisierten Ziele erreichen zu können, lohnt es sich also, regelmäßig und vor allem früh genug Zeit wie Geld in das Auftanken zu investieren.

Doch selbst wenn immer rechtzeitig getankt wird, bleibt das Auto nicht bis in alle Ewigkeit fahrtüchtig. Je regelmäßiger es benutzt und je härter es dabei rangenommen wird, desto stärker wird das gesamte Material beansprucht. Anfangs nutzen sich Dinge wie Reifen und Bremsen ab, früher oder später stellen sich dann auch die ersten wirklich großen Materialschäden ein. Soll das Auto nicht aus technischen Gründen liegen bleiben, ist es ratsam, es regelmäßig in der Werkstatt durchchecken zu lassen. Dort können abgenutzte Materialien erneuert und Defekte rechtzeitig entdeckt und repariert werden. Dass es während dieser Zeit nicht zur Verfügung steht, ist dabei allerdings nicht zu verhindern. Zudem lassen sich auch kaum die Kosten für solch einen Werkstattaufenthalt umgehen. Ohne Frage: Beides ist kurzfristig gesehen sehr ärgerlich. Doch selbst für die größten Raser und knausrigsten Geizhälse dürfte es nicht schwer zu verstehen sein, dass sich solche Zeit- und Finanzinvestitionen mittel- wie langfristig bezahlt machen, und nicht weniger als die Grundvoraussetzungen für eine nachhaltige Freude am Fahren darstellen.

Belastung und Erholung als Lebensgrundlage

Wir alle sind Besitzer unseres Körpers und Geistes, sprich unseres biologischen Systems. Und bei biologischen Systemen läuft es ähnlich ab wie bei einem Auto. Auf der einen Seite wird ständig Energie benötigt, um das reibungslose Funktionieren aufrechtzuerhalten. Auf der anderen Seite werden biologische Systeme durch die Anforderungen des Lebens mal mehr, mal weniger intensiv beansprucht. Folge von letzteren sind Abnutzungserscheinungen und Verletzungen von Muskeln, Knochen und Organen. Die logische Konsequenz daraus: Auch biologische Systeme benötigen Zeiten des Auftankens, der Wartung sowie der Reparatur. Nur wenn dafür ausreichend Sorgfalt und Zeit, mitunter vielleicht auch noch ein wenig Geld investiert wird, besteht die Chance, auf der Straße des Lebens nicht nur lange, sondern auch mit möglichst viel Power und robuster Gesundheit unterwegs zu sein.

Leistungsfähigkeit braucht Stress

Biologische Systeme können mit Belastungen wesentlich besser umgehen, als jedes noch so ausgefeilte technische Gerät. Ihr unschlagbarer Vorteil: Sie sind in der Lage, sich an steigende Anforderungen anzupassen.

Dabei erfolgen kurzfristige Anpassungen über eine Erhöhung der Anstrengung, verbunden mit maximaler Ausschöpfung der aktuell vorhandenen Leistungsmöglichkeiten. Mittelfristige Anpassungsprozesse dagegen sind geprägt von einem Mehraufbau an Substanz sowie der Modifizierung von vorhandenen Strukturen, mit dem Ziel, sich in Zukunft bei ähnlicher Belastungsintensität nicht mehr so stark anstrengen zu müssen und über einen generell höheren Belastungs- bzw. Stresspuffer zu verfügen. Damit schaffen sich biologische Systeme selbst die Voraussetzungen, mit steigenden Anforderungen und Belastungen besser zurechtzukommen und dennoch Energie einsparen zu können.

Superkompensation als Entwicklungsgrundlage

Diese Anpassungsprozesse werden als „Superkompensation" bezeichnet und stellen die Grundlage für eine lebenslange Entwicklung und individuelle Anpassung an unmittelbar vorherrschende oder sich nachhaltig verändernde Umweltbedingungen dar. Dies gilt für unseren Körper ebenso wie für unsere geistig-emotionalen Prozesse.

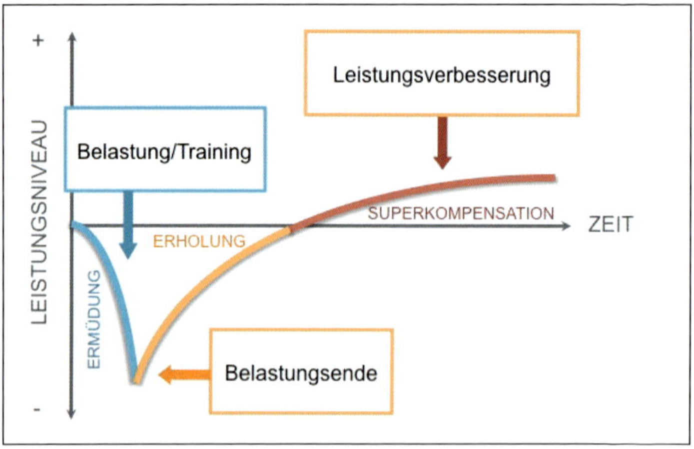

Modell zur Verdeutlichung des Superkompensationsprinzips

Die Dosis macht das Gift

Damit es überhaupt zu Superkompensationseffekten kommen kann, müssen die Belastungsreize allerdings einen gewissen Schwellenwert überschreiten. Abhängig von der aktuellen individuellen Belastbarkeit und Leistungsfähigkeit gelten dabei folgende Grundsätze:

- Sehr geringe Belastungsreize unterfordern die biologischen Systeme und führen langfristig zum Verlust von Substanz und Leistungsfähigkeit.
- Mittlere Belastungsreize erhalten die aktuelle Substanz und stabilisieren die vorhandene Leistungsfähigkeit.
- Stärkere Belastungsreize führen zur dosierten Überlastung und lösen damit in den beanspruchten Bereichen den Superkompensationseffekt aus.
- Sehr starke Belastungsreize führen zu massiven Strukturschädigungen und fordern die biologischen Reparaturkapazitäten maximal heraus. Bestenfalls können die betroffenen Strukturen nur bis zu ihrem Stand vor der Belastung hin regeneriert werden. Für einen darüber hinausgehenden Superkompensationseffekt reichen die Regenerationskräfte nicht mehr aus.

Info-Box 1.1: Das gleiche Grundprinzip in Körper und Geist

Das Phänomen der Superkompensation ist bereits lange bekannt, wird allgemein hin jedoch eher mit dem Aufbau von Körpersubstanz in Verbindung gebracht. So ist wohl jedem bewusst, dass ein regelmäßig durchgeführtes Ausdauertraining sämtliche sauerstofftransportierenden Systeme im Körper optimiert und unter anderem zur Volumenvergrößerung von Herz und Lunge führt. Krafttrainingsreize wirken dagegen auf die Bewegungsmuskeln und provozieren deren Wachstum. Weniger verbreitet ist, dass sich nach dem gleichen Prinzip auch die Beschaffenheit und Leistungsfähigkeit unseres Geistes formt.

Sämtliche Belastungen, mit denen unser Gehirn im Laufe unserer Lebensspanne konfrontiert wird, haben prägenden Einfluss auf seine Struktur und interne biochemische Abläufe. So wird in unserem Oberstübchen immer wieder aufs Neue modifiziert, wie umfassend, genau und zuverlässig unser Gehirn Informationen aufnehmen, verarbeiten, abspeichern und wieder abrufen kann. Verantwortlich dafür sind Aktivierungs- und Hemmungsimpulse, die zwischen den einzelnen Gehirnzellen mittels biochemischer Botenstoffe weitergeleitet werden. Diese als „Neurotransmitter" bezeichneten Substanzen können ihre Arbeit umso feiner, effizienter und variabler verrichten, je größer die Kontaktflächen zwischen den einzelnen Nerven ausfallen und je umfassender die Nerven innerhalb des Gehirns miteinander vernetzt sind.

Die rund 100 Milliarden Nervenzellen in unserem Gehirn lassen sich mit einzelnen Straßen (= einzelne Nervenzellen) vergleichen, die zu Straßennetzen von mehr oder weniger großen Städten (= Nervenverbund) gehören. Die Straßen dieser Städte machen dann allerdings auch nur einen vergleichsweise kleinen Teil des gesamten, weltumspannenden Straßennetzes (= gesamtes Gehirn) aus.

Belastungsreize bewirken im Gehirn eine Zunahme an Aktivierungs- und Hemmungsimpulsen innerhalb bestimmter „Nervenstädte". Um den Verkehrs- bzw. Datenfluss zu verbessern, optimiert unser biologisches System die Möglichkeiten zur Impulsübertragung zwischen den einzelnen Nervenzellen in Form von strukturellen und biochemischen Veränderungen. So kommt es zur Vergrößerung der Kontaktflächen zwischen den einzelnen Nervenzellen (Breitere Straßen = Verbesserung der Übertragungsqualität), zur Bildung völlig neuer Kontaktstellen (mehr Straßen und Querverbindungen = Erhöhung der Übertragungsquantität) sowie zur Veränderung von Anzahl und Mischung der Neurotransmitter (= bessere und effizientere Autos). Summa summarum verbessern diese Superkompensationseffekte im Gehirn die Möglichkeit, Impulse zu übertragen und weiterzuleiten. Damit steht am Ende ein verbesserter und energieeffizienterer Umgang mit Informationen.

Der Fachbegriff dieser gehirninternen Entwicklungsvorgänge lautet „Neuroplastizität". Diese finden in der Auseinandersetzung mit emotionalen Belastungen und kognitiven Aufgaben ebenso statt, wie beim Erlernen von neuen und anspruchsvollen Bewegungen (z. B. Klavierspielen oder Kunstturnen). Dabei bestimmt immer die Art der Belastung sowie der emotionale Kontext den Ort und die Charakterstik der plastischen Veränderungen.

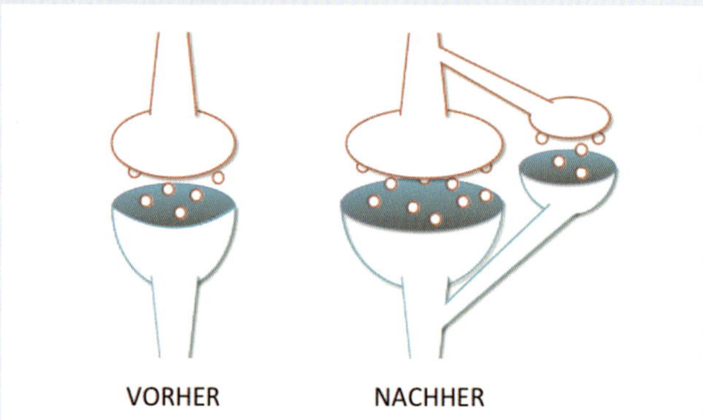

Neuroplastizität in Form von Vergrößerung und Vermehrung der Kontaktflächen zwischen den Gehirnzellen durch häufige und ausreichend intensive Benutzung.

Regelmäßigkeit macht den Erfolg

Die Grafik zum Superkompensationseffekt (s. S. 18) suggeriert, dass ein einmaliger, stärkerer Belastungsreiz ausreicht, um die erwünschten Wachstumsprozesse in Gang zu setzen. Ganz so einfach gestrickt ist unser biologisches System dann allerdings doch nicht. Im Gegenteil: Es ist sogar darauf ausgelegt, den Auf- und Anbau von neuer Substanz so lange, wie es aus energetischer Sicht sinnvoll erscheint, hinauszuzögern. Der Grund dafür ist recht simpel: Je mehr biologische Substanz wir besitzen, desto mehr Energie – sprich Nahrung – benötigen wir, um diese auf dem aktuellen Status quo zu erhalten.

Ohne Frage stellt dies in der heutigen Zeit kein nennenswertes Problem dar – zumindest solange wir uns in den hoch technisierten und politisch stabilen Bereichen unserer Welt aufhalten. Für unsere entfernten Vorfahren war die Nahrungssituation wesentlich angespannter. Hätte ihr biologisches System auf jede neue Beanspruchung sofort mit dem Aufbau von Substanz reagiert, wäre ihr Nahrungsbedarf binnen kürzester Zeit ebenso rasant wie nachhaltig gestiegen und sie hätten aufgrund des knappen Nahrungsangebots wohl kaum eine Überlebenschance gehabt.

Weil es seit prähistorischen Zeiten das Überleben unserer Art gesichert hat, ist unser biologisches Grundprogramm weiterhin darauf ausgelegt, unser Dasein nicht fahrlässig aufs Spiel zu setzen. Die Anpassung an Belastungen läuft daher in unserem Körper wie folgt ab:

- Kompensation von einmaligen oder nur sehr unregelmäßig auftretenden Belastungen durch abrupte Erhöhung der Anstrengung und kurzfristige energetische Maximalversorgung der beanspruchten Bereiche.
- Kompensation durch mehrmalige oder nur über kurze Phasen regelmäßig auftretende Belastungen durch Verbesserung des Zusammenspiels (Koordination) zwischen den beanspruchten Strukturen sowie durch effektivere Nutzung von biochemischen Substanzen wie beispielsweise Hormonen. Dadurch kann unter gleichbleibenden Belastungsbedingungen schon einmal ein wenig Energie eingespart werden.
- Anpassung an regelmäßig auftretende Belastungen durch Strukturanpassung innerhalb der beanspruchten Strukturen

und Organe (= Superkompensation). Die energetische Mehrversorgung der neu gewonnen Strukturen hat unser biologisches System auf lange Sicht hin als ökonomischer erkannt, als den Energieaufwand während der regelmäßig wiederkehrenden Belastungen jedes Mal aufs Neue stark zu erhöhen.

Führt im Gehirn die regelmäßige Konfrontation mit emotionalen oder kognitiven Reizen – darunter fallen auch koordinative Bewegungsanforderungen – bereits innerhalb einer Woche zu nachweisbaren strukturellen Veränderungen, so dauert dies bei körperlicher Beanspruchung in der Regel mindestens zwei bis drei Wochen.

Der Rhythmus des Erfolgs

Der hauptsächliche Reiz, der dann irgendwann doch den Superkompensationseffekt auslöst, ist also die regelmäßige Wiederkehr der Belastung und nicht so sehr die einzelne Belastungssituation selbst. Mit der Regelmäßigkeit ist es allerdings so eine Sache. Hat unser biologisches System ständig oder in sehr kurzen Zeitabständen stärkere Belastungen zu bewältigen, fehlt ihm die grundlegendste Bedingung, um ausreichend regenerieren, geschweige denn neue Substanz aufbauen zu können: Zeit. Dem Körper passiert dann, was auch einem Auto geschieht, wenn weder Zeit in das Auftanken noch in die Wartung investiert wird: Das Energieniveau nimmt kontinuierlich ab. In diesem Fall beginnt in Muskeln, Knochen und Organen der Verfall von Gewebestrukturen, und im Gehirn kommt es zum Rückgang von energetischen Grundspannungen. Unter diesen Umständen wird die Leistungsfähigkeit lediglich auf einem akzeptablen und lebensnotwendigen Niveau stabilisiert. Eine Optimierung der Höchstleistung wäre in dieser existenzbedrohenden Situation absolut kontraproduktiv.

Für Existenzgefährdungen hat unser biologisches System allerdings auch noch ein Notfallprogramm in petto. Dieses hat eine ähnliche Funktion wie der Reservekanister bei einem Auto. Der Fachbegriff hierfür lautet „autonom geschützte Reserven“. Mit diesen Reserven kann die Leistung über einen gewissen Zeitraum erneut auf einem funktionsfähigen bis mitunter sogar maximal hohen Level gehalten werden. Wird allerdings der Notfall zur Regel und ist der Rhythmus zwischen Belastungs- und Erholungsphasen völlig aus dem Takt geraten, verbrauchen sich auch diese Notfall-Reserven restlos und es kommt zwangsläufig zum biologischen Blackout, gegenwärtig besser bekannt unter dem Begriff „Burn-out".

Gute Erholungszeit als Dreh- und Angelpunkt

Doch auch das andere Extrem ist nicht empfehlenswert. Beanspruchen wir das Leistungsniveau unseres Körpers und Geistes zu selten, liegt ebenfalls kein leistungs- und gesundheitsfördernder Rhythmus vor. In diesem Fall wird unser biologisches Programm recht schnell damit beginnen, alte wie neu aufgebaute und übermäßig energiefressende Leistungsstrukturen an den gemütlich gewordenen Status quo anzupassen. Mit anderen Worten: Sind wir zu wenig gefordert, sinkt unsere körperliche und geistig-emotionale Belastbarkeit so weit ab, bis sie der vorherrschenden Lebenssituation entspricht. Jeder, der nach mehreren Monaten oder gar Jahren Pause erneut mit einem körperlichen Training beginnt, wird die Auswirkung dieses Abbauprozesses am eigenen Leib erfahren: Zu Beginn sind Belastungseinheiten, die in den vormals fitten Zeiten mühelos absolviert werden konnten, die reinste Qual. Und mit dem nach ein bis zwei Tagen folgenden Muskelkater signalisiert der Körper sehr deutlich: So starke Belastungen bin ich nicht mehr gewohnt und übersteigen mein momentanes Leistungsniveau deutlich!

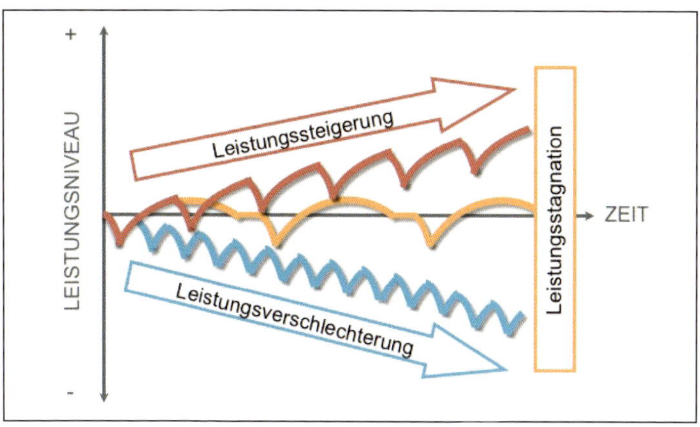

Verlauf der Leistungsentwicklung nach dem Superkompensationsprinzip bei idealer Balance zwischen Belastungsphase und Erholungszeit (rot), bei zu geringer Erholungszeit (blau), bei zu langer Erholungszeit (orange).

Die Grundlagen für ein biologisches Leistungs- und Gesundheitsmanagement

Aus den bisherigen Zeilen ist hoffentlich deutlich geworden, dass unsere Leistungsfähigkeit und Gesundheit von einer ausgeglichenen Balance zwischen Belastung und Erholung abhängig sind. Nur wenn sich unser Leben innerhalb eines oszillierenden Musters zwischen Aktivität und Ruhe bewegt, sind wir in der Lage, Höchstleistungen zu vollbringen und nachhaltig gesund zu bleiben. Die Qualität dieses Musters wird durch die nachfolgenden drei Faktoren bestimmt:

1. **Belastungsintensität und -quantität** bestimmen, wie stark die Ressourcen eines biologischen Systems angegriffen werden und ob dadurch Reize zur Verbesserung der Leistungsfähigkeit sowie der Stabilisierung von Gesundheit entstehen.
2. **Erholungsqualität und -quantität** bestimmen, inwieweit Belastungen kompensiert werden können und ob das biologische System die Chance erhält, Strukturen anzupassen und seine Leistungsgrundlagen zu verbessern.
3. **Rhythmus zwischen den Belastungs- und Erholungsphasen** bestimmen die Richtung der Veränderungen sowie deren Nachhaltigkeit.

Auch ein Titan braucht mal Pause. Oliver Kahn galt in seiner aktiven Zeit als Sinnbild für bedingungslosen Einsatz und unerschöpfliche Leistungsbereitschaft. Nach seiner Fußballkarriere jedoch machte er öffentlich, dass auch er in seiner aktiven Zeit durchaus mit stärkeren Erschöpfungssyndromen zu kämpfen hatte. In kritischen Momenten und in Absprache mit seinen Trainern legte er beim FC Bayern sogar bewusst Auszeiten ein und nahm auf eigenen Wunsch hin auf der Ersatzbank Platz.

Bestandaufnahme: Ihre aktuelle Belastungs- und Energiesituation
Konfrontationen mit Belastungen sind nicht per se nur gut oder nur schlecht, sondern können je nach Intensität, Häufigkeit und Regelmäßigkeit von der Grundlage für die gesunde Entwicklung einer hohen Leistungsfähigkeit bis hin zur Ursache für den Verlust von jeglicher körperlichen wie geistigen Leistungsfähigkeit alles bedeuten. Was Belastungen für den Menschen sind und zu was sie bei jedem Einzelnen letztendlich führen, ist abhängig von:

- den individuellen Fähigkeiten
- den äußeren Bedingungen, die der Person zur Bewältigung der Aufgabe(n) zur Verfügung stehen, sowie
- ihren aktuell vorhandenen energetischen Möglichkeiten.

Nur wenn die energetischen Möglichkeiten mindestens ausreichend sind, können die eigenen Fähigkeiten ausgespielt und die äußeren Bedingungen gewinnbringend genutzt werden.

Wie schaut es damit aktuell bei Ihnen aus? Stehen die Dinge, die sie zu bewältigen haben, in einem gesunden Verhältnis zu Ihren Fähigkeiten? Finden Sie ausreichend gute äußere Bedingungen und Möglichkeiten vor? Sind Sie bereit, sich ebenso regelmäßig zu erholen wie verbrauchte Energien bewusst nachzutanken? Nachfolgend finden Sie ein Screeningverfahren, das Ihnen dabei helfen soll, die vorausgegangenen Fragen zu beantworten. Sie erhalten damit auf unkompliziertem und wenig zeitaufwendigem Weg einen Überblick, wie es um Ihre aktuelle Belastungs- und Erholungssituation steht.

Ihre Belastungssituation
Nehmen Sie sich ein wenig Zeit und vergegenwärtigen Sie sich alle Anforderungen, die Sie zurzeit zu bewältigen haben (Arbeit, Schule/Aus- und Weiterbildung, Familie, soziales Umfeld, finanzielle Belastungen, gesundheitliche Probleme etc.).

Schätzen Sie danach ein:

1. Wie stark diese Anforderungen insgesamt auf Ihnen lasten (Belastungsintensität) und wie stark sie dadurch beansprucht werden. Setzen Sie ein entsprechendes Kreuz zwischen 0 % (= gar keine Belastung/Beanspruchung) und 100 % (= maximal starke Belastung/Beanspruchung).

2. Wie lange die Phase bereits andauert, in der Sie mit dieser Belastungsintensität klarkommen müssen (= Belastungsdauer/-quantität) und setzen Sie ein entsprechendes Kreuz zwischen 0 % (= Zeitraum ist sehr kurz) und 100 % (= bereits über einen sehr langen Zeitraum).

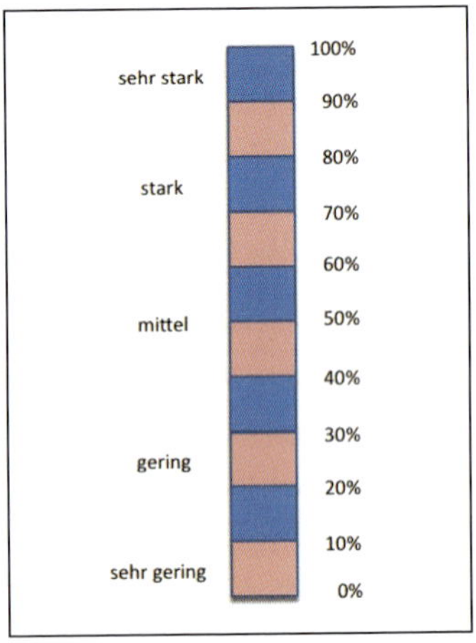

1. Prozentskala Belastungsintensität

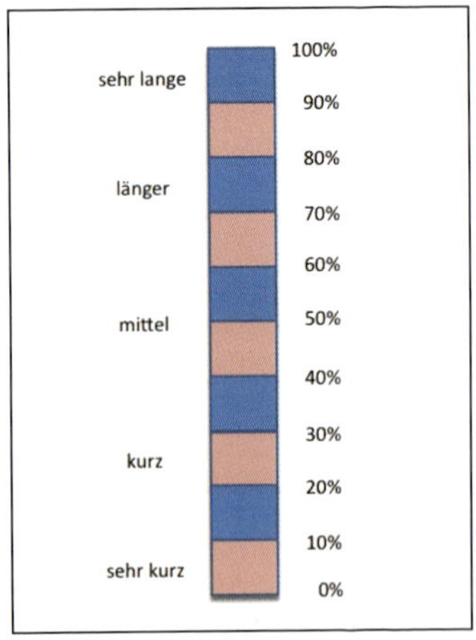

2. Prozentskala Belastungsdauer

Bitte setzen sie nun auf der nachfolgenden Grafik an der Stelle ein Kreuz, an der sich Ihre Werte aus 1 und 2 treffen.

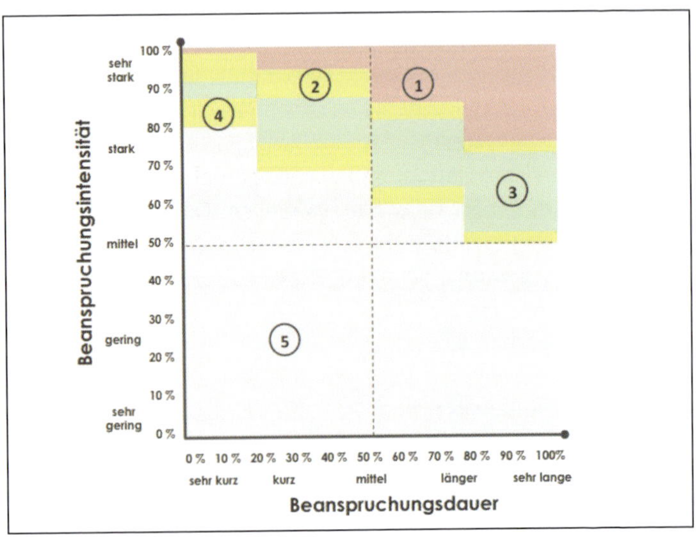

Auswertung Ihrer Belastungssituation:

- Wenn sich Ihr Kreuz in einem der roten Felder ① befindet:
  Ist davon auszugehen, dass Sie sich aufgrund eines Ungleichgewichts zwischen Belastungsintensität und -dauer über kurz oder lang überfordern. Ihre Situation ist vergleichbar mit der eines Läufers, der mit maximaler Sprintgeschwindigkeit einen Marathon zu durchlaufen versucht. In diesem Fall wird die Qualität Ihrer Leistungen mit der Zeit zwangsläufig reduziert (nachlassende Bewältigungsqualität) und Ihre Gesundheit auf lange Sicht hin ruiniert (wegbrechende Bewältigungsquantität). Hier läge also, egal ob Ihr Thema optimale Leistung oder stabile Gesundheit ist, dringender Handlungsbedarf vor!

- Wenn Ihr Kreuz in einem der oberen gelben Felder ② liegt:
  Erleben Sie eine Belastungssituation, die Sie gerade noch so tolerieren können, ohne Leistungseinbußen oder den gesundheitlichen Kollaps befürchten zu müssen. Ihre Möglichkeiten werden gegenwärtig jedoch bereits enorm gefordert. Eine Optimierung Ihrer Leistung über das jetzige Niveau hinaus ist daher ebenso wenig zu erwarten wie die Stabilisierung Ihrer Gesundheit auf einem robusten Niveau. Schalten Sie ein Stück weit zurück, indem Sie die Intensität Ihrer Belastungen reduzieren und/oder häufigere und längere Regenerationspausen einfügen. Dieser Rat gilt doppelt, weil Sie gegenwärtig unmittelbar in den roten Bereich hineinrutschen, würde nur noch ein klein wenig mehr an Belastung hinzukommen.

- Wenn sich Ihr Kreuz in einem der grünen Felder ③ befindet:
  Ist Ihre Belastungssituation zurzeit optimal, sie liegt im idealen Leistungs- und Entwicklungsbereich. Das Verhältnis zwischen Belastungsintensität und -dauer ist stimmig und bietet Ihnen ideale Voraussetzungen, um Ihre eigenen Leistungsmöglichkeiten nachhaltig nutzen und sich zeitgleich auf eine robuste Gesundheit verlassen zu können. Sie befinden sich zudem genau in dem Belastungsbereich, in dem sich der zuvor beschriebene Superkompensationseffekt ideal entfalten kann. Wenn es Ihnen gelingt, das Verhältnis zwischen Intensität und Dauerhaftigkeit Ihrer Belastungen langfristig auf diesem Niveau zu halten, ist zu erwarten, dass Sie Ihre beanspruchten

Fähigkeiten kontinuierlich ausbauen werden, Ihre Belastbarkeit dadurch immer weiter ansteigt und Sie sich zu guter Letzt auch gesundheitlich zu einem echten Fels in der Brandung entwickeln.

- Wenn Ihr Kreuz in einem der unteren gelben Felder ④ liegt:
  Dürften Sie Ihre eigenen Leistungsmöglichkeiten nachhaltig nutzen und sich auf Ihre Gesundheit verlassen können. Gleichzeitig liegt Ihre Belastungssituation an der Grenze zu einem Bereich, in dem Sie sich und Ihre Möglichkeiten bereits unterfordern. Hier wäre die Frage, ob es Sie reizt, ein wenig mehr aus sich und Ihren Möglichkeiten herauszuholen? Ihre Beanspruchungssituation ist zurzeit zu komfortabel, um größere Superkompensationseffekte hinsichtlich der Steigerung Ihrer Fähigkeiten in Gang zu bringen. Für Ihre Leistungsfähigkeit und Belastbarkeit bedeutet dies auf lange Sicht hin keine weiteren Verbesserungen sowie die Konservierung auf dem momentanen Ist-Zustand. Für Ihre Gesundheit gilt das Gleiche.

- Wenn Ihr Kreuz im grauen Feld ⑤ liegt:
  Sind sie gegenwärtig im absoluten Schongang unterwegs. Damit unterfordern Sie nicht nur sich selbst und Ihre aktuellen Leistungsmöglichkeiten, sondern tun auch Ihrer Gesundheit keinen Gefallen. Das Verhältnis von Belastungsintensität und -dauer entspricht einer überbehaglichen Komfortzone, in der Ihre biologischen Leistungs- und Gesundheitssysteme nicht mehr ausreichend genug beansprucht werden, um zumindest den momentanen Status quo aufrechterhalten zu können. Als Folge ist die zuvor beschriebene biologische Dekompensation zu erwarten, die zu einem kontinuierlichen Abbau von Substanzen innerhalb von leistungs- und gesundheitsrelevanten Körperstrukturen führen wird. Haben Sie vor, weiter in diesem Bereich zu bleiben, sollten Sie also damit rechnen, dass Ihre Leistungsfähigkeit ebenso stetig abnimmt wie Ihre Belastbarkeit, und Sie gegenüber Krankheitserregern nach und nach immer labiler werden.

Ihre Energiesituation

Nun geht es um Ihre Einschätzung, wie viel Energie Sie investieren müssen, um die Summe der Belastungen in Ihrem Leben bewältigen zu können, sowie um die Frage, wie viel Energie Sie gegenwärtig Ihrer Meinung nach dafür überhaupt zur Verfügung haben.

Bitte schätzen Sie dafür ein:

3. Wie gut Ihre Fähigkeiten entwickelt sind, um mit all den Anforderungen und Belastungen in Ihrem Leben klarzukommen (Bewältigungskompetenz). Setzen Sie dafür ein entsprechendes Kreuz zwischen 0 % (= Sie sind völlig überfordert und können zur Bewältigung nichts Gescheites beitragen) und 100 % (= Sie haben alles im Griff und kommen mit allen Anforderungen geradezu spielerisch klar).
4. Wie frisch und ausgeruht Sie sich aktuell fühlen, bzw. wie stark gefüllt Sie Ihren eigenen körperlich-geistigen Energietank gegenwärtig sehen (psychophysische Power). Setzen Sie dafür ein entsprechendes Kreuz zwischen 0 % (= Sie fühlen sich bereits seit Wochen nur noch müde, ermattet und völlig leer) und 100 % (= Sie fühlen sich quicklebendig, sind von Kraft und Energie geradezu aufgepumpt und voller Tatendrang).

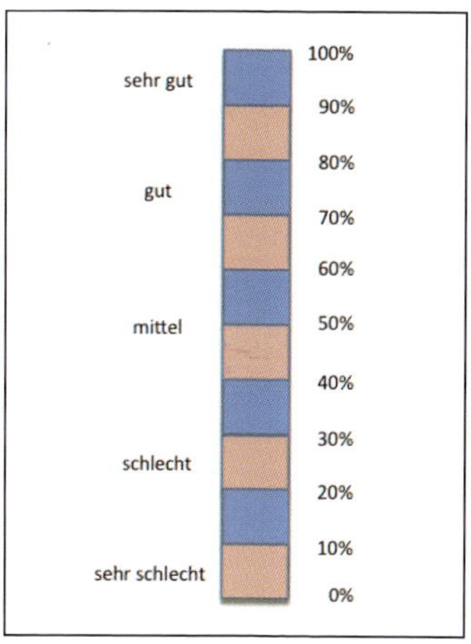

3. Prozentskala Bewältigungskompetenz

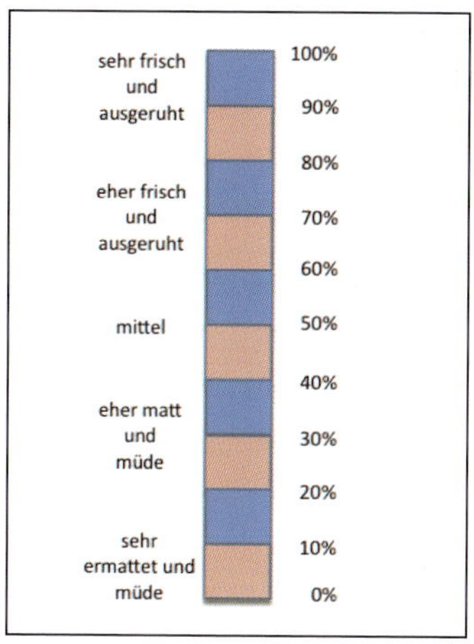

4. Prozentskala psychophysische Power

Bitte setzen sie nun auf der nachfolgenden Grafik dort ein Kreuz, an dem sich Ihre Werte aus 3 und 4 treffen.

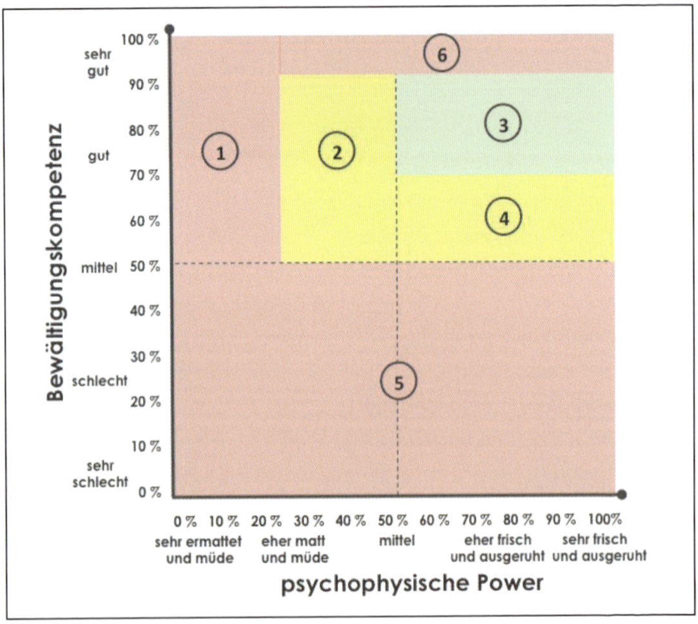

Auswertung Ihrer Energiesituation

- Ihr Kreuz liegt im linken roten Feld ①:
  In diesem Bereich ist Ihre Energiesituation äußerst kritisch. Bildlich gesprochen steht die Nadel Ihres Energietanks bereits auf Reserve. Es sollte Sie daher nicht verwundern, wenn Sie Ihre Anforderungen trotz Ihrer guten Fähigkeiten gegenwärtig nicht mehr zu Ihrer vollsten Zufriedenheit bewältigen können. Ihre körperlich-geistigen Energieressourcen sind dafür einfach schon zu stark angekratzt. Ihr Körper dürfte Ihnen dies zurzeit wohl auch schon recht deutlich in Form von wachsender innerer Unruhe, zunehmenden Konzentrationsstörungen und anwachsenden Schlafproblemen signalisieren.
  Wenn Sie Ihre Leistungsfähigkeit zurückbekommen und massive Gesundheitsprobleme vermeiden wollen, sollten Sie unmittelbar handeln und so schnell, wie es Ihnen möglich ist, eine kräftige Auftank- bzw. Erholungsphase einlegen. Schaffen Sie sich radikal die Gelegenheit, endlich mal wieder durchzuatmen und Ihre

Kräfte vernünftig zu regenerieren. Zwingend notwendig dafür ist, dass Sie sich vor allem von Ihren Hauptbelastungen eine Zeit lang völlig frei nehmen. Auch wenn es hart klingen mag: Wenn Sie diese Bremse jetzt selbst nicht bewusst ziehen, wird es Ihr Körper recht bald ganz automatisch für Sie tun.

- Ihr Kreuz befindet sich im linken gelben Feld ②:
  Dieser Bereich ist die Vorstufe von Feld 1. Hier ist Ihr Energietank aber zumindest noch so voll, dass Sie Ihre eigenen Fähigkeiten gegenwärtig vermutlich noch gut ausspielen und Ihre Belastungen in einer für Sie akzeptablen bis zufriedenstellenden Art und Weise bewältigen können. Sie laufen allerdings große Gefahr, eher früher denn später in den Bereich von Feld 1 abzurutschen. Damit dies nicht passiert, sollten Sie sich möglichst bald um eine gute und ausgeprägte Erholungsphase kümmern, in der Sie zur Ruhe kommen und Energie nachtanken können. Ideal, wenn diese Phase über mindestens zwei Wochen andauert und von keinen größeren Belastungen unterbrochen wird. Mit anderen Worten: Machen Sie bald mal wieder einen guten und erholsamen Urlaub!

- Ihr Kreuz liegt im grünen Feld ③:
  Hier liegt der Idealbereich für optimale Leistung bei stabiler Gesundheit. Zum einen ist Ihr Energietank mindestens noch bis zur Hälfte gefüllt, zum anderen deutet die Einstufung Ihrer Kompetenzen auf ein gesundes Kontrollempfinden hin. Dieses Empfinden ist einer der maßgeblichen Faktoren, wenn es darum geht, in welchem Ausmaß Personen durch Belastungen Stress erleben. Je höher das Kontrollempfinden ist, desto geringer wird selbst unter starker Beanspruchung die Wahrscheinlichkeit, in die unproduktive und gesundheitsgefährdende Stressspirale abzurutschen. Dementsprechend ist zu erwarten, dass Sie Ihre gegenwärtigen Anforderungen eher als Herausforderung denn als Bedrohung wahrnehmen. Sie bringen damit die besten Voraussetzungen mit, sowohl Ihre Aufgaben souverän zu bewältigen, als auch Ihre Gesundheit erfolgreich auf einem hohen Niveau sichern zu können. Durch rechtzeitige und regelmäßige Regenerationspausen sowie einer kontinuierlichen Anpassung Ihrer Belastungen an Ihre wohl auch weiter-

hin konstant ansteigenden Bewältigungskompetenzen, haben Sie es selbst in der Hand, dafür zu sorgen, dass Sie in diesem idealen Feld nachhaltig beheimatet bleiben.

- Ihr Kreuz liegt im rechten gelben Feld ④:
  In diesem Bereich ist es mit Ihren Energiereserven noch recht gut bestellt, gleichzeitig sind Sie jedoch von Ihren eigenen Fähigkeiten und Bewältigungskompetenzen scheinbar nicht so ganz überzeugt. Es ist daher zu vermuten, dass Sie sich latent überfordert fühlen und Sie Ihre gegenwärtige Belastungssituation mehr als potentielle Bedrohung denn als spannende Herausforderung wahrnehmen.

  In solchen Fällen wird oft versucht, die unangenehme Situation durch stärkeres Engagement und einen höheren Arbeitseinsatz in den Griff zu bekommen. Bildlich gesprochen wird dabei das eigene Gaspedal deutlich stärker durchgetreten, um die Belastungen stemmen und im Rennen des Lebens weiter vorn mit dabei sein zu können. Solange dafür ausreichend Energie zur Verfügung steht, lässt sich dagegen erst mal auch nicht viel einwenden. Problematisch wird es allerdings, wenn das Gaspedal dauerhaft durchgetreten wird und Körper wie Geist chronischen Stress erleben. In diesem Fall verbrauchen Sie über kurz oder lang all Ihre Kräfte und werden sich mit großen Schritten dem Feld 5 nähern, in dem der komplette Leistungszusammenbruch nicht mehr fern ist und sich bereits durch massiv zunehmende gesundheitliche Probleme deutlich ankündigt.

  Als Rat Nr. 1 gilt daher, die Intensität Ihrer Bemühungen recht genau unter die Lupe zu nehmen und länger andauernde Belastungsphasen ganz bewusst ebenso rechtzeitig wie regelmäßig durch ausreichend lange Erholungsphasen zu unterbrechen. Rat Nr. 2 lautet, die eigenen Bewältigungskompetenzen etwa durch konkrete Fortbildungsmaßnahmen zu verbessern. Rat Nr. 3 schließlich, andere Personen bei der Bewältigung Ihrer Aufgaben mit einzubeziehen und Hilfsmöglichkeiten zu nutzen bzw. diese auch zuzulassen.

- Ihr Kreuz befindet sich im rechten unteren roten Feld ⑤:
  Ist es in Feld 4 noch ein latentes Problem, dass Sie Ihre Bewältigungskompetenzen als nicht ausreichend ansehen, so ist dies

in Feld 5 das absolute Hauptthema. Je weniger kompetent Sie sich für die Anforderungen halten, mit denen Sie konfrontiert werden, desto mehr wird die Empfindung zum dauerhaften Lebensbegleiter. Entsprechend hoch ist das permanent vorhandene Angst- und Stresslevel. Als Folge entsteht eine chronisch erhöhte körperlich-geistige Aktivierung, die mit einem ineffektiven Raubbau der eigenen Kräfte und Energiemöglichkeiten einhergeht. Wie auf den nachfolgenden Seiten noch ausführlicher dargestellt, kann dies neben der massiven Schwächung sämtlicher gesundheitsrelevanter Körpersysteme auch zur Zerstörung von maßgeblichen Leistungsstrukturen im Gehirn führen.

Je höher Ihr Energielevel zurzeit noch ist, desto länger wird die Phase sein, in der Sie zumindest noch einigermaßen agieren können. Wenn Sie an Ihrer Situation oder Ihrem Verhalten nichts ändern, wird es damit aber über kurz oder lang irgendwann zwangsläufig vorbei sein. Befindet sich Ihr Energielevel schon jetzt auf einem kritischen Niveau, dann stehen Sie bereits unmittelbar vor der Tür des berühmten „Burn-out“. Spätestens dann gilt es, das Ruder ebenso unmittelbar wie kompromisslos herumzureißen. Inhaltlich heißt das, Ihre Belastungssituation radikal zu entschärfen und Ihre eigene körperlich-geistige Grundrenovierung ohne Wenn und Aber auf Platz 1 Ihrer Prioritätenliste zu setzen.

- Ihr Kreuz liegt im rechten oberen roten Feld ⑥:
  Sie haben maximales Vertrauen in Ihre Kompetenzen und mehr oder weniger viel Energie in Ihrem Tank. Eigentlich sollte doch alles in bester Ordnung, oder? Warum also finden Sie sich in einem rot eingefärbten Bereich wieder? Obwohl es paradox klingen mag, besteht auch hier für das Agieren auf optimalem Leistungsniveau eine gewisse Gefahr. Der Grund dafür ist, dass zu großes Selbstvertrauen in der Regel ebenso unvorsichtig wie unaufmerksam macht. Personen, die glauben, alles unter Kontrolle zu haben und sich für unbesiegbar halten, neigen gerade in Leistungssituationen überdurchschnittlich häufig dazu, wichtige Details zu übersehen und blind für negative Entwicklungen zu werden. Zudem unterschätzen sie Kompetenzen und Wirkkräfte von anderen Personen. Wenn Sie mit einem solch unerschütterlichen Selbstvertrauen unterwegs sind, könnte es zudem

sein, dass Sie sich für unverwundbar halten und davon ausgehen, sich ohne Wenn und Aber unbegrenzt belasten zu können. Leider ein fataler Irrtum, den in unserer Zeit immer mehr leistungsmotivierte und hochdotierte Personen begehen. In diesem Fall hält vor allem Kapitel 2 sehr wertvolle Informationen für Sie bereit.

Ausgewählte Verfahren zur tiefergehenden und wissenschaftlich orientierten Diagnostik der eigenen Belastungs-Erholungssituation

Psychologie

Belastbarkeits-Assessment (BACO)
Verfahren: Computerbasierte Testaufgaben
Bezugsquelle: Schuhfried GmbH (Wiener Testsystem)

Trierer Inventar zum chronischen Stress (TICS)
Verfahren: Fragebogen
Bezugsquelle: Verlag Hogrefe & Huber

Erholungs-Belastungs-Fragebogen (EBF)
Verfahren: Fragebogen
Bezugsquelle: Verlag Hogrefe & Huber Schuhfried GmbH (Wiener Testsystem)

Medizin

Fire of Life TM
Verfahren: 24h-EKG-Messung der Herzratenvariabilität
Bezugsquelle: Schiller Medizintechnik GmbH

Qui HRV Biofeedback
Verfahren: Kurzzeitmessung der Herzratenvariabilität
Bezugsquelle: BioSign GmbH

„Die anderen halten ihre Eier in den Pool, wir arbeiten." Formel 1-Star Sebastian Vettel erregte im Jahr 2013 im Formel 1-Metier Unmut, als ihm dieser Kommentar nach seinem Sieg beim Singapur GP mit Blick auf seine sportliche Überlegenheit herausrutschte. In der Tat lässt sich aber beobachten, dass er einer der wenigen Spitzenfahrer ist, der es an einem Rennwochenende versteht, seine Energie ganz in den Dienst sportlicher Topleistung zu stellen. Auch neben der Rennstrecke vermeidet er übermäßige Präsenz auf Nebenschauplätzen und legt seinen Fokus ganz bewusst auf die optimale Regeneration seiner Kräfte.

Wenn die Belastung zu viel oder die Energie zu wenig wird: Die Stressspirale

Wenn der Begriff Stress ins Spiel kommt, wird es in der Regel diffus. Längst hat sich Stress vom medizinischen Fachbegriff zum Synonym für alle nur denkbaren Arten von Belastungen, Überforderungen und Zuständen entwickelt. Inzwischen macht sich der Begriff sogar ganz gut, um in leistungsorientierten Gesellschaften um Anerkennung zu buhlen und den eigenen Status aufzupolieren. Gern wird dann auch vom „guten" Stress, dem sogenannten Eustress gesprochen. Es lohnt daher, einen genaueren Blick darauf zu werfen, was Stress biologisch gesehen überhaupt ist und was es mit der Unterscheidung zwischen positivem und negativem Stress, bezeichnet als „Disstress", auf sich hat.

Stress ist ein biologischer Energieturbo

Auch in der Wissenschaft hat sich der Begriff Stress ausdifferenziert und im Laufe der letzten Jahrzehnte viele Stadien durchlaufen.

Grundlegend geblieben ist jedoch, was einer der ersten Stressforscher, der kanadisch-österreichische Mediziner Hans Selye (1907–1982) bereits in der Mitte des vergangenen Jahrhunderts erkannt hat: Egal um welche Art von Stressreizen es sich handelt, die grundlegenden Reaktionen darauf sind körperlicher Natur und laufen immer in vergleichbarer Art und Weise ab. Diese Reaktionen wurden von Selye als „allgemeines Adaptationssyndrom" bezeichnet und stehen für ein tief in unserem genetischen Programm verwurzeltes und über unser Bewusstsein und Willen nicht zugängliches Reaktionsmuster, das sich über einen mehrere Millionen Jahre andauernden Evolutionsprozess eingebrannt hat. Dieses Muster läuft abhängig von Stressintensität und -dauer über drei Stadien ab und dient einzig und allein der Bereitstellung von viel Energie zur Bewältigung von starken Belastungen:

1. Alarmreaktion (A)
2. Widerstandsstadium (W)
3. Erschöpfungsstadium (E)

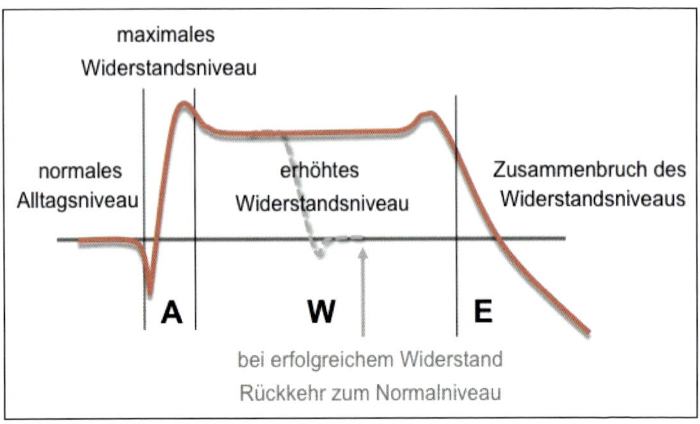

Verlauf der körperlichen Energieaktivierung durch Stress in Anlehnung an das allgemeine Adaptationssyndrom nach Selye: Akuter Stress löst eine unmittelbare und sehr starke körperliche Alarmreaktion aus, die durch Ausscheidung von Hormonen gekennzeichnet ist und zur kurzfristigen Maximierung im Bereich der Muskel- und Bewegungsleistungen führt (A). Kann der Stressreiz mithilfe dieser unmittelbaren Maximalreaktion nicht bewältigt werden, so verändert sich der Hormon-Cocktail und stellt den Körper auf eine länger andauernde Widerstandsphase ein.

Diese ist durch eine dauerhaft erhöhte, submaximale Aktivierung sämtlicher leistungsrelevanter Körpersysteme (W) gekennzeichnet. Wird der Stressreiz in der Widerstandsphase rechtzeitig überwunden, kehren im Organismus nach einer kurzen Regenerationsphase wieder normale Verhältnisse ein. Gelingt die Überwindung des Stressreizes dagegen nicht, erschöpfen sich die hormonellen und energetischen Möglichkeiten des Körpers in der Widerstandsphase zunehmend. Dies führt im Endstadium zum völligen Zusammenbruch sämtlicher physiologischer Aktivierungs- und Leistungssysteme, was mitunter sogar den Tod des Organismus zur Folge haben kann (E).

Die Alarmreaktion: Überlebensreflex aus der Steinzeit

In den bisher ältesten und längsten Perioden der Menschheitsgeschichte herrschten archaische Umweltbedingungen. Über einen Zeitraum von über zwei Millionen Jahren hinweg war das Leben unserer Vorfahren tagaus tagein vor allem vom Absichern des eigenen Überlebens geprägt.

Dafür war es fundamental, Feinde möglichst frühzeitig wahrzunehmen und vor ihnen dann entweder blitzschnell flüchten oder sich in einem brachialen Überlebenskampf gegen sie verteidigen zu können. Für beides, Flucht wie Kampf, musste die Bewegungsmuskulatur binnen kürzester Zeit ein größtmögliches Maß an Kraft und Bewegungsschnelligkeit aufbringen. Die Muskulatur benötigt dafür eine ebenso rasche wie maximale Zufuhr von Energie. Gewährleistet wurde und wird dies durch die Alarmreaktion, die im Körper innerhalb von Sekundenbruchteilen reflexartig sämtliche Prozesse aktiviert, die der Bewegungsmuskulatur die benötigte Energie zur Verfügung stellen. Gleichzeitig bewirkt sie im Organismus eine Hemmung all der Funktionen, die einer schellen Flucht oder dem bevorstehenden Kampf im Weg stehen würden. Weil über mehrere Millionen Jahre nur diejenigen erfolgreich überleben konnten, die über eine funktionierende Alarmfunktion verfügten, hat sich dieses Programm tief in die Genetik sämtlicher Wirbeltiere eingebrannt und wird bis heute bei der Fortpflanzung als einer der wichtigsten und bewährtesten Überlebensreflexe weitergegeben.

Info-Box 1.2: Die biologischen Abläufe bei akutem Stress

Bei Wahrnehmung eines Stressreizes erhält der Organismus über das vegetative Nervensystem (Begriffserklärung siehe Info-Box 1.3) binnen weniger Sekundenbruchteile den Befehl, unmittelbar bestimmte neuroendokrine Signalstoffe in die Blutbahn auszuschütten. Zwei der bekanntesten Signalstoffe sind die Stresshormone Adrenalin und Noradrenalin, die dafür sorgen, dass sämtliche für die Stresssituation leistungsrelevanten Systeme maximal mobilisiert werden und die Energieversorgung auf Höchstlast geschaltet wird. Unter anderem steigen dabei Herz- und Atemfrequenz, Blutdruck, die Muskeldurchblutung sowie der Zucker im Blut, aber auch Dinge wie Muskelspannung, Pupillengröße und Schweißproduktion. Zeitgleich kommt es zur Hemmung all jener Prozesse, die den Organismus bei seiner nun dringlichsten Aufgabe – also kräftige, schnelle und sofortige Bewegungsaktion durchzuführen – im Weg stehen würden. Darunter fallen Verdauung und Sexualtrieb, nicht zuletzt aber leider auch kognitive Fähigkeiten. In stark beanspruchenden Stresssituationen bewusst nachdenken zu können, ist daher aus rein biologischen Gründen ebenso unmöglich, wie mit komplexen Anforderungen rational umzugehen oder unter massivem Entscheidungsdruck Weitsicht walten zu lassen.

Stresssymptome

Empfindungen

Erregung – Spannung – Ungeduld – Angst – Ärger – Wut – Zorn – Überlastung – Verzweiflung – Kontrollverlust – Bitterkeit – Unsicherheit – Resignation – Traurigkeit

Körpersignale

Herzklopfen – schneller Atem – Schweißausbruch – Zittern – Verspannung – Rückenschmerzen – Magen-Darm-Beschwerden – Kopfschmerzen – Schlafstörungen

Gedanken
Schwarzmalerei – Sorgen – Selbstvorwürfe – Hilflosigkeit – Fluchtgedanken – Realitätsverzerrung – Worst-Case-Szenarien – Panik

Verhalten
hastiges Arbeiten – gereizte Reaktionen – Verzicht auf Pausen/Urlaub – Reduktion von Schlaf – Pseudolösungen – Kompensationshandlungen (Alkohol, Rauchen, Essen)

Das Widerstandsstadium: Eigendoping für mehr Ausdauer
Unseren Vorfahren war es selbst bei hoher körperlicher Anstrengung nicht immer möglich, einen Stressreiz unmittelbar zu bewältigen oder ihm dauerhaft zu entkommen. Neben der akuten Stressreaktion tragen wir daher ein tief in unsere Genetik eingebranntes, automatisiertes System in uns, das die Alarmreaktion ablöst, wenn es gilt, mit längerfristig präsenten Stressoren klarzukommen. Es reguliert die Körperreaktionen von akuter maximaler Leistungsfähigkeit auf eine Art „Hab-Acht-Stellung" herunter. Waren es bei der Alarmreaktion noch kurzfristig und sehr schnell wirkende Stresshormone, die den Körper unmittelbar auf Höchstleistung gepusht haben (maximale Kurzleistung), so übernehmen nun langsamer wirkende Substrate die Hauptrolle, die das psychophysiologische Aktivierungsgeschehen ganz grundlegend verändern und den gesamten Organismus über einen längeren Zeitraum hinweg auf Dauererregung umschalten (submaximale Dauerleistung).

Info-Box 1.3: Das vegetative Nervensystem als Dreh- und Angelpunkt
Egal ob unter Stress, Ruhe oder gar während des Schlafens: Sämtliche biologischen Aktivierungs- und Entspannungsprozesse unterliegen den Impulsen unseres vegetativen Nervensystems. Dieses Nervensystem entzieht sich der bewussten Steuerung und stellt unseren Körper zu jeder Sekunde unseres Lebens durch Ausschüttung unterschiedlichster Hormonmengen und -mischungen immer wieder aufs Neue blitzschnell auf die aktuellen Notwendigkeiten

ein. Es besteht aus zwei unterschiedlichen Anteilen, dem sogenannten sympathischen und parasympathischen System, die in ihrer Funktion für den Körper mit Gas und Bremse bei einem Auto zu vergleichen sind. Beide Anteile ergänzen sich in Ihren Funktionen und sind sowohl für unsere Gesundheit als auch für unsere Leistungsfähigkeit maßgebend. Ein gesunder Körper wird vom sympathischen System bei Bedarf sofort aktiviert und unmittelbar in eine erhöhte Leistungsbereitschaft versetzt, von parasympathischen Anteilen wieder beruhigt und entspannt.

Grundlegend für unsere Leistungsfähigkeit und Gesundheit ist eine im Alltag ausgeglichene und insgesamt harmonische Balance zwischen ihnen. So können wir auf der einen Seite unter Leistungsbedingungen uneingeschränkt Vollgas geben und die dafür nötige Energie unmittelbar abrufen, uns auf der anderen Seite unter Ruhebedingungen aber auch rasch wieder erholen und unsere Energiespeicher effektiv auffüllen. Je stärker und länger der Organismus entweder mit sehr hohen Belastungen zurechtkommen muss oder aber in Phasen gerät, in denen er überhaupt nicht mehr gefordert wird, desto eher kippt die Balance und die vegetative Steuerung gerät außer Takt.

Positive Aspekte dieses Stadiums sind eine höhere physiologische Leistungsfähigkeit und Belastbarkeit sowie eine deutlich gesteigerte mentale Wachheit. Solange dieses Stadium durch Überwindung des Stressreizes erfolgreich und vor allem rechtzeitig wieder verlassen werden kann, ist es die Grundlage, um – dem Superkompensationsprinzip entsprechend – eine immer besser werdende Resistenz gegenüber Stress aufzubauen. Für die Leistungsfähigkeit aber auch die Gesundheit ist es also wertvoll, den Organismus regelmäßig und über die ganze Lebensspanne hinweg mit Reizen zu konfrontieren, die ihn in die Widerstandsreaktion führen.

Findet dabei jedoch Erholung überhaupt nicht mehr statt, werden auf der einen Seite die Hormon- und Energietanks vollends leer gefahren, auf der anderen Seite kommt es im Gehirn zu dramatischen Veränderungen und die Stressadaptation erlangt ganz zwangsläufig das Stadium der Erschöpfung.

Das Erschöpfungsstadium: Flasche leer!
Ist das Erschöpfungsstadium erreicht, geht nichts mehr. Bildlich gesprochen sind die Energiereserven des Körpers nun aus- und die Sicherungssysteme des Organismus gegen Stress tatsächlich durchgebrannt. Im besten Fall ist der Körper noch in der Lage, seine vegetativen Funktionen aufrechtzuerhalten, im schlimmsten reicht es für ein Überleben nicht mehr aus. Die Hauptgründe dafür liegen in der finalen Erschöpfung des sogenannten endokrinen Systems sowie in nachhaltigen Veränderungen innerhalb von Strukturen und Zellverbindungen im Gehirn.

Das endokrine System sitzt in unserem Zwischenhirn und – gesundes Funktionieren vorausgesetzt – produziert und dosiert dort in genauer Abstimmung auf die Notwendigkeiten der jeweiligen Situation die Hormone, die unsere sämtlichen körperlichen und geistigen Funktionen steuern. Wird das Gaspedal im Widerstandsstadium unentwegt durchgetreten, ist dieser Hormontank tatsächlich irgendwann leergefahren.

Auch für unseren kognitiven Knock-out, der mit dem Erschöpfungsstadium einhergeht und das zentrale Symptom von Burnout bildet, sind Hormone verantwortlich, die in der Widerstandsphase übermäßig stark ausgeschüttet werden. Sie bewirken in unserem Mittelhirn je nach Region entweder die Zerstörung oder den Aufbau von Zellverbänden. Im „Hippocampus", einer Struktur, in der unsere Fähigkeit zur Konzentration sowie zur Aufnahme und Verarbeitung von Fakten organisiert wird, werden Zellen angegriffen und zerstört. In unserem Angstzentrum, dem sogenannten Mandelkern (Amygdala), kommt es dagegen zu Zellvergrößerungen und -verdichtungen. Entsprechend nehmen Angstempfindungen unter Dauerstress kontinuierlich zu und die Fähigkeit zur Konzentration, Informationsaufnahme und Informationsspeicherung ab. In der Großhirnrinde schließlich, dem Sitz unseres Bewusstseins, Denkens und Erinnerns, werden mittel- bis langfristig die festen Verschaltungen zwischen den Nervenverbänden und einzelnen Gehirnzellen aufgelöst. Die Folgen sind unter anderem der Verlust von kognitiven Kompetenzen sowie eine ausgeprägte Desorientierung.

Alles macht(e) Sinn

Biologisch gesehen steckt in all diesen Prozessen ein Sinn – vorausgesetzt man befindet sich in der Steinzeit. Kann ein Stressreiz nicht bewältigt werden, führen die Veränderungen im Mittelhirn dazu, die aktivierenden Stresshormone im Körper immer mehr tanzen, Angst und körperliche Unruhe hingegen zunehmen zu lassen. Angst ist eine enorme Kraft und nach wie vor die biologische Antwort, wenn es um die Sicherung des Überlebens geht. Unruhe sorgt dafür, in Bewegung zu kommen und sich nachhaltig um die Bereinigung der Situation zu kümmern. Und wenn sich die aktuellen Belastungen mit den bislang erlernten und in den Verschaltungen zwischen den Gehirnzellen gespeicherten Strategien partout nicht bewältigen lassen, ist letztendlich auch die Auflösung von alten Verschaltungen und den in dieser Form gespeicherten Problemlösestrategien sinnvoll. Nur so erhält das Gehirn die Voraussetzungen für eine radikale Neuorganisation.

Akuter Stress macht dumm und ungeschickt

Unsere Reaktionsmechanismen unter Stress sind also nichts anderes, als ein über Millionen von Jahren und vermutlich weit mehr als 40 000 Generationen hinweg stabilisierter Reflex, der sich für das Überleben unserer Art bislang bestens bewährt hat. Der moderne Mensch allerdings hat sich spätestens seit Beginn der Industrialisierung innerhalb von knapp 200 Jahren über nur etwa sechs Generationen hinweg eine Lebenswelt erschaffen, in der sich sämtliche Überlebensbedingungen radikal verändert haben – und damit auch die Sinnhaftigkeit vieler urzeitlich verankerter Programme und Reflexe.

Altes Standardprogramm für neue Anforderungen

Die Anforderungen, mit denen wir heutzutage konfrontiert sind, lassen sich in der Regel nur noch selten durch stressbefeuerte Verhaltensweisen wie Weglaufen oder Draufhauen lösen. In unserer ebenso komplexen wie vernetzten Welt kommt es vielmehr auf gründliches Überlegen und weitsichtiges Handeln an. Nicht selten liegt der Schlüssel zum Erfolg einfach nur darin, nicht immer sofort in Aktion zu treten, sondern den Gang der Dinge auch mal gelassen abzuwarten.

Wie jeder von uns bereits etliche Male am eigenen Leib erfahren hat, lösen aber auch alltägliche Situationen – wie etwa Prüfungen, Reden vor Publikum, zwischenmenschliche Konflikte oder aber auch profan erscheinende Dinge wie das sich für uns oft dreist-unverschämt äußernde Verhalten anderer Verkehrsteilnehmer – in uns die bewährten Stressreaktionen unserer Urahnen aus. Der Tanz der Stresshormone bewirkt, dass wir die Dinge zunehmend enger sehen, einen Tunnelblick bekommen und nach und nach an Übersicht verlieren. Gleichzeitig werden unsere Bemühungen, den Stressreiz zu bewältigen, immer hastiger und verkrampfter und münden nicht selten – nur um damit unsere überschüssige Energie loszuwerden – in einen ebenso überzogenen wie unreflektierten Aktionismus. In extremen Stresssituationen wird unser Bewusstsein sogar vollständig blockiert. Im Volksmund nennt man das „Sicherungen durchgebrannt" oder „Blackout", wissenschaftlich spricht man vom „impulsiven Verhalten", juristisch vom „Handeln im Affekt".

Die Biologie des Blackouts

Erklärungen, wie es zu stressbedingten Denkeinschränkungen und teilweise vollständigen intellektuellen Zusammenbrüchen kommen kann, stammen aus den psychologisch orientierten Neurowissenschaften. Demnach sorgen die unter Stress ausgeschütteten Hormone nicht nur für eine hohe Muskelenergie, sondern greifen gleichzeitig auch massiv in den Gehirnstoffwechsel ein. Bei hoher Konzentration überschwemmen sie das Gehirn und besetzen dabei im präfrontalen Kortex, dem Sitz unserer Vernunft, spezielle Rezeptoren. Je großflächiger diese Rezeptoren besetzt sind, umso mehr bewirkt dies einen Zusammenbruch der Signalübertragungen zwischen den einzelnen Nervenzellen. Als Folge können Informationen innerhalb unseres Vernunftzentrums immer schlechter und unter extremer Stresseinwirkung schließlich gar nicht mehr ausgetauscht oder gar verarbeitet werden. Akuter Stress entzieht unseren intellektuellen Fähigkeiten also quasi die biologische Grundlage.

Ein öffentliches Beispiel für einen stressbedingten Blackout lieferte im Herbst 2013 der Star-Trainer Jürgen Klopp im Champions League-Spiel seines BVB Dortmund gegen den SSC Neapel. Wie ein wildes Tier ging er nach dem ersten Tor von Neapel auf den Schiedsrichterassistenten los. Als „Lohn" für seinen Ausraster kassierte Klopp die sofortige Verbannung auf die Tribüne. Nach dem Spiel gab er zu: Clever sei sein Verhalten nicht gewesen, in der Situation selbst habe es sich für ihn aber richtig angefühlt.

Einparkversuch unter Höchstgeschwindigkeit

Akuter Stress macht aber nicht nur dumm, sondern auch ungeschickt. Dies spielt vor allem in Bereichen eine Rolle, in denen es um eine feine und reibungslose Koordination von Bewegungsabläufen oder aber um exakte Wahrnehmung und blitzschnelle Verarbeitung von aufgabenrelevanten Signalen aus der Umwelt ankommt.

Bei Könnern ihres Fachs laufen all die genannten Dinge automatisiert ab und werden vom Gehirn über unbewusste Bahnen gesteuert. Dabei erhalten alle Körpersysteme ihre Energie in einer Dosierung, die optimal auf die aktuelle Aufgabe abgestimmt ist. Leider bringt akuter Stress diese Energiedosierung völlig durcheinander. Als Konsequenz daraus leidet die Bewegungsgenauigkeit umso stärker, je feiner und ruhiger die Muskulatur arbeiten bzw. reagieren muss, um optimale Leistung zu erzielen. Dies gleicht einem Einparkversuch unter Vollgas.

Offensichtlich ist, dass dies für viele Sportarten ein relevantes Thema ist. Es spielt aber auch für Musiker eine große Rolle, die ihr Instrument mit virtuosen Bewegungen führen, oder für Theaterschauspieler, die sowohl ihre Aussprache als auch ihre Stimmlage genau unter Kontrolle haben sollten.

Das Stressphänomen hat aber auch schon manchem Vortragenden ein Bein gestellt. Wenn die Hände am Rednerpult unübersehbar zittern und Haltung wie Gesichtsausdruck stocksteif sind, lässt dies in der Regel selbst den allerbesten Inhalt verblassen. Und wenn die unsichere Hand des Referenten auch noch das neben ihm stehende Glas Wasser vor lauter Verkrampfung tölpelhaft umstößt, ging der Auftritt allein wegen der biologischen Stressreaktion, die unsere Vorfahren über Generationen hinweg das Überleben sicherte, so richtig daneben.

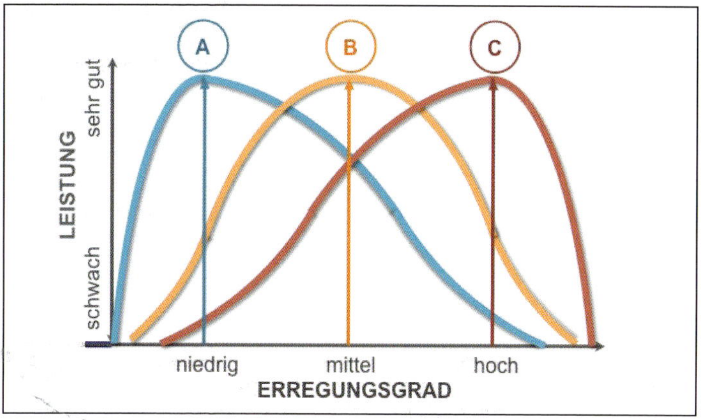

Zusammenhang zwischen optimaler Leistung und dem Grad der körperlichen Erregung.

A gilt für geistig oder koordinativ stark beanspruchende Aufgaben wie z. B. Schießsportarten, Schach, Spielen von klassischen Musikinstrumenten, Vorträge oder chirurgische Eingriffe. Die besten Leistungen werden bei niedrigem Erregungsgrad, d. h. unter körperlicher Entspannung erzielt.

B gilt für mittelschwere geistige oder koordinative Aufgaben wie z. B. Tennis, Hand- und Fußball. Die besten Leistungen werden bei mittlerer Erregung erzielt. Eine moderne berufliche Tätigkeit, für die dieser Bereich die besten Leistungsvoraussetzungen bietet, lässt sich kaum noch finden.

C gilt für intensive und kraftbetonte Beanspruchungen mit geringer geistiger oder koordinativer Komponente wie z. B. Kraft- und Sprintsportarten. Die besten Leistungen werden hier in unmittelbarer Nähe zur maximalen körperlichen Erregung erzielt. Auf die Arbeitsleistung in modernen Berufen wirkt sich dieses Erregungsniveau umso negativer aus, je mehr Konzentration, Informationsaufnahme- und -verarbeitungsvermögen sowie Kreativität verlangt wird.

Chronischer Stress macht vergesslich, ängstlich und krank

Die Wirkung von akutem Stress lässt sich als ein riesiger Hormon-Tsunami beschreiben, der in der Lage ist, unsere kognitive Leistungsfähigkeit kurzfristig völlig zu überfluten. Solange keine größeren Vorschädigungen im Herz-Kreislauf-Bereich vorliegen, besteht dadurch zumindest für unsere Gesundheit keine Gefahr; ein gesunder Organismus hält dies problemlos aus und findet recht schnell wieder zur „Normalform" zurück.

Chronischer Stress hingegen wirkt wie ein lang andauernder Hormonsturm. Zwar ist das Innerste aufgewühlt und die Homonwellen sind kräftig, die Fluten türmen sich jedoch bei Weitem nicht so hoch auf, wie dies bei einem Tsunami der Fall ist. Mit solchen Situationen können sowohl Kopf als auch Körper eine Zeit lang ganz gut klarkommen – wie dargestellt, laufen sie unter diesen Bedingungen bisweilen sogar zur Höchstform auf. Je länger allerdings der Hormonsturm anhält, desto dauerhafter geraten die Schutzdämme unter Druck, hinter denen die Prozesse für optimale Leistung und stabile Gesundheit ablaufen. So entwickeln sich die am Schutzwall anfänglichen kleineren Risse zu immer größeren und massiveren Schäden. Als Konsequenz daraus bekommt der Stress immer bessere Möglichkeiten, auf grundlegende Leistungs- und Gesundheitsebenen einzuwirken und die dort stattfindenden Prozesse nachhaltig zu verändern. Drückt der Stress ohne Unterlass, besteht für den Organismus keine Chance, all die aufgetretenen Schäden wieder vernünftig inspizieren, reparieren und sich selbst für zukünftige Beanspruchungen stärker machen zu können. Unter diesen Bedingungen ist es nur eine Frage der Zeit, bis der Schutzwall in sich zusammenbricht und Körper wie Geist vom einströmenden Stress völlig überflutet werden.

Gesundheitsrisiken unter chronischem Stress

- Absterben von Gehirnzellen
- Auflösen von neuronalen Verschaltungen
- allgemeine psychophysische Erschöpfung
- Depressionen
- Zusammenbruch des Immunsystems
- Diabetes
- Bluthochdruck

- Gefäßerkrankungen
- Herzinfarkt
- Schlaganfall
- Impotenz beim Mann, Menstruationsstörungen bei der Frau
- Unfruchtbarkeit
- Magenschleimhautentzündung
- Magengeschwüre
- Reizdarm-Syndrom

Cortisol übernimmt die Führung

Sie haben bereits erfahren, dass der Übergang von der biologischen Alarmreaktion zur Widerstandsphase durch eine Veränderung im Hormongeschehen gekennzeichnet ist. Die Ausschüttung von kurzfristig aufpeitschenden Hormonen wie Adrenalin, Noradrenalin aber auch das gemeinhin zu den Glückshormonen gezählte Dopamin geht zurück, im Gegenzug nimmt die Konzentration von Hormonen mit Langzeitwirkung zu. So wird der gesamte Organismus auf grundlegend erhöhte Aktivierung und längerfristigen Widerstand eingestellt. Unter den dafür verantwortlichen Hormonen übernimmt nun das Cortisol die Hauptrolle.

Unter chronischem Stress ist der Spiegel dieses Hormons dauerhaft erhöht. Fatalerweise besitzt Cortisol aber auch toxische Eigenschaften und greift bei anhaltend hoher Konzentration über kurz oder lang ausgerechnet den Zellverband im Gehirn an, der für kognitive Abläufe wie Konzentration, Informationsaufnahme und kurzfristige Faktenspeicherung maßgeblich ist. Dieser sitzt im Bereich unseres Mittelhirns und trägt den bereits zuvor erwähnten Namen „Hippocampus".

Gehirnschmalz schrumpft und die Angst nimmt zu

Eine dauerhafte Überschwemmung des Gehirns mit Cortisol lässt die sensiblen Zellen im Hippocampus sukzessive absterben. Auf der geistigen Leistungsebene führt dies zur Verschlechterung der Konzentrationsleistung und ist mit der ansteigenden Unfähigkeit verbunden, Informationen und Fakten aufnehmen, abspeichern und aufgabengerecht verarbeiten zu können. Die Folge: Das Niveau von grundlegenden kognitiven Fähigkeiten reduziert sich und die Erledigung von intellektuell beanspruchenden Aufgaben benötigt immer mehr Zeit. Irgendwann lässt die Qualität der Arbeitsergebnisse selbst bei ausreichend vorhandener Zeit stark nach. Die biologischen Voraussetzungen für eine gute Leistungsfähigkeit und einen unumstößlichen Einsatzwillen sind zu diesem Zeitpunkt einfach schon zu sehr geschädigt. In diesem Stadium hilft dann auch kein „Stell dich nicht so an" oder „Du musst nur wollen", wie es von einigen selbsternannten Mentalexperten so gern propagiert wird. Ganz im Gegenteil führen Versuche, die Schwächen durch mehr und noch mal stärkeren Einsatz wettzumachen, nur zur weiteren Ankurbelung der sowieso schon unter Höchstlast laufenden Stressspirale. Grund dafür ist ein sich unter Dauerstress deutlich schneller aufschaukelndes Angstempfinden.

Cortisol bewirkt nicht nur die Zelldegeneration im Hippocampus, sondern führt auch zu einem vermehrten Zellwachstum innerhalb der Amygdala, unserem biologischen Angstzentrum. Je größer dort die Ansammlung von Nervenknoten ist, und je aktiver diese mit Cortisol durchspült werden, desto mehr weiten sich Zustände voller Angst und quälender Beklemmung im Organismus aus und manifestieren sich irgendwann als Dauerzustand in Geist sowie Dauererregung im Körper.

Zum Schluss gerät alles aus der Balance

Dies ist aber leider immer noch nicht alles. Rein biologisch dreht sich im Stressfall tatsächlich eine Art Spirale in unserem Inneren, in der nun wieder der Hippocampus eine ganz entscheidende Rolle spielt. Wie die nachfolgende Grafik zeigt, übt er – vergleichbar mit einem Thermostat bei einer Heizanlage – einen hemmenden Einfluss auf die Strukturen und Mechanismen der sogenannten Stressachse (medizinisch korrekt als „Hypothalamus-Hypophysen-Nebennierenrinde-Achse" bezeichnet) aus, die allesamt die Cortisol-Ausschüttung in unsere Blutbahn über mehrere Stufen hinweg initiieren und managen. Ist der Hippocampus gesund und leistungsfähig, kann er seine hemmende Funktion jederzeit souverän wahrnehmen. Steht er hingegen unter Cortisol-Dauerbeschuss und werden seine Zellen dadurch kontinuierlich angegriffen, ist er nicht mehr in der Lage, seiner Regelfunktion gerecht zu werden. Das durch den chronischen Stress sowieso schon angekurbelte biologische Aktivierungs- und Angstgeschehen schaukelt sich so ganz von allein immer weiter hoch.

Einem angegriffenen Hippocampus ist es möglich, sich wieder zu regenerieren. Diese Regeneration dauert aber sehr lange – je nach Verletzungsgrad oftmals bis zu mehreren Jahren. Dafür muss zuallererst das automatisierte biologische Stressgeschehen ebenso unmittelbar wie radikal gestoppt werden. Im ersten Schritt kann dies nur durch entsprechende Medikamente erreicht werden. Danach gilt, eine lange Phase der Ruhe mit nur niederschwelligen Belastungen anzuschließen – die Patienten werden ganz bewusst aus der Schusslinie genommen. Aus diesem Grund ziehen sich Burn-out-Behandlungen in der Regel sehr lange hin. Oftmals sind die Betroffenen aber selbst nach einer langen und guten Behandlungsphase nicht mehr so belastbar, wie sie es zu ihren besten Zeiten waren.

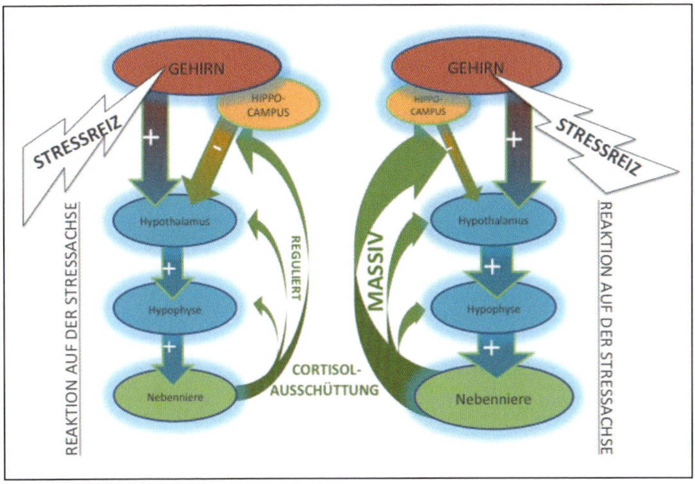

Einfluss eines gesunden (links) und durch Dauerbeschuss von Cortisol geschädigten (rechts) Hippocampus auf Stressachse und Cortisolausschüttung

Wenn „the point of no return" überschritten ist

An dieser Stelle lohnt es sich noch einmal zu betonen: Stress und gelegentliche Phasen der Überforderung sind Teil des Lebens, jeder gesunde Organismus kommt damit klar. Wie dargestellt, benötigen wir solche Reizphasen sogar, um leistungsfähiger und belastbarer zu werden. Auf körperlicher Ebene wird der Punkt, an dem chronischer Stress nicht nur leistungshemmend, sondern auch gesundheitsgefährdend wird, jedoch spätestens dann erreicht, wenn sich eine zunehmende innere Unruhe einstellt, die selbst innerhalb von längeren Pausen oder während eines belastungsfreien Wochenendes nicht mehr verschwindet. Anhaltende Schlafstörungen, deutlich nachlassende Belastbarkeit sowie zunehmende Krankheitsanfälligkeit und steigende Angstempfindungen sind weitere Anzeichen für den mit seiner chronischen Stressbelastung nicht mehr richtig klarkommenden und hinsichtlich Leistungsfähigkeit und Gesundheit immer mehr in Schieflage geratenen Körper. Das Abrutschen in das Erschöpfungsstadium und eine behandlungswürdige medizinische Erkrankung kann nicht mehr verhindert werden, wenn Krankheitssymptome massiv zunehmen, die Wahrnehmung oder Sprache gestört ist oder auf emotionaler Ebene über zwei Wochen lang folgende Symptome zu beobachten sind:

- massive Ängste ohne direkten Auslöser
- depressive Stimmung
- erhöhte Ermüdbarkeit
- Verlust von Interesse und Freude an Dingen, für die man sich unter normalen Umständen begeistern würde.

Positiver Stress: Power is nothing without control

Bleibt noch die Sache mit der Unterscheidung zwischen positivem und negativem Stress. Auch hier war es der Mediziner Hans Selye, der diese Thematik als Erster in die wissenschaftliche Betrachtung des Stressphänomens miteinbezog. Unter positivem, sogenanntem Eustress (die Vorsilbe „eu“ steht im griechischen für „wohl, gut, richtig, leicht“) verstand er Anforderungen, die von einem Individuum als positive Herausforderung wahrgenommen werden. Als negativen, sogenannten Disstress (die Vorsilbe „dis“ steht im griechischen für „miss-, schlecht“) sah er Belastungen, die Empfindungen in Richtung unangenehm, bedrohlich oder überfordernd auslösen.

Stressbedingte Erschöpfungs- und Burn-out-Probleme wurden bis vor gut einem Jahrzehnt ausschließlich in Zusammenhang mit Disstress gebracht. Vor allem wurden Menschen als gefährdet angesehen, die wenig Kontrolle über ihr Leben empfanden und in ihrem Berufsleben in der Rolle des fremdbestimmten Befehlsempfängers steckten. Spätestens seit diesem Jahrtausend zeigt sich jedoch, dass zunehmend auch solche Personen in die Überforderungsspirale geraten, deren Leben durch Eustressbedingungen geprägt sind. Nicht zuletzt anhand der immer häufiger veröffentlichten Meldungen von hochrangigen Persönlichkeiten aus Showbiz, Sport, Wirtschaft und Politik, die in das ominöse Burnout gerasselt sind, lässt sich erkennen, dass auch Menschen, die ihre Tätigkeit lieben und ihre Anforderungen zum größten Teil selbst bestimmen können, nicht vor der Gefahr des Abgleitens in die totale Erschöpfung gefeit sind. Mit anderen Worten: Auch Eustress scheint kein Allheilmittel gegen einen stressbedingten Verlust an Leistungsfähigkeit und dem nachgeschalteten gesundheitlichen Kollaps zu sein.

Positiver Stress als Grundlage für nachhaltige Leistung und Gesundheit

Positive Gefühle und ein stabiles Kontrollempfinden sind Grundlagen für die optimale Bewältigung von Anforderungen. Ein Leben unter vermehrt Eustress hervorrufenden Bedingungen ist daher ideal, wenn es um die Erbringung von Höchstleistung geht. Grundlage dafür ist, dass in unserem Gehirn Erfahrungen und Lerninhalte, abhängig davon, ob wir die situativen Bedingungen als freudvoll oder eher langweilig bis gar angsteinflößend wahrnehmen, in völlig unterschiedlicher Art und Weise bearbeitet und abgespeichert werden. Dadurch entsteht ein „emotionaler Schatten", der nicht nur die unmittelbare Leistungssituation begleitet, sondern auch in Zukunft die emotionalen Befindlichkeiten (sowie die dazugehörigen Körperreaktionen und Handlungsimpulse) beim Wiederaufruf der Erinnerung und Nutzung des Erlernten unbewusst und immer wieder äußerst zuverlässig mit aufflammen lässt. Entsprechend trägt jeder von uns seine Vergangenheit emotional in sich und wird von seinen Erinnerungen und Lern- wie Lebenserfahrungen höchst individuell, und dabei mitunter auch sehr heftig, begleitet.

Schuld daran sind mal wieder die Hormone. Art und Mischverhältnis der Hormonausschüttung unter Eu- und Disstressbedingungen unterscheiden sich deutlich voneinander. Dies spielt in erster Linie für die Gehirnphysiologie eine große Rolle. Unter positivem Stress werden vermehrt Neurotransmitter ausgeschüttet, die positive Gefühle und Stimmungen wie Neugierde, Freude und im Extremfall auch Euphorie bewirken. Bei negativem Stress dagegen überwiegen Hormone, die negative Gefühle und Stimmungen in Richtung Angst, Ärger und Kontrollverlust entstehen lassen.

Stark vereinfacht kann gesagt werden, dass die biologische Aktivierung unter Eustressbedingungen wesentlich effizienter und ökonomischer ist. Entsprechend länger lässt sich damit dann auch eine stressbedingte Widerstandsphase durchhalten.

Die Schattenseiten von positivem Stress

Aber auch wenn sich die Art und die Auswirkungen unterscheiden, Wesen beider Stressvarianten ist nun mal eine grundlegende biologische Aktivierung über das Normalmaß hinaus. Damit geht auch in beiden Fällen der Mehrverbrauch an Energie sowie die Anhebung der körperlich-geistigen Grundaktivierung einher. Auch unter Eustress steigt der Blutdruck an, beschleunigt sich die Atmung und schlägt das Herz schneller. Mit anderen Worten: Auch hier kommt es zu einer energetischen Anpassung des Körpers an die Belastungssituation, entweder in Form der akuten Alarmreaktion oder eines dauerhaften Widerstandsstadiums. Und ähnlich wie unter Disstressbedingungen spielt auch hier für die Leistungsfähigkeit und Gesundheit eine ganz entscheidende Rolle, wie massiv die akuten Reaktionen ausfallen, bzw. wie lange eine Phase unter chronischem Eustress andauert.

Risiko steigt, wenn sich Euphorie breitmacht

Auch unter freudvollen Anforderungsbedingungen machen die Aktivierungsdosis das Gift und der Rhythmus den Erfolg. Ähnlich wie Angst oder Ärger können sehr starke positive Gefühle ebenfalls zum Kontrollverlust in Form von verminderten feinmotorischen Fähigkeiten und der Einschränkung von intellektuellen Fähigkeiten führen. Die Hormone, die unter Euphorie das Gehirn überschwemmen, nehmen die Rezeptoren der Nerven genauso unter Beschlag, wie die Hormone unter Disstressbedingungen. So können stark positiv wahrgenommene Stressbedingungen unter anderem die Fähigkeit vermindern, Risiken frühzeitig wahrnehmen und realistisch einschätzen zu können. Im Sport lässt sich der Grund für Misserfolg beispielsweise durchaus häufig darin finden, dass sich Athleten bereits mitten im Wettkampf auf dem Siegerpodest wähnen. Durch eine sich breitmachende, unbändige Vorfreude verlieren sie schnell ihren Fokus, werden zu unbekümmert und begehen vermeidbare Flüchtigkeitsfehler.

Kein nachhaltiger Erfolg ohne Regeneration

Ist unter akutem Eustress die Selbstüberschätzung mit Verlust von Konzentration und Realitätssinn das Thema, so ist es unter chronischen Eustressbedingungen erneut die Energiefrage. Wie zuvor dargestellt, unterliegen unsere biologischen Reaktionen unabhängig von der Stressart den gleichen energetischen Grundbedingungen. Auch unter Eustress ist der Organismus über Normalniveau aktiviert und wird durch die Bearbeitung der schönen Aufgabe(n) beansprucht. Wird unter diesen Bedingungen ebenfalls immer nur Vollgas gegeben und rechtzeitiges Nachtanken vergessen, ist auch hier der Energietank irgendwann einfach mal leergefahren. Dabei gibt es unter positivem Stress allerdings drei Vorteile, die nicht unerwähnt bleiben sollten – wobei drittgenannter eher einen ambivalenten Charakter besitzt:

1. Nur unter moderat positiven Stressbedingungen können körperliche wie auch geistige Leistungspotentiale ideal abgerufen werden.
2. Da bei der Erledigung der Aufgabe nicht gegen einen inneren Widerstand angegangen werden muss, ist der Energieverbrauch unter positiven Stressbedingungen effektiver und ökonomischer; die Widerstandsphase kann so entsprechend länger durchgehalten werden.
3. Die betroffenen Personen bemerken – da von positiven Gefühlen beglückt – die Symptome einer zunehmenden Erschöpfung wesentlich später, als dies bei ihren Disstress gequälten Zeitgenossen der Fall ist. Oftmals werden sie sich ihrer Erschöpfung aber eben leider auch erst dann bewusst, wenn sie sich schon unmittelbar vor oder bereits mitten im finalen Erschöpfungsstadium befinden.

Wenn Eu- zum Disstress wird

Bleibt an dieser Stelle noch zu erwähnen, dass Anforderungen, denen man sich zwar gern stellt, die man aber partout nicht bewältigen kann, mit der Zeit an den eigenen Fähigkeiten zweifeln lassen. Als Konsequenz wächst das Empfinden, die Kontrolle über die anfänglich als schön wahrgenommene Situation zu verlieren und die einstige Herausforderung entwickelt sich zunehmend zu einer Bedrohung; aus Eustress wird nach und nach Disstress. Davon betroffen sind oftmals enorm leistungsmotivierte Personen mit überzogen hohen Ansprüchen an sich selbst wie ihre Umwelt.

Grundlagen zur intelligenten Steuerung von Belastungs- und Erholungsphasen

Ihr Körper trägt Sie durchs Leben. Sämtliche Dinge, die Sie tun und erleben, sind an seine internen physiologischen Vorgänge sowie seine grundlegenden biologischen Voraussetzungen gebunden. Dazu zählen auch Ihre Emotionen, Stimmungen und Gedanken.

- Eine ausgewogene Balance zwischen Belastung und Erholung bildet die Grundlage für optimale Leistung bei stabiler Gesundheit.
- Sind Belastungen auf das individuelle Niveau angepasst, erhalten Körper und Geist die entscheidenden Reize zur Stabilisierung und Weiterentwicklung des aktuellen Status quo.
- Diese Reize können allerdings nur dann gewinnbringend verarbeitet werden, wenn unmittelbar darauf adäquate Verarbeitungs- und Regenerationspausen folgen und ein guter Rhythmus zwischen Belastungs- und Pausenphasen eingehalten wird.
- Stress entsteht, wenn die Belastungen zu intensiv werden, zu lange andauern, oder die biologischen Energiereserven zur Neige gehen.
- Stress ist eine körperliche Reaktion, die entweder unmittelbar maximale Energie für Bewegungen freisetzt (Alarmreaktion) oder längerfristig sämtliche biologischen Möglichkeiten für eine erhöhte körperliche und geistige Leistungsfähigkeit aktiviert (Widerstandsstadium).

- Akuter Stress schränkt die kognitive Leistungsfähigkeit enorm ein und führt im Extremfall zum Handeln im Affekt.
- Chronischer Stress führt mittelfristig zu Veränderungen von Gehirnstrukturen. Die Konsequenzen sind Intensivierung des biologischen Stressgeschehens, ansteigende Angstgefühle und der Verlust von kognitiven Grundfähigkeiten.
- Wenn der Stressreiz im Widerstandsstadium nicht rechtzeitig bewältigt werden kann, führt chronischer Stress in die körperliche, emotionale und kognitive Erschöpfung.
- Belastungen können als Herausforderung oder Bedrohungen gesehen werden, entsprechend wird zwischen positivem (Eustress) und negativem Stress (Disstress) unterschieden.
- Eustressbedingungen machen Freude, lassen positive Gefühle entstehen und sind maßgeblich bestimmend für eine gute Entwicklung, optimale Leistung und stabile Gesundheit.
- Die biologischen Reaktionen unter Eustressbedingungen können ebenfalls zur kurzfristigen Einschränkung von kognitiven Fähigkeiten führen (bei akutem Eustress) sowie mittel- und langfristig das Abrutschen in das Erschöpfungsstadium bewirken (bei chronischem Eustress).

2. Einstellungen überprüfen – Die Psychologie der Stressbalance

Was mit Einstellungen gemeint ist und welche Auswirkung sie auf die Stressbalance haben, lässt sich ganz gut anhand eines Radiogeräts verdeutlichen. Je nachdem, auf welchen Sender das Radio eingestellt wurde, empfängt es ein bestimmtes Programm. Wird ein Thema behandelt, das uns als Zuhörer anspricht, oder läuft Musik, die uns gefällt, hören wir aufmerksam zu. Zur gleichen Zeit funken aber auch noch zahlreiche andere Sender ihre Programme, die ebenfalls interessant sein könnten. Wir haben aber nur dann eine Chance, dies zu erfahren, wenn wir die Sendereinstellung unseres Radios verändern. Dumm dabei ist allerdings, dass wir dann von unserem zuerst ausgewählten Programm nichts mehr mitbekommen würden.

Summa summarum müssen wir damit leben, dass die Einstellmöglichkeiten unseres Radios es schlichtweg nicht zulassen, zu einem bestimmten Zeitpunkt mehrere Programme gleichzeitig sauber zu empfangen. So haben wir die Tendenz, unser Radio irgendwann nicht mehr großartig zu verstellen. Wir belassen es bei dem Sender, der uns am besten gefällt und von dessen Qualität und Richtigkeit wir überzeugt sind. Dabei wächst allerdings die Gefahr, dass uns nach und nach die Wahrnehmung für andere Programme verloren geht, die beizeiten doch attraktiver, unterhaltsamer oder gar nützlicher wären. Ähnliches gilt für unsere inneren Einstellungen.

Was sind Einstellungen?

Unsere Einstellungen gehören zu den wichtigsten Merkmalen unserer Persönlichkeit. Sie sind Grundlage für unser Bezugs- und Wertesystem, mit dem wir uns und die Welt, in der wir leben, wahrnehmen, erleben und erklären. Sie bewirken auf der einen Seite, dass wir aus den unzählig vorhandenen Programmangeboten in unserer Umwelt immer nur ganz bestimmte Programme „empfangen" – besser ausgedrückt: „wahrnehmen". Auf der anderen Seite ergeben sich aus ihnen unsere individuellen Tendenzen, Menschen, Objekte, Vorstellungen und Geschehnisse in einer bestimmten Art und Weise zu bewerten.

Einstellungen sind lebensnotwendig!

Ohne Einstellungen würden wir uns vollkommen orientierungslos durch unser Leben bewegen und wären mit all den auf uns einprasselnden Eindrücken und Geschehnissen hoffnungslos überfordert. Sie sind daher für unser Überleben und Weiterkommen ein zwingend notwendiger Filter. Gleichzeitig machen sie uns jedoch auch zum Gefangenen unserer eigenen, subjektiven Perspektive. Je starrer sie stehen, desto enger und unbeweglicher wird unsere Sichtweise auf die Dinge. Im schlechtesten Fall nehmen wir von den Gesamtgeschehnissen in unserem Leben nur noch wenige Teilaspekte wirklich wahr und driften in den Bereich des Extremismus ab. Doch selbst wenn unsere Perspektive beweglich und flexibel bleibt, lenken uns unsere Einstellungen je nach Situation mal in die richtige Richtung und bereichern unser Dasein sowie unsere Leistung und Gesundheit, ein anderes Mal können sie aber auch kräftig in die Irre führen und dafür sorgen, dass wir uns selbst torpedieren.

Info-Box 2.1: Wie Einstellungen entstehen

Der grundlegende Beginn für die Ausformung von Einstellungen erfolgt bereits in den ersten Lebensphasen. Aus der Wechselwirkung zwischen den elementarsten Bedürfnissen wie Nahrung, Geborgenheit, Sicherheit, Fürsorge und der Art und Weise der Befriedigung bzw. Nicht-Befriedigung durch die unmittelbaren Bezugspersonen entwickeln sich bereits in den ersten Lebensmonaten prägende neuronale Verschaltungen. Diese sind nicht nur Träger der ersten Gefühls- und Verhaltensreaktionen, sondern bilden schon jetzt das Fundament für das zukünftige emotionale Erleben des Individuums. In den ersten Kindheitsjahren wird dieses Fundament – abhängig davon, in welchem Zusammenhang und von welchen Personen emotionale Grundbedürfnisse bedient werden – weiter moduliert, ausgebaut und im Rahmen des genetischen Reifungsprozesses im emotionalen Gedächtnis verankert. Dabei stellen Angstzustände und entsprechende erfolgreiche Auflösung, Abwehr oder Kompensation den mit Abstand größten Reiz für die Herausbildung von Einstellungen und den damit verbundenen Denk- und Verhaltensmustern dar. Auf diesem nach und nach immer fester werdenden Fundament entwickelt sich bis in das frühe Erwachsenenalter hinein ein ausgewachsenes Gehirn mit riesigem Volumen, Milliarden von Nervenzellen und noch mal mehr Verschaltungen. Ohne Frage hat es dabei zwar ein genetisch festgelegtes Ausreifungsprogramm durchlaufen, war in jeder Sekunde seiner Reifungszeit jedoch zudem einer immerwährenden Interaktion zwischen angeborenen Persönlichkeitseigenschaften, frühkindlichen emotionalen Prägungen, unzähligen Lebensereignissen sowie gesellschaftlichen und kulturellen Einflüssen ausgesetzt. Erst durch diese Interaktion hat sich das Gehirn zum Träger einer einzigartig ausgeprägten Persönlichkeit entwickeln können, die durch relativ feste, individuell jedoch höchst unterschiedliche und in erster Linie unbewusst-emotional verankerte Einstellungen gekennzeichnet ist.

Einstellungen sind emotional verankert

Unsere eigene Perspektive setzen wir ganz automatisch mit dem gleich, was wir als gesunden Menschenverstand verstehen. Aus diesem Grund zweifeln wir auch schnell am Verstand anderer, wenn sie etwas tun oder sagen, das unseren Überzeugungen widerspricht. Tatsächlich sind unsere inneren Einstellungen und die daraus resultierenden Betrachtungs- bzw. Bewertungsperspektiven jedoch alles andere als kühle und rationale Leistungen unseres Verstands. Ganz im Gegenteil: Je tiefer sie sitzen, umso mehr führen sie zu emotional geladenen Kurzschlüssen im Denken und Handeln.

Einstellungen sind für das Gehirn ökonomisch

Sie sollten unsere Einstellungen an dieser Stelle allerdings nicht als etwas grundlegend Schlechtes verstehen. Vielmehr sind sie eine Art automatisierter Kompass, der uns mit den besten Absichten durchs Leben führt. Für das generelle Funktionieren unseres Gehirns sowie die Effektivität unseres Bewusstseins ist es sogar unabdingbar, dass Einstellungen unbewusst abgespeichert sind und unser Denken und Handeln durch emotionale Impulse schnell und unmittelbar in bestimmte Richtungen lenken. Mit der äußerst begrenzten Aufnahmekapazität und vergleichsweise langsamen Verarbeitungsgeschwindigkeit unseres Bewusstseins hätten wir keine Chance, gegebene Bedingungen in jeder Situation aufs Neue über langwierige Erkenntnisschleifen mit unseren Einstellungen und Wertvorstellungen abzugleichen. In unserem ebenso riesigen wie blitzschnell agierenden Unterbewusstsein werden solche Wahrnehmungs-, Abwägungs- und Bewertungsprozesse innerhalb von Sekundenbruchteilen erledigt. So bleibt unser Bewusstsein frei und wird über die aufkommenden Emotionen ziemlich genau darüber informiert, wie dringlich die aktuelle Situation zu behandeln ist und welche Richtungen das Denken und Verhalten nun nehmen sollte.

Einstellungen wirken als emotional-dynamische Impulse

Dieses Bild der unbewusst ablaufenden Informationsaufnahme und Verarbeitung ist in der wissenschaftlichen Betrachtung über die Wahrnehmungs-, Gefühls-, Denk- und Verhaltensprozesse des Menschen nichts Neues, wurde aber in den letzten knapp dreißig Jahren von der Vorstellung überschattet, wir seien rational denkende und primär vernunftgesteuerte Wesen. Dieses Paradigma ist nun jedoch durch die Ergebnisse der neuen Gehirnforschung endgültig widerlegt. Vielmehr wird unser Verhalten über eine Art Primärschleife unentwegt durch unbewusste Prozesse und emotional-dynamische Impulse (= Einstellungen) beeinflusst. Je stärker und massiver diese Impulse sind, desto weniger Chance besteht für unseren Verstand, die Angemessenheit rational zu hinterfragen und das Verhalten unter bewusster Kontrolle zu halten. Folglich entfalten Einstellungen umso größere dynamische Wirkung, je tiefer und fester sie in uns verankert sind.

Je schwächer und milder dagegen emotional-dynamische Impulse auftreten, desto größer sind die Chancen, den bewussten Verstand als wertvolle Sekundärschleife mit einzubeziehen. Diese Schleife erlaubt uns, die Angemessenheit der eigenen Gefühls-, Denk- und Verhaltensmuster zu hinterfragen und uns auf die Suche nach den dahinterliegenden Einstellungen zu machen.

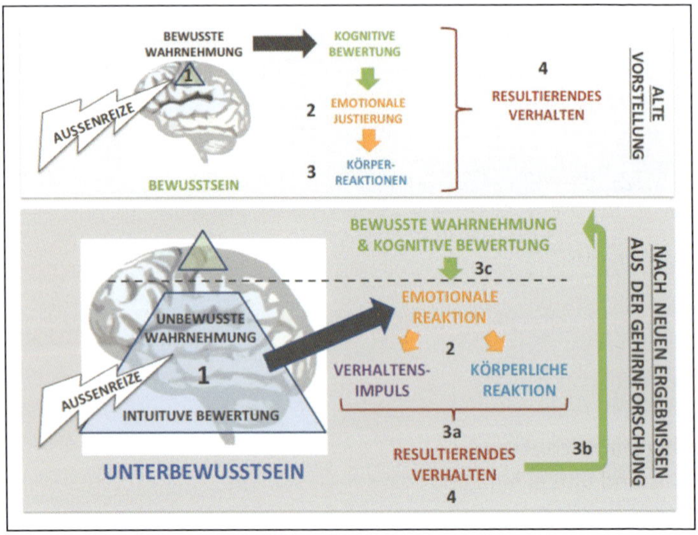

Prozess der Reizverarbeitung nach alter Vorstellung aus der kognitiv orientierten Psychologie (oben) sowie neuen Erkenntnissen aus den Neurowissenschaften (unten). Kognitive Theorien gehen davon aus, dass Menschen sich und ihre Umweltwahrnehmung in erster Linie durch bewusstes Denken organisieren. Demnach gelangen Außenreize zuerst in das Bewusstsein und werden dort kognitiv bewertet (1). Je nach Art dieser Bewertung entstehen Emotionen (2), die wiederum die körperlichen Reaktionen auslösen (3). Aus diesem Prozess entsteht als Endprodukt die Art und Weise des Verhaltens (4). Nach aktueller Forschungslage sind unseren bewussten und rationalen Denkvorgänge jedoch unbewusste Wahrnehmungs- und Bewertungsprozesse (1) sowie daraus resultierende emotional-körperliche Reaktionen (2) vorgeschaltet. Je stärker diese ausfallen, desto deutlicher befinden sich affektive Verhaltensimpulse auf der Vorfahrtstraße (3a). Je milder sie dagegen sind, desto mehr öffnet sich eine sekundäre Schleife (3b), die zum Bewusstsein führt. Erst hier erfolgt nun die bewusste Wahrnehmung des Außenreizes bzw. der aktuellen Situation (3c). Dabei wird mithilfe von kognitiv-rationalen Prozessen erneut abgescannt, was im emotional gesteuerten Unterbewusstsein bereits ausgewählt und als relevant bewertet wurde. Abhängig davon, ob nun der erste unterschwellige Eindruck vom Bewusstsein bestätigt, relativiert oder verworfen wird, haben nun endlich auch rationale Denkprozesse die Chance, auf bereits vorhandene Emotionen, die dazugehörigen körperlichen Reaktionen sowie oftmals bereits in Gang gesetzte und automatisch ablaufende Verhaltensmuster einzuwirken und diese entsprechend zu modulieren (4).

Auf der Suche nach den eigenen Einstellungen

Sie wissen nun, dass auf unseren Verstand nicht viel Verlass ist, wenn tief in uns sitzende Einstellungen angetriggert werden und daraus starke emotionale Impulse resultieren. Sie werden in Kapitel 9 unter dem Thema Entspannung noch erfahren, warum emotional gesteuerte Reaktionen umso früher zu erwarten sind, je mehr wir in unserem Alltag auf Aktion und ständige Betriebsamkeit gestellt sind. An dieser Stelle daher nur so viel: Je stärker wir unter Dauerstrom stehen, desto weniger Chancen bestehen, die Wirkung von inneren Einstellungen zu erkennen, zu hinterfragen oder gar zu verändern. Wenn Sie sich also auf eine Erfolg versprechende Reise zu Ihren Einstellungen machen wollen und dabei das Ziel verfolgen, zu identifizieren und modifizieren, was weder Ihrer Leistungsfähigkeit noch Ihrer Gesundheit gut tut, brauchen Sie ein wenig Stillstand und einen zumindest halbwegs entspannten Geist.

Der Tribünenblick

Einen Fußballspieler auf dem Platz plagen in der Regel zwei grundlegende Probleme: Er hat zum einen eine vergleichsweise bescheidene Sicht auf das Gesamtgeschehen und steht zum anderen unter Dauerstress. Ein Zuschauer auf der Tribüne hingegen hat eine bequeme Drauf- wie Rundumsicht und kann das Spielgeschehen mehr oder weniger locker verfolgen – vorausgesetzt natürlich, er ist kein glühender Anhänger einer der Mannschaften, die da unten gerade spielt. Aus einer solchen Beobachterposition heraus lässt sich dann oftmals auch ganz deutlich erkennen, dass es sogar die eigene Oma besser könnte, als diese blinden, hektischen und oftmals überbezahlten Gurkentruppen auf dem Spielfeld, nicht wahr?

Waren Sie auch schon mal Teil einer solchen Gurkentruppe? Haben Sie auch schon mal dicke Chancen übersehen? Oder sind Sie über unerklärliche Hindernisse oder gar sich selbst gestolpert, als Sie endlich mal in der Position waren, Tore vorzubereiten oder gar zu schießen? Nun, so oder so lade ich Sie jetzt dazu ein, sich tatsächlich mal auf die Tribüne zu begeben und die Art und Weise zu beobachten, wie Sie selbst im Spiel Ihres Lebens so agieren und mit Ihren Leistungssituationen wie Erfolgschancen umgehen.

Blick von der Tribüne. Der Zuschauer hat im Vergleich zu den Spielern auf dem Rasen die deutlich bessere Perspektive. Der ganzheitliche Blick auf das Spielgeschehen erlaubt ihm, Erfolgschancen wie Misserfolgsgefahren deutlich besser und eventuell auch wesentlich früher als die Aktiven selbst zu erkennen.

Feedback einholen

Wenn Sie Ihr eigener Zuschauer werden möchten, brauchen sie den Wechsel in die Zuschauerperspektive, verbunden mit ausreichend Zeit und Ruhe. Hilfreich dafür sind Verfahren, die Ihnen ein Feedback über Ihre Gefühls-, Denk- und Verhaltensmuster geben. Die einfachste, leider aber auch konfliktträchtigste aller Möglichkeiten, besteht darin, sich die Meinung von anderen Leuten einzuholen.

Teilen Sie Ihre Lebenswelten mit Menschen, die Sie gut kennen und denen Sie vertrauen? Wenn ja, trauen Sie sich, diese um ein ehrliches Feedback zu Ihrer Person zu bitten? Damit das Ganze nicht grandios nach hinten losgeht, sollte dabei aber unbedingt vorab geklärt werden, dass es diese Personen ehrlich mit Ihnen meinen und die Gelegenheit nicht ausnutzen, um endlich mal angestaute negative Emotionen Ihnen gegenüber rauszulassen. Zeitgleich sollten aber auch Sie selbst Ihre eigenen Emotionen im Griff haben und nicht gleich beleidigt reagieren, wenn Sie das ehrliche Feedback als wenig schmeichelhaft empfinden und es Ihrem eigenen Selbstbild so gar nicht entspricht.

Fragebogen

Die klassische und weniger konfliktträchtige Möglichkeit des Tribünenblicks ist die Selbstreflektion mittels entsprechender Diagnostikverfahren. Geeignet sind hier sogenannte objektive Verfahren, die in der Regel mit standardisierten Fragebögen durchgeführt werden. Ich werde Ihnen in diesem Buch einige Fragebögen anbieten, die Ihnen themenbezogen das Screening Ihrer Einstellungen und Eigenschaftsausprägungen ermöglichen. Absicht dabei ist, Sie für die Empfindungs-, Denk- und Verhaltensmuster zu sensibilisieren, die Sie in sich tragen.

An diesem Punkt ist mir jedoch der Hinweis wichtig, dass sämtliche dieser Verfahren Screeningmethoden sind und keinen strengen wissenschaftlichen Gütekriterien für psychologische Tests entsprechen. Der Einsatz von wissenschaftlichen Tests würde zum einen den Rahmen dieses Buches bei Weitem sprengen, zum anderen ist deren Einsatz auch immer an Kopierrechte und kostenpflichtige Anwendungslizenzen gebunden. Sollten Sie Interesse an solchen Verfahren haben, finden Sie an den betreffenden Stellen immer mal wieder entsprechende Verweise.

Und was denken Sie so?

Nachfolgend nun ein Fragebogen, der sich auf Ihre Einstellungen in Bezug auf Leistungssituationen bezieht. Er soll Ihnen dabei helfen, Felder zu identifizieren, in denen allein Ihre Einstellungen dazu führen könnten, dass Sie vermehrt Stress erleben und dabei mitunter sogar Ihre Leistungsfähigkeit wie Gesundheit torpedieren.

Bei der Beantwortung gibt es kein Richtig oder Falsch. Damit die Ergebnisse tatsächlich Aussagen über Ihre unbewussten Einstellungen zulassen, sollten Sie die Beantwortung insgesamt zügig durchführen und ohne großes Nachdenken Ihrem jeweils ersten Antwortimpuls folgen. Hierzu steht Ihnen folgende fünfstufige Skala zur Verfügung:

① denke ich immer
② denke ich meistens
③ denke ich hin und wieder
④ denke ich selten
⑤ denke ich nie

Errechnen Sie bitte nach der kompletten Beantwortung pro Fragenblock die Summe und tragen Sie diese in das dafür vorgesehene Feld ein. Um einen guten Überblick über stressfreie, stressgefährdete oder gar stresskritische Einstellungsbereiche zu erhalten, ist dem Fragebogen nachgeschaltet eine Zielscheibe abgebildet. Hier sind die einzelnen Messfelder als Achse dargestellt, auf der Sie Ihre jeweilige Punktesumme eintragen können.

1. Perfektionsanspruch

Was ich mache, muss perfekt sein.	①②③④⑤
Es dürfen mir keine Fehler passieren.	①②③④⑤
Ergebnisse von mir müssen 100-prozentig passen.	①②③④⑤
Die Leute sollen ausnahmslos gut über mich denken.	①②③④⑤
Auf mich sollte 100-prozentiger Verlass sein.	①②③④⑤
Pausen kann ich mir nur dann erlauben, wenn eine Arbeit vollständig erledigt ist.	①②③④⑤
Ich darf Termine nicht überziehen.	①②③④⑤
Ich muss alle Dinge, die meinem Erfolg im Weg stehen könnten, erkennen und unter Kontrolle bekommen.	①②③④⑤

Summe:

2. Selbstbild

Ich bin anfällig für Fehler.	①②③④⑤
Ich nehme immer alles zu leicht.	①②③④⑤

Ich bin wenig belastbar. ①②③④⑤
Es ist typisch für mich, dass etwas nicht so klappt, wie ich es gern hätte. ①②③④⑤
Ich bin eher unfähig. ①②③④⑤
In entscheidenden Situationen versage ich. ①②③④⑤
Ich stelle mich meist ziemlich dumm an. ①②③④⑤

Summe:

3. Selbstkontrolle

Ich habe meine Nervosität nicht im Griff. ①②③④⑤
Ich hasse es, dass ich dazu neige, rot zu werden. ①②③④⑤
In wichtigen Gesprächen verhasple ich mich. ①②③④⑤
Ich verliere in wichtigen Gesprächen den roten Faden. ①②③④⑤
Ich neige zu Atembeschwerden, wenn es „um die Wurst" geht. ①②③④⑤
Meine Stimme ist grausam. ①②③④⑤
Ich hasse mein Rumgestotter. ①②③④⑤
In wichtigen Situationen kann ich den Blicken anderer Personen nicht standhalten. ①②③④⑤

Summe:

4. Soziale Wirkung

Die anderen denken eher schlecht von mir. ①②③④⑤
Ich werde nicht ernst genommen. ①②③④⑤
Man lehnt mich ab. ①②③④⑤
Die anderen halten mich für dumm. ①②③④⑤
Ich neige dazu, mich zu blamieren. ①②③④⑤
Andere spüren, dass ich nicht viel drauf habe. ①②③④⑤
Die anderen sollen mich nicht für einen Angeber halten. ①②③④⑤
Ich will nicht, dass andere sauer auf mich sind. ①②③④⑤

Summe:

5. Ergebniserwartung

Das klappt sowieso nicht.	①②③④⑤
Ich habe immer Pech.	①②③④⑤
Wenn es um die Wurst geht, dann versage ich.	①②③④⑤
Die anderen sind besser als ich.	①②③④⑤
Ich bin meinem Schicksal hilflos ausgeliefert.	①②③④⑤
Ich kann sowieso nichts ändern.	①②③④⑤
Das schaffe ich nie.	①②③④⑤
Ich mache immer alles falsch.	①②③④⑤

Summe:

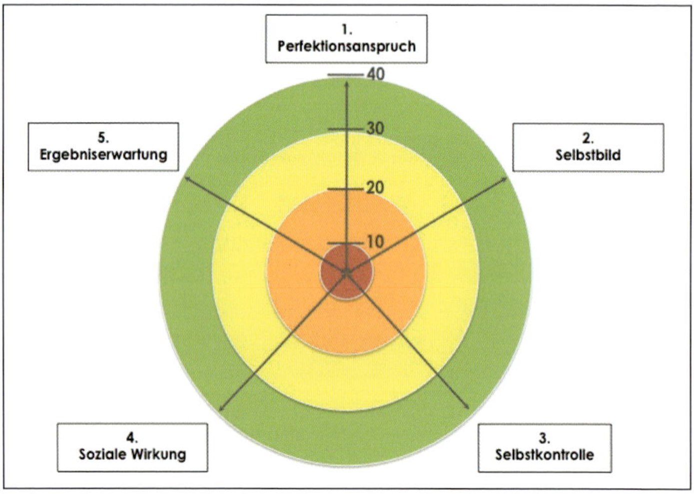

Auswertung der Punkte pro Bereich

40 bis 31 = prima

In diesem Bereich tragen Ihre Einstellungen und Gedanken nicht bzw. nur äußerst selten dazu bei, dass Sie sich selbst unnötigen Stress machen. Das hilft Ihnen, anspruchsvolle Aufgaben eher als Herausforderung denn als Bedrohung wahrzunehmen und Ihr Leistungspotential auch in kniffligen Situationen frei ausspielen zu können. Zudem tun Sie sich durch Ihre Einstellungen und Gedanken in diesem Bereich auch gesundheitlich einen Gefallen.

30 bis 21 = okay
In diesem Bereich tragen Ihre Einstellungen und Gedanken gelegentlich dazu bei, dass Sie sich selbst ein wenig mehr Stress machen, als es mitunter notwendig wäre. Vermutlich kommt es jedoch nur in äußerst anspruchsvollen Situationen dazu, dass Sie grenzwertigen Druck empfinden und an Ruhe und Gelassenheit verlieren. Dadurch dürfte Ihre Leistungsfähigkeit hin und wieder beeinträchtigt sein, übermäßige gesundheitliche Gefahren sind jedoch noch nicht zu erwarten.

20 bis 11 = problematisch
In diesem Bereich tragen Ihre Einstellungen und Gedanken häufig dazu bei, dass Sie mehr Stress erleben, als es der Bewältigung der jeweiligen Anforderung angemessen ist. Es ist davon auszugehen, dass Sie sich dadurch eine Menge zusätzlichen Druck machen und sich in Ihrer Leistungsfähigkeit oftmals selbst torpedieren. Zudem könnten Ihre Einstellungen und Gedanken auf lange Sicht hin zu stressbedingten Gesundheitsproblemen führen.

10 bis 0 = Selbstblockade
In diesem Bereich führen Ihre Einstellung und Gedanken zu dauerhaftem Stress. In anspruchsvollen Situationen sind Sie vermutlich sehr häufig blockiert und finden kaum Zugang zu Ihrem Können und was an Potentialen in Ihnen steckt. Durch das chronische Erleben von Stress verbrauchen Sie enorm viel Energie und empfinden vermutlich oftmals tiefe Erschöpfung. Wenn nicht schon vorhanden, so sind stressbedingte gesundheitliche Probleme leider mehr oder weniger vorprogrammiert.

Produktive Gelassenheit oder selbstgemachter Stress?
Je häufiger Ihre Ergebnisse im vorausgegangenen Fragebogen im grünen Bereich liegen, desto stabiler sind Sie, wenn es darum geht, in anspruchsvollen Situationen Ruhe zu bewahren und mit produktiver Gelassenheit an Ihre Aufgaben heranzugehen. Gelassenheit ist in diesem Zusammenhang übrigens keinesfalls mit mangelndem Engagement gleichzusetzen. Wenn Sie gelassen, gleichzeitig aber auch engagiert an die Dinge herangehen, können Sie mit viel positiver Energie bei geringer negativer Anspannung

agieren. Sie befinden sich damit in einem mental-körperlichen Aktivierungsmodus, der höchste Produktivität verspricht.

Je seltener Sie sich dagegen mit Ihren Ergebnissen im grünen Bereich wiederfinden, desto wahrscheinlicher ist, dass Sie sich aufgrund Ihrer Einstellungen und Ihren daraus resultierenden Gedanken und Handlungen in Ihrem Leben oftmals deutlich mehr Stress machen, als es für die erfolgreiche Erledigung Ihrer unterschiedlichen An- und Herausforderungen notwendig wäre.

Perfektionsanspruch und Stress

Perfektionsstreben ist mit einem maximalen Anspruch an Qualität gleichzusetzen. Dies scheint auf den ersten Blick hin positiv zu sein und ist Ausdruck einer hohen Leistungsmotivation. Perfektionisten neigen allerdings oftmals dazu, sich selbst unnötig viel Stress zu machen. Vor allem wenn ihre Erwartungen an sich selbst sowie ihre Möglichkeiten völlig überzogen sind und dahinter ein geringes Selbstwertgefühl steckt, das kompensiert werden will und nach Anerkennung giert. Spätestens in solchen Fällen wird das Streben nach Perfektion ungesund und dysfunktional. Da es primär von der weiter unten noch ausführlicher beschriebenen Angst vor Misserfolg angetrieben wird, führt es entsprechend eingestellte Personen umso früher und ausgeprägter in die Bereiche der stressbedingten Verkrampfung und Selbstblockade, je anspruchsvoller und selbstwertgefährdender sich die (Leistungs)-Situationen für sie gestalten.

Selbstbild und Stress

Ist das eigene Selbstbild positiv, versteht man es, sich in anspruchsvollen Situationen aus seinem Inneren heraus selbst zu unterstützen und Mut zu machen. Fängt man jedoch in Situationen, in denen es um die Wurst geht, damit an, sich selbst niederzumachen und mit Selbstvorwürfen zu überhäufen, deutet dies auf ein stark negativ geprägtes Selbstbild hin. In solchen Fällen übernimmt ein erbarmungsloser innerer Kritiker umso mehr die Regie, je anspruchsvoller und bedrohlicher die Situation wird. Geradezu panisch versetzt er Körper und Geist in Alarm und versucht in Form eines dumpf-doofen Drill-Instruktors, das sowieso schon geschundene Selbstwertgefühl zu drängen, sich nun endlich mal wirklich Mühe zu geben und ein Versagen um jeden Preis der Welt zu verhindern. Unter solchen Umständen verwundert es nicht, wenn sich das innere Stressgeschehen nicht mehr durch den Verstand bändigen lässt und das Handeln von affektiv gesteuerten Verhaltensimpulsen dominiert wird.

Selbstkontrolle und Stress

Wer ein eher negativ geprägtes Bild von sich selbst in sich trägt, wird in anspruchsvollen Situationen also wesentlich früher von der Stressspirale vereinnahmt, als dies bei Menschen mit positivem Selbstwert zutrifft. Wenn dann noch das Gefühl vorhanden ist, dem eigenen Körper – wenn es darauf ankommt – nicht mehr trauen und seine eigenen Aktionen und Reaktionen nicht mehr unter Kontrolle halten zu können, schwindet jegliche Hoffnung auf Stabilität unter Stress und auf Erfolg unter herausfordernden Bedingungen rapide. Die logische Konsequenz: Entsprechend eingestellte Personen nehmen bereits mittelschwere Anforderungen als massive Bedrohung wahr und erleben sehr häufig übermäßigen Stress.

Soziale Wirkung und Stress

Unser Selbstwertgefühl steht und fällt mit Art und Inhalt des Feedbacks, das wir von unserer sozialen Umwelt erhalten. Aus diesem Grund spielt der Faktor „soziale Wirkung" eine umso größere Rolle im Stressgeschehen, je mehr wir uns Sorge um Kritik machen und von dem Wunsch nach Anerkennung angetrieben werden. Ist diese Sorge bzw. dieser Wunsch groß, trägt jede noch so bedeutungslose öffentliche Situation das Potential in sich, Stress auszulösen. Im Extremfall kann sich daraus sogar eine Sozialphobie entwickeln. Diese ist durch massiv aufkommenden und dauerhaft anhaltenden Stress gekennzeichnet, der auftaucht, sobald man sich innerhalb von Menschengruppen bewegen muss. In einem solchen Fall ist professionelle Hilfe angesagt.

Ergebniserwartung und Stress

Eine grundlegend positive Ergebniserwartung geht mit einer optimistischen Lebenseinstellung einher, die sich mit der Überzeugung paart, sein eigenes Leben selbst aktiv gestalten und die Dinge zum eigenen Vorteil beeinflussen zu können. Mit einer solchen Einstellung stehen die Chancen gut, dass auch in hoch anspruchsvollen Situationen kein übermäßiger Stress entsteht.

Eine allgemein negativ geprägte Ergebniserwartung ist mit einer pessimistischen Grundhaltung gleichzusetzen. In diesem Fall ist das allgemeine Kontrollempfinden eher gering und äußert sich nicht selten durch permanentes Schwarzmalen, verbunden mit kräftigem Zynismus. Je pessimistischer die Grundhaltung, desto bedrohlicher wirken natürlich auch Leistungssituationen und umso öfter geraten Körper und Geist unter Stress. In diesem Zusammenhang konnte der bekannte amerikanische Psychologe Martin E.P. Seligmann übrigens nachweisen, dass ein realistischer Optimismus nicht nur eine der besten Präventivmaßnahmen gegen häufiges Stresserleben darstellt, sondern sich positiv auf die Lebensqualität und -länge auswirkt.

Von der Einstellung zur Leistungsmotivation

In meinen Seminaren werden leistungsorientierte Geister an dieser Stelle oftmals ziemlich unruhig. Zeugt es denn nicht von mangelndem Ehrgeiz, wenn Personen keine hohen Ansprüche an sich selbst haben und nicht von klassischen Leistungsprinzipien wie etwa Perfektion angetrieben werden? Ist es denn nicht enorm wichtig, sich selbstkritisch gegenüberzustehen, um nicht bequem und fahrlässig zu werden und sich immer wieder aufs Neue pushen zu können?

Natürlich fehlt jeglicher Ehrgeiz, wenn gar keine Ansprüche an sich selbst und seine Leistungen gestellt werden. Und ohne Frage irrt, wer alles mit der rosaroten Brille betrachtet und glaubt, knifflige Aufgaben und herausfordernde Probleme lassen sich ohne größeres persönliches Engagement bewältigen. Ich bitte daher an diesem Punkt darum, sich von stupiden Schwarz-Weiß-Betrachtungen frei zu machen und sich auf die Frage einzulassen, bis wann sich Ehrgeiz ebenso gesund wie leistungsfördernd auswirkt und ab wann er so stark wird, dass er zur zunehmenden Verkrampfung führt, chronischen Stress entstehen lässt, die eigenen Leistungsmöglichkeiten torpediert und last but not least früher oder später gesundheitliche Probleme provoziert.

Gesunder versus ungesunder Ehrgeiz

Gesunder Ehrgeiz äußert sich nicht in Dingen wie Selbstüberforderung, überzogener Selbstkritik oder Sorgen um die soziale Wirkung. Eine gesunde und produktive Einstellung zur Leistung zeichnet sich vielmehr durch ein belastbares Selbstwertgefühl, produktive Selbstunterstützung und einen realistischen Optimismus aus. Nur so kann die Lust entstehen, sich an knifflige Sachen heranzuwagen. Mit gesundem Ehrgeiz hat man Spaß an der Herausforderung und führt seinen Geist in einen Bereich, in dem er sich fast von allein auf die Dinge fokussiert, die man selbst tun kann, um erfolgreich zu sein.

Ungesunder Ehrgeiz dagegen führt zu einer negativen Wahrnehmung von schwierigen Anforderungen und kniffligen Leistungsaufgaben. Bei den betroffenen Personen löst dies oftmals ähnliche Emotionen aus, wie ein Kampf ums physische Überleben. Unter diesen Umständen kann aus einer Leistungsanforderung keine freudvolle Herausforderung entstehen. Ganz im Gegenteil: Die Situation wird als existentiell bedrohlich erlebt. Personen mit überzogenem Ehrgeiz werden daher in einer Leistungssituation eher von einer mehr oder weniger großen Angst vor Misserfolg begleitet und während der Bewältigung einer Leistungsanforderung davon angetrieben, Fehler zu vermeiden. Als Folge fokussiert sich der Kopf primär auf die Gefahrenquellen sowie drohenden negativen Konsequenzen bei Misserfolg. Was dabei entsteht ist das, was hinter dem berühmt-berüchtigten Wort „Druck" steckt.

Erfolg anstreben oder Misserfolg vermeiden?

Wer Misserfolge als Katastrophen wahrnimmt und sich gleichzeitig ständig anspruchsvollen Leistungssituationen aussetzt, muss sich nicht wundern, wenn er permanent von unguten Gefühlen gejagt wird und entsprechend gestresst durch sein Leben hetzt. In diesem Fall wird das Grundmuster des eigenen Erlebens und Handelns von der Angst zu versagen bestimmt und die Motivation zur Leistung entsprechend von dem Bedürfnis dominiert, eben dieses Versagen zu vermeiden. Daher erleben Personen mit Misserfolgsangst Anforderungen auch umso stärker als Bedrohung, je anspruchsvoller sie diese einschätzen. Ist das Gefühl der Bedrohung hoch, folgt ein verkrampftes, angstgeladenes Herangehen. Wird die Anforderung dennoch gemeistert, macht sich tiefe Erleichterung und das Gefühl der Befreiung von einer tonnenschweren Last breit.

Geraten die Erfolgswahrscheinlichkeiten dieser Personen nur ein wenig ins Wanken, erleben sie schnell einen Kontrollverlust und ihre sowieso schon latent vorhandene Angst steigt nochmals an. In solchen Situationen können sie sich zunehmend weniger auf die eigenen Handlungsmöglichkeiten und Chancen konzentrieren, sondern richten ihre Wahrnehmung – vergleichbar mit einem Seiltänzer, der den Fehler macht, sich mitten auf dem Seil nur noch auf den bedrohlichen Abgrund unter sich zu konzentrieren – immer intensiver auf die vorhandenen Gefahren und mannigfaltigen Gründe, die für ein katastrophales Scheitern sprechen. Das Resultat lässt sich in sämtlichen Leistungsbereichen bis hin in die Chefetagen der namhaftesten Unternehmen stets aufs Neue beobachten: entweder kampfloses Aufgeben und unproduktives Herumlamentieren oder aber sinnloser Aktionismus, gegenseitige Schuldzuweisungen und zunehmendes Aufkommen von leeren Sprüchen und Parolen. Und wird es dann tatsächlich so richtig eng, schwinden Selbstkontrolle, Vernunft und Weitsicht vollständig und ein panikgeladenes Denken, Fühlen und Handeln macht sich breit.

Der Erfolg beim Elfmeter ist entscheidend davon abhängig, ob die Gefühls- und Gedankenwelt des Schützens von der Angst vor Misserfolg oder der Hoffnung auf Erfolg dominiert wird. Die Folge von übermäßiger Angst wären mentale Irritationen, die das souveräne Abrufen der vorhandenen Schussfähigkeiten erschweren. In diesem Fall lassen sich entweder zu vorsichtige, zu ungenaue oder mit deutlich überzogener Wucht getretene Schüsse beobachten. Hoffnung auf Erfolg dagegen hilft dem Schützen, seine vorhandenen Fähigkeiten befreit abzurufen. Dies ist grundlegende Voraussetzung für einen ebenso kontrolliert wie platziert geschossenen Elfmeter.

Hoffnung auf Erfolg

Der Gegenpol zur Misserfolgsangst ist die Hoffnung auf Erfolg. Überwiegt diese Hoffnung, steht das erfolgreiche Meistern einer Herausforderung im Mittelpunkt des Denkens, Fühlens und Handelns. Dabei ist der Drang, sich selbst oder andere zu übertreffen, bzw. anspruchsvolle Hindernisse zu überwinden, Quelle des Antriebs. In diesem Zusammenhang wird die Möglichkeit eines Misserfolges übrigens keinesfalls geleugnet, sondern äußerst nüchtern betrachtet und als grundlegend vorhandene Möglichkeit akzeptiert. Diese Akzeptanz bewirkt, dass die Gefahr des Scheiterns ihre negative Kraft verliert und während der Bewältigung der Leistungsaufgabe keinen blockierenden Einfluss ausüben kann. So haben beim Erreichen von angestrebten Erfolgen sich einstellende Emotionen wenig mit dem Erleben einer Befreiung oder dem Abfall einer Last zu tun, sondern treten vielmehr als Freude auf, die mit einer tiefen – bei hoch leistungsmotivierten Personen oftmals allerdings nicht allzu lange anhaltenden – Zufriedenheit verbunden ist.

Zuversicht als Konzentrationsgrundlage

Die Aufmerksamkeit von Personen, die in Leistungssituationen von der Hoffnung auf Erfolg angetrieben werden, fokussiert sich in der Regel aus dem Unterbewusstsein heraus auf das Notwendige, um die Sache so erfolgreich wie möglich meistern zu können. Weil sie sich nicht übermäßig von eventuellen Gefahren und Misserfolgsmöglichkeiten ablenken lassen, erleben sie selbst dann, wenn sich die Dinge mal als schwieriger denn erwartet herausstellen, vergleichsweise wenig Stress. Dies erlaubt ihnen, sich auch unter anspruchsvollen und bisweilen äußerst gefährlichen Bedingungen auf die vorhandenen Chancen und die eigenen Handlungsmöglichkeiten zu fokussieren. In den entscheidenden Momenten sind sie sogar in der Lage, Misserfolgsgedanken völlig auszublenden. Entsprechend unaufgeregt und sicher gehen sie zu Werke und lassen sich auch durch äußere Geschehnisse oder plötzliche Veränderungen kaum aus der Ruhe bringen.

Ausgewählte Merkmale der Leistungsmotivation

Bei Hoffnung auf Erfolg	**Bei Angst vor Misserfolg**
Erfolg wird angestrebt, weil man Erfolg haben möchte (angetrieben durch Zuversicht).	Erfolg wird angestrebt, weil man Misserfolg vermeiden möchte (angetrieben durch Angst).
In der Regel realistische Zielsetzung und Machbarkeitsvorstellungen; Aufgaben werden im mittleren Schwierigkeitsbereich oder leicht über der eigenen Fähigkeitsgrenze gesucht.	Entweder sehr leichte oder kaum erreichbare/unrealistisch hohe Zielsetzung; Aufgaben werden deutlich unterhalb oder stark oberhalb der selbst eingeschätzten Fähigkeitsgrenze aufgesucht; oftmals überzogene Perfektionsansprüche.
Hauptantrieb durch Freude an der Tätigkeit selbst (intrinsisch motiviert)	Hauptantrieb durch das Ziel bzw. die sich daraus ergebenden/erhofften Konsequenzen (extrinsisch motiviert)
Erfolgsursachen werden bei sich selbst gesucht (Begabung und Anstrengung).	Misserfolgsursachen werden bei sich selbst gesucht (mangelnde Begabung), allerdings nach außen oftmals durch Pech und unzureichende äußere Bedingungen begründet.
Informationen/Feedback über das Niveau der eigenen Fähigkeiten werden gesucht/als Bereicherung empfunden.	Informationen/Feedback über das Niveau der eigenen Fähigkeiten werden gemieden/als Angriff empfunden.

in der Regel geringes bis mittleres Stressempfinden und hohe psychische Belastbarkeit	in der Regel starkes Stressempfinden und eher geringe psychische Belastbarkeit
selbstbestimmt, ausdauernd, Misserfolge verkraftend	fremdbestimmt, schnell verzagend, Verzweiflung bei Misserfolgen
starkes Selbstverantwortlichkeitsgefühl	eher geringes Selbstverantwortlichkeitsgefühl
gesundes und stabiles Selbstwertgefühl	oftmals geringes und labiles Selbstwertgefühl
mehrheitlich hohe Lebenszufriedenheit	mehrheitlich geringe Lebenszufriedenheit

Die Einstellung zu den eigenen Emotionen

Hoffnung auf Erfolg und Angst vor Misserfolg treten selten in Reinform auf. Im Sinne eines Spannungsfelds sind sie vielmehr als zwei emotionale Kräfte zu verstehen, die sich in Leistungssituationen ergänzen. Überwiegt die Hoffnung auf Erfolg, wirkt sich das positiv auf Stimmung und Leistungsbereitschaft aus. Die Energien können frei fließen und das Abrufen der eigenen Fähigkeiten läuft ohne das Aufkommen von übergroßen inneren Stressdynamiken ab. Gleichzeitig sorgt der kleinere Anteil an Misserfolgsangst dafür, dass nicht nur Chancen, sondern auch Risiken wahrgenommen und realistisch beachtet werden. Dies führt zu einer wachen und unverblendeten Geisteshaltung. Je dominanter allerdings die Angst vor Misserfolg wird, desto mehr breiten sich in der Leistungssituation negative Gefühle aus. In diesem Fall steigt die Gefahr, dass destruktiv wirkende innere Impulse die Oberhand gewinnen und die freie Entfaltung der eigenen Fähigkeiten torpedieren.

Info-Box 2.2: Erleben und Verhalten in Leistungssituationen

Innerhalb der Motivationsforschung lassen sich viele Modelle finden, die versuchen, interne Prozesse darzustellen, die das Erleben und Verhalten von Menschen in Leistungssituationen bestimmen. Hohe theoretische und praktische Aussagekraft besitzt das „Risiko-Wahl-Modell" des Psychologen John William Atkinson. Es macht deutlich, dass sowohl das Erleben als auch die allgemeine Tendenz des Verhaltens Ergebnisse von Abwägungsprozessen zwischen inneren und äußeren Faktoren darstellen, die für bzw. gegen ein Handeln sprechen. Dabei laufen die dargestellten Prozesse innerhalb von Sekundenbruchteilen im Unterbewusstsein ab. Wenn das Bewusstsein zum Bewertungsprozess hinzugeschaltet wird, sind die ersten emotionalen Bewertungs- und Verhaltensimpulse bereits vorhanden.

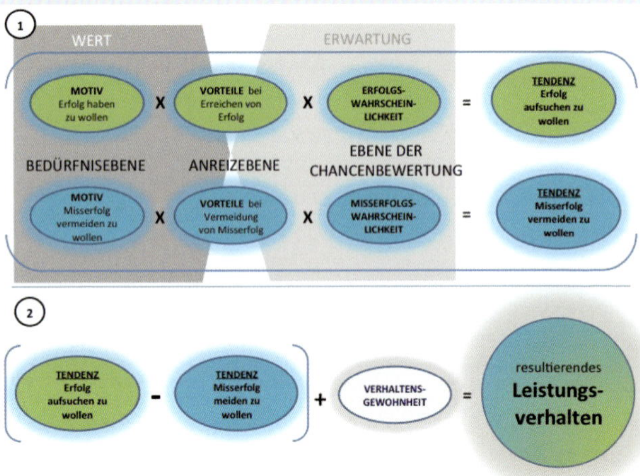

Die Wunschstärke auf Erfolg multipliziert sich mit der Stärke der Vorteile (Anreize), die eine Person im Erfolgsfall für sich sieht. Dies multipliziert sich nochmals mit der Einschätzung, wie wahrscheinlich es erscheint, im Rahmen der äußeren Bedingungen aus eigener Kraft heraus zum gewünschten Resultat beitragen zu können. Daraus ergibt sich die **Tendenz Erfolg aufzusuchen**.

Je anspruchsvoller die Situation ist, desto größer ist dabei aber naturgemäß auch die Gefahr des Scheiterns. Demnach läuft zeitgleich ein Gegenprozess, aus dem sich die **Tendenz Misserfolg zu meiden** ergibt. Hier multipliziert sich der Wunsch, keinen Misserfolg zu erleben, mit den Nachteilen, die ein Misserfolg mit sich bringen könnte, sowie der Wahrscheinlichkeit, Misserfolg befürchten zu müssen (etwa aufgrund mangelnden Könnens oder kaum vorhandenem Einfluss auf die Geschehnisse).

Von der *Tendenz Erfolg aufzusuchen* subtrahiert sich nun die *Tendenz Misserfolg zu meiden*. Ergebnis ist ein entweder positiver (= Pro Leistungsverhalten) oder negativer (= Contra Leistungsverhalten) Wert. Dazu gesellen sich noch bisherige, grundlegende Verhaltensgewohnheiten aus ähnlichen Situationen. Unterm Strich ergibt sich aus der Mischung von aktuellen Abwägungsprozessen und alten Gewohnheiten der resultierende Verhaltensimpuls.

Tragisch wird es, wenn sich Personen Situationen oder gar Phasen ausgeliefert fühlen, in denen von ihnen Leistung erwartet wird, ihr Abwägungsprozess sich jedoch gegen ein Engagement entschieden hat. Dieses Gefühl des Ausgeliefertseins kann durch äußeren Zwang ebenso hervorgerufen werden wie durch tief verankerte innere Werte und Normen (wie etwa Arbeitsethos oder Loyalitätsüberzeugungen). Davon betroffene Personen müssen enorm viel Kraft aufwenden, um ihre inneren Vermeidungsimpulse im Zaum zu halten. Unter diesen Umständen einigermaßen in Balance zu bleiben, kommt einer Herkulesaufgabe gleich – entsprechend stark ist in solchen Situationen das Erleben von Stress.

Wertvolle Signalgeber aus dem Inneren

Unschöne Gefühle wie Angst, aber auch Ärger, Wut oder Trauer per se als negativ anzusehen, würde jedoch auf einen fatalen Irrweg führen. Sie sind und bleiben die Basis unseres Bewertungs- und Justierungssystems und weisen uns unmittelbar auf Missverhältnisse, Gefahren und Probleme hin. Derartige Gefühle können auch nicht plötzlich verschwinden, nur weil man sie sich selbst verbietet oder versucht, sie mit mehr oder weniger krampfhaften Maßnahmen kleinzuhalten.

Gefühle unterdrücken ist energetischer Raubbau

Der Versuch, starke Emotionen durch Disziplin zu unterdrücken, kommt einem energetischen Raubbau gleich. Grund dafür ist die starke Aktivierung des Areals in unserem Großhirn, in dem unsere bewussten Absichten und Willensleistungen organisiert werden. Dadurch lassen allerdings die Aktivitäten in unserem emotionalen Zentrum keinesfalls nach, sondern werden in der Regel eher stärker, damit die vorhandenen und vom Organismus als relevant identifizierten Gefühle nicht vollends an Kraft und Bedeutung verlieren. Summa summarum tobt im Gehirn bei dem bewussten Versuch, Gefühle zu unterdrücken, ein Kampf zwischen rationalen und emotionalen Prozessen, der eine Unmenge an Energie verschlingt und entsprechend schnell zur allgemeinen Ermüdung und geistigen Erschöpfung führt.

Unterdrückte Emotionen brechen irgendwann aus

Zudem gären unterdrückte Emotionen in unserem Unterbewusstsein weiter und drängen sich unserem Erleben, Denken und Handeln früher oder später in Form von impulsiven Ausbrüchen geradezu auf. Diese Ausbrüche können auch als Terroranschläge aus dem Inneren heraus verstanden werden, weil sie für gewöhnlich in Situationen auftreten, in denen wir sie am wenigsten benötigen: in stressgeladenen Momenten und anspruchsvollen Leistungssituationen. Ebenso sind sie in der Lage, auf eher leise aber dennoch wirksame Art auf sich aufmerksam zu machen, indem sie sich in Form von zunehmenden körperlichen Problemen (wie etwa Rückenschmerzen, muskulären Verspannungen, Kopfschmerzen oder plötzlichen Schweißausbüchen) oder mentalen Leistungseinbrüchen (wie etwa kognitiver Blackout, plötzliches Stottern bis hin zu ausgeprägten Redeblockaden, Wutattacken, dauerhafter Nervosität oder zunehmender Antriebslosigkeit, die sich im Extremfall zur ausgeprägten Depression entwickeln kann) äußern.

Die Lösung: Emotionen wahrnehmen und wertschätzen lernen

Ihre Emotionen wollen von Ihnen wahrgenommen werden. Wenn Sie sie als wertvollen und grundlegenden Teil Ihrer Persönlichkeit akzeptieren und als unverzichtbaren Signalgeber wertschätzen, nehmen Sie ihnen nicht nur ihre explosive Kraft, sondern können sie für einen erfolgreichen und effizienten Umgang mit anspruchsvollen Situationen exzellent nutzen. So kann beispielsweise auch Angst endlich ihrer ureigentlichen Rolle gerecht werden: als mit Abstand wichtigste innere Instanz zur Absicherung unseres Überlebens sowie wertvolles Signal für eine noch wachere und konzentriertere Herangehensweise.

Info-Box 2.3: Gehirngerechter Umgang mit Emotionen

Wie auf den ersten Seiten dieses Kapitels bereits beschrieben, entstehen Gefühle durch blitzschnelle, unbewusste Bewertungsprozesse in unserem nach archaischen Prinzipien funktionierenden Stammhirn. Erst nachdem die ersten Gefühle bereits auf dem „inneren Markt" auftreten und ihre Wirkung auf den Körper und das Verhalten entfalten, kann sich das Bewusstsein in diesen Prozess mit einschalten. Vorausgesetzt, die primären Gefühlswallungen haben eine gewisse Obergrenze noch nicht überschritten, kann das emotional-körperliche Geschehen nun durch weitere, bewusste Bewertungsschritte überprüft und gegebenenfalls moduliert werden.

Ein gehirngerechter Umgang mit Emotionen ist daher durch folgende drei Schritte geprägt:

1. Die aktuelle Gefühlslage und die damit verbundenen körperlichen Reaktionen wahrnehmen und als momentan vorhanden akzeptieren.
2. Den Fokus des Bewusstseins auf die vorhandenen Handlungsmöglichkeiten ausrichten und sich unter rationalen Gesichtspunkten mit den situativen Bedingungen auseinandersetzen.
3. Seine Aufmerksamkeit ebenso bewusst wie konsequent auf die eigenen, unmittelbaren Handlungschancen und -schritte ausrichten.

Die Angst, dein bester Freund. Spitzenkletterer sind alles andere als lebensmüde Spinner oder durchgeknallte Adrenalinjunkies. Sie zeichnen sich vielmehr durch ihre Fähigkeit aus, Angstgefühle als positive Kraft nutzen zu können. In Situationen, in denen ein Fehler tödliche Folgen haben würde, registrieren sie die aufkommenden Angstgefühle sehr bewusst und sind in der Lage, sie als Signal für einen besseren Fokus auf den unmittelbaren, für den Erfolg und das Überleben notwendigen Moment zu nutzen. In diesem Zusammenhang erleben die wahren Könner dieser Zunft vor allem das als „Free-Solo-Klettern" bezeichnete Durchklettern einer Route ohne jegliche Absicherung (im Bild Alexander Huber) als besonders intensive Erfahrung. Ihr Geist ist in dieser Situation extrem klar und scheint im Hier und Jetzt aufzugehen. Wer mehr darüber erfahren möchte, dem sei das Buch: „Die Angst, dein bester Freund" von Alexander Huber empfohlen.

Keine Experimente bei emotionalen Selbstläufern

Ein ganz anderer Fall tritt natürlich ein, wenn die emotionale Steuerung bereits völlig durcheinander geraten ist und es zu immer wiederkehrenden, urplötzlich auftretenden und impulsartigen Extremschüben kommt (wie es etwa bei Panikattacken oder manisch-depressiven Störungen der Fall ist). Hier ist das emotionale System aus seinem natürlichen Takt geraten und dermaßen erkrankt, dass kein Zugang mehr über willentliche Einflüsse und emotionale Selbstmanagementversuche hergestellt werden kann. Davon betroffene Personen sollten sich auf keinerlei Experimente einlassen und unmittelbar die Hilfe von psychologischen Fachkräften aufsuchen.

Emotionale Intelligenz
Wer seine innere Balance als Grundlage für optimale Leistung bei stabiler Gesundheit behalten oder sich auf den Weg dorthin begeben will, sollte daher klug und wertschätzend mit seinen Gefühlen umgehen. Der amerikanische Psychologe Daniel Goleman prägte dafür den Begriff „Emotionale Intelligenz" (EQ). Diese Intelligenzform beschreibt die Fähigkeit, sowohl seine eigenen Gefühle (intrapersonal-sensibel) als auch die Gefühle anderer Menschen (interpersonal-emphatisch) gut wahrnehmen, beurteilen und angemessen damit umgehen zu können.

Forschungen zufolge ist der EQ einer der wichtigsten Intelligenztypen, um das Leistungsvermögen beim beruflichen Werdegang, im Umgang mit Belastungen sowie in der allgemeinen Lebenszufriedenheit zu bewerten. Menschen mit hoher emotionaler Intelligenz lassen sich nicht so leicht stressen und bewahren in der Regel auch unter Schwierigkeiten Ihre Motivation und Zuversicht. Zudem wird ihr auch eine Schlüsselfunktion zugeschrieben, wenn es um die Fähigkeiten von guten Führungskräften geht.

Intelligenztypen
kognitiv
logisch-mathematischer Typ
   Fähigkeiten: Erkennen von logischen und nummerischen Mustern; Sinnverständnis für mathematische Formeln
   Berufsbeispiel: Mathematiker
verbal-linguistischer Typ
   Fähigkeiten: Erfassen von sprachlichen Inhalten; Gespür für Wörter (Laute, Rhythmen und Bedeutung); Funktionale Anwendung von Sprache
   Berufsbeispiel: Journalist
figural-räumlicher Typ
   Fähigkeiten: Erfassung von visuell-räumlichen Welten; Orientierung im Raum; Übertrag von 2D-Darstellung in 3D-Vorstellung
   Berufsbeispiel: Architekt

emotional

musikalisch-rhythmischer Typ

Fähigkeiten: Erkennen und Zusammenführen von Rhythmen, Tonhöhen und Klangqualitäten; Kommunikation und Ausdruck über Rhythmus und Musik

Berufsbeispiel: Komponist

körperlich-kinästhetischer Typ

Fähigkeiten: Gefühl für den Körper; hohe Bewegungskontrolle; Wahrnehmung von und Abstimmung der eigenen Bewegungen mit Fremdbewegungen

Berufsbeispiel: Turner

intrapersonal-sensibler Typ

Fähigkeiten: Zugang zu den eigenen Gefühlen; Fähigkeit, diese zu unterscheiden und zur Verhaltenssteuerung einzusetzen; Wissen über eigene Stärken, Schwächen und Bedürfnisse

Berufsbeispiel: Schauspieler

sozial

interpersonal-empathischer Typ

Fähigkeiten: Erkennen von Stimmungen, Eigenschaften und Motiven anderer Menschen; Gefühl für angemessene Reaktionen auf andere Menschen und Kulturen

Berufsbeispiel: Therapeut

sozial-natuaralistischer Typ

Fähigkeiten: Respektvoller Umgang mit Leben; Gespür für Unterschiede und Gemeinsamkeiten zwischen verschiedenen Spezies; Akzeptanz unterschiedlicher Verhaltens- und Lebensformen

Berufsbeispiel: Biologe

Interaktion zwischen Fühlen und Denken

Menschen mit hoher emotionaler Intelligenz sind in der Lage, ihre Gefühle zur effektiven Unterstützung ihres Denkens und Handelns einzusetzen. Sie registrieren ihre eigene Gefühlslage frühzeitig und haben ein intuitives Gespür für deren Bedeutung. So können sie ihre Gefühle und die dahinterstehenden Wünsche, Zustimmungen, Bedenken oder Forderungen ohne innere Abwehr und selbst auferlegte Denkverbote bereits bei verhältnismäßig geringer Impulsstärke wahrnehmen und als wertvolle Signale ihres Unterbewusstseins nutzen.

Menschen mit hoher emotionaler Intelligenz laufen demnach kaum Gefahr, im Denken oder in der bewussten Kontrolle ihres Verhaltens von affektiven Impulsen und übermäßigen Stressreaktionen ausgehebelt zu werden. Ganz im Gegenteil: Sie verfügen sogar über ausgesprochen gute Fähigkeiten, selbst in äußerst anspruchsvollen Situationen emotional stabil und kognitiv klar zu bleiben. Damit besitzen sie ideale Voraussetzungen, um sich ebenso produktiv wie effektiv mit hohen Anforderungen und extremen Herausforderungen auseinanderzusetzen.

Hauptkomponenten der emotionalen Intelligenz

- Emotionen können genau und angemessen wahrgenommen, eingeschätzt und ausgedrückt werden.
- Emotionen können zur effektiven Unterstützung von Denkvorgängen eingesetzt werden.
- Emotionen können analysiert und verstanden werden; emotionales Wissen kann effektiv eingesetzt werden.
- Eigene Emotionen können reguliert und zur Förderung des emotionalen und intellektuellen Wachstums genutzt werden.

Die drei Wege zur emotionalen Stabilität

Der amerikanische Großindustrielle Henry Ford wird häufig mit dem Satz zitiert: „Glück ist, das zu mögen, was man muss (...)." Es wäre allerdings ein Missverständnis, zu glauben, dass sich Menschen mit hohem EQ ausschließlich mit Dingen beschäftigen, die ihnen ein gutes Gefühl vermitteln. Auch sind sie nicht ewig grinsend unterwegs oder immer nur obenauf. Was solche Menschen vielmehr ausmacht, ist ihre Bereitschaft, Herausforderungen wie auch Schicksalsschläge anzunehmen und sich auf die sich daraus ergebenden, mitunter kräftezehrenden und oftmals auch schmerzlichen Konsequenzen einzulassen. Das Ja zur Situation kommt dem gleich, was allgemeinhin als „love it" bezeichnet wird.

Accept it

Da das Leben oftmals kein Wunschkonzert ist, wirkt das Lieben von schwierigen Situationen und Phasen bisweilen jedoch ein wenig zu hoch gegriffen. Um der Gefahr einer Überforderung zu begegnen, halte ich es daher für angebracht, das „love it" eher als

„accept it“ zu verstehen – also als grundlegende Akzeptanz der momentanen Gegebenheiten. Diese Einstellung sorgt dafür, dass sich während des direkten Handelns kein übermäßiges Grübeln über Sinn, Unsinn oder gar Ungerechtigkeit der Anforderung breitmacht und die innere Gefühlswelt selbst in richtig anspruchsvollen und schwierigen Situationen noch ausreichend stabil bleiben kann.

Sie sollten an dieser Stelle „accept it“ allerdings nicht als „survive it“ missverstehen. Geht es nur noch um ein „Augen zu und durch“, ist die die Herausforderung längst zur Bedrohung geworden und sämtliche Gefühle, Gedanken und Handlungen justieren Geist und Körper in Richtung Selbstschutz. Entsprechend eingestellte Personen sind zwangsläufig mit negativen Emotionen und massivem Stress unterwegs und nur noch mit dem leistungs- und gesundheitsfressenden Kampf ums eigene Überleben beschäftigt. Unter solchen Umständen manifestieren sich früher oder später übrigens die so bekannten Muster wie „Innere Kündigung“ oder „Dienst nach Vorschrift“ (s. Info-Box 3.2).

Change it
Ist es Ihnen nicht möglich, die Situationen, in denen Sie stecken, in ihrer aktuellen Form zu akzeptieren, wäre es natürlich ideal, wenn sie sich verändern ließen. Nur so können Sie selbst etwas zur Verbesserung Ihrer momentan unbefriedigenden Lage beitragen. Voraussetzungen dafür wären allerdings sowohl die Lust auf Umgestaltung als auch die Überzeugungen durch das eigene Handeln eine positive Veränderung herbeiführen zu können.

Veränderungslust und Kontrollüberzeugung lassen sich jedoch gerade bei Personen, die mit ihrem Leben hoch unzufrieden sind oder denen das Wasser gar schon bis zum Hals steht, eher selten finden. Lieber hadern sie weiterhin mit den zahlreichen Ungerechtigkeiten und Unmöglichkeiten, die ausgerechnet ihnen ständig angetan werden, und reagieren auf diesen Vorschlag mit einem reflexartigen „Man kann ja eh nichts ändern“. Solcherlei eingestellte Personen sehen sich oftmals als permanent hin und her getretener Spielball des Schicksals. Entsprechend gering ist das Kontroll- und Kompetenzempfinden, und die Angst vor Misserfolg umso größer, je mehr Selbstinitiative von ihnen verlangt wird.

Leave it
Ohne Frage gibt es Phasen und Situationen im Leben, bei denen selbst die motiviertesten Veränderungsversuche einem Kampf gegen Windmühlen gleichkommen. Ist die eigene Lage absolut unbefriedigend und gleichzeitig nicht der geringste Ansatzpunkt für eine Alternative zu sehen, bleibt als einzig vernünftige Möglichkeit nur noch eines übrig: leave it! Also raus aus der Situation!

Diese Verhaltensvariante bereitet nun wiederum den hoch motivierten, einsatzfreudigen und erfolgshungrigen unter uns die größten Schwierigkeiten. In ihren Augen ist Flucht oftmals ein Zeichen von Schwäche, ein Aufgeben prinzipiell verabscheuenswürdig und Niederlagen einfach nicht zu dulden. Dies sind emotional verankerte Einstellungen, die im Akutfall die entsprechende Wirkung entfalten. Aus diesem Grund ist es für solche Personen recht schwer zu erkennen, wenn ein Verbleiben auf den alten Wegen sinnlos geworden ist und die einst voller Stolz und Überzeugung ausgegebenen Ziele nicht mehr erreicht werden können. Was ihnen blüht ist letztlich ein Steckenbleiben in einer Situation, die sie weder akzeptieren noch positiv verändern können. Entsprechend stark geraten sie unter Stress, minimieren ihre Leistungsfähigkeit und ruinieren so über kurz oder lang zwangsläufig ihre Gesundheit.

Wollen Sie auch mit der Option „leave it“ gut und effektiv umgehen, sollten Sie lernen, Niederlagen trotz all Ihrer schönen und attraktiven Erfolgsziele als prinzipielle Möglichkeit von leistungsbezogenen Situationen und Handlungen zu akzeptieren und als unumgänglichen, oftmals auch äußerst wertvollen Teil im Leben zu verstehen. Mit dieser Einstellung wird es Ihnen deutlich leichter fallen, die auf ein endgültiges Scheitern und einen notwendigen Rückzug oder kompletten Ausstieg hinweisenden Signale Ihrer eigenen Gefühlswelt rechtzeitig wahrzunehmen.

Lebensweisheit

Gott,
gib mir die Gelassenheit, Dinge hinzunehmen,
die ich nicht ändern kann, den Mut, Dinge zu ändern,
die ich ändern kann, und die Weisheit,
das eine vom anderen zu unterscheiden.
Reinhold Niebuhr (1892–1971)

Vom Wollen zum Können

Wer etwas erreichen will und auf seinem Weg zum Ziel erlebt, dass sich die Dinge wie erhofft entwickeln, wird sich bestätigt fühlen und ebenso gut wie beschwingt unterwegs sein. In dieser Situation locker und optimistisch zu bleiben, ist allerdings auch keine große Kunst. Ganz anders schaut es dagegen aus, wenn die Geschehnisse trotz festem Willen zum Erfolg unverhofft ins Negative kippen und die anvisierten Ziele in Gefahr geraten. In solchen Situationen macht sich schnell das Empfinden breit, die Kontrolle zu verlieren und in die Hilflosigkeit abzurutschen. Damit nimmt die Angst vor Misserfolg zu, gerät das körperliche Stressgeschehen immer mehr in Wallung und wird das Handeln schließlich durch hektischen Aktionismus oder eine Art Schockblockade bestimmt.

Handlungs- statt Lageorientierung

Dieses Phänomen lässt sich im Sport wie in der Wirtschaft umso häufiger beobachten, je eingleisiger sich die betroffenen Personen nur mit den Ergebnissen beschäftgien, die sie am Ende des Tages erreichen wollen. Gute Resultate werden in erster Linie aber nun mal nicht durch Wunschdenken erlangt, sondern weil man über die entsprechenden Fähigkeiten verfügt und sie zur rechten Zeit am rechten Ort einsetzt. Ohne Frage sind das Wollen und das Setzen von Zielen wichtig – beides gibt dem Handeln Sinn, Antrieb und Richtung. Je anspruchsvoller die Ziele jedoch sind, desto wichtiger wird es, auf dem Weg dorthin seinen Fokus und seine Energien um die jeweiligen, unmittelbar bevorstehenden Handlungen zu stecken. In der Sportpsychologie wird dies als „Handlungsorientierung" bezeichnet.

Den Gegenpart dazu stellt die „Lageorientierung" dar. Dieser Begriff beschreibt die emotionale und kognitive Auseinandersetzung mit der Situation, in der man sich gerade befindet. Der Kopf fokussiert sich statt auf die Handlung permanent auf den Abgleich von erwünschten Soll-Vorstellungen und realen Ist-Zuständen. Mit anderen Worten: Läuft es gerade gut oder schlecht? Befindet man sich dort, wo man wollte, oder nicht? Sind die anvisierten Ziele noch erreichbar oder geraten die schönen Ergebnisvorstellungen in Gefahr? Problem: Man beschäftigt sich bei einer solchen

Geisteshaltung nicht mehr primär mit der unmittelbaren Leistungssituation und vernachlässigt das möglichst optimale und situationsadäquate Handeln. Können lageorientierte Personen zwar noch einigermaßen konzentriert agieren, solange ihre Soll- und Ist-Wert-Abgleiche positiv ausfallen, so werden sie emotional schnell instabil und erleben erhöhten Stress, sobald sich die Situation ins Negative verkehrt. In diesem Fall ist es kaum noch möglich, potentielle Lösungswege nüchtern abzuchecken und sich weiterhin auf seine Handlungen zu konzentrieren. Eine sichere Eintrittskarte in den Misserfolg!

„Nicht denken Andre, schlag härter!" Brad Gilbert (mit Sonnenbrille) führte Andre Agassi als Coach aus einer sportlichen Krisenphase wieder an die Weltspitze zurück. Ein wesentlicher Faktor war dabei die Arbeit an der Veränderung seiner Kontrollwahrnehmung. Nach und nach lernte Agassi, seine Gedanken von Dingen abzuziehen, die außerhalb der Reichweite seiner Beeinflussungsmöglichkeiten lagen, und sie stattdessen auf das zu fokussieren, was auf und neben dem Tennisplatz unter seiner Kontrollhoheit stand: Einsatzwille und ein kompromisslos auf die eigenen Möglichkeiten ausgerichtetes Handeln.

Kompetenz- statt Konsequenzdenken

Unromantisch aber wahr: Ergebnisse sind streng genommen nur Abfallprodukte des Handelns. Aus diesem Grund geht es gerade in Leistungssituationen einzig und allein um eine möglichst gute und effiziente Vorgehensweise. Je stärker man sich dabei auf den Einsatz vorhandener Handlungsmöglichkeiten fokussiert, desto mehr Energie lässt sich auf den Einsatz des eigenen Könnens – sprich der Handlungskompetenzen – legen. Dies wird als „Kompetenzdenken" bezeichnet. Wird sich dagegen primär mit den Ausgangswahrscheinlichkeiten beschäftigt, spricht man vom „Konsequenzdenken", das umso mehr Stress verursacht, je anspruchsvoller die jeweiligen Situationen sind. Gerade unter Druck gilt daher die Empfehlung, sich seiner Kompetenzen und Fähigkeiten konsequent bewusst zu sein, denn im unmittelbaren Moment lassen sich diese nicht mehr verändern, sondern nur noch nutzen. Ein solches Denken befeuert den Fokus auf das eigene Handeln im Hier und Jetzt und macht die Kunst der Höchstleistung aus.

Aufmerksamkeitsfokussierung statt -streuung

Diese Kunst kann allerdings nicht durch stupide Maßnahmen wie etwa dem Pseudo-Aufbau von Selbstvertrauen durch einen hyperaktiven Brüll-Coach oder einem realitätsfremden Schönreden der Situation erlernt werden. Gefragt sind vielmehr die Veränderung der eigenen Bewertungs- und Handlungsgewohnheiten sowie der konsequente Fokus seiner Aufmerksamkeit auf seine Handlungen durch folgende drei Schritte:

1. Akzeptanz, dass ein Scheitern umso wahrscheinlicher wird, je anspruchsvoller die Dinge werden, die man zu erreichen versucht. Gelingt die Verankerung im Unbewusstsein, ist dieser Tatsache schon einiges an Schrecken und Stresskraft genommen. So wird die Gefühls- und Gedankenwelt nicht sofort durcheinander gewirbelt, bzw. der Körper von Stresshormonen ungewollt überflutet, wenn es auf dem Weg zum Erfolg enger wird und es auf ein situationsgerechtes Handeln mittels gutem und cleverem Einsatz seiner eigenen Kompetenzen und Fähigkeiten ankommt.

2. Entwicklung einer Gewohnheit, den Fokus auf seine eigenen Möglichkeiten zu richten, um unmittelbare Schreckens- und Stresssituationen zu bewältigen. Bei ruhiger und nüchterner Betrachtung wird es nämlich oftmals recht schnell klar, dass sich die eigenen Qualifikationen nicht verändern, nur weil sich plötzlich ein größeres Gefahrenpotential auftut. Das Einzige sich je nach Lage oftmals dramatisch Wandelnde, sind die subjektive Wahrnehmung und die damit verbundenen Gefühle und Verhaltensimpulse. In einer Gefahrensituation mehr zu tun, als im „Normalfall", ist in der Regel reiner Aktionismus und wirkt eher kontraproduktiv.
3. Klare und rationale Analyse, welche Möglichkeiten im Bereich des eigenen Einflusses liegen und welche Tatsachen zum Wohle der eigenen Gefühle, Gedanken und Handlungen gegenwärtig so akzeptiert werden müssen, wie sie nun mal sind. Auch wenn bereits diese Vorstellung unschöne Gefühle auslösen sollte und diverse Erfolgstrainer nicht müde werden, zu behaupten, dass jeder alles erreichen könne, wenn er nur wolle: Wir sind nun mal nicht allein auf dieser Welt und können nicht alle Umstände und Geschehnisse in unserem Leben selbst bestimmen oder gar kontrollieren. Es ist uns lediglich möglich, die Dinge zu unseren Gunsten zu beeinflussen, indem wir das in unserer Macht Stehende so gut wie möglich zu erledigen versuchen. Dementsprechend gilt es, cool und realistisch zu bleiben und die tatsächlich vorhandenen Handlungsmöglichkeiten zu nutzen. Das nachfolgend abgebildete Vier-Felder-Modell macht deutlich, wo diese Möglichkeiten liegen.

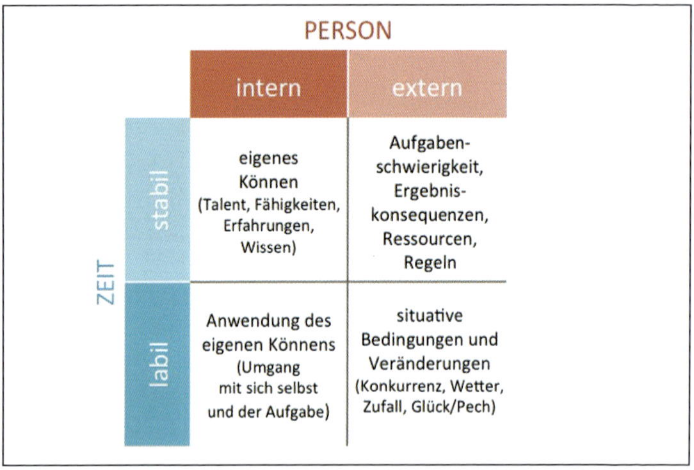

Die Grafik zeigt ein Modell, in dem die für unsere Erfolge und Misserfolge entscheidenden Faktoren in vier Felder aufgeteilt sind, die von dem Faktor Person, der in die zwei Dimensionen intern und extern klassifiziert ist, sowie dem Faktor Zeit, unterteilt in die beiden Dimensionen stabil (= in der Situation unumstößlich feststehend) und labil (= in der Situation veränderlich), gebildet werden.
Befindet sich eine Person in einer unmittelbaren und weiterhin bestehenden Leistungssituation, bleibt ihr nur die Akzeptanz und clevere Nutzung der gegebenen externen Bedingungen. Dies gelingt ihr, wenn sie die internen Faktoren möglichst gut und effektiv einsetzt. Da sich das eigene Können oder Wissen (im Allgemeinen die eigenen Kompetenzen) nicht unmittelbar verbessern lassen, lohnt es nicht, den Fokus durch entsprechende Grübeleien oder gar Zweifel darüber von der Handlung abzulenken. Für eine Topleistung müssen sämtliche Aufmerksamkeit und Energien auf die souveräne Anwendung des Könnens ausgerichtet werden. Nur so besteht die Möglichkeit, die vorhandenen Chancen bestmöglich zu nutzen.

Info-Box 2.4: Optimale Leistung durch Flow-Zustand

Der Begriff „Flow“ ist eine Bezeichnung für einen tranceähnlichen Bewusstseinszustand, in dem sich der geistige Fokus ganz auf eine Tätigkeit ausrichtet. Personen, die sich in diesem Zustand befinden, erleben sich als eins mit sich und dem, was sie gerade tun. Es herrscht eine extrem eingeschränkte und auf wenige Inhalte ausgerichtete Aufmerksamkeit. Charakteristisch für dieses Phänomen ist das Aufheben von Zeitgefühl und Selbstwahrnehmung. Dies geht mit dem Eindruck einher, die Dinge nicht mehr bewusst zu steuern und sich selbst bei der Ausführung der Tätigkeit zuzuschauen. Im Sport wird dieses Erlebnis mit dem Erreichen der optimalen Leistungszone gleichgesetzt.

Flow wird in der Regel mit dem Erleben von Glück und Wohlgefühl in Verbindung gebracht. Die Flow-Forschung konnte jedoch belegen, dass sich diese positiven Gefühle erst in der späteren Erinnerung an den Flow-Zustand einstellen. Im Flow selbst ist die Gefühlslage eher neutral und der Geist bleibt zu 100 Prozent auf die Aufgabe fokussiert.

Urvater des Flow-Konzepts ist der ungarisch-amerikanische Philosoph und Psychologe Mihály Csíkszentmihályi. In seinen Augen kann dieses Bewusstseinsphänomen nicht aktiv herbeigeführt werden, sondern ergibt sich unwillkürlich unter bestimmten Voraussetzungen. Eine dieser Bedingungen ist die zentrale Beschäftigung mit dem, was einen begeistert und fasziniert. Weitere Voraussetzungen bilden die Wahrnehmung der Aufgabe als reiz- und anspruchsvolle Herausforderung sowie die Einschätzung, dass man sie – unter Anstrengung – mit den eigenen Möglichkeiten bewältigen kann. Flow-Zustände müssen also hart „erarbeitet" werden.

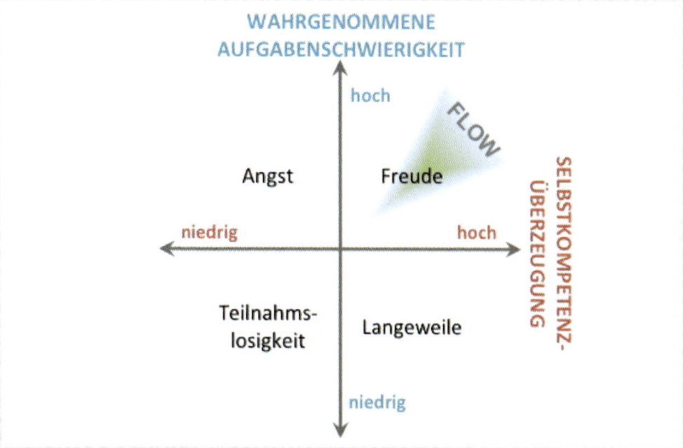

Modell des Flow-Zustands
(in Anlehnung an Csíkszentmihályi und Jackson, 2000)

Positive Einstellung zum Einsatz *und* zur Erholung

Der Begriff Balance beschreibt einen ausgeglichenen Zustand zwischen zwei entgegengesetzten, sich in ihrer Wirkung jedoch ergänzenden Pole. Übertragen auf die psychische Balance bedeutet dies: Wird ein psychischer Gleichgewichtszustand angestrebt, gilt es, einer inneren Einstellung umso bewusster einen Gegenpol entgegenzustellen, je extremer und einseitiger sie die Gefühle, Gedanken und Handlungen bestimmt.

Sehr einsatzfreudige Zeitgenossen benötigen daher rechtzeitig und regelmäßig die Konfrontation mit Einstellungen, die den positiven Wert von Ruhe, Regeneration und „Mensch sein dürfen" betonen. Kommen diese Gegenspieler bei 24/7-Denkern zu kurz, wird ihr inneres Werte- und Normensystem früher oder später aus der Balance geraten und immer radikalere Formen annehmen. Als Konsequenz erfolgt ein sich immer stärkeres Einigeln in das Leistungsthema, die massive Überschätzung eigener und fremder Leistungs- und Belastungsobergrenzen sowie der damit verbundene Raubbau der eigenen Kräfte und Ressourcen.

Bei eher ruhe- und bequemlichkeitsorientierten Personen lauert hingegen die Gefahr, sich im Nichtstun zu verlieren und sich zu radikalen Verweigerern jeglicher Leistung und Selbstverantwortung zu entwickeln.

Einladung zum dialektischen Denken

Die grundlegende Prämisse lautet: Jede Einstellung kann nur dann einen konstruktiven Charakter entwickeln, wenn sie durch einen gesunden Gegenpol in Balance gehalten wird. Dieser Pol sorgt für eine positive und lebendige innere Spannung. Ohne ihn driften Einstellungen ab und entarten zu einseitigen, verkrusteten und realitätsverleugnenden Ideologien. In diesem Fall ist auch der Drift zum Fanatismus nicht mehr weit.

Die Idee der inneren Balance durch zwei entgegengesetzte Einstellungskräfte lässt sich als fester Bestandteil in nahezu allen Kulturen und gemäßigten Religionsauslegungen wiederfinden. So stellt etwa das allseits bekannte Ying-Yang-Symbol die Dynamik von dialektischen Verhältnissen dar. Auch in den Schriften von Aristoteles wird die maßvolle Mitte jeder Tugend als Schlüssel für Erfolg, Glück und Lebenszufriedenheit gepriesen. Vom führenden deutschsprachigen Kommunikationsexperten Friedemann Schulz von Thun ist hierzu ein Modell veröffentlicht worden, das diese Grundprämisse aufnimmt und für Prozesse im Bereich der Persönlichkeitsentwicklung erfolgreich einsetzt. Mit seinem als „Werte- und Entwicklungsquadrat" bezeichneten Modell lässt sich recht anschaulich darstellen, wie ein Drift von balancierten Einstellungen hin zu einseitigen Extrempositionen vonstattengeht, und wie dagegen angegangen werden kann.

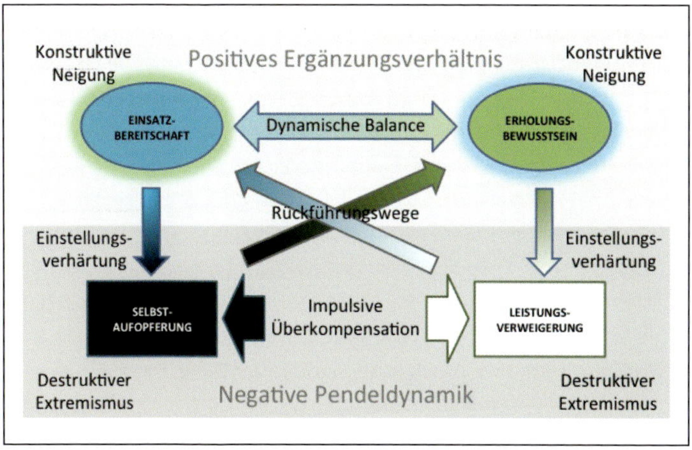

Die Struktur des Werte- und Entwicklungsquadrats bezogen auf die Einstellung zum Leistungseinsatz und zur Erholung

Positives Spannungsverhältnis

Jede Neigung, jeder Wert, jede Tugend an sich trägt etwas Positives in sich. Im Falle einer hohen Einsatzbereitschaft besteht die grundlegende Willigkeit, sich Aufgaben stellen und Belastungen bewältigen zu wollen. Ohne eine grundlegend positive Einstellung zum eigenen Einsatz wird es unabhängig vom Einsatzgebiet in modernen Gesellschaften kaum möglich sein, sich selbst und andere vorwärtszubringen. Damit geht die unbedingte Notwendigkeit einher, das Leistungsprinzip zu akzeptieren und sich an den damit verbundenen Rahmenbedingungen zu orientieren. Solange diese Einsatzbereitschaft in einem positiven Spannungsverhältnis mit einem gesunden Erholungsbewusstsein steht, können sich beide Pole ergänzen und die körperlichen wie geistigen Ressourcen in einer gesunden Balance halten.

Negative Verhärtung

Wird diese dynamische Balance nicht gepflegt, wächst die Gefahr einer Auflösung des positiven Spannungsverhältnisses sowie einer Verhärtung der dominierenden Einstellung. Folglich werden die entsprechenden Neigungen immer extremer und der Gegenpol droht zu verkümmern. Dabei wächst die innere Überzeugung, dass die eigenen Wertvorstellungen das einzig Wahre und unter allen Lebensumständen richtig sind. Umgekehrt wird der schwache Gegenpol zuerst als irrelevant abgetan und in weiterer Entwicklung zunehmend als Ärgernis empfunden. Im ungünstigsten Fall entsteht auf diese Weise eine sich tief ins Unterbewusstsein einbrennende Überzeugung, gegenteilige Meinungen und Sichtweisen seien nichts weiter als böswillige Ketzerei. Die Folge: Gefühlsregungen werden einseitiger, Denkmuster engstirniger und Verhaltensweisen extremer. Entsprechend fanatisch – das heißt unter hohem Stress und mit durch Angst und Wut aufgeladenen Affekten – wird gegen Vertreter anderer Meinungen und Vorstellungen vorgegangen. Spätestens an dieser Stelle ist die Stufe eines destruktiven Extremismus erreicht und kann als Entartung einer an sich positiven Grundeinstellung angesehen werden. Aus pathologischer Sicht liegt der Drift ins Neurotische vor.

Verhärtung von Einstellungen: Das Leistungsverständnis von Lance Armstrong wurde im Laufe seiner Sportlerkarriere immer kompromissloser und führte ihn in ein bizarr anmutendes aber äußerst straff durchorganisiertes Dopingverhalten.

Extremposition Selbstaufopferung
Bezogen auf die innere Einstellung zu den Gegensätzen Einsatz und Erholung droht bei einseitiger Überbetonung ein destruktiver Drift, der entweder in die Selbstaufopferung oder Leistungsverweigerung hineinführt. Personen, die sich im Selbstaufopferungsmodus befinden, verspüren einen großen inneren Drang nach pausenlosem Einsatz. Entsprechend meldet sich bei ihnen sofort das schlechte Gewissen, sobald sie die Gelegenheit zum durchpusten hätten. Ein innerer Antrieb verbietet Erholung und Müßiggang. Warnsignale von Körper oder Geist, die das Bedürfnis zur Erholung eindeutig anmelden, werden wider besseres Wissens ignoriert. Es kann halt nicht sein, was nicht sein darf (...).

Zu diesem Zeitpunkt erfolgt die Abwehr durch Verdrängung selbst dann noch, wenn die Überlastung des eigenen Systems immer offensichtlicher wird. Gern wird dann zu Medikamenten oder sonstigen Möglichkeiten gegriffen, um weiter im Einsatz bleiben und die inneren Hilferufe einigermaßen abtöten zu können. Es wird zwanghaft weitergemacht, selbst wenn Schlafstörungen, Rücken- oder Kopfschmerzen kontinuierlich zunehmen und Konzentrationsfähigkeit, allgemeine Übersicht, Fähigkeit zur Selbstorganisation und letztlich auch die Arbeitsleistungen immer weiter nachlassen. Hier geht es dann nicht mehr um die erbrachte Leistung an sich, sondern nur noch um den Selbstzwang zur Pflichterfüllung. Dies ist vergleichbar mit Kamikazefliegern, die aus tiefster Überzeugung heraus bereit sind, sich der Sache wegen zu opfern und mitsamt ihrem Flieger ungebremst gegen eine Wand zu donnern.

Extremposition Leistungsverweigerung
Findet der Drift ins Extrem auf der Gegenseite statt, entwickelt sich aus einem gesunden Erholungsbewusstsein eine radikale Verweigerungshaltung gegenüber jeglicher Form von Leistung und Einsatz. Für Personen, deren Wertewelt in diese Bereiche abgerutscht ist, sind die Grundprinzipien einer Leistungsgesellschaft nicht mehr zu ertragen. Dementsprechend empfinden sie wenig bis keinerlei persönliche oder gesellschaftliche Verantwortung mehr und fühlen sich schnell gegängelt, ausgenutzt und in die Opferrolle gedrängt, sobald Einsatz und Leistung erwartet werden. Auf dieser Stufe werden die eigenen Handlungsmöglichkei-

ten nicht mehr gesehen und Anregungen von außen in Richtung Selbstverpflichtung schnell als Böswilligkeit des „Klassenfeindes" aufgefasst. Vergleichbar mit einer Kleinkindhaltung werden oftmals sogar andere Menschen bzw. soziale Sicherungssysteme für die eigene Grundversorgung verantwortlich gemacht, was folglich einen Rückzug in eine reizarme und wenig beanspruchende Welt nach sich zieht. So wird sich selbst die Chance genommen, die eigene Persönlichkeitsentwicklung voranzutreiben und das Potential der körperlichen und geistigen Möglichkeiten zu nutzen. Die Konsequenzen sind nachlassende allgemeine Belastbarkeit, schwindende Toleranz gegenüber physischem und psychischem Stress sowie eine immer labiler werdende gesundheitliche Verfassung.

Negative Pendeldynamik

Eine weitere Gefahr besteht darin, immer mal wieder von paradox wirkenden Impulsen überwältigt zu werden. Vergleichbar mit dem Yin-Yang-Prinzip scheint ein extrem einseitiges bzw. fundamentalistisches Denken und Handeln zu einer massiven emotionalen wie mentalen Dysbalance zu führen und einen immer stärkeren, unbewusst wirkenden Kompensationsdrang entstehen zu lassen. Wird dieser Drang nicht frühzeitig dosiert abgeführt, wächst er kontinuierlich an und entlädt sich früher oder später mit voller Wucht. Der skurrile bis befremdlich wirkende Effekt sind exzessiv ausgelebte Kurzzeitphasen, in denen die betroffenen Personen ein Verhalten an den Tag legen, das völlig konträr zu ihrem Einstellungs- und Wertesystem steht und von ihnen bei klarem Verstand regelrecht verachtet wird. Auch wenn dies wie eine psychische Erkrankung wirken mag, sind die Belege für dieses Phänomen ebenso lang wie offensichtlich. Sie gehen von unkontrollierten Fressattacken bei Diätwilligen über seriöse Konzernchefs, die auf dekadenten Lustreisen die Sau rauslassen oder sich immer öfter bei der Domina wiederfinden, bis hin zu den immer wiederkehrenden Sex-Skandalen von vom Keuschheitsgebot und Zölibat tief überzeugten Vertretern der römisch-katholischen Kirche.

Da sich diese emotionalen Energien explosionsartig entladen, bleibt im Anschluss von ihrer Kraft nur wenig übrig, sodass es kaum gelingt, seiner Extremeinstellung eine gesunde innere Kraft entgegenzusetzen und eine nachhaltig steuerbare Grundspannung aufzubauen. Vielmehr manifestiert sich eine willentlich kaum zu kontrollierende Pendeldynamik von einem Extrem in das andere.

Rückführungswege

Um von einer Pendeldynamik zu einer gesunden und konstruktiven Spannung zurückzufinden, bedarf es eines gezielten und bewusst durchgeführten Rückführungsprozesses. Dieser ist geprägt durch eine anerkennende Beschäftigung mit Werten, Einstellungen aber auch Handlungen, die in gemäßigter Opposition zu der eigenen, extremen Überzeugungs- und Wertewelt stehen. Ausgehend von dem einige Seiten zuvor dargestellten Werte- und Entwicklungsquadrat bedeutet dies, sich der konstruktiven Neigung zu öffnen, die dem eigenen destruktiven Extremismus diagonal gegenübersteht.

Sind Sie eine extreme und selbstaufopferungsbereite einsatz- und leistungsorientierte Person, könnte dieser Prozess für Sie in der Praxis wie folgt ablaufen:

1. Hinterfragen Sie sich selbst und werden Sie sich der destruktiven Kraft ihrer momentanen Einstellungsstärke bewusst (Stichwort: Tribünenblick).
2. Machen Sie sich Gedanken, wie Sie Ihren Arbeits- und Lebensalltag mit effektiven Pausen, Erholungszeiten und Regenerationsmaßnahmen bereichern und Ihre energetische Grundspannung verbessern können.
3. Integrieren Sie diese neu gefundenen Dinge bewusst in Ihr Leben und kommen Sie ihnen ebenso konsequent wie regelmäßig nach.

Überschreiten der Workaholic-Komfortzone

Auch wenn es paradox klingen mag: Sind Sie Workaholic, bedeutet die konsequente Einführung von Pausen und grundlegende Wertschätzung von Regeneration für Sie das Überschreiten Ihrer aktuellen Komfortzone. Sie werden daher vor allem den Beginn des Veränderungsprozesses als mühsam und eher lästig empfinden. Obwohl es um Ihre eigene Entlastung geht, müssen Sie sich auf neue Denk- und Verhaltensmuster einlassen und sich diese antrainieren – und das ist für Ihr Gehirn enorm anstrengend!

Es gilt, alte, vielleicht über Jahrzehnte hinweg verfestigte und wohl auch ein Stück weit geliebte Arbeitsgewohnheiten und Leistungsüberzeugungen aktiv aufzubrechen. Das kann Ihnen nur durch konsequentes und regelmäßiges Training gelingen. Je disziplinierter Sie versuchen, die neuen, auf Erholung und effektive Regeneration ausgelegten Denk- und Verhaltensmuster in Ihren Arbeits- und Lebensalltag zu integrieren, desto schneller können sich automatisierte und aus dem Unterbewusstsein heraus gesteuerte Gewohnheiten in Ihrem Gehirn entwickeln. Ist der Veränderungsprozess im Gehirn vollzogen, sind kaum noch Kraft oder bewusste Disziplin notwendig, um die gewünschten Verhaltensweisen weiterhin aufrechtzuerhalten. So steht am Ende eine positive Spannung zwischen Ihrer auch weiterhin dominanten, nun aber konstruktiven Tendenz zu Einsatz- und Leistung, und einer neu hinzugewonnen gesunden Neigung zum regelmäßigen und rechtzeitigen Auftanken wie von selbst.

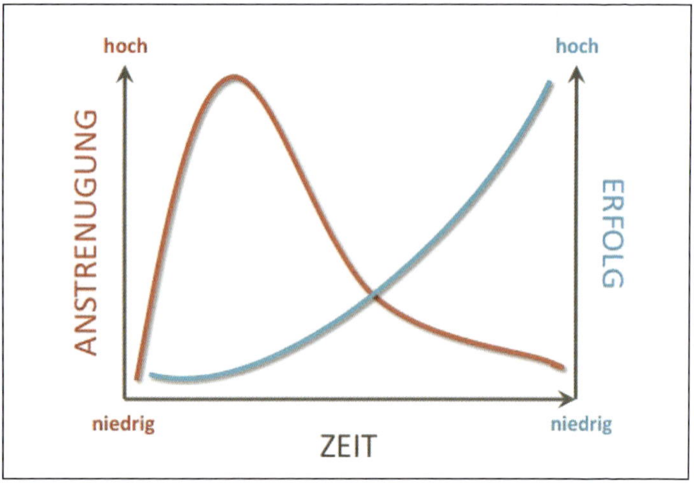

In Veränderungsprozessen hinkt der Erfolg der Anstrengung so lange hinterher, bis die neu trainierten Verhaltensmuster zur Gewohnheit geworden sind. Erst dann laufen die zuvor bewussten Handlungen ohne nennenswerte Willensanstrengung über automatisierte mentale Prozesse ab und sind in das normale Verhaltensrepertoire integriert.

Der Vollständigkeit halber auch noch einige wenige Zeilen zu Personen, die in das Extrem der Leistungsverweigerung abgerutscht sind: Auch hier gilt das gleiche Grundprinzip. Hier geht es natürlich um die regelmäßige aber dosierte Konfrontation von aktiven Einsatzzeiten mit selbstverantwortlichem Bearbeiten von Leistungsaufgaben, die an die aktuellen körperlichen und intellektuellen Fähigkeiten angepasst sind. Doch von extremen Konfrontationsformen, wie sie sich etwa in Form von diversen Bootcamps finden lassen, ist auch hier dringend abzuraten. Derartiger oftmals auch enorm persönlichkeitsverachtender Unsinn führt Leistungsverweigerer ohne Umwege in eine massive Überforderung hinein. Als Folge mehren sich die nochmals unkontrollierter ablaufenden Kompensationshandlungen, die Pendeldynamik verfestigt sich, und die Gefühls- und Gedankenwelt nimmt endgültig krankhafte Züge an.

3. Innere Antriebe nutzen – Die Motive des Lebens

Was unterscheidet eine Schildkröte von einem Rennpferd? Diese Frage mag banal erscheinen und es wird Ihnen vermutlich nicht schwer fallen, sofort einige Unterschiede zu nennen. Wie aber lautet die Lösung auf die Frage, welches dieser beiden Tiere grundlegend lebensfähiger und leistungsstärker ist? Eine pauschale Antwort ist hier kaum möglich. Das Rennpferd, auf den ersten Blick vielleicht als das edlere und stärkere Tier gesehen, wäre in Teilbereichen vieler Lebensräume einer Schildkröte hoffnungslos überfordert und dem sicheren Tod ausgeliefert. Die Schildkröte hingegen hätte in den begrenzteren Lebensräumen des Pferdes wohl bessere Chancen. Ein Star würde sie dort aber dennoch nicht werden. Spätestens wenn die Schildkröte versuchen würde, dem Rennpferd Konkurrenz im eigenen Lager zu machen, wäre ihr Scheitern vorprogrammiert.

Mit den Lebensmotiven verhält es sich ähnlich. Sie sind als innere und unbewusst vorhandene Antriebe zu verstehen, die jeder von uns in unterschiedlicher Ausprägung in sich trägt. Die individuelle Antriebsstruktur kann für bestimmte Situationen, Anforderungen und Lebensfelder ideal sein. Gesellen sich dann noch anständige Fähigkeiten hinzu, liegen sogar die grundlegenden Voraussetzungen für Spitzenleistungen vor. Für andere Situationen, Anforderungen und Lebensfelder wiederum kann die gleiche Ausprägungsstruktur ungünstig sein. Und sind die Lebensmotive gar völlig konträr zu den gegebenen Lebensbedingungen und -möglichkeiten aufgestellt, lässt sich kaum verhindern, dass sie sich zu inneren Dauerbremsern und kräftezehrenden Energiefressern entwickeln.

Motive als Schlüssel für Motivation und Spitzenleistung

In der Motivationspsychologie gibt es unterschiedliche Konzepte zur Erklärung, welche Beweggründe das Verhalten von Menschen leiten. Historische Konzepte erklären motiviertes Verhalten entweder durch innere Kräfte und Bedürfnisse, die das Verhalten von Menschen in eine bestimmte Richtung „drücken“, oder durch Anreize aus der Umwelt, die Menschen – vergleichbar mit einem Magnetfeld – anziehen aber auch abstoßen können. Einige dieser Konzepte haben im kollektiven Bewusstsein überlebt und besitzen auch heutzutage noch deutlichen Einfluss auf alltagspsychologische Erklärungsversuche. Ein berühmtes Beispiel dafür liefert die Bedürfnishierarchie des humanistisch orientierten amerikanischen Psychologen Abraham Maslow (1908–1970).

Info-Box 3.1: Die Bedürfnishierarchie nach Maslow

Abraham Maslow sah die Ursache für motiviertes Verhalten in hierarchisch geordneten Bedürfnis-Ebenen. Nach seiner Vorstellung bestimmt die Ebene, auf der sich ein Mensch aktuell befindet, das Erleben und Verhalten, bis zur Befriedigung der entsprechenden Bedürfnisse. Erst im Anschluss treten die Bedürfnisse auf der darauffolgenden Ebene in den Mittelpunkt und sind wiederum bis zu ihrer Befriedigung bestimmend für das Fühlen, Denken und Handeln. Davon ausgehend müssen Menschen in ihrem Leben erst biologische Defizite ausgeglichen, sicherheitsrelevante Mängel beseitigt, soziale Bindungen gesichert und einen gesunden Selbstwert aufgebaut haben, bevor sie nach humanen Dingen wie Wissen, Schönheit und Selbstverwirklichung streben können.

Vermutlich hat Maslows Modell bis in die heutige Zeit überlebt, weil es einen intuitiven Zugang zum Thema Motivation ermöglicht und eine gewisse Ordnung in verschiedene psychologische Erlebens- und Verhaltensprozesse bringt. Aus wissenschaftlicher Sicht betrachtet, lässt sich aber weder die strikte Hierarchisierung der angegebenen Bedürfnisse halten, noch die Ansicht, wir würden irgendwann einmal nur noch von ausschließlich humanen, edlen Motiven angetrieben werden.

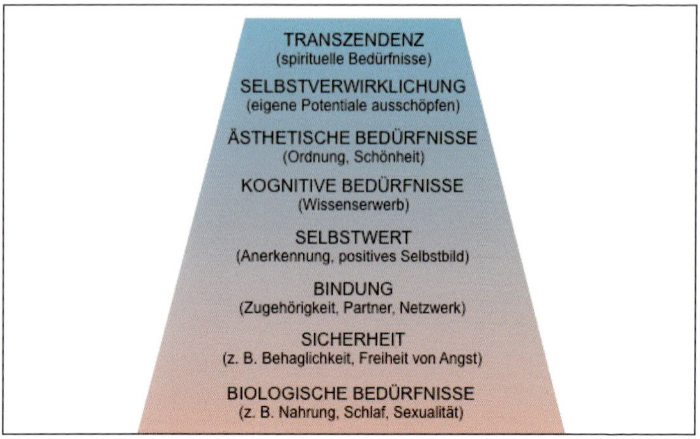

Die Bedürfnishierarchie nach Abraham Maslow

In modernen Erklärungsmodellen verschmelzen Druck- und Zugtheorien miteinander. Durch diese ganzheitliche Betrachtung sind Konzepte entstanden, die weit mehr liefern als nur theoretische Konstrukte zum Zwecke akademischer Grundsatzdiskussionen, sondern einen ebenso wertvollen wie konkreten Transfer in die Praxis des wahren Lebens zulassen. Grundlegende Prämisse dabei ist: Will man motiviertes Verhalten erklären oder gar provozieren, muss die Interaktion zwischen individuellen Bedürfnissen und äußeren Bedingungen betrachtet bzw. als Basisebene jeglicher Motivation verstanden werden.

Was Menschen bewegt

Sie haben bereits im vorherigen Kapitel das „Risiko-Wahl-Modell" von John William Atkinson kennengelernt. Dabei wird das Verhalten als Produkt innerer Prozesse verstanden, in denen die individuelle Bedeutsamkeit einer Situation mit der subjektiven Einschätzung der Erfolgschancen multipliziert wird. Gibt es im Inneren ein Bedürfnis und sprechen die äußeren Bedingungen dafür, dass dieses Bedürfnis befriedigt werden kann, wird sich der Mensch bewegen und ins Handeln kommen. Mit anderen Worten: In ihm ist Motivation entstanden. Dies ist beispielsweise zu erwarten, wenn eine Person, die vor anderen glänzen möchte, mit einer Aufgabe betraut wird, die ihr als machbar erscheint und bei erfolgreicher Bewältigung hohe soziale Anerkennung einbringt.

Aus Arist und Björn von Schlippe „Paradoxer Alltag" (2012, S. 60)

Bewegung braucht ausreichend gute äußere Bedingungen
Ist ein inneres Bedürfnis vorhanden, sprechen die äußeren Bedingungen jedoch eher dagegen, es bedienen zu können, sind drei unterschiedliche Verhaltensreaktionen zu erwarten:

1. Die Person kommt nicht ins Handeln und tut absolut nichts.
2. Sie versucht, die situativen Bedingungen zu ihren Gunsten zu verändern.
3. Sie wendet sich von der eigentlichen Situation ab und macht sich auf die Suche nach Orten, Gelegenheiten und/oder zwischenmenschlichen Konstellationen, die hinsichtlich Bedürfnisbefriedigung vielversprechender sind.

Das an dieser Stelle hinsichtlich Motivation Entscheidende ist der für die eigentliche Aufgabe fehlende Beweggrund. Auf das weiter oben genannte Beispiel bezogen, heißt dies: Wenn eine Person mit hohem Bedürfnis nach Anerkennung in der Vergangenheit die Erfahrung gemacht hat, trotz erfolgreicher Bewältigung der Aufgaben keine Bestätigung zu erhalten, wird sie in Zukunft für deren Erledigung weniger Motivation aufbringen können. Es ist sogar zu erwarten, dass sie zunehmend Widerwillen entwickelt, sich irgendwann einmal widersetzt und ihre Kraft mehr oder weniger heimlich in die Suche nach Alternativen, das heißt beispielsweise im Berufsleben nach einem neuen Vorgesetzten, einer anderen Abteilung oder einem anderen Unternehmen, stecken wird.

Bewegung braucht innere Bedürfnisse

Ist im Inneren kein Bedürfnis vorhanden, kann durch äußere Bedingungen auch nichts in Bewegung gebracht werden. In diesem Fall fehlt schlichtweg das Motiv bzw. der Beweggrund. Spielt es etwa für eine Person keine Rolle, ob sie durch einen höheren Einsatz mehr Anerkennung oder gar Motivations-Oldies wie Prämien, Incentives oder Bonis erhalten könnte, verpuffen solcherlei Anreizbemühungen komplett. Mehr noch: Mitunter können sie sogar das Tor in Richtung Demotivation weit aufstoßen. Diese Gefahr besteht beispielsweise, wenn sich Personen hinsichtlich ihrer Leistungs- und Arbeitsmotive gering geschätzt fühlen, sich für ihren Einsatzethos permanent rechtfertigen müssen oder regelmäßig überlastet werden.

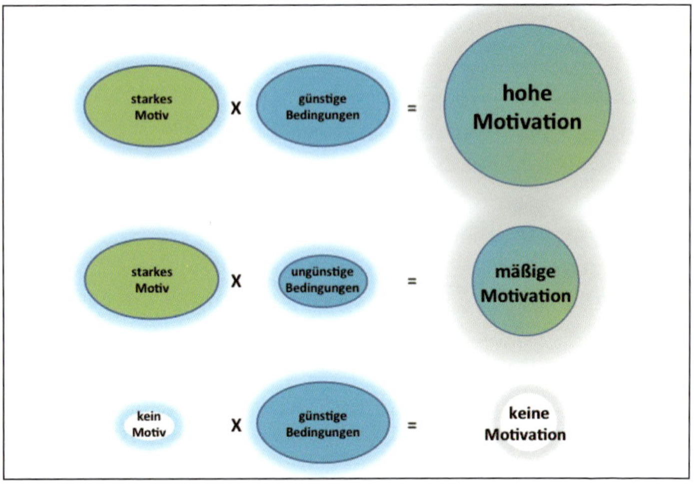

Oben: Starke Motivation entsteht als Produkt eines ausgeprägt vorhandenen inneren Motivs und als günstig wahrgenommenen äußeren Bedingungen.
Mitte: Mäßige Motivation entsteht als Produkt eines ausgeprägt vorhandenen inneren Motivs und als ungünstig wahrgenommenen äußeren Bedingungen.
Unten: Keine Motivation entsteht, wenn trotz günstiger äußerer Bedingungen kein dazu passendes inneres Motiv (auch Bedürfnis oder Interesse) vorhanden ist.

Die Lebensmotive

Was treibt Sie an? Was begeistert Sie? Was langweilt Sie oder stößt Sie gar ab? Angelehnt an ein Konzept des amerikanischen Persönlichkeitsforschers Steven Reiss geht die moderne Motivationspsychologie davon aus, dass unser Fühlen, Denken und Handeln von folgenden 18 Lebensmotiven bestimmt wird, die jeweils zwei gegensätzliche Antriebsrichtungen in sich tragen.

Grundmotiv	Antriebe	Charakteristik
Wissen	intellektuell	Freude am Denken, Wissen sammeln, neugierig sein, Dingen auf den Grund gehen wollen
	pragmatisch	praktisch veranlagt, anwendungs- und nutzenorientiert, zeitnahes „Jetzt-machen", Denken und Handeln
Prinzipientreue	prinzipienorientiert	Kodexorientierung, loyal, moralische Integrität, Tradition, Werte und Normen schätzen und wahren
	zweckorientiert	Zielorientierung, Loyalität nicht als Selbstzweck, situative Flexibilität und Lösung wichtiger als Prinzipien
Macht	führend	Einfluss ausübend, Richtung bestimmend, Führung und Verantwortung übernehmend, andere kontrollieren wollen
	geführt	keine Macht ausüben wollen, ungern Verantwortung für andere übernehmend, Führung akzeptierend, gut ein- und unterordnend

Status	elitär bodenständig	sich abheben von anderen, öffentliche Aufmerksamkeit und Ansehen suchend, Gefühl der Elitezugehörigkeit auf Gleichheit bedacht, wenig Interesse an öffentlicher Wahrnehmung, Titel und Statussymbole unwichtig
Ordnung	strukturiert flexibel	wünscht sich Stabilität und Strukturen, braucht Klarheit und Detailgenauigkeit, hält Prozesse ein, pflegt Rituale schätzt Spontaneität, vermeidet oder umgeht Regeln und Strukturen, sucht Freiräume, erträgt Unordnung
Materielle Sicherheit	festhaltend großzügig	sammelt Güter und häuft Besitz/Eigentum an, bewahrt und erhält Materielles, hält Geld zusammen und spart kann sich leicht von Dingen trennen, wenig Interesse an Sammeln, Sparen, oder materiellen Dingen
Freiheit	eigenständig teamorientiert	selbstgenügsam und emotional selbstbestimmt, autark, sucht Unabhängigkeit sucht und schätzt emotionale Abhängigkeit und Unterstützung von anderen, Bindungen, Gemeinsamkeit

Beziehung	kontaktfreudig distanziert	kommunikativ, sucht und pflegt Freundschaften, schätzt Humor und Geselligkeit zurückgezogen und eher introvertiert, braucht Abstand, grenzt sich gern ab, ernsthaft
Hilfe/ Fürsorge	fürsorglich eigennützig	möchte anderen Menschen helfen und sie unterstützen, achtet auf deren Gefühle und Befindlichkeiten eigene Bedürfnisse, Aufgaben und Ziele stehen im Vordergrund, verlässt sich am liebsten auf sich selbst
Familie	familienorientiert selbstbezogen	schätzt aktives Familienleben, wünscht sich eigene Familie, Kinder, sucht und gibt Nähe und Zuwendung will unabhängig sein von Kindern oder Familie, will nicht für andere Verantwortung übernehmen, sachorientiert
Idealismus	idealistisch realistisch	setzt sich für soziale Gerechtigkeit und Fairness ein, handelt ohne eigenen Nutzen zum Wohl anderer sieht jeden als für sich selbst verantwortlich, persönliche Nutzenoptimierung, akzeptiert soziale Gegebenheiten

Anerkennung	sensibel selbstsicher	sucht soziale Akzeptanz und Bestätigung, Lob als Treibstoff, reagiert sensibel auf Kritik und Widerspruch hält Kritik aus, selbstbewusst, motiviert sich selbst, ist unabhängig vom Feedback anderer
Wettkampf	kämpferisch ausgleichend	sucht Konkurrenz, wettkampforientiert, will kämpfen und gewinnen, will sich mit anderen messen vermeidet Konflikte, strebt Harmonie an, will Streit schlichten, sucht den Konsens
Risiko	risikofreudig risikobewusst	belastbar, schätzt Herausforderungen, zeigt Mut zur Veränderung und Freude an Neuem, geht Risiken ein will Fehler und Veränderungen vermeiden, sucht Stabilität und Verlässlichkeit, liebt und pflegt eigene Komfortzone
Essen	genießerisch genügsam	isst gern viel und/oder gut, beschäftigt sich gern mit Essen, Denken und Handeln oft auf Essen ausgerichtet Essen als Nahrungsaufnahme, wenig genussorientiert, sieht Essen nur als Mittel, um Hunger zu stillen

Körperliche Aktivität	bewegungsfreudig bequem	bewegt sich oft und gern, hält sich gern fit, betätigt sich oft sportlich meidet körperliche Betätigung, ist ein „Bewegungsmuffel“, wenig körperorientiert
Sinnlichkeit	sinnlich sachlich	genießt lustvolles Leben und Sexualität, hat Freude an Schönheit, Design, Kunst und Ästhetik hat keinen Sinn für Sinnliches, schätzt Nüchternheit und Purismus
Spiritualität	sinnsuchend rational	sucht nach dem (tieferen) Sinn des Lebens, offen für Existenz einer höheren (göttlichen) Instanz/geistigen Welt Konzentration auf das Hier und Jetzt, orientiert an rational erklärbaren Denkmodellen und eigener Wirksamkeit

Angeborene Grundbedürfnisse

Diese Lebensmotive werden als angeborene Grundbedürfnisse verstanden. Alle Menschen (ebenso wie höhere Tiere) tragen sie in sich, entscheidend ist aber, dass die Art und Weise ihrer Ausprägungen hoch individuell ist. Je nachdem wie stark diese Ausprägungen sind, haben die einzelnen Motive für das Erleben und Handeln einer Person entweder überragende, mittlere oder nur geringe Bedeutung. Die Gesamtstruktur dieser Motivausprägungen wird als so einzigartig angesehen, wie ein Fingerabdruck. Davon abhängig haben die Lebensmotive unterschiedliche Auswirkungen auf Interessen, Situationswahrnehmung bzw. -interpretation sowie Gefühlszustände und die Lebenszufriedenheit.

Antrieb fürs Leben

Die Antriebe der Grundbedürfnisse wirken über die gesamte Lebensspanne hinweg. Sie können daher zwar immer wieder neu bedient, nicht aber endgültig befriedigt werden. Je öfter man ihnen jedoch Beachtung schenkt, desto häufiger wird das Belohnungssystem im Gehirn aktiviert und umso regelmäßiger wird der Geist mit sogenannten Glückshormonen überströmt. Je höher wiederum diese Regelmäßigkeit ist, desto größere Chancen bestehen, das eigene Leben als freudvoll und sinnerfüllt zu empfinden. In diesem Fall überwiegt die Überzeugung, seine Energien insgesamt positiv nutzen und sinnvoll einsetzen zu können. Herrscht dagegen das Empfinden vor, ständig gegen Mauern anlaufen und seine Energien sinnlos verschleudern zu müssen, dürfte die Bedienung der individuellen Motivausprägung im Leben zu kurz kommen und das Belohnungssystem dementsprechend nur selten Fahrt aufnehmen.

Eine solch unbefriedigende Situation kann über einen gewissen Zeitraum mit entsprechender Disziplin durchaus ausgehalten werden. Da das Leben aber selten einem Wunschkonzert entspricht, sind das Durchleben von schwierigen oder eher langweiligen Phasen sowie die Überwindung von Enttäuschungen als ein normaler Bestandteil eines jeden Lebens anzusehen. Im Sinne des Superkompensationsprinzips sind solche Schwierigkeiten und Widerstände sogar elementar wichtig. Ohne sie würden die grundlegenden Reize fehlen, um sich zu einer reifen und stressresistenten Persönlichkeit entwickeln zu können. Da das bewusste Aufrechterhalten von Disziplin jedoch immense innere Kraft kostet, ist der Verlust der körperlichen und seelischen Balance umso mehr vorgezeichnet, je weiter und dauerhafter entfernt das eigene Leben von seinen innewohnenden Grundmotiven stattfindet.

Was treibt Sie an?

Haben Sie sich schon mal die Zeit genommen, über Ihren inneren Antrieb nachzudenken? Was ist Ihnen wirklich wichtig, was gibt Ihrem Leben Sinn, was macht Sie ebenso zufrieden wie glücklich? Vielleicht kann Ihnen bei der Beantwortung dieser Fragen der nachfolgende Fragebogen helfen.

Hier können Sie pro Lebensmotiv anhand einer fünfstufigen Skala auswählen, welche der beiden Aussagen Ihnen wie stark entspricht. Dem nachfolgend finden Sie die Beschreibungen, die Ihre

Auswahl über Ihre Motivlage aussagt. Wie bereits in den Kapiteln zuvor bitte ich Sie jedoch, auch diesen Test lediglich als Screeningverfahren zu verstehen. Wenn Sie Ihre Motivausprägungen ganz konkret und wissenschaftlich exakt abgesichert erheben lassen wollen, empfehle ich Ihnen das lizensierte Testverfahren zur Motivstrukturanalyse MSA®. Weitere Infos hierzu finden Sie unter: www.msaprofile.com

Fragebogen zu Ihren Grundmotiven

Lesen Sie bitte pro Zeile beide Aussagen genau durch. Geben Sie anschließend durch ein Kreuz an, mit welcher Aussage Sie eher übereinstimmen und wie stark sie zutrifft. Je spontaner Sie ohne langes Überlegen Ihr Kreuz setzen, desto eher können Sie davon ausgehen, dass die Ergebnisse die Ausprägung Ihrer Lebensmotive auch tatsächlich widerspiegeln.

Wissen

Antrieb pro: Ich bin wissensdurstig und beschäftige mich gern mit theoretischen Fragen.

- pro trifft voll zu ☐
- pro trifft eher zu ☐
- Teils-teils ☐
- contra trifft eher zu ☐
- contra trifft voll zu ☐

Antrieb contra: Ich bin Praktiker und löse Aufgaben, ohne mich großartig mit theoretischem Vorgeplänkel zu befassen.

Prinzipientreue

Antrieb pro: Ich lege Wert auf Prinzipien und halte an meinen eigenen Wertvorstellungen selbst dann fest, wenn es dadurch mal mühsamer für mich wird und langsamer vorangeht.

- pro trifft voll zu ☐
- pro trifft eher zu ☐
- Teils-teils ☐
- contra trifft eher zu ☐
- contra trifft voll zu ☐

Antrieb contra: Ich lege Wert darauf, dass mein Tun dem Zweck dient und lasse auch mal alle Fünfe gerade sein, wenn ich dadurch einfacher und schneller ans Ziel gelange.

Macht

Antrieb pro: Ich habe Freude daran, andere Menschen anzuführen und übernehme innerhalb von Gruppen und Teams gern die Verantwortung.

- pro trifft voll zu ☐
- pro trifft eher zu ☐
- Teils-teils ☐
- contra trifft eher zu ☐
- contra trifft voll zu ☐

Antrieb contra: Ich mag, wenn mir die Richtung vorgegeben wird und ich Orientierung darüber bekomme, was ich tun oder besser lassen sollte.

Status

Antrieb pro: Ich mag es, mich in gehobenen Gesellschaften zu bewegen und finde es wichtig, dass ich mich irgendwie von dem Grau herkömmlicher Menschen abhebe.

- pro trifft voll zu ☐
- pro trifft eher zu ☐
- Teils-teils ☐
- contra trifft eher zu ☐
- contra trifft voll zu ☐

Antrieb contra: Ich bin gern unter Menschen, die sich als gleich unter Gleichen empfinden; mich von herkömmlichen Menschen abzuheben, wäre mir unangenehm.

Ordnung

Antrieb pro: Ich habe einen großen Hang zu Ordnung und Struktur und plane meine Handlungsschritte sehr sorgfältig, bevor ich in Aktion trete.

- pro trifft voll zu ☐
- pro trifft eher zu ☐
- Teils-teils ☐
- contra trifft eher zu ☐
- contra trifft voll zu ☐

Antrieb contra: Ich mag es, wenn ich Dinge spontan und ohne Zeitkorsett angehen kann und bewältige die Dinge, die es zu tun gibt, gern ohne penible Vorausplanung.

Materielle Sicherheit

Antrieb pro: Mit Dingen, die wertvoll sind, gehe ich sehr behutsam um und lege gleichzeitig großen Wert darauf, finanziell und materiell gut abgesichert zu sein.

- pro trifft voll zu ☐
- pro trifft eher zu ☐
- Teils-teils ☐
- contra trifft eher zu ☐
- contra trifft voll zu ☐

Antrieb contra: Geld ist für mich zum Ausgeben da, nicht zum Horten, und selbst wertvollere Dinge zum Benutzen, nicht zum Polieren, Sammeln oder gar Totpflegen.

Freiheit

Antrieb pro: Es ist mir wichtig, Dinge selbst entscheiden zu können und in meiner Bewegungsfreiheit nicht durch andere Meinungen, Ansprüche oder Bedürfnisse eingeschränkt zu werden.

- pro trifft voll zu ☐
- pro trifft eher zu ☐
- Teils-teils ☐
- contra trifft eher zu ☐
- contra trifft voll zu ☐

Antrieb contra: Ich mag es, innerhalb eines Teams zu agieren, meine Entscheidungen mit anderen abzusprechen und mit ihren Bedürfnissen abzugleichen.

Beziehung

Antrieb pro: Kontakt zu anderen Menschen ist mir sehr wichtig, in Gruppen und Gesellschaften fühle ich mich in der Regel ausgesprochen wohl.

- pro trifft voll zu ☐
- pro trifft eher zu ☐
- Teils-teils ☐
- contra trifft eher zu ☐
- contra trifft voll zu ☐

Antrieb contra: Ich bin gern allein und komme auch gut längere Zeit ohne Kontakt zu anderen Menschen zurecht.

Hilfe/Fürsorge

Antrieb pro: Es ist mir wichtig, für andere da zu sein, sie zu unterstützen, wenn sie Hilfe benötigen, und auf die Bedürfnisse anderer eingehen zu können.

- pro trifft voll zu ☐
- pro trifft eher zu ☐
- Teils-teils ☐
- contra trifft eher zu ☐
- contra trifft voll zu ☐

Antrieb contra: Meiner Meinung nach ist jeder für sich selbst verantwortlich und muss zusehen, wie er mit sich und seinen Problemen zurechtkommt.

Familie

Antrieb pro: Ich bin ein Familienmensch und schätze intensive Nähe, Zuwendung sowie häufigen Kontakt zu meinem/r LebenspartnerIn, meinen Kindern, Eltern sowie sonstiger Verwandtschaft.

- pro trifft voll zu ☐
- pro trifft eher zu ☐
- Teils-teils ☐
- contra trifft eher zu ☐
- contra trifft voll zu ☐

Antrieb contra: Ich verspüre kaum Drang in Richtung klassisches Familienleben und möchte mein Leben so wenig wie möglich von Familienerwartungen oder gar -verpflichtungen beeinflussen lassen.

Idealismus

Antrieb pro: Soziale Gerechtigkeit und Fairness sind mir sehr wichtig; gern bin ich bereit, mich sozial zu engagieren und gesellschaftliche Entwicklungen voranzutreiben.

- pro trifft voll zu ☐
- pro trifft eher zu ☐
- Teils-teils ☐
- contra trifft eher zu ☐
- contra trifft voll zu ☐

Antrieb contra: Welche Entwicklung unsere Gesellschaft nimmt und ob es dabei nun gerecht zugeht oder nicht, interessiert mich nicht großartig; Bedeutung für mich hat lediglich, ob ich mit meinem Leben zurechtkomme.

Anerkennung
Antrieb pro: Mir ist wichtig, was andere über mich denken und von meinen Leistungen halten; werde ich kritisiert, zurückgewiesen oder wird bemerkt, dass ich Fehler mache, beschäftigt es mich länger.

pro trifft voll zu	☐
pro trifft eher zu	☐
Teils-teils	☐
contra trifft eher zu	☐
contra trifft voll zu	☐

Antrieb contra: Was andere von mir denken und wie sie meine Leistungen einordnen, interessiert mich nicht wirklich. Kritik oder Zurückweisung löst keine großartigen Emotionen in mir aus und beschäftigen meine Gedankenwelt höchstens auf sachlicher Ebene.

Wettkampf
Antrieb pro: Ich liebe es, wenn ich durch andere Personen gefordert werde und es im knallharten Konflikt oder sportlichen Wettkampf gegen ebenbürtige Gegner so richtig zur Sache geht.

pro trifft voll zu	☐
pro trifft eher zu	☐
Teils-teils	☐
contra trifft eher zu	☐
contra trifft voll zu	☐

Antrieb contra: Ich mag, wenn es harmonisch zugeht und sich Menschen miteinander vertragen. Im Konfliktfall geht es mir um eine einvernehmliche Lösung.

Risiko
Antrieb pro: Ich mag es, Grenzbereiche auszuloten und fühle mich von schwierigen und tendenziell gefährlichen Situationen positiv herausgefordert.

pro trifft voll zu	☐
pro trifft eher zu	☐
Teils-teils	☐
contra trifft eher zu	☐
contra trifft voll zu	☐

Antrieb contra: Ich ziehe es vor, vorsichtig zu sein und über mögliche Risiken lieber einmal zu viel als zu wenig nachzudenken. Auf gefährliche Situationen lasse ich mich nicht gern ein.

Essen

Antrieb pro: Ich mag gutes Essen; dabei ist mir wichtig, es regelmäßig genießen, abwechslungsreiche Kost haben und neue Rezepte/Lebensmittel ausprobieren zu können.

- pro trifft voll zu ☐
- pro trifft eher zu ☐
- Teils-teils ☐
- contra trifft eher zu ☐
- contra trifft voll zu ☐

Antrieb contra: Essen ist für mich eine Notwendigkeit, um zu überleben; ich fühle mich umso wohler, je einfacher und mir vertrauter das ist, was auf meinem Teller liegt.

Körperliche Aktivität

Antrieb pro: Ich mag es sehr, körperlich aktiv zu sein; bereits nach einem Tag ohne Bewegung, fühle ich mich unwohl und körperlich unausgelastet.

- pro trifft voll zu ☐
- pro trifft eher zu ☐
- Teils-teils ☐
- contra trifft eher zu ☐
- contra trifft voll zu ☐

Antrieb contra: Ich verspüre keinen übermäßigen Drang in Richtung Bewegung und kann nicht nachvollziehen, warum es andere Menschen oft so massiv zum aktiven Sport treibt.

Sinnlichkeit

Antrieb pro: Ich mag schöne und ästhetische Dinge aus Bereichen wie der Mode, Architektur oder des Autodesigns, aber auch die schönen Künste sowie Erotik und sinnliche Sexualität.

- pro trifft voll zu ☐
- pro trifft eher zu ☐
- Teils-teils ☐
- contra trifft eher zu ☐
- contra trifft voll zu ☐

Antrieb contra: Ich mag, wenn es eher nüchtern zugeht und beispielsweise das Design dem Nutzen eines Produkts dient. Für schöne Künste oder gar Bereiche der Erotik kann ich mich nicht erwärmen.

Spiritualität

Antrieb pro: Fragen nach geistigen Zusammenhängen beschäftigen mich sehr; Dinge wie Religionen oder die Frage nach dem Sinn des Lebens sind mir wichtig.

pro trifft voll zu	☐
pro trifft eher zu	☐
Teils-teils	☐
contra trifft eher zu	☐
contra trifft voll zu	☐

Antrieb contra: Ich bin überzeugt davon, dass das Leben hier und jetzt stattfindet, jeder für sich selbst seinen Lebenssinn bestimmen muss und Religion Opium fürs Volk ist.

Auswertung zu Ihren Grundmotiven

Wenn Sie zurückblättern, können Sie aus der Liste der Lebensmotive die Antriebsrichtungen und Charakterbeschreibungen entnehmen, die hinter den entgegengesetzten Aussagen des Fragebogens stehen.

Je stärker Sie Ihr Kreuz entweder oben oder unten gesetzt haben, desto mehr ist davon auszugehen, dass Ihr Verhalten, Denken und Fühlen von der entsprechenden Antriebsrichtung bestimmt wird. Der entgegengesetzte Antrieb spielt dagegen in ihrem Leben nur eine untergeordnete Rolle. Situationen, die Ihrer Antriebsrichtung entsprechen, erleben Sie als außerordentlich freudvoll, herausfordernd und motivierend. Situationen, die den gegenteiligen Antrieb ansprechen, empfinden Sie hingegen in der Regel eher als uninteressant, demotivierend und lästig, bisweilen vielleicht sogar als bedrohlich.

Befindet sich Ihr Kreuz in dem Feld „trifft eher zu“, dürften Ihre Bedürfnisse und Ihre Verhaltensweisen mehrheitlich von der entsprechenden Antriebsrichtung bestimmt werden. Innerhalb eines begrenzten Zeitrahmens können Sie sich jedoch durchaus immer wieder gut auf Situationen einstellen, in denen eher der entgegenstehende Antrieb angesprochen wird.

Liegt Ihr Kreuz in der Mitte, haben Sie innerhalb des betreffenden Grundmotivs keine einseitigen Bedürfnisse und Ihr Verhalten wird von beiden Antrieben in Balance gehalten. Damit sind Sie sehr flexibel und gut in der Lage, sich auf Situationen einzulassen, die entweder mehr der einen oder der anderen Antriebsrichtung entsprechen. Gleichzeitig spielt dieses Grundmotiv jedoch für Ihr Lebensglück und Ihre Lebenszufriedenheit keine bedeutsame

Rolle und Ihre Motivation wird selbst durch entsprechende Chancen und gute Bedingungen für die eine oder andere Antriebsrichtung nicht übermäßig steigen.

Passt Ihr Leben zu Ihren Motiven?

Erkennen Sie sich in Ihrer Motivstruktur wieder? Und wenn ja, führen Sie ein Leben, in dem Sie Ihre dominanten Antriebe regelmäßig bedienen können? Je sicherer Sie die letzte Frage mit JA beantworten können, desto eher ist davon auszugehen, dass Sie mit sich selbst im Reinen sind, eine grundlegend hohe Lebenszufriedenheit empfinden und voller Motivation durch Ihr Leben schreiten. Müssen Sie dagegen mit einem NEIN antworten, investieren Sie vermutlich enorm viel Kraft, Disziplin und Selbstbeherrschung, um Ihre hochkochenden Bedürfnisse im Zaum zu halten und mit einem Leben klarzukommen, dass nicht wirklich das Ihre ist.

Leistungsmotivation, wenn es passt

Im Zuge der aktuellen Entwicklungen in der Motivations- und Emotionsforschung musste die sehr lange aufrechterhaltene These zu Fall gebracht werden, dass nur bestimmte Menschen ein starkes, grundlegendes und situationsstabiles Leistungsmotiv in sich tragen. Die Motivation, sich in bestimmten Situationen anzustrengen und Leistung zu erbringen, wird inzwischen als labil und situationsabhängig eingestuft und wohl maßgeblich durch die Ausprägung der Grundmotive bestimmt. So wird etwa ein Mensch mit hoher Hilfe- und Fürsorgemotivation in karitativen Berufen aufgehen und dort zu Höchstleistungen fähig sein, ein führungsmotivierter und eher eigennützig orientierter Zeitgenosse hingegen in Berufen aufleben, in denen er eine Führungsposition bekleiden und seine Dinge unabhängig von anderen Meinungen oder gar Hilfestellungen für andere durchziehen kann.

Die Workaholic-Gefahr

Je einseitiger Motive ausgeprägt sind, desto stärker wollen sie bedient werden. Gefährlich kann dies werden, wenn im starken Maße zur Aktivität antreibende Motivausprägungen auf äußere Bedingungen treffen, die ein hemmungsloses Ausleben ermöglichen. Unter solchen Konstellationen entwickeln sich Menschen häufig zu rastlosen Workaholics, die nach und nach das natürliche Gefühl für Ruhe und Müßiggang sowie die Selbsterlaubnis für Pausen und erholsame Regenerationsphasen verlieren.

Bekanntlich geht der Krug so lange zum Brunnen, bis er bricht. Soll heißen: Oben beschriebene Bedingungen können dazu führen, dass die Lust an Leistung völlig aus der Balance gerät und in das entartete Leistungsverständnis driftet, das Sie bereits in Kapitel 2 kennengelernt haben. Um dieser Gefahr zu begegnen, gilt daher: Je einseitiger Sie von Ihren Motivausprägungen in Richtung Einsatz und Leistung gedrängt werden, desto strikter und konsequenter sollten Sie Phasen einlegen, in denen Sie ganz bewusst die schwächere Ausprägungsseiten Ihrer Motive bedienen und sich voller Freude auf Genussmomente und Zeiten des Müßiggangs einlassen.

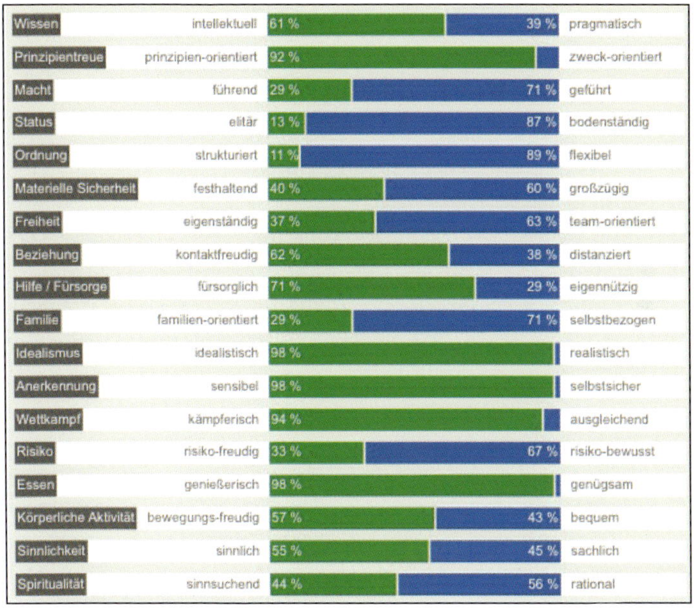

Übersicht über die Motivkonstellation (aus einer MSA®-Auswertung) einer leitenden Angestellten eines mittelständischen Unternehmens. Die starke Ausprägung ihrer Motive Prinzipientreue, Idealismus, Anerkennung und Wettkampf, gepaart mit einem Bedürfnis zu helfen, machten sie zu einer der wertvollsten Mitarbeiterinnen der Chefetage. Sie galt als hoch motiviert und war durchgehend zu Mehrarbeit bereit. Nach nur zweijähriger Firmenzugehörigkeit rutschte sie jedoch in ein ausgeprägtes Erschöpfungssyndrom, wurde stationär behandelt und fiel beruflich über mehrere Monate hinweg komplett aus.

Doppelter Energieaufwand, wenn es nicht passt

Dennoch ist ein Leben nach den persönlichen Motivausprägungen die Grundlage, um Freude empfinden und die eigenen Leistungsmöglichkeiten vollends ausspielen zu können. Wenn hingegen die beruflichen und freizeitlichen Aktivitäten der individuellen Motivstruktur widersprechen, wird es schwierig, Momente der Zufriedenheit zu empfinden und mit Freuden auf einem guten Leistungsniveau zu agieren.

Beispiel: Übt eine Person mit hoher Hilfe- und Fürsorgemotivation voller Begeisterung einen karitativen Beruf aus, wird dabei aber dazu verdonnert, immer mehr Zeit in die in ihren Augen dröge und zeitraubende Dokumentation ihrer Tätigkeiten zu investieren, entwickelt sich ihre Arbeitssituation zunehmend entgegengesetzt zu ihrer ursprünglichen Intention und Arbeitsmoral, und der anfänglich so geliebte und gelebte Beruf wird zu einem Feld der Frustration. Diese irrwitzige Entwicklung ist übrigens kein theoretisches Konstrukt, sondern im Namen der Effizienzsteigerung seit der Kommerzialisierung im Gesundheitswesen in sämtlichen medizinischen und pflegerischen Berufen in vollem Gange.

Handeln unter ungünstigen Motivationsbedingungen kostet Kraft und Energie, da eine Erledigung dauerhaft ungeliebter Dinge bei zeitgleicher permanenter Abwehr starker innerer Bedürfnisse mittels Willenskraft zu einem massiven Mehrverbrauch führt. Unter solchen Umständen kann weder gute Arbeitsqualität entstehen, noch hohe Motivation erwartet werden.

Info-Box 3.2: Der Gallup Engagement Index

Seit über zehn Jahren veröffentlicht das international tätige Gallup-Institut einmal jährlich Ergebnisse aus einer fortlaufenden Untersuchung zum Grad der emotionalen Bindung von Angestellten zu Ihrem Arbeitgeber. Die Zahlen sind überaus bemerkenswert. Sie lassen vermuten, dass die überwiegende Anzahl der Arbeitsplätze nicht zur Motivstruktur der Mitarbeiterinnen und Mitarbeiter passen.

Seit Beginn der Studie bleibt die Zahl der Angestellten mit hoher emotionaler Bindung zu ihrem Arbeitgeber nahezu stabil und pendelt zwischen mageren 14 bis 16 Prozent hin und her. Anders ausgedrückt: Von zehn Befragten befindet sich nur jeder Siebte in diesem Bereich!

Als wäre dies nicht schon erschreckend genug, zeichnete sich bis zum Jahr 2013 ein deutlicher Trend in Richtung Zunahme derjenigen ab, die keinerlei emotionale Bindung zum Arbeitgeber verspüren. Dies sind Personen, die zwar am Arbeitsplatz erscheinen, innerlich aber mehr oder weniger gekündigt haben. Seit Beginn der Studie wuchs dieser Bereich bis zum Jahr 2012 um knapp 10 Prozent an und erreichte mit 24 Prozent den Höchststand – das ist jeder vierte Angestellte! Für die Jahre 2013 und 2014 allerdings gab das Gallup-Institut Zahlen heraus, die auf eine Trendwende hindeuten: Im Vergleich zu den Vorjahren verringerte sich der Bereich der bindungslosen Arbeitnehmerinnen und Arbeitnehmer deutlich um satte sieben (im Jahr 2013) bzw. gar neun (im Jahr 2014) Prozentpunkte. Diese Werte liegen in Bereichen, die an die Anfangsjahre der Studie erinnern. Da von 2012 bis 2014 keine gesellschaftlichen oder arbeitspolitischen Großereignisse auszumachen sind, fehlen zu dieser überraschenden Entwicklung bislang allerdings schlüssige Erklärungen.

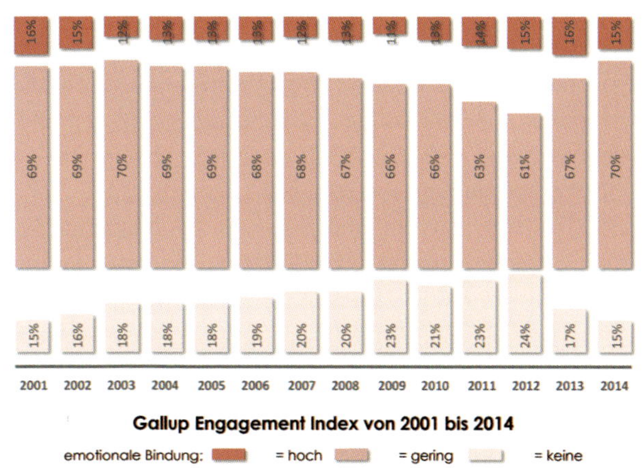

Gallup Engagement Index von 2001 bis 2014

Die dritte Sektion gibt eine geringe Bindung an den Arbeitgeber an. Die Befragten können als wenig engagierte Pflichterfüller verstanden werden, die Dienst nach Vorschrift tun. Aufgrund der Zunahme der Angestellten ohne emotionale Bindung zum Arbeitgeber sank dieser Bereich bis zum Jahr 2012 von 69 auf 61 Prozent und stieg der oben beschriebenen Entwicklung entsprechend in den den Jahren 2013 und 2014 wieder auf 67 bzw. 70 Prozent an.

Trotz der positiven Trendwende in den beiden vergangenen Jahren wird der wirtschaftliche Schaden, der durch mangelndes Engagement von Mitarbeiterinnen und Mitarbeitern entsteht, von Wirtschaftsexperten allein in Deutschland auf insgesamt über 200 Milliarden Euro pro Jahr geschätzt. Als Ursache hierfür gelten höhere Fehlzeiten, niedrige Produktivität und starke Fluktuationsraten.

Leben nach den Grundmotiven

Wollen Sie ein zufriedenes und erfülltes Leben führen, gilt die Empfehlung, es – so gut wie es Ihnen möglich ist – nach Ihren ganz persönlichen Lebensmotiven auszurichten. Wie bereits erwähnt, entspricht das Leben allerdings nur selten einem uneingeschränkten Wunschkonzert. Um Überforderungen auf der Suche nach eigenem Glück und Zufriedenheit zu vermeiden, lohnt es sich daher, unrealistische Maximalansprüche an ständige Glückseligkeit und immerwährenden Erfolg schnell ad acta zu legen. Sie sollten daher auch keinesfalls Ihren persönlichen Motiven und Bedürfnissen mit maximalen Ansprüchen nachgehen, denn dies würde nur regelmäßige Enttäuschungen, zunehmende Unzufriedenheit und wachsende innere wie äußere Verkrampfung ernten. Es geht vielmehr darum, einen balancierten und ausgeglichenen Weg zu finden, auf dem Sie Ihre eigenen Lebensmotive regelmäßig bedienen und Ihren grundlegenden Lebensvorstellungen, -wünschen und -träumen möglichst nahekommen können.

Ist- und Soll-Wert

Um diesen Weg zu finden, lohnt sich als erster Schritt ein sogenanntes Ist-Soll-Wert-Profil. Dabei werden die Lebensmotive mit den unterschiedlichen Lebensbereichen (etwa die reale Ist-Situation am Arbeitsplatz) auf Bedienung der individuellen Motivausprägung (= idealer Soll-Wert) abgeglichen. Je näher Ist- und Soll-Werte beieinander liegen, umso besser passen die jeweiligen Lebensbereiche zum Motivprofil, und desto eher können die eigenen Energien und Kräfte in die lustvolle Bewältigung der eigenen Lebensaufgaben und Herausforderungen fließen und werden nicht übermäßig von Dingen wie Disziplin und Durchhaltezwängen in Anspruch genommen. Je stärker und häufiger dagegen die Ist- und Soll-Werte auseinanderdriften, desto weniger passen die betrachteten Lebensbereiche zur individuellen Motivstruktur und die Lebensbereiche wirken als permanent vorhandene Stressfelder ein. Um die ständig aufflammenden Unlustgefühle abzuwehren, muss eine Menge Energie und Kraft aufgebracht werden. Wird optimale Leistung sowie stabile Gesundheit angestrebt, sind derartige Lebensbedingungen reinstes Gift. Spätestens in diesem Fall lohnt es sich, selbst aktiv zu werden, die eigenen Lebensbedingungen so gut wie möglich an die eigene Motivstruktur anzupassen und sich von übermäßigen Krafträubern zu befreien.

Sebastian Deisler war ein fußballerisches Jahrhunderttalent, ausgestattet mit atemberaubenden Fähigkeiten und großer Spielfreude. Im Laufe seiner Karriere musste er seine Energie jedoch zunehmend in Dinge investieren, die seinem Wesen nicht entsprachen: das Leben als öffentliche Person sowie die Auseinandersetzung mit ständig steigenden Fremderwartungen. Dies zehrte nach und nach seine Kräfte auf und er entwickelte ausgeprägte Depressionen. Schließlich sah er keine andere Lösung, als sich komplett aus dem Profigeschäft und der Öffentlichkeit zurückzuziehen.

Motivkombinationen

Motive können je nach Situation entweder neutral zueinander stehen, sich gegenseitig verstärken oder aber auch kräftig gegeneinander schießen. Richtig anspruchsvoll wird es daher, wenn man die Kombinationen der einzelnen Motivausprägungen näher beleuchtet. Darauf nun ebenfalls ganz speziell einzugehen, würde den Rahmen dieses Buches allerdings bei Weitem sprengen. Um Ihnen jedoch zumindest den Grundansatz zu vermitteln, finden Sie nachfolgend ein paar kurze Einlassungen zu Motivkombinationen, die einander situationsbedingt entweder widerstreben oder ergänzen.

Widerstrebende Motivtendenzen
Die Auswirkung von widerstrebenden Motivtendenzen wird besonders beim Aufeinandertreffen eines starken Wettkampfmotivs mit weiteren, ebenfalls stark einseitigen Ausprägungen anderer Motive deutlich.

Starkes Wettkampfmotiv trifft Kontaktfreudigkeit
So wird es beispielsweise schwierig, wenn ein hohes Bedürfnis nach Wettkampf und ein stark ausgeprägtes Bedürfnis nach Kontakt und Nähe aufeinandertreffen. Starkes Wettbewerbsdenken steht mit Freundschaft und unbelastetem Zusammensein im prinzipiellen Widerspruch. Wer gern mit anderen Menschen zusammen ist und viel Wert auf Freundschaft legt, in seinem sozialen Umfeld jedoch ständig auf die Sicherung seines Nummer-Eins-Status bedacht ist, seine Kumpels ununterbrochen provoziert und schnell cholerisch reagiert, wenn andere Meinungen im Mittelpunkt stehen oder eher Rücksicht auf die Gefühle und Bedürfnisse der anderen angebracht wäre, wird die Menschen in seiner Umgebung regelmäßig vor den Kopf stoßen.

Sollten Sie diese Motivkonstellation besitzen, bestehen die besten Chancen auf stabile soziale Kontakte wohl darin, sich mit seelisch robusten und in Bezug auf Wettkampf und Kontaktbedürfnis ähnlich tickenden Menschen zu umgeben. Eine weitere Möglichkeit bestünde darin, Ihre Wettkampfgelüste über Sportarten zu kanalisieren, in denen Sie sich dem Kampf und Leistungsvergleich ungehemmt hingeben können. So ließe sich Ihr Wettkampfdrang zumindest hin und wieder über einen gewissen Zeitraum hinweg „entspannen“ und Phasen des sozialen Miteinanders mit größerer innerer Gelassenheit verleben.

Starkes Wettkampfmotiv trifft Bedürfnis nach Anerkennung
Trifft ein starkes Wettkampfmotiv hingegen auf ein starkes Bedürfnis nach Anerkennung, ist dies zwar eine klassische Kombination für eine hohe Leistungsmotivation, wird aber mitunter auch das Entstehen einer grundlegend vorhandenen und einzelne Situationen überdauernden Angst vor Misserfolg begünstigen. In diesem Fall entsteht ein inneres Bedürfnis, sich durchzusetzen, Mitstreiter zu besiegen und aus jeglicher noch so kleinen Konkurrenzsituation als Gewinner hervorgehen zu wollen, die Selbstbestätigung ist jedoch an der Gunst anderer gebunden. Setzen sich Personen mit solcherlei Ausprägung durch, erhalten dafür jedoch kaum Anerkennung, wirkt dies im höchsten Maße irritierend auf sie. So kann sich das Bedürfnis nach noch mehr Wettkampf, Erfolgen und Siegen verhärten, und die Versuche, anderen zu zeigen, was für ein toller und wertvoller Mensch man ist, werden immer verkrampfter. Damit korreliert zum einen die zunehmende Angst zu versagen, zum anderen weitet sich die Kluft zwischen seinen tatsächlich vorhandenen Erfolgsmöglichkeiten und erträumten Erfolgszielen bzw. Anerkennungswünschen. Am Ende dieses Prozesses steht nicht selten ein ramponiertes Selbstwertempfinden, das von idealisierten Selbstansprüchen, überzogenen Ergebnisvorstellungen und ausbleibenden Erfolgen aus der Bahn geworfen wurde. Ein permanenter Raubbau der eigenen Kräfte ist nun kaum noch zu stoppen. Idealerweise sollte dieser Prozess bereits in der Entstehungsphase erkannt und wissentlich verhindert werden, zum Beispiel durch bewusste und realistische Zielsetzungen sowie die Zusammenarbeit mit wertschätzenden, unterstützenden sowie ehrlichen Feedbackgebern.

Starkes Wettkampfmotiv trifft Risikoängstlichkeit
Ein ähnliches Potential enthält die Mischung hoher Wettkampffreude und geringer Risikobereitschaft. Vor allem bei starken Gegnern besteht das Risiko zu scheitern, sodass der Wettkampf zwangsläufig anstrengend und das Ergebnis unberechenbar wird. Risikofreudige Personen erleben solche Bedingungen als herausfordernd, risikovermeidende Personen hingegen eher als bedroh-

lich. Ein freies und unbeschwertes Ausspielen der eigenen Leistungsmöglichkeiten wird ihnen kaum gelingen. Zudem schraubt der entstehende Stress ihren körperlich-mentalen Energieverbrauch um ein Vielfaches höher, als dies bei risikofreudigen Wettkämpfern in vergleichbaren Situationen der Fall wäre. Langfristig auf einem hohen Leistungslevel zu operieren, geschweige denn einen regelmäßigen Sieg einzufahren, wird ihnen aufgrund ihrer starken Investition in Disziplin, Durchhaltevermögen und Angstabwehr kaum möglich sein.

Das gilt auch für Arbeitsplätze, in denen die Leistung von Mitarbeitern permanent verglichen wird. Unter solchen Konkurrenzbedingungen sind risikofreudige Wettkämpfer unabhängig von ihren fachlichen Qualitäten automatisch im Vorteil. Die Frage, die sich jedes Unternehmen und jede Führungskraft stellen sollte, ist allerdings, ob man sich in einer immer anspruchsvolleren und differenzierter werdenden Arbeitswelt erlauben kann, auf dermaßen stumpfe Motivationsmittel zu setzen. Kommen fachliche Spitzenkräfte mit bewusst geschürten Konkurrenzbedingungen an ihrem Arbeitsplatz nicht klar, ist es nahezu zwangsläufig, dass sie ihr Potential nicht einbringen können und sie sich mit ihren persönlichen Möglichkeiten früher oder später erschöpfen.

Gegen starke Motivausprägungen laufende Wertvorstellungen und Ziele

Gelten Lebensmotive als genetisch festgelegte und über das Unterbewusstsein emotional einwirkende Grundprogramme, so entwickeln Menschen durch Erziehung und gesellschaftlich-kulturelle Einflüsse überdies noch ihre Einstellungen, Wertvorstellungen und Lebensideale. Schwierig wird es, wenn diese Entwicklungen den inneren Bedürfnissen entgegenlaufen und sogenannte motivinkongruente Ziele entstehen lassen. So haben beispielsweise Personen mit einem genussbetonten Essensmotiv auf lange Sicht hin weder Aussicht auf Zufriedenheit noch Erfolg, wenn sie sich von einem über die Kultur eingetrichterten Schlankheitsideal leiten lassen.

Stehen starke innere Motivausprägungen zu sehr im Konflikt mit idealisierten Selbstbildern, anerzogenen Wertvorstellungen oder explizit angestrebten Zielen, sind negative Folgen nahezu vorprogrammiert. Zwar lassen sich starke innere Bedürfnisse durch Disziplin und willentliche Energieleistungen durchaus eine Zeit lang abblocken, jedoch wird die Leistungseffizienz, das subjektive Wohlbefinden und früher oder später auch die psychophysische Gesundheit darunter leiden. Daher ist es sinnvoll, sich seiner innewohnenden Bedürfnisse bewusst zu werden und sie mit seinen Idealen, Absichten und Erfolgsvorstellungen abzugleichen. Nur wenn das Innere wirklich bereit ist, bewusst anvisierte Ziele zu verfolgen, können Freude, Hingabe und mit positiver Energie geladene Erregungszustände das Kommando über Körper und Kopf übernehmen. Kommt es dagegen zu einem größeren inneren Konflikt, wird sich dies umso mehr durch deutliche negative emotionale Signale kundtun, die in Richtung Widerstand, Lustlosigkeit, Ärger oder sogar Angst gehen, je schwieriger und anspruchsvoller der Weg zum Ziel wird.

Verstärkende Motivtendenzen

Ideal also, wenn die Selbstansprüche, Wertvorstellungen und Leistungsziele der eigenen Motivstruktur entsprechen, besonders wenn weitere sich in ihrer Ausprägungsstärke positiv ergänzende Motive vorhanden sind. Spricht eine Situation oder ein bewusstes Ziel viele solcher Stärkekombinationen an, können eine hohe Einsatzbereitschaft, ein völlig störungs- und stressfreier Zugang zum innewohnenden Leistungsmaximum sowie eine förderliche Auswirkung auf die Gesundheit erwartet werden, da keinerlei innerer Widerstand überwunden werden muss.

Die Motivkombinationen für Leistung und Gesundheit

Innerhalb eines stark wirtschaftlich ausgerichteten und konkurrenzbezogenen Umfelds, gilt eine Kombination von starker Macht- und Wettkampforientierung gepaart mit Tendenzen zur Risikobereitschaft sowie einem gemäßigten Bedürfnis nach Anerkennung als stärkste Motivkombination. Definiert man Leistung hingegen eher gesellschaftlich und über soziale Parameter, tritt eine Kombination aus kontaktfreudig, ausgleichend und fürsorglich in den Vordergrund. Wird allerdings nach den für die Gesundheit förderlichen Kombinationen gefragt, lässt sich keine konkrete Antwort geben. Daher bleibt als wichtigste und grundlegendste Aussage bestehen, dass die Voraussetzungen für ein gesundes Leben umso mehr gegeben sind, je besser es zur eigenen Motivstruktur passt und je regelmäßiger die dominanten Motivausprägungen bedient werden können. Meine ganz persönliche Meinung ist, dass zudem eine Kombination aus leicht dominanter Freude am Essen, ein gesunder Drang zur körperlichen Aktivität sowie eine Tendenz des Sinnlichen verhindern kann, in die diversen Zivilisationskrankheiten unserer westlichen Überflussgesellschaft abzudriften und in ihre mannigfaltigen Stressfallen zu tappen.

Zu guter Letzt: Vorsicht vor zu großer Selbstbezogenheit

Wie schon anhand der Einstellung zur Leistung verdeutlicht, wird es immer dann schwierig, wenn ein innerer Pluralismus zusammenzubrechen droht und die produktive Dynamik zwischen zwei Spannungspolen durch ein isoliertes Extrem aufgehoben wird. Ebenso schwierig, wenn die eigenen Motive, Bedürfnisse und Wertvorstellungen als das selbstverständliche Maß aller Dinge angesehen werden. In diesem Fall sind Selbstillusion, Missverständnisse und ein lehrmeisterhaftes, im Extremfall sogar tyrannisches Gehabe vorprogrammiert. Spätestens an diesem Punkt wird die Herausforderung, zu einer guten inneren Balance zu gelangen, zu einer grundlegenden Bedingung für einen gesunden und erfolgreichen Umgang mit seinen Mitmenschen.

Motivbasierte Eigen- und Fremdwahrnehmung

Es ist ein Stück weit normal, dass wir andere Menschen nach unseren Motiven und Wertvorstellungen wahrnehmen und beurteilen. Heikel wird es allerdings, wenn wir Menschen, die von anderen Motiven und Wertvorstellungen geleitet werden, nicht mehr einfach nur als ein wenig anders ansehen, sondern sie sofort in Schubladen stecken, auf denen Dinge wie „Störfaktor“, „dumm“ oder „abnormal“ stehen.

Ordnungs- und planungsfixierte Menschen etwa neigen zur Ansicht, mit flexiblen und spontanen Zeitgenossen könne doch irgendetwas Grundlegendes nicht stimmen. Andersherum werden die Ordnungsliebenden von den flexibel Motivierten schnell als krankhaft kleinkariert eingestuft, die vor lauter Vorausplanung und Ordnungswut ihr komplettes Leben verpassen. Der Knackpunkt dabei ist, dass sowohl der Ordnungsliebende als auch der Flexible mit seinen speziellen Ausprägungen in der Regel sehr gut zurechtkommt und sich mit seinen Herangehensweisen durchaus äußerst wohl fühlt – vorausgesetzt, er muss nicht in Feldern agieren, in

Felix Magath gilt als Prototyp eines Trainers, der seine Ansichten kompromisslos durchsetzt und in seiner Art der Führung den für ihn einzig gangbaren Weg sieht. Mit dieser extremen Selbstbezogenheit hat er Teams wie Bayern München oder Wolfsburg zu grandiosen Erfolgen geführt. Gleichzeitig steht seine Trainervita aber auch dafür, binnen kürzester Zeit den Zugang zu Spielern völlig verbaut, ganze Mannschaften gegen sich aufgebracht und Teams in ausgeprägte Misserfolgsphasen geführt zu haben.

Balance zwischen Ich-Projektion und Toleranz

Lebendig funktionierende Gruppen, Gemeinschaften und Gesellschaften zeichnen sich durch eine dynamische Balance zwischen unterschiedlichen Bedürfnissen, Lebensideen und Wertvorstellungen aus. Zu glauben, ein ungezügeltes Multikulti sowie unbegrezte Toleranz sei die perfekte Lösung für ein gesundes Miteinander, wäre allerdings fatal. Ein Abschied von jeglichen Grundnormen würde den gesellschaftlichen Zusammenbruch zur Folge haben. Es wäre nichts mehr vorhanden, das die Gesellschaft zusammenhält und dem gemeinsamen Miteinander eine produktive Dynamik verleihen könnte.

Es sollte auf den letzten Seiten also keinesfalls der Verzicht auf jegliche Selbstbezogenheit propagiert werden. Es ging vielmehr um eine Sensibilisierung für die destruktive Wirkung, die von einseitigen und völlig überzogenen Eigenperspektiven ausgehen kann. Befinden sich Ihre Motive, Werte und Einstellungen in einer gesunden und dynamischen Balance mit den Denkweisen, Lebensstilen und Herangehensweisen ihrer Mitbürger, so haben Sie gute Chancen auf ein wertschätzendes, friedvolles und inspirierendes soziales Leben. Mit dieser Einstellung sorgen Sie für eine ebenso gesunde wie lebendige Selbstbezogenheit, die vor einem Abrutschen in einseitige Überzeugungen, radikale Denkmuster und stressprovozierende Lebensvorstellungen bestens geschützt ist.

4. Bedingungen beachten – Die Macht der Lebenssituation

Wer regelmäßig mit dem Fahrrad unterwegs ist, kann ein Lied davon singen: Bläst der Wind von hinten, saust man nur so durch die Landschaft und empfindet den Tritt in die Pedale als wenig anstrengend. Man hat das Gefühl, ewig weiterfahren zu können. Unter diesen Umständen ist es auch nicht vermessen, sich vorzunehmen, seinen Zielort in möglichst kurzer Zeit zu erreichen oder sehr lange Distanzen zurückzulegen. Bläst der Wind jedoch von vorn, so kommt auf dem Fahrrad schnell das Gefühl auf, sich kaum vom Fleck zu bewegen und gegen eine massive Wand anzutreten. Es ist nur eine Frage der Zeit, wann die Energiedepots der Muskeln leer gefahren sind und sich neben Müdigkeit eventuell auch noch Frust breitmacht. Ein Fahrradfahrer, der unter Gegenwind erwartet, sein Ziel in kürzester Zeit erreichen oder extrem viele Kilometer abstrampeln zu können, sitzt entweder das erste Mal auf einem Fahrrad (und hat demnach keine Ahnung von dem, was ihn erwartet) oder ist in einem Optimismus gefangen, der fernab jeglicher Realität liegt. So oder so ist sein Scheitern vorprogrammiert.

Die Auswirkung von Lebenssituationen, in denen wir stecken, ist vergleichbar mit den Windverhältnissen für einen Fahrradfahrer. Dinge wie Wille, Härte und Ausdauer sind umso mehr gefragt, je ungemütlicher und stürmischer es im Leben zugeht. Unter solchen Bedingungen werden die eigenen Kräfte in erster Linie dafür benötigt, nicht ganz vom Rad zu fallen und zumindest einigermaßen vorwärtszukommen. Die Erwartung, anvisierte Ziele weiterhin locker erreichen und die Karriereleiter geschmeidig hochklettern zu können, wäre mehr als töricht.

In diesem Kapitel geht es also darum, ungünstig drehende Winde im Leben möglichst frühzeitig zu erkennen und die individuellen Leistungsressourcen und Handlungsmöglichkeiten auf die Macht der Lebenssituation abzustimmen.

Die Bedeutung der Lebensfelder

Ausgehend von den einflussreichen Forschungsarbeiten des iranischen Arztes Nossrat Peseschkian (1933–2010) wird unsere Lebenssituation ganz grundlegend von sechs Lebensfeldern bestimmt:

- Beruf/Ausbildung
- Finanzen
- Familie
- Soziales Umfeld
- Gesundheit
- Interessen, Sinn und kulturelles Leben

Die Forschungsergebnisse deuten darauf hin, dass wir mental wie körperlich leistungsfähig und gesundheitlich stabil sind, wenn wir uns in diesen Lebensfeldern wohlfühlen und dort alles in bester Ordnung ist. Sollte es in einem der Lebensbereiche allerdings länger andauernde Qualitäts- oder Quantitätsdefizite geben, wirkt dies als permanent vorhandene Stör- und Belastungsquelle. Eine solche Quelle sorgt für chronischen Stress, der über unbewusste Wege solange Energie zieht, wie das Defizit vorhanden ist. Stressbedingte Leistungsdellen und gelegentliche Einbrüche sind bei besonders hohen zu erbringenden Leistungslevels geradezu vorprogrammiert. Dazu gibt es allerdings noch eine optimistisch stimmende Nachricht: Kriselt es in nur einem Lebensbereich, sind wir in der Lage, die negativen Stressauswirkungen zu kompensieren.

Kippt zur gleichen Zeit allerdings ein zweiter Lebensbereich ins Minus, ist eine vollständige Kompensation kaum noch möglich. In diesem Fall ist die chronische Stresswirkung so groß, dass zu wenig Energie für ein gutes und zuverlässiges Ausspielen seines Leistungspotenzials übrigbleibt. Bleiben unter solchen Bedingungen Anforderungen bzw. Arbeitsbelastungen unverändert hoch, gerät über kurz oder lang zwangsläufig auch der Gesundheitszustand in Gefahr und die Leistungs- und Gesundheitsbalance droht zu kippen.

Beispiel für die Macht der Lebenssituation: Tennis-Star Rafael Nadal kann sich wie kaum ein anderer Spitzenspieler in ein Match hineinkämpfen und sein Können durch pure Willenskraft abrufen. In einer Phase seiner Profilaufbahn jedoch, in der sich seine Eltern trennten, erlebte auch er den Zusammenhang zwischen einer belastenden Lebenssituation und nachlassender Leistung: „Beide Systeme waren zu eng miteinander verflochten, als dass sich eines nicht auf das andere ausgewirkt hätte."
(Zitat von Rafael Nadal aus RAFA, 2011, S. 216)

Selbstcheck: Ihr Ist-Zustand in den Lebensbereichen

Nachfolgend finden Sie einen Fragebogen, mit dessen Hilfe Sie sich ein Bild über Ihren Ist-Zustand in den sechs Lebensfeldern verschaffen können. Auch hier der Hinweis, dass dieses Verfahren lediglich als Screeningverfahren zur Sensibilisierung für die Bedeutung der Lebensfelder zu verstehen ist. Für die Einordnung der einzelnen Aussagen steht Ihnen folgende fünfstufige Skala zur Verfügung:

① trifft nie zu
② trifft selten zu
③ mal ja – mal nein
④ trifft meistens zu
⑤ trifft zu

1. Beruf/Ausbildung

Ich fühle mich an meinem Arbeitsplatz wohl. ①②③④⑤
In meiner Arbeit beschäftige ich mich mit Dingen, die mich interessieren. ①②③④⑤
Mit meinen Arbeitskollegen verstehe ich mich prima. ①②③④⑤
Meine Arbeitsanforderungen sind genau richtig für mich. ①②③④⑤
Über die Inhalte und Ziele meiner Arbeit kann ich mitbestimmen. ①②③④⑤

Negative Überraschungen gibt es bei meiner Arbeit kaum. ①②③④⑤
Meine Arbeitsaufgaben kann ich innerhalb geregelter Arbeitszeiten erledigen. ①②③④⑤
Vor Abbau oder einer unguten Veränderung meines Arbeitsplatzes brauche ich mir keine Sorgen zu machen. ①②③④⑤

Summe:

2. Finanzen

Ich verdiene genug Geld, um mir und meiner Familie das Leben locker finanzieren zu können. ①②③④⑤
Ich habe keine Schulden. ①②③④⑤
Wenn ich schöne Dinge haben möchte, bin ich in der Lage, sie mir zu kaufen. ①②③④⑤
Ich hätte keine Probleme, wenn ich plötzlich unvorhergesehen größere Ausgaben hätte. ①②③④⑤
Um mir und meiner Familie das Leben zu finanzieren, reicht meine Haupttätigkeit. ①②③④⑤
Wenn ich will, könnte ich für unangenehme oder lästige Dinge (Hausputz o. ä.) eine Hilfskraft finanzieren. ①②③④⑤
Ich kann mir und meiner Familie den Urlaub finanzieren, der mir/uns gefällt. ①②③④⑤
Ich gehe davon aus, dass ich für den Rest meines Lebens immer ausreichend Geld zur Verfügung haben werde. ①②③④⑤

Summe:

3. Familie

Ich fühle mich wohl in meiner Familie. ①②③④⑤
In meiner Familie sind alle wohlauf und gesund. ①②③④⑤
Mein Lebenspartner/-partnerin ist genau der/die Richtige für mich (kein Partner = 1). ①②③④⑤

Zu Konflikten kommt es in meiner Familie kaum.	①②③④⑤
In meiner Familie wird alles offen angesprochen und Probleme werden gemeinsam bewältigt.	①②③④⑤
Ich weiß: Wenn es mir mal schlecht ergehen sollte, fängt mich meine Familie auf.	①②③④⑤
Das Zusammensein mit meiner Familie gibt mir Kraft und Energie.	①②③④⑤
Ich habe ausreichend Zeit für das Familienleben.	①②③④⑤

Summe:

4. Soziales Umfeld

Ich fühle mich wohl, wenn ich mit meinen Freunden und Bekannten zusammen bin.	①②③④⑤
Ich kenne meine Nachbarn gut und es kommt regelmäßig zu Gesprächen.	①②③④⑤
Egal zu welcher Uhrzeit, ich freue mich, wenn ein/e guter Freund/gute Freundin anruft.	①②③④⑤
Ich habe mindestens einen Freund/eine Freundin, dem/der ich sehr persönliche Dinge erzählen kann.	①②③④⑤
Ich treffe mich regelmäßig mit meinen Freunden.	①②③④⑤
Ich habe ausreichend Zeit, um meine sozialen Kontakte zu pflegen.	①②③④⑤
Ich habe das Gefühl, dass mich mein Freundes- und Bekanntenkreis so akzeptiert, wie ich bin.	①②③④⑤
Ich bin lieber mit meinen Freunden und Bekannten zusammen als ganz für mich allein.	①②③④⑤

Summe:

5. Gesundheit

Ich habe Normalgewicht (leichtes Übergewicht = 3, deutliches Übergewicht = 1).	①②③④⑤

Ich trinke keinen Alkohol (regelmäßig Bier oder Wein am Abend = 3; regelmäßig Schnaps, Whiskey o. ä. oder gelegentlich betrunken = 1). ①②③④⑤
Ich bewege mich täglich mindestens 30 Minuten am Stück. ①②③④⑤
Ich ernähre mich vollwertig, ausgewogen und abwechslungsreich. ①②③④⑤
Ich fühle mich körperlich gesund. ①②③④⑤
Ich nehme Frühstück, Mittagessen und Abendessen zu annähernd den gleichen Zeiten ein. ①②③④⑤
Ich rauche nicht (gelegentlich = 3; mehr als zehn Zigaretten pro Tag = 1). ①②③④⑤
Ich habe keine Probleme mit dem Ein- oder Durchschlafen. ①②③④⑤

Summe: ______

6. Interessen, Sinn und kulturelles Leben

Um erfolgreich zu sein, sehe ich mich nicht gezwungen, mich zu verbiegen. ①②③④⑤
Wenn ich mit etwas nicht einverstanden bin, sage ich das klar und deutlich. ①②③④⑤
Ich habe ausreichend Zeit, um das zu tun, worauf ich Lust habe. ①②③④⑤
So wie mein Leben verläuft, sehe ich, dass es deutlich mehr Dinge gibt, die ich tun will, und nur wenige Dinge, die ich tun muss. ①②③④⑤
Ich sehe Sinn in meinem Leben. ①②③④⑤
Wenn ich es brauche, dann gönne ich mir Ruhe- und Mußestunden. ①②③④⑤
Wenn ich mein bisheriges Leben betrachte, bin ich zufrieden. ①②③④⑤
Ich kann mein Leben so gestalten, wie ich es mir vorstelle. ①②③④⑤

Summe: ______

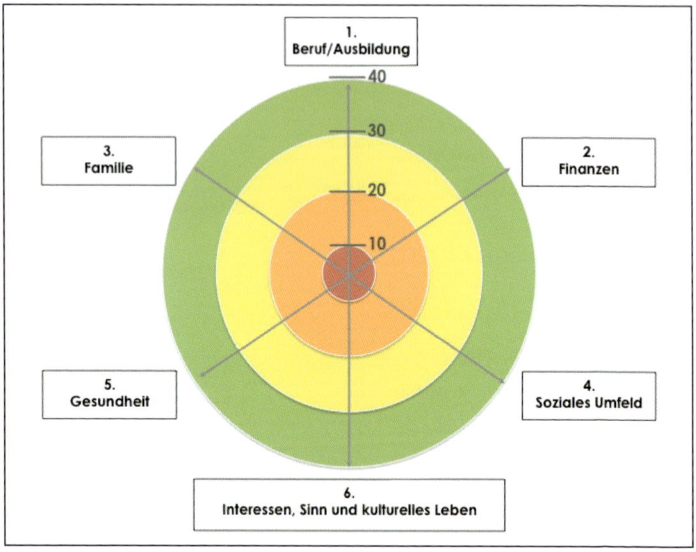

Auswertung der Punkte pro Bereich
40 bis 31 = gut bis sehr gut
Sie sind in diesem Lebensbereich zurzeit gut bis sehr gut aufgestellt, er gibt Ihnen Energie und Rückhalt. Es ist möglich, dass dieser Lebensbereich Mängel in einem anderen Lebensfeld kompensieren kann. Ideal für Sie, wenn es hier auch weiterhin so gut läuft.

30 bis 21 = okay
In diesem Lebensbereich läuft es zurzeit nicht ganz ideal für Sie, insgesamt ist es aber dennoch okay. Übermäßig negative Einflüsse sind dadurch momentan nicht zu erwarten. Es besteht allerdings die potentielle Gefahr, dass sich die kleineren Defizite im Laufe der Zeit zu anhaltenden Problemen entwickeln könnten. Ideal daher, wenn Sie die Dinge, die die kleineren Defizite ausmachen, angehen und bereinigen.

20 bis 11 = Mängel
In diesem Lebensbereich bestehen Mängel, die sich bereits negativ auf Ihre Energie und Leistungsfähigkeit auswirken dürften. Sie sollten sich die Zeit nehmen, Ihre Stolpersteine in diesem Lebensbereich zu identifizieren, systematisch anzugehen und ins Positive zu drehen.

10 bis 0 = klares Defizit
In diesem Lebensbereich stimmt es bei Ihnen zurzeit leider überhaupt nicht. Dies setzt Sie unter chronischen Stress, und die Gefahr ist groß, dass Sie dadurch aus dem Gleichgewicht geraten und Ihre Leistung und Gesundheit schaden nimmt. Die deutliche Empfehlung lautet daher: Geben Sie der Lösung Ihrer Probleme in diesem Lebensbereich erste Priorität und versuchen Sie, die Dinge wieder ins Lot zu bringen. Eventuell lohnt es sich, dafür die Hilfe von Freunden und/oder einem professionellen Coach in Anspruch zu nehmen.

Info-Box 4.1: Sind wir selbstbestimmt oder Spielball des Schicksals?

Die Frage, ob wir unser Leben eigenständig bestimmen können oder doch eher als Spielball des Schicksals gelten, ist so alt wie die Menschheit selbst. Ebenso die ewige Diskussion, ob unsere Persönlichkeitszüge genetisch festgelegt sind oder erst durch Lebenserfahrungen und Lernprozesse entstehen. Das in der Wissenschaft zurzeit vorherrschende, sogenannte dynamisch-interaktionistische Menschenbild vereint beide Seiten und geht davon aus, dass sowohl ererbte Wesenseigenschaften als auch mehr oder weniger zufällige Umwelteinflüsse und -gegebenheiten eine Rolle bei der Ausformung unserer Persönlichkeit spielen. Erst durch die Kombination beider Pole ergibt sich die einzigartige Persönlichkeit mit ihren individuellen Werten, Interessen und Bedürfnissen sowie einer ganz persönlichen Art und Weise des Erlebens und Handelns.

Bei diesem Paradigma wird von folgenden drei Grundannahmen ausgegangen:

1. Das Erleben und Verhalten einer Person ist über verschiedene Situationen hinweg nur mäßig konstant und wird stark vom Charakter der unmittelbaren Situation, dem systemischen Kontext sowie der persönlichen Lebenssituation und -phase beeinflusst.
2. Personen können sich abhängig von ihren Lebenserfahrungen und -bedingungen in ihrem Fühlen, Denken und Handeln langfristig ändern.

3. Diese Veränderungen können auf Willensprozesse innerhalb der Person und/oder auf Veränderungen in der Umwelt beruhen. Kern dieser Neugestaltungen ist ein immerwährendes Wechselspiel zischen den Einflüssen der Person, die sie auf die Umwelt ausübt, und den Reaktionen und Konsequenzen, die sie daraufhin von außen erfährt.

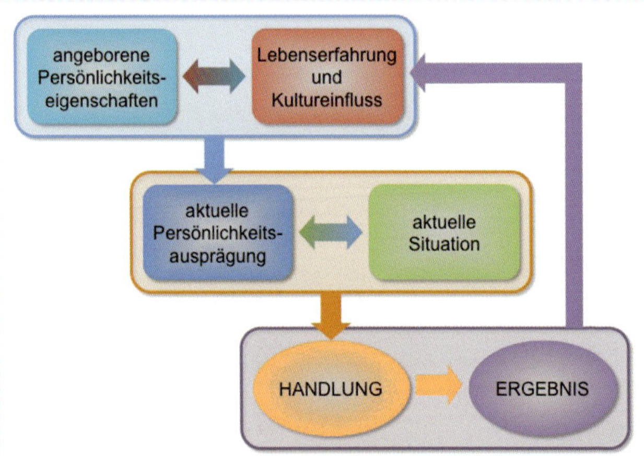

Persönlichkeitsentwicklung und Verhaltenssteuerung als dynamische Produkte aus einem immerwährenden Wechselspiel zwischen genetisch festgelegten Persönlichkeitsmerkmalen, individuellen Lern- und Lebenserfahrungen sowie den situativen Bedingungen.

Go for it!

Befinden sich Ihre Lebensfelder im grünen Bereich, sind Ihre Voraussetzungen für optimale Leistung und stabile Gesundheit ideal. Unter diesen Umständen sollten Sie auch über einen längeren Zeitraum hinweg vollen Einsatz bringen und Ihre Energie störungsfrei auf die Bewältigung von ebenso spannenden wie anspruchsvollen Projekten ausrichten können – vorausgesetzt natürlich, Sie machen sich selbst mit Ihrer Lebensfelder-Einschätzung nichts vor! Damit dies auch so bleibt, sollten Sie nicht versäumen, Ihren momentan guten Ist-Zustand abzusichern und bewusst zu pflegen. Vernachlässigen Sie also auch in Höchstleistungsphasen nicht Ihre Familie, pflegen Sie Ihre sozialen Kontakte weiterhin.

Halten Sie Ihr Gesundheits- und Fitnesslevel durch regelmäßige Bewegung, ausgewogene Ernährung und ausreichend Schlaf auf gutem Niveau stabil und verlieren Sie anderweitige Interessen und kulturelle Vorlieben nicht aus dem Blick. Sehen Sie darüber hinaus so lange von übermäßigen oder wenig durchschaubaren finanziellen Wagnissen ab, wie Ihre Aufmerksamkeit, Leistungsfähigkeit und Ausdauer von anderen Dingen und Leistungsanforderungen gebunden wird. Und last but not least wäre es ideal, wenn Sie sich in Ihrer Arbeit nicht nur durch die Hoffnung auf gute Endergebnisse und satte finanzielle Entlohnung antreiben ließen, sondern Ihnen auch die Tätigkeit selbst eine Quelle der Freude und Zufriedenheit ist.

Die Kunst der Dosierung

Sie haben bereits erfahren, dass Qualitäts- und Quantitätsdefizite in einem Lebensfeld aufgefangen werden können, wenn es in den anderen fünf Bereichen stimmt. Realistisch gesehen entspricht ein solch suboptimaler Zustand auch mehr dem Lebens-Normalfall. Absolut rosarot sind die Lebensbedingungen von Menschen doch eher selten und treten – wenn überhaupt – in der Regel nur phasenweise auf. Trotz solcher nicht ganz idealer Bedingungen sollte es Ihnen dennoch möglich sein, Ihre Leistungsfähigkeit weiterhin gut auszuspielen und Ihre Gesundheit auf einem anständigen Level stabil halten zu können. Je tiefer allerdings ein kriselnder Lebensbereich ins Minus abdriftet, desto wichtiger wird ein ebenso bewusster wie cleverer Umgang mit den eigenen Kräften und Möglichkeiten.

Probleme angehen

Ein außer Takt geratenes Lebensfeld begleitet uns wie ein unsichtbarer Magnet, der permanent Energie und Kräfte zieht. Hier kommt es darauf an, die verbleibende Restpower auf die Lösung der Probleme in dem defizitären Lebensfeld auszurichten – was natürlich voraussetzt, dass sich die Lösungsansätze zumindest ein Stück weit in der eigenen Hand befinden. Dabei sollte allerdings die Anzahl von energiefressenden Leistungsfeldern, in denen man sich zeitgleich engagieren will oder muss, nicht allzu hoch sein. Und einen absoluten Bärendienst würden Sie sich erweisen, wenn Sie die zurzeit intakten Lebensfelder übermäßig stark vernachlässigen, nur um die Schieflage in dem problematischen Lebensfeld mit viel Aufwand wieder geradezurücken.

Gut mit sich selbst umgehen

Natürlich liegt die Lösung von persönlichen Problemen nicht immer allein in der Hand der Betroffenen selbst. Sehen Sie gegenwärtig nur die Möglichkeit, die Defizite in dem betroffenen Lebensbereich zu akzeptieren und werden dennoch große Leistungsanforderungen an Sie gestellt, sollten Sie Ihre Energien sehr bewusst einsetzen und gut mit sich und Ihren momentanen Möglichkeiten umgehen. Sofern Sie die Empfehlungen dieses Buches aufnehmen und beherzigen, wird Ihnen dies ebenso souverän wie erfolgreich gelingen.

Grenzen erkennen

Es zehrt an den Kräften, wenn über einen längeren Zeitraum hinweg gleich in mehreren Lebensbereichen Probleme vorhanden sind. In dieser Situation summieren sich die einzelnen Störfelder und verdichten sich in ihrer Stresswirkung. Der so entstehende Kraftraub kann durch die übrigen Lebensfelder – selbst wenn sich diese ganz dick im Plus befinden – nicht mehr ausreichend kompensiert werden. Die Folge ist die schleichende Entleerung des eigenen Energietanks. Unter diesen Umständen lässt sich die Selbstorganisation und Bedienung von Leistungsanforderungen durchaus über einen längeren Zeitraum aufrechterhalten, je massiver allerdings die zu bewältigenden Anforderungen sind, desto schneller wird der biologische Leistungs- und Lebenssaft zur Neige gehen. An diesem Punkt geht es dann längst nicht mehr um Fragen rund um optimale Leistung und stabile Gesundheit, sondern nur noch um die Verhinderung des Abrutschens in eine massive Selbstüberforderung sowie die Bewusstwerdung der berühmt-berüchtigten Burn-out-Gefahr.

Selbstüberforderung vermeiden

Gerade bei sehr leistungsorientierten Personen ist häufig zu beobachten, dass sie einer drohenden Selbstüberforderung durch erhöhten Einsatz, Disziplin und Wille zu begegnen versuchen. Selbst wenn die Symptome für eine sich anbahnende Erschöpfung immer deutlicher anklopfen und massiver werden, versuchen sie, den Schein der ewigen Belastbarkeit weiter zu wahren und eine weitere Stufe in Richtung Leistung zu pushen. Frei nach dem Motto: „Was mich nicht umbringt, macht mich stärker."

Spätestens dann werden Leib und Seele in große Gefahr gebracht. Wie in diesem Buch bereits öfter angesprochen, kostet eine permanente bewusste Anstrengung enorme Energie. Um keine Missverständnisse aufkommen zu lassen: Willentlich Disziplin aufrechtzuerhalten, ist unter guten Energiebedingungen durchaus über einen gewissen Zeitraum möglich und ohne Frage die Grundlage, um starken Belastungen trotzen und die eigenen Leistungs- und Belastungsgrenzen immer weiter nach oben verschieben zu können. Wer jedoch in mehr als zwei Lebensfeldern mit größeren Störungen zu kämpfen hat, braucht all seine Kraft, um trotz dieser Energiefresser einigermaßen weiterleben bzw. sich idealerweise den Problemlösungen effektiv zuwenden zu können. In einer solchen Phase zu ignorieren, dass das Leben zurzeit nicht die Bedingungen für eine permanente Befeuerung von Höchstleistungen liefert, käme einem naiven Himmelfahrtskommando gleich.

Ball flach halten

Sollten sich bei Ihnen gegenwärtig also zwei oder gar mehr Lebensbereiche im Minus befinden, gilt die dringende Empfehlung, Erwartungen und Wünsche hinsichtlich eigener Höchstleistungen hinten anzustellen und den Ball bis auf Weiteres flachzuhalten. Soll heißen: Belasten Sie sich und Ihre Fähigkeiten eher gemäßigt und kümmern Sie sich um die Verbesserung der Lage in Ihren kriselnden Lebensfeldern.

Helfen lassen

Spätestens wenn partout keine Möglichkeiten zur Verbesserung gesehen werden, jegliche Kontrolle im Beruflichen oder Privaten verloren wurde und man sich wie ein Spielball des Schicksals fühlt, wäre es an der Zeit, fachliche Hilfe in Anspruch zu nehmen. Damit schlagen Sie gleich zwei Fliegen mit einer Klappe: Auf der einen Seite erfahren Sie allein durch Ihr Mitteilen eine kräftige Entlastung. Auf der anderen Seite können Sie die Ressourcen einer ausgebildeten Fachkraft nutzen, die in der Lage ist, Ihr Leben emotional unvoreingenommen aus der Stadionperspektive zu betrachten. Mit einer professionellen Unterstützung ließe sich zudem klären, wie sinnvoll es wäre, weitere Personen oder gar Ihren Arbeitgeber über Ihre momentan schwierige persönliche Situation zu informieren. Nicht umsonst sind private oder berufliche Kontakte oftmals die wertvollsten Quellen, wenn es um die Lösung von großen persönlichen Problemen oder gar Lebenskrisen geht.

Verarbeitung von besonderen Lebensereignissen

Das Konzept der Lebensfelder sieht eine ernstzunehmende Stressproblematik voraus, wenn es in mehr als zwei Lebensfeldern aktuell kriselt. Einen etwas anderen, jedoch ebenso bedeutenden Ansatz liefern Forschungen über mögliche mittel- und langfristige Auswirkungen besonders einschneidender Lebensereignisse auf die betroffenen Menschen. Die Forschungsergebnisse belegen, dass sich Konsequenzen umso deutlicher zeigen, je radikaler die aktuelle Lebenssituation durch die jeweiligen Geschehnisse verändert wurde. Zusammengefasst lässt sich sagen: Je mehr Anpassungsleistungen für die Bewältigung der neuen Situation erforderlich sind, desto mehr Energie und Kraft muss investiert werden. Dementsprechend ist die Beachtung solcher Lebensereignisse für Leistung und Gesundheit besonders relevant.

Die Lebensereignis-Skala

Bereits im Jahr 1967 legten die amerikanischen Forscher Holmes und Rahe einer großen Anzahl an Personen eine Liste mit mehr oder weniger einschneidenden Lebensereignissen vor. Im ersten Schritt wurde um die Auswahl von bereits durchlebten gebeten, im zweiten Schritt ging es um die Bewertung von Intensität und Zeitrahmen ihrer Anpassung an das jeweilige Ereignis. Aus den Ergebnissen entstand die sogenannte Social Readjustment Rating Scale (kurz SRRS), eine Skala, die Lebensereignisse nach Verarbeitungszeit auflistet und mit Stress-Punktewerten versehen ist. Sie wurde 1980 und 1997 jeweils neu skaliert und findet nach wie vor in zahlreichen wissenschaftlichen Studien Verwendung. Eine dieser Studien ergab übrigens, dass in den 1990er-Jahren das erlebte Stresslevel der Gesamtbevölkerung deutlich höher lag, als dies noch in den 1960er-Jahren der Fall war.

Wenn Sie Ihr persönliches Stresslevel erhalten möchten, können Sie aus der nachfolgenden Liste die Punkte aller Ereignisse addieren, die bei Ihnen innerhalb der letzten zwölf Monate aufgetreten sind.

Stressintensität aufgrund von Lebensereignissen
(Auszug aus der Lebensereignis-Skala/SRRS nach Holmes und Rahe)

Ereignis	Punktewert
• Tod des Lebenspartners	100
• Scheidung	73
• Trennung vom Lebenspartner	65
• Gefängnisaufenthalt	63
• Tod eines nahen Familienmitglieds	63
• schwere Verletzung oder Krankheit	53
• eigene Hochzeit	50
• Verlust des Arbeitsplatzes	47
• Pensionierung	45
• schwere Erkrankung eines nahen Familienmitglieds	44
• Schwangerschaft	40
• sexuelle Probleme	39
• Familienzuwachs	39
• deutliche Veränderung der Geschäfts- oder Finanzsituation	38
• Tod eines nahen Freundes	37
• berufliche Veränderung	36
• häufiger Streit mit dem Partner	35
• Schulden vorhanden, die höher als ein Jahresgehalt sind	31
• Zwangsvollstreckung	30
• eigene Kinder verlassen das Haus	29
• Ärger mit Verwandten	29
• Veränderung der beruflichen Stellung	29
• außergewöhnlicher persönlicher Erfolg	28
• Partner beginnt oder hört auf, beruflich tätig zu sein	26
• Beginn/Ende einer Ausbildung	26
• deutliche Veränderung der Lebensbedingungen	25
• Schwierigkeiten mit Vorgesetzten	23

- Veränderungen der Arbeitszeiten oder -bedingungen 20
- Wohnungswechsel oder Schulwechsel 20
- Veränderung der Freizeitgewohnheiten 19
- Veränderungen des gesellschaftlichen Umgangs 18
- Schulden vorhanden, jedoch niedriger als ein Jahresgehalt 17
- deutliche Veränderung der Schlafgewohnheiten 17
- deutliche Veränderung der Essgewohnheiten 15
- Urlaub 13
- Weihnachten 12
- geringfügige Gesetzesübertretungen 11

Die Summe macht's

Es gilt als wissenschaftlich abgesichert, dass die Summe der Stresspunkte Rückschlüsse auf die gesundheitliche Gefährdung zulässt. Generell erhöhen ein oder mehrere Ereignisse mit hoher Punktzahl die Wahrscheinlichkeit, nach etwa sechs Monaten körperlich und/oder psychisch zu erkranken. Ausgehend von der Gesamtpunktzahl wird das Risiko, gesundheitliche Probleme zu erleiden, bis zu einem Wert von 150 Punkten als eher gering eingestuft und die Wahrscheinlichkeit zu erkranken mit 10 bis 30 Prozent angegeben. Im Bereich von 150 bis 300 Punkten erhöht sich das Erkrankungsrisiko bereits deutlich und liegt bei einem Wahrscheinlichkeitswert von 50 Prozent. Menschen mit Punktewerten von 300 und mehr sind schließlich einem außergewöhnlich hohen Gesundheitsrisiko ausgesetzt. Die Wahrscheinlichkeit, dass sie in den folgenden zwei Jahren eine schwerwiegende negative gesundheitliche Veränderung erleben werden, liegt bei nahezu 100 Prozent.

Besondere Lebensereignisse binden Energie

Die oben beschriebenen Ergebnisse sind aus zweierlei Sicht bemerkenswert. Zum einen zeigt sich, dass Belastungen vor allem dann problematisch werden, wenn sie sich aufsummieren. Mit einer einzelnen größeren Belastungsquelle scheinen wir ebenso gut fertig zu werden wie mit mehreren kleinen. Kommen hingegen zu einer großen Einzelbelastung zeitgleich mehrere kleine hinzu oder ist die Anzahl an kleineren Belastungen in der Gesamtsumme zu groß, wirkt sich dies früher oder später negativ auf unsere Gesundheit aus und schränkt damit natürlich auch unsere Leistungsfähigkeit merklich ein.

Zum anderen scheinen die körperlichen und seelischen Effekte den auslösenden Belastungsereignissen zeitlich hinterherzuhinken. In der Regel machen sie sich erst sechs bis zwölf Monate nach der eigentlichen Akutphase bemerkbar. Für Ihre Gesundheit und Leistungsfähigkeit ist dies vor allem aus folgenden zwei Gründen relevant:

1. Körper und Geist sind in akuten Stressphasen sehr verlässliche Partner. Gut gefüllte Energiereserven vorausgesetzt, können wir auch starken Belastungen standhalten und Höchstleistungen abrufen. Unsere inneren Systeme funktionieren in der Regel solange effektiv, bis die Angleichung an besondere Lebensumstände vollzogen wurde, bzw. ein akutes Problem gelöst ist. Soll heißen: Wenn wir wirklich darauf angewiesen sind, können wir enorm belastbar sein und uns auf unsere Leistungsfähigkeit ebenso verlassen wie auf unsere Durchhaltekraft.
2. Kritisch wird es eher, wenn die Angleichung an belastende Lebensereignisse bereits stattgefunden hat, bzw. die größten Probleme aus der Welt geschafft worden sind. Bildlich gesprochen, kommen Körper und Geist erst jetzt dazu, endlich mal wieder richtig Luft zu holen und alles wieder auf Normalstellung zurückzudrehen. Dies ist die Zeit des Auftankens, und unser Gesamtsystem befindet sich im Pausenmodus. Wir sind weniger leistungsfähig und gesundheitlich angreifbarer.

Geht es um optimale Leistung bei stabiler Gesundheit, lässt sich auf der einen Seite also darauf vertrauen, in akuten Stressphasen oder während der Bewältigung von einschneidenden Lebensereignissen nicht an Luft zu verlieren – dies allerdings unter der Voraussetzung ausreichender Kraft- und Energiedepots. Auf der anderen Seite geht es aber auch um die Sensibilisierung dafür, sich nach harten Gewöhnungs- und Bewältigungsphasen unbedingt auch die gründliche Regeneration der verbrauchten Kräfte zu erlauben.

Der geniale deutsche Fußballtechniker Mesut Özil ist zu Beginn der Spielsaison 2013/14 trotz guter Leistungen gegen seinen Willen für die Rekordsumme von 50 Millionen Euro von Real Madrid an den FC Arsenal London verkauft worden. Nach anfänglichen Glanzleistungen schlitterte er bei seinem neuen Arbeitgeber noch innerhalb der ersten Saisonhälfte in eine sportliche Krise, die im Frühjahr 2014 in einer ernsten Muskelverletzung ihren Höhepunkt fand. Von außen betrachtet liegt die Vermutung nahe, dass der schnelle und unfreiwillige Vereinswechsel für Özil ein ebenso massives wie einschneidendes Stressereignis war. Aus Sicht der Stressforschung war die negative Auswirkung auf seine Leistungsfähigkeit und Gesundheit innerhalb von sechs Monaten daher keine Überraschung.

Info-Box 4.2: Die Trauerphasen nach Verena Kast als Beispiel für energiebindende und zeitbenötigende Verarbeitungs- und Angleichungsprozesse

Gestützt auf die Arbeiten der schweizerisch-amerikanischen Psychiaterin Elisabeth Kübler-Ross (1926–2004) formulierte die Psychologin Verena Kast das Modell der vier Trauerphasen. Nach diesem in Fachkreisen durchaus kontrovers diskutierten Modell werden Lebensereignisse, die persönliche Verluste mit sich bringen, über vier aufeinanderfolgende Phasen geistig verarbeitet. Dabei wirken sich die einzelnen Phasen ganz unterschiedlich auf das Erleben und Verhalten der trauernden Person aus, binden körperliche wie geistige Energien und schränken auf diese Art und Weise wichtige Leistungs- und Gesundheitsparameter aktiv ein.

1. **Phase des Nicht-Wahrhaben-Wollens**
   Das Ereignis löst einen Gefühlsschock aus. Durch diesen Schock kann die Bedeutung des Verlusts nicht bewusst realisiert werden, oftmals wird die Tatsache sogar geleugnet. Ein emotionaler Bezug zum Ereignis wird in dieser Phase nicht wahrgenommen, die Person erlebt sich „wie betäubt“. Die körperlichen Symptome entsprechen oftmals den klassischen Schockreaktionen: Herzrasen, Schwitzen, Übelkeit, motorische Unruhe und Schlaflosigkeit. Diese Phase kann abhängig von der persönlichen Bedeutung des Ereignisses von einigen Stunden bis über eine Woche hinaus andauern.
2. **Phase der intensiv aufbrechenden Emotionen**
   In dieser Phase taucht die trauernde Person in ein Gefühlschaos ein, in dem sie von Emotionen wie Trauer, Verlustschmerz, Angst, Zorn und/oder Wut übermannt wird – je nach Ereignis erlebt sie oftmals aber auch Schuldgefühle und erhebt Vorwürfe gegenüber sich selbst oder anderen Personen. Insgesamt erleben sich die betroffenen Personen als der Situation gegenüber ohnmächtig ausgeliefert.
3. **Phase des Suchens, Findens und Loslassens**
   Erst in dieser Phase beginnt die innere Auseinandersetzung mit dem Verlust. Die trauernde Person versucht, Verbindungen zum verlorengegangenen Element herzustellen. Hierfür sucht sie entsprechende Orte auf und tut Dinge, die im direkten Zusammenhang mit dem Verlust stehen (im Todesfall etwa das intensive Ansehen alter Fotos oder der Besuch von Orten, die von gemeinsamer Bedeutung waren; bei Verlust des Arbeitsplatzes beispielsweise noch einmal der Tritt vor das Werkstor oder das Anziehen der alten Arbeitskleidung).

   Im Idealfall führen diese Verbindungsversuche zur Aussöhnung mit den Geschehnissen. Im ungünstigsten Fall bleibt der trauernde Mensch in dieser Phase gefangen und zieht sich in eine Traumwelt zurück, in der der Verlust nicht existent ist und durch Rituale am Leben gehalten wird wie etwa das Decken des Tisches für den verlorenen Menschen oder das pünktliche Aufstehen, akkurate Ankleiden und pflichtbewusste Verlassen des Hauses in Richtung Job.

4. **Phase der Akzeptanz und des Neuanfangs**
Der Durchlauf durch die vorausgegangene Phase drei ermöglicht nun dem Trauernden die Akzeptanz und Integration eines schlimmen Erlebnisses in den normalen Erfahrungsschatz. Die Gedanken und Handlungen sind nun immer weniger von der Tatsache des Verlusts gefangen. Lebensenergie und -freude kommen zurück und der Person ist es wieder möglich, ihr Leben in die Hand zu nehmen und den Alltag ebenso motiviert wie aktiv zu gestalten.

Eigene Möglichkeiten erkennen

Als Zwischenfazit lässt sich an dieser Stelle festhalten: Die Belastung wird umso größer, je unwohler die Person sich in ihren Lebensfeldern fühlt oder je massiver sie mit Ereignissen konfrontiert wird, die nachhaltige Wirkung auf ihre aktuelle Lebenssituation haben. Es ist allerdings nicht davon auszugehen, dass derlei Einflüsse mit der immer gleichen Wucht auftreten. Wie stark und nachhaltig sich äußere Geschehnisse auf unseren Körper und Geist auswirken, wird ganz entscheidend von individuellen Faktoren und sozialen Gegebenheiten bestimmt.

Die Ich-Faktoren

In Kapitel 2 haben Sie im Zusammenhang mit den persönlichkeitsgebundenen Einstellungen bereits individuelle Faktoren kennengelernt, die das Erleben von Stress zusätzlich anheizen können. An dieser Stelle geht es nun um das Gegenteil: Persönlichkeitsausprägungen, die es einer Person erleichtern, schwierige Phasen auszuhalten und mit negativen Erlebnissen klarzukommen. Mit ihnen sind Stressreize zwar nicht urplötzlich mit links zu handhaben, sie mindern jedoch nachweislich das Risiko, in Sachen Leistungsfähigkeit und Gesundheit allzu schnell abzurutschen.

Gefühl der Kontrolle

Dreh- und Angelpunkt dieser Persönlichkeitsfaktoren ist eine tief innewohnende und situationsstabile Gewissheit, selbst unter größtem Druck und in enorm schwierigen Zeiten die Kontrolle über sich und sein Leben behalten zu können. Diese Gewissheit wurde vom israelisch-amerikanischen Medizinsoziologen Aaron Antonovsky (1923–1994) als „Kohärenzgefühl" bezeichnet. In seinem einflussreichen Salutogenese-Modell stellt er dieses Gefühl als den entscheidenden Faktor dar, der erklären kann, warum manche Menschen trotz schwerster Belastungen gesund und leistungsfähig bleiben, andere dagegen nicht. Laut Antonovsky bestimmt das Kohärenzgefühl, wie gut eine Person stressbedingte Spannungszustände aushalten und bewältigen kann. Seine Stärke wird durch folgende drei Komponenten bestimmt:

1. **Gefühl der Verstehbarkeit**
   Bedeutet, eine Person trägt die Grundüberzeugung in sich, die Dinge, die in ihrem Leben passieren, seien ebenso vorhersehbar wie verstehbar, bzw. bei unerwartetem Eintreten in der Nachbetrachtung logisch einzuordnen und rational erklärbar. Mit diesem Gefühl lassen sich selbst äußerst negative Erfahrungen und schwierige Lebensphasen angemessen bewerten und produktiv damit umgehen. Man ist zudem in der Lage, ungute Geschehnisse schnell zu akzeptieren und sie als normalen Bestandteil des Lebens einzuordnen.
2. **Gefühl der Handhabbarkeit/Machbarkeit**
   Bedeutet, eine Person trägt die grundlegende Überzeugung in sich, auftretende Probleme mit den ihr zur Verfügung stehenden Ressourcen begegnen zu können. So führen selbst massivste Schwierigkeiten nicht zum lähmenden Gefühl der Hilflosigkeit, sondern werden als früher oder später aktiv zu überwinden eingeschätzt und aktiv angegangen. Das Gefühl der Handhabbarkeit und Machbarkeit ist mit dem Optimismus-Konzept verwandt, das Sie bereits in Kapitel 2 kennengelernt haben. Nach Antonovski wird es nicht nur durch Überzeugungen hinsichtlich der eigenen Fähigkeiten und Kontrollmöglichkeiten geprägt, sondern auch durch eine Art Urvertrauen auf die Hilfe von anderen oder gar der Begleitung einer wohlgesonnenen höheren Schicksalsmacht.

3. **Gefühl der Bedeutsamkeit und Sinnhaftigkeit**
Bedeutet, eine Person ist grundlegend davon überzeugt, die Dinge, die ihr wiederfahren, seien sinnhaft und hätten eine Bedeutung. Menschen mit einer solchen Grundüberzeugung stellen sich den Problemen und investieren Energie, auch wenn sich ihnen die Sinnhaftigkeit und Bedeutung nicht immer sofort auf den ersten Blick erschließt. Gerade dieser Faktor scheint besonders beim Aushalten schwieriger Lebensphasen und um bei der Konfrontation mit massiven Widerständen nicht in Verzweiflung zu versinken, hilfreich zu sein. So ist beispielsweise die These, dass tief religiöse Menschen mit extremsten und mitunter sogar lebensbedrohlichen Situationen deutlich besser zurechtkommen, eindeutig belegt.

Wie stark ist das Kohärenzgefühl von Formel 1-Star Fernando Alonso? In kaum einer Sportart ist der Erfolg der Akteure dermaßen stark vom Material abhängig, wie im Autorennsport. Dies macht auch der Karriereverlauf von Fernando Alonso deutlich. In Fachkreisen gilt der Spanier nahezu unumstritten als bester und komplettester Formel 1-Rennfahrer seiner Zeit. Dennoch gelang es ihm bislang nicht, seinen beiden Weltmeistertiteln 2005 und 2006 einen weiteren hinzufügen.

Widerstandskraft

Gegenwärtig recht populär in Forschung und Öffentlichkeit ist das Resilienzkonzept. Dabei steht der Begriff „Resilienz“ für die Fähigkeit, aus eigener Kraft heraus mit hoch belastenden Ereignissen oder stressigen Phasen gut umgehen und ihnen ausdauernde Widerstandskraft entgegensetzen zu können. Zahlreiche Forschungsergebnisse zeigen, dass Gesundheit und Leistungsfähigkeit unter diesen Voraussetzungen durch negative Erlebnisse oder belastende Lebensphasen weit weniger intensiv in Mitleidenschaft gezogen werden. Darüber hinaus kehrt die Stärke und Belastbarkeit nach einer Stressphase deutlich früher auf Normalniveau zurück. Nicht selten gehen derart widerstandsfähige Menschen aus persönlichen Krisen sogar deutlich gestärkt hervor. Der Resilienzfaktor ist demnach als Art Selbstschutz gegenüber belastenden Lebensereignissen oder schwierigen Lebensphasen zu verstehen und gilt als grundlegende Voraussetzung für die Stärkung und Festigung seiner Stressresistenz.

Handlungs- statt Lageorientierung

Es wäre allerdings ein Missverständnis, zu glauben, resiliente Menschen würden in jeder Situation wie ein Fels in der Brandung stehen. Auch ist es keinesfalls so, dass sie Probleme nicht sehen oder alles mit einem coolen Lächeln abtun. Sie reagieren auf ungute Entwicklungen und negative Schicksalsschläge ebenso emotional, halten sich dabei aber nicht lange mit der Betrachtung ihrer misslichen Lage auf und versinken auch nicht in übermäßiges Selbstmitleid. Vielmehr richten sie ihren Fokus gekonnt auf die in der Situation oder Phase vorhandenen Handlungsmöglichkeiten und beschäftigen sich mit der bestmöglichen Lösung der aufgetretenen Probleme. Mit dieser sogenannten Handlungsorientierung kann eine Überflutung des Denkens und Handelns von übermäßig starken negativen Emotionen abgemindert werden. So bleibt selbst in hoch anspruchsvollen Situationen der Zugang zu den rational-kognitiven Fähigkeiten erhalten und es lässt sich relativ unaufgeregt um die Lösung der misslichen Lage kümmern. Genau dies ist übrigens das Merkmal von der vielzitierten „mentalen Stärke".

Inzwischen liegen zahlreiche Studien vor, die das Resilienzkonzept wissenschaftlich durchleuchtet haben. Die Ergebnisse zeigen dass angeborene Persönlichkeitseigenschaften eine ebenso große Rolle spielen wie externe Umweltfaktoren (wie etwa das Erziehungsklima oder die Qualität der sozialen Kontakte). In ihrem Buch „Resilienz – Das Geheimnis der psychischen Widerstandskraft" (2013) listet die studierte Biochemikerin und Wissenschaftsjournalistin Dr. Christina Berndt die Eigenschaften, die von Wissenschaftlern „weltweit immer wieder beschrieben" werden (Berndt, 2013 S. 82), wie folgt auf. Je mehr Sie sich bei den Plusfaktoren wiederfinden, desto stärker ist nach Stand der Forschung davon auszugehen, dass Sie eine gute und grundlegende Widerstandskraft gegen Stress besitzen.

(+) = trägt zur Widerstandskraft bei
(–) = mindert die Widerstandskraft eher

Temperament

+ Humor
+ Flexibilität
+ emotionale Ausgeglichenheit
+ Frusttoleranz
+ Durchsetzungsvermögen
+ Ausdauer/Beharrlichkeit
+ Kraft
+ Optimismus
+ Interesse an Hobbys
– Impulsivität

Kognitive Kompetenzen

+ gute Schulleistung
+ spezielle Talente
+ realistische Zukunftsplanung/-perspektive
+ Leistungsmotivation
+ Intelligenz

Selbsterleben

+ Selbstwirksamkeit
+ Selbstbewusstsein
– Hilflosigkeit

Coping (Bewältigungsstrategien)

+ aktives Problemlösen
+ Distanzierung
– passiv-aggressive Reaktionen

Soziale Beziehungen

+ Bezugspersonen außerhalb der Kernfamilie
+ gute Beziehung zu Eltern/Erziehern
+ gute Beziehung zu Geschwistern
+ gute Beziehung zur Schule
+ Erfahrung von Sinn und Struktur im Leben
+ Religiosität/Spiritualität
+ Zufriedenheit mit Unterstützungen
+ positives Sozialverhalten
+ hohe Sprachfertigkeit

Erziehungsklima

+ warm, akzeptierend, herzlich
+ Kontrolle, Normorientierung
+ dosierte Anforderungen und Verantwortung

„Herminator" Hermann Maier ist ein Paradebeispiel für eine Persönlichkeit mit starker Widerstandskraft. Als Teenager mangels Perspektive aus dem Junioren-Kader des Österreichischen Ski-Verbands (ÖSB) geschmissen, erkämpfte er sich in den Folgejahren in Eigenregie einen Platz im traditionell erstklassig besetzten ÖSB-Nationalkader. Bei seinen ersten olympischen Spielen 1998 in Nagano stürzte er in der Abfahrt mir brachialer Wucht, nach diversen Kniepunktionen trat er drei Tage später im Super-G wieder an und gewann Gold. Im Spätsommer 2001 schließlich verunglückte er auf dem Höhepunkt seiner Sportkarriere mit einem Motorrad so schwer, dass die Ärzte über eine Amputation seines rechten Beines nachdachten. Nach einer langen, zermürbenden und durch Rückschläge geprägten Rehaphase kehrte er 2002 wieder in den Ski-Zirkus zurück und gewann zwei Jahre später seinen insgesamt vierten Gesamtweltcup.

Soziale Faktoren

Unterschiedlichste Forschungsergebnisse zeigen immer wieder den Zusammenhang zwischen dem Erleben von Bindung im Kindesalter und der Widerstandskraft gegenüber Lebensstress im späteren Erwachsenenalter. Um eine gesunde Widerstandskraft entwickeln zu können, gilt als Minimalvoraussetzung eine zumindest bis in die Pubertät hinein vorhandene Bezugsperson, die sich liebevoll um das Kind kümmert, auf dessen Bedürfnisse reagiert und Verlässlichkeit ausstrahlt – zudem aber auch Grenzen setzt und Leitlinien zur Orientierung bietet. Diese Person muss nicht unbedingt Vater oder Mutter sein, auch nicht zwingend aus dem Stamm der Verwandtschaft kommen. Lehrer, Trainer oder Nachbarn sind ebenso geeignet, diese Rolle zu übernehmen. „Wichtig ist es, Kindern auf Augenhöhe zu begegnen. Jemand muss ihnen Geborgenheit geben, ihre Fortschritte anerkennen, ihre Fähigkeiten fördern und sie unabhängig von Leistung und Wohlverhalten lieben: Das macht stark fürs Leben." So die deutsche Heilpädagogin Monika Schumann.

Alte und neue Kontakte als Chance

Nun mag es durchaus ein Stück weit ungerecht erscheinen, dass unter vielen anderen wichtigen Dingen auch die Grundlagen für unsere Widerstandskraft gegenüber Stress in einem Alter gelegt werden, in dem wir noch sehr abhängig sind vom Verhalten und Wohlwollen der uns umgebenden Menschen. Darüber im Erwachsenenalter zu lamentieren oder es nicht wahrhaben zu wollen, würde allerdings nichts ändern (und darüber hinaus verhindern, dass erwachsene Personen Verantwortung für ihr eigenes Leben übernehmen). An dieser Stelle daher erneut die Empfehlung, den Blick immer nur auf gegenwärtig vorhandene Chancen zu richten und keinesfalls im Selbstmitleid zu verharren. Unzählige Chancen warten im Regelfall innerhalb familiärer Bande oder sozialer Kontakte.

Widerstandsfaktor sozialer Rückhalt

Eine gesunde soziale Integration und Unterstützung trägt zum allgemeinen Wohlbefinden bei und macht stressreiche Lebensphasen erträglicher. Dieser Effekt wird von zahlreichen Studien belegt, dabei allerdings auch äußerst differenziert betrachtet. So wird beispielsweise zwischen unterschiedlichen Formen des sozialen Rückhalts sowie quantitativen und qualitativen Aspekten unterschieden. Dabei wird übrigens auch nicht verschwiegen, dass sich soziale Unterstützungsbemühungen im Stressgeschehen mitunter auch negativ auswirken können.

Formen der sozialen Unterstützung

- **emotionale Unterstützung**
  Beinhaltet die wohlwollende Begleitung und das gemeinsame Erleben von positiven Gefühlen. Ist durch Nähe, Vertrauen und die Akzeptanz von unangenehmen und sozial unerwünschten Gefühlen geprägt. Äußere Kennzeichen sind Trost spenden, Mut zusprechen, Selbstwert stärken, Körperkontakt.
- **instrumentale Unterstützung**
  Beinhaltet lösungsorientiertes Verhalten. Ist geprägt durch Kommunikation über das/die Problem/e, Hilfestellungen, Nachdenken über und Finden von Lösungen. Äußere Kennzeichen sind Sprechen über das Problem, Rückmeldungen, Gabe von Informationen, Lösungsvorschläge.
- **praktische und materielle Unterstützung**
  Beinhaltet materielles oder zeitliches Engagement. Ist entweder durch (Leih-)Gabe von eigenen Besitztümern oder durch praktische Aktionen geprägt. Äußere Kennzeichen sind das Ausleihen oder die Schenkung von Materiellem oder Geld bzw. praktische Hilfsaktionen wie Besorgungen machen, Unterlagen prüfen, Fahrdienste.
- **geistige Unterstützung**
  Beinhaltet moralischen Beistand. Ist geprägt durch ideologische Stärkung oder Teilen von Werten, Normen und Anschauungen. Äußere Kennzeichen sind Betonungen hinsichtlich der Richtigkeit der eingenommenen Position, der Notwendigkeit des Durchhaltens, der gemeinsamen Stärke.

Die Unterstützer in unterschiedlichen Rollen

Der Gesundheitspsychologe Prof. Dr. Gert Kaluza von der Universität Marburg betont, dass es unabhängig von der Form der sozialen Unterstützung bedeutsam ist, vom wem die Unterstützung ausgeht. So sieht er beispielsweise sehr enge Familienmitglieder oder gute Freunde für emotionalen Rückhalt als besonders geeignet an. Nachbarn hingegen nennt er eher im Zusammenhang mit praktischen Hilfen, Arbeitskollegen als wichtige Informationsquelle zur Lösung von beruflichen Problemen.

Klasse schlägt Masse

Primärer Dreh- und Angelpunkt für die Effektivität von sozialer Unterstützung scheint jedoch zu sein, wie wohl sich die betroffene Person damit fühlt. Hier zeigt die Forschungslage, dass ein Wohlgefühl in erster Linie von der empfundenen Qualität der Unterstützung abhängt. Der Faktor Quantität hingegen spielt eine eher geringe Rolle.

Wollen Sie sich also im Bereich der sozialen Kontakte gut aufstellen, gilt es, auf eher wenige, dafür aber gute und tiefgehende Beziehungen und Freundschaften zu setzen, diese aktiv zu pflegen und sie langfristig am Leben zu erhalten. Der zurzeit nicht zuletzt durch die neuen digitalen Möglichkeiten angefachte Trend, möglichst viele und dadurch irgendwann ganz zwangsläufig nur noch oberflächliche „Friends" anzusammeln (um damit dann in der massenorientierten „Community" glänzen zu können), bringt Ihnen hinsichtlich Widerstand gegenüber Stress eher wenig.

Warnung vor Überangeboten

Ist ein Zuviel an sozialen Kontakten im akuten oder chronischen Stressfall also eher belanglos, so wird auch vor einem Überengagement einzelner übermäßig motivierter Helfer gewarnt. Hier lauert die Gefahr, dass die sozialen Unterstützungsversuche nicht harmonisierend und erleichternd wirken, sondern den Stress aufgrund zusätzlicher Emotionalisierung, übermäßiger Fürsorge oder aufgezwungener Hilfsangebote zusätzlich verstärken. Die gut gemeinten Bemühungen werden früher oder später nur noch als anstrengend und belastend empfunden, mitunter sogar als übermäßige Kontrolle und Einschränkung der eigenen Freiheit. Nicht selten entsteht durch die Absicht, die Helfer nicht enttäuschen zu wollen, ein stressverstärkender Teufelskreis, verbunden mit dem Gefühl, ihnen nun zeitlebens verpflichtet zu sein.

Es geht um Sie!

In einer angespannten Lebenssituation oder -phase geht es jedoch in erster Linie um Sie, Ihre gegenwärtigen Kraftmöglichkeiten sowie aktuellen Bedürfnisse. Bemerken Sie also, dass Ihnen die sicher gut gemeinten Unterstützungsangebote zu viel werden oder Sie das Engagement einzelner Personen als zusätzliche Last empfinden, sollten Sie das in zwar wertschätzender aber dennoch klarer und bestimmender Weise kundtun.

Situationsgerechtes Selbstmanagement

Und somit wären wir wieder bei dem angelangt, was Sie selbst tun können, wenn Ihnen Gegenwind um die Ohren pfeift und das Schicksal energiefressende Eier ins Nest legt. Ohne Frage ist es der Idealzustand, die Geschehnisse im Leben selbst bestimmen zu können und alles unter eigener Kontrolle zu wissen. Betrachtet man das Leben jedoch ohne rosarot eingefärbte Brille, scheint dieses Ideal – wenn überhaupt – nur selten über vergleichsweise kurze Phasen erreichbar zu sein. Stattdessen wird unser Dasein von regelmäßigen Auseinandersetzungen mit mehr oder weniger starken Situationsmächten bestimmt, die selbst bei bester Vorausplanung und Absicherung irgendwann und irgendwo immer mal wieder – dabei mitunter auch äußerst massiv und unbarmherzig – zuschlagen. Um das Beste aus der Situation machen zu können, sollte sich auf ein gutes und effektives Selbstmanagement besonnen werden. Dieses ist gekennzeichnet durch:

1. Wahrnehmung und Anerkennung von unschönen Geschehnissen und Entwicklungen als aktuell vorhandenes Problem
2. Bewusstwerdung und Klärung der sich daraus ergebenden Anforderungen
3. situationsgerechtes Reagieren und nüchterne Suche nach effektiven und im Idealfall nachhaltigen Lösungen sowie Vermeidung von blindem Aktionismus

Clever und smart, statt tumb und hart

Wer unschöne Realitäten ignoriert und hart und starr an alten Verhaltensweisen und ineffektiven Denkmustern festhält, agiert ineffizient und betreibt Raubbau mit seinen Kräften. Befeuert wird ein solches Verhalten oftmals durch eine tief in der Persönlichkeitsstruktur eingebrannte Angst vor Kontrollverlust, die im Stressfall Verdrängungsmechanismen auslöst und mit Versuchen einhergeht, die aufflackernden Angstimpulse durch überschäumenden Aktionismus kleinzuhalten. Sie erinnern sich: Es kann nicht sein, was nicht sein darf. Entsprechend „tickende" Zeitgenossen sind im Krisenfall kaum noch in der Lage, die auf unschöne Veränderungen von Situationen und Bedingungen hinweisenden Signale bewusst wahr- und aufzunehmen. Ihnen fehlt die Grundlage für eine produktive Auseinandersetzung mit unbequemen Wahrheiten und enger werdenden Handlungsmöglichkeiten, sie neigen aber dazu, sich in schwierigen Situationen mit den Worten „Jetzt erst recht!", „Augen zu und durch!" oder „Was mich nicht umbringt, macht mich stärker!" selbst zu betäuben. So weichen sie, selbst wenn der Gegenwind längst mit Orkanstärke weht, nicht von ihren tumben, realitätsfremden und immer leerer werdenden Durchhalteparolen ab. Mit einem cleveren und smarten Selbstmanagement hat dies wahrlich nichts zu tun.

Der Situation gerecht werden

Damit es nicht zu Missverständnissen kommt: Wenn Sie unmittelbar davorstehen, eine Herausforderung zu meistern, ist gegen die gerade erwähnten Parolen natürlich nichts einzuwenden. Mitunter können sie durchaus die letzten, alles entscheidenden Kräfte mobilisieren. Es wäre tatsächlich fatal, aufgrund von urplötzlich auftretenden, negativen Lebensereignissen abrupt stehen zu bleiben. In dieser Situation zählt einzig und allein die Bereitschaft, die verbleibende Restenergie zur rechten Zeit kompromisslos einzusetzen und auf die wenigen noch notwendigen Schritte zum Ziel zu fokussieren.

Jetzt mal nicht!

Liegt das anspruchsvolle Ziel in weiter Ferne, gleicht solcherlei Selbstaufforderung vor allem in Phasen offener Lebensbaustellen jedoch einem Himmelfahrtskommando. Je länger und mühsamer die noch vor einem liegende Wegstrecke ist, desto ineffizienter sind „Managementkünste", die einzig und allein auf Wille, Härte und Selbstüberwindung setzen. Wer nicht bereit ist, sich den Winden des Lebens anzupassen, tut sich und seinen Zielvorstellungen keinen Gefallen und ist prädestiniert dafür, zum Opfer seiner eigenen Leistungs-, Einsatz- und Kraftvorstellungen zu werden.

Akzeptieren und effektiv reagieren

Ein gelungenes Selbstmanagement ist primär eine Leistung des Verstands und nur sekundär eine des Willens. Wer sich selbst (wie andere) gut managt, kann vorhandene Möglichkeiten und Grenzen erkennen, damit ebenso effektiv wie situationsgerecht umgehen und auf zukünftige Ziele hin ausrichten. Machen Sie sich Ihrer Möglichkeiten und Grenzen jederzeit bewusst und gehen Sie effektiv damit um.

Managementsäule Nr. 1: Im Einklang mit der eigenen Persönlichkeit

Nun fließt zusammen, was Sie in den vorherigen Kapiteln erfahren haben. Körperlich wie mental durchleben wir über unsere gesamte Lebensspanne hinweg einen mehr oder weniger ausgeprägten Wechsel zwischen Leistungs- und Regenerationsphasen. In den Leistungsphasen lässt sich Vollgas geben, sofern wir uns und unsere Energien durch eine effektive Regenerationsphase gut aufgetankt haben. Befindet sich dieser Wechsel zwischen Einsatz und Regeneration in nachhaltiger Balance, wächst unsere Leistungsfähigkeit nach dem Superkompensationsprinzip immer weiter an und lässt uns auf der Erfolgsleiter kontinuierlich nach oben wandern.

Entsprechen unsere Aktivitäten und angestrebten Ziele unseren innersten Bedürfnissen, haben wir eine echte Chance auf anhaltend hohe Lebenszufriedenheit. Und je höher diese ist, desto eher sind wir in der Lage, fokussiert zu agieren und unsere Kräfte und Energien effizienter einzusetzen. So wird die Gesundheit trotz hoher Motivation zur Leistung keinen Schaden nehmen.

Managementsäule Nr. 2: Stimmig zur Situation

Befindet sich die Einsatzfreude und der Leistungswille mit der Macht der Situation in Einklang, ist auch der zweite Basisfaktor für ein stimmiges und erfolgreiches Selbstmanagement gegeben. Grundlage für diesen Einklang ist allerdings ein hohes Selbst- und Situationsbewusstsein gepaart mit einer Fähigkeit, die gemeinhin eher im Zusammenhang mit Wettkampf, Durchhalte- und Stehvermögen gesehen wird: Mentale Stärke.

Je leistungsmotivierter Sie sind, desto mehr mentale Kräfte werden Sie vermutlich dafür aufwenden müssen, sich unter schwerer werdenden Lebensbedingungen einzugestehen, dass ein unbeirrtes Weitermachen gegenwärtig nichts mehr bringt und Ihre Ziele, Erfolgswünsche und Selbstansprüche lieber eine Zeit lang in die Warteschleife sollten.

Optimale Leistung bei stabiler Gesundheit setzt zwingend voraus, die eigenen Grenzen anzuerkennen und auf schwierige Situationen oder problematische Lebensphasen mit Akzeptanz und Demut zu reagieren. Ein cleveres und situationsgerechtes Selbstmanagement bedeutet, die mentale Stärke aufzubringen und sich zur rechten Zeit auch mal einzugestehen, dass nicht alles zu jeder beliebigen Zeit möglich ist. Nur wer zu Leistungsanforderungen – egal ob selbst auferlegt oder fremdbestimmt – in schwierigen Situationen auch mal „Nein" sagen kann, besitzt die Voraussetzungen dafür, sich die Bedingungen für optimale Leistungen bei stabiler Gesundheit selbst schaffen und stimmig zu den jeweiligen Situationen, Geschehnissen und Phasen in seinem Leben agieren zu können.

Der Höhenbergsport liefert ein gutes Beispiel dafür, dass dem hübschen Begriff der mentalen Stärke immer eine doppelte Bedeutung zukommt. Hier kann nur erfolgreich sein, wer sich auf der einen Seite bedingungslos auf die extremen körperlichen und mentalen Herausforderungen einlässt, auf der anderen Seite jedoch trotz brennender Motivation früh genug erkennen und akzeptieren kann, wenn sich situative Bedingungen dramatisch verschlechtern und ein Weitergehen zum Lotteriespiel für Leib und Seele werden würde.

So benötigte beispielsweise die Profibergsteigerin Gerlinde Kaltenbrunner eine Zeitspanne von 13 Jahren, bis sie als erste Frau alle 14 Achttausender unserer Erde ohne Zuhilfenahme von mitgeführtem Sauerstoff bestiegen hatte. Innerhalb dieser Jahre musste sie immer wieder zahlreiche Versuche aufgrund sich verschlechternder Wetterbedingungen, gesundheitlicher Probleme oder Krankheiten, Verletzungen und Tod ihrer BegleiterInnen vorzeitig abbrechen. Allein auf dem Weg zum Gipfel des K2, mit 8611 Metern der zweithöchste Berg der Welt, hatte sie sich – oft bereits in Gipfelnähe – fünfmal die Notwendigkeit eines Abbruchs einzugestehen. Erst bei ihrem sechsten Versuch gelang es ihr am 23. August 2011 endlich auch auf dem K2 ganz oben zu stehen. Damit vollendete sie ihre beeindruckende Achttausender-Sammlung – lebendig, gesund und glücklich!

5. Clever handeln – Arbeiten und leben in einer Welt voller Möglichkeiten

Die etwas reiferen Leser werden sich vermutlich noch an den Hit „Die heiße Schlacht am kalten Buffet" aus den 1970er-Jahren erinnern. Der deutsche Liedermacher Reinhard Mey besang darin anschaulich das maßlose Verhalten von Buffetteilnehmern, die die im Überfluss vorhandenen Speisen gierig in sich hineinstopften und sich dabei überfraßen. Wenn Sie sich mal das Vergnügen machen, Menschen in „All-you-can-eat"-Situationen zu beobachten, werden Sie feststellen, dass diese bissige Verhaltensbeschreibung alles andere als übertrieben ist. Personen, die gern essen und denen Speisen im Überfluss dargeboten werden, sind bei grenzenloser Speisenauswahl weniger durch Hunger angetrieben als vielmehr durch die pure Lust am Überfluss gepaart mit der Angst, etwas Leckeres verpassen zu können. Das anfängliche Wohlgefühl weicht allerdings schnell und wird von einem zunehmenden Gefühl der Übersättigung abgelöst, begleitet von Symptomen wie Übelkeit, Schweißausbrüchen oder gar Atembeschwerden. Und spätestens wenn sich der ausgeprägte Wunsch nach Erleichterung über den oralen Weg meldet, wird klar: Die hemmungslose Hingabe an das lukullische Überangebot hat die Verarbeitungsmöglichkeiten des Verdauungsapparats eindeutig überfordert und der Organismus rebelliert.

Mit ein wenig Fantasie lässt sich diese Szene als Beispiel dafür nehmen, welche Folgen ein hemmungsloser Gebrauch unserer grandiosen technischen und weltumspannenden digitalen Möglichkeiten mit sich bringen kann. Die Gefahr der Überforderung betrifft hier allerdings weniger die Magen-Darm-Region. In diesem Fall ist der Verdauungsapparat vom Ort wie von seiner Bedeutung her gesehen deutlich höher angesiedelt und stellt den Dreh- und Angelpunkt unseres Lebens dar: das Gehirn.

Gehirn: Möglichkeiten und Grenzen

In den letzten Jahrzehnten hat sich kaum ein wissenschaftlicher Forschungsbereich so rasant entwickelt wie die Gehirnforschung. Die sich in den letzten Jahren überschlagenden Veröffentlichungen aus diesem Wissenschaftsbereich ließen die Neurowissenschaften immer mehr ins Licht der Öffentlichkeit rücken. Die unerwartete Chance auf Popularität motivierte einige Forscher aber leider auch dazu, das eigene Image durch Präsentation von immer neuen, möglichst spektakulären Ergebnissen aufzupolieren. Die wissenschaftlich saubere Absicherung der Ergebnisse sowie Zurückhaltung und Demut in Bezug auf deren Interpretationen wurde dabei mitunter vernachlässigt. Entsprechend haben es einige dieser zweifelhaften Erkenntnisse geschafft, sich in unseren Köpfen festzusetzen und unsere kollektiven Lebens- und Arbeitseinstellungen nachhaltig zu beeinflussen.

Unser Gehirn arbeitet immer optimal!

Eine inzwischen deutlich widerlegte aber nach wie vor fest im kollektiven Glauben verankerte Behauptung der frühen Gehirnforschung ist, dass wir die Möglichkeiten unseres Gehirns nur zu 20 Prozent nutzen würden. Sind wir und unsere Vorfahren wirklich alle so dumm, dass uns so etwas ohne Gehirnscan gar nicht auffällt? Und müssen wir uns alle vorwerfen lassen, fahrlässig mit unseren Möglichkeiten umzugehen und absolut ineffizient durchs Leben zu schreiten?

Wie man inzwischen weiß, lautet die Antwort auf beide Fragen: Nein! Jeder von uns nutzt die Möglichkeiten seiner obersten Wahrnehmungs-, Denk- und Reaktionszentrale maximal! Der Grund dafür: Ebenso wie unser Körper passt auch unser Gehirn seine Strukturen und Möglichkeiten im Laufe der Lebensspanne kontinuierlich an die Notwendigkeiten und Anforderung an, mit denen es konfrontiert wird. Es ist eine benutzungsabhängige Hardware, die ihre Strukturen und Funktionen unablässig an die Software anpasst, die auf ihr läuft. Alles andere wäre rein biologisch gesehen unsinnig und im höchsten Maße unökonomisch. Kein lebendes System kann es sich leisten, 80 Prozent seiner wichtigsten Ressource dauerhaft ungenutzt herumdümpeln zu lassen.

Weniger ist mehr

Es ist ein ganz grundlegendes Merkmal der Gehirnarbeit, dass immer nur kleine und punktuell begrenzte Bereiche erhöhte Aktivität zeigen, nie jedoch die Großhirnrinde als Ganzes. Denken wir beispielsweise bewusst über etwas nach, so ist der vordere Stirnbereich der Großhirnrinde besonders aktiv. Lauschen wir hingegen Tönen, Musik oder Sprache, werden je nach Reizcharakter eher unterschiedliche seitlich liegende Areale des Gehirns angeregt. Und betrachten wir etwas sehr aufmerksam, ist dies mit einer erhöhten Aktivität im hinteren Teil unserer Großhirnrinde verbunden. Daraus folgte vor Jahren der wissenschaftliche Kurzschluss, hier sei noch eine Menge ungenutzter Kapazität vorhanden, die nur darauf wartet, angezapft zu werden. Doch ganz im Gegenteil: Die Gehirnarbeit ist umso gesünder, konzentrierter und effektiver, je weniger Areale zum gleichen Zeitpunkt erhöhte Aktivität aufweisen.

Möglichkeiten nutzen – Grenzen anerkennen

Entscheidend für Leistung und Gesundheit des Gehirns ist der richtige Umgang mit den vorhandenen Möglichkeiten und Grenzen. Völlig entgegen der zurzeit durch Hektik und Reizüberflutungen gekennzeichneten Berufs- und Alltagswelt bieten Sie Ihrem Gehirn optimale Arbeits- und Leistungsvoraussetzungen, wenn Sie:

- sich zur gleichen Zeit immer nur mit wenigen Dingen beschäftigen,
- Störquellen, wann immer es in Ihrer Macht liegt, konsequent ausschalten und
- regelmäßig effektive geistige Erholungspausen einlegen.

Test zum kognitiven Arbeitsstil

Folgender Test gibt Ihnen die Gelegenheit die oben aufgeführten Punkte auszuprobieren. Um ihn durchführen zu können, benötigen Sie zweimal die gleiche, unbearbeitete Vorlage, die nachfolgend abgedruckt ist, sowie eine Uhr zur sekundengenauen Messung Ihrer Bearbeitungszeit.

Auf der Vorlage sehen Sie eine willkürlich verteilte Reihenfolge der Zahlen 1 bis 25 und der Buchstaben von A bis Y.

Aufgabe 1 (Blatt 1):
Starten Sie Ihre Zeitmessung. Verbinden Sie nun mit einem Stift fehlerfrei und möglichst schnell zuerst die Zahlenfolge startend von 1 (grün) bis 25 (rot) und anschließend sofort die Buchstabenfolge startend von A (grün) bis Y (rot). Ziehen Sie dabei sowohl bei der Zahlenfolge als auch bei der Buchstabenfolge den Stift von Anfang bis Ende durch und lösen Sie ihn zwischendurch nicht vom Blatt (= kontinuierliche Verbindung der Felder). Stoppen Sie Ihre Zeitmessung, wenn Sie bei Y gelandet sind.

Aufgabe 2 (Blatt 2):
Gönnen Sie Ihrem Gehirn mindestens zehn Minuten Pause. Starten Sie die Zeitmessung erneut. Verbinden Sie nun mit einem Stift abwechselnd immer eine Zahl mit dem dazugehörigen Buchstaben (beginnend bei den grünen Feldern 1–A). Führen Sie den Stift so schnell wie möglich und ohne ihn vom Blatt zu lösen weiter zu den nächsten Zahl-Buchstaben-Paaren (folgend also 2–B–3–C–4–D usw. bis zum letzten Paar = Ende bei den roten Feldern 25–Y). Stoppen Sie Ihre Zeitmessung, wenn Sie Y erreicht haben.

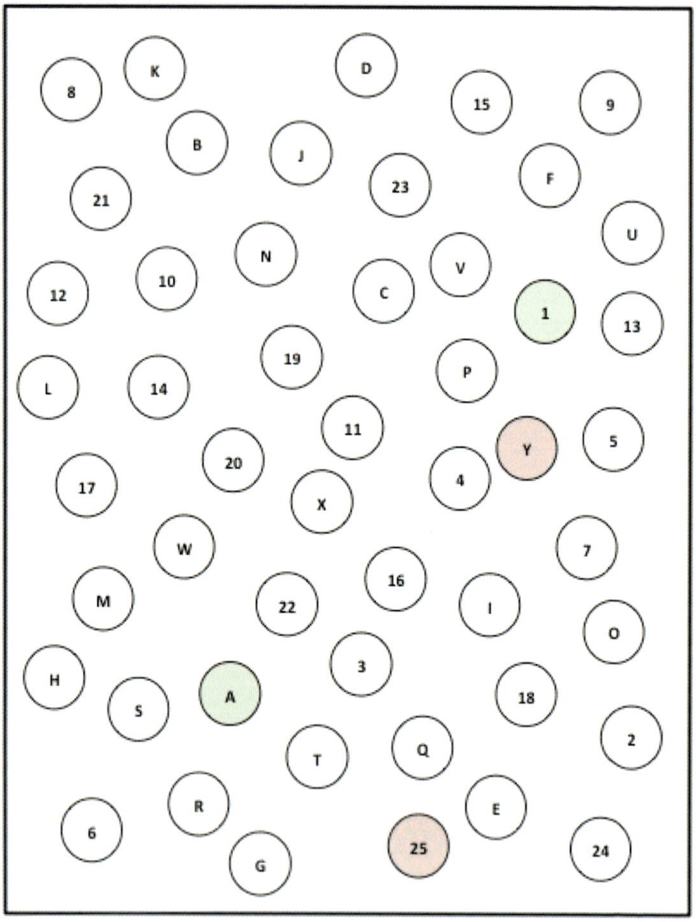
8
K
D
15
9
B
J
23
F
21
U
N
V
12
10
C
1
13
19
P
L
14
11
Y
5
20
4
17
X
7
W
16
M
22
I
O
3
H
A
18
S
2
T
Q
R
E
6
25
24
G

Dieser sogenannte Trail-Making-Test ist ein psychologisches Verfahren, das auf einfache Weise verdeutlicht, wie sehr unsere Arbeitsleistung von gehirngerechtem Agieren abhängt. Aufgabe 1 und 2 konfrontieren Sie mit der gleichen Leistungsanforderung. Es geht darum, die gleiche Anzahl an Zahlen und Buchstaben möglichst schnell miteinander zu verbinden. Unterscheiden tun sich die Aufgaben allerdings in der Art und Weise der Bearbeitung.

Aufgabe 1 konfrontiert Ihr Gehirn mit einer Tätigkeit, bei der über einen längeren Zeitraum immer nur ein eng begrenztes Gehirnareal beansprucht wird. In diesem Fall ist Ihre Arbeitsweise seriell: zuerst alle Zahlen, dann alle Buchstaben. Um Aufgabe 2 zu lösen, muss Ihr Gehirn dagegen zwei unterschiedliche Areale zur gleichen Zeit aktivieren, weil sich die Zentren für die Wahrnehmung und Verarbeitung von Zahlen und Buchstaben in unserem Gehirn an zwei völlig verschiedenen Orten befinden.

Vermutlich waren Sie bei Erledigung von Aufgabe 1 deutlich schneller als bei Aufgabe 2. Eventuell hatten Sie zudem das Gefühl, dass Aufgabe 1 ein Stück weit weniger anstrengend für Sie war. Tatsächlich benötigen wir bei dem Versuch, mehre Tätigkeiten gleichzeitig zu erledigen, deutlich mehr Zeit. Zudem wird das Gehirn durch Simultantätigkeiten deutlich stärker beansprucht und verbraucht infolgedessen auch wesentlich mehr Energie. Die Anstrengung ist also in der Tat intensiver. Damit ist unter simultaner Arbeitsweise auch die Gefahr für Fehler zwangsläufig größer.

Letztendlich haben Sie nun drei ganz grundlegende und für die Effektivität Ihrer Anstrengung enorm bedeutsame Argumente kennengelernt, die eindeutig gegen simultane und für serielle Verhaltens- und Arbeitsweisen sprechen.

Gehirngerechtes Verhalten

Unser Gehirn ist von seiner Physiologie her nicht in der Lage, alle seine Areale zur gleichen Zeit auf Höchstleistung zu fahren. Dies ist immer nur im gegenseitigen Wechsel möglich. Je aktiver ein Areal des Gehirns arbeitet, desto mehr muss die Aktivität in den restlichen Arealen heruntergefahren werden. Dementsprechend können wir unterschiedliche und für den Kopf anspruchsvolle Informationen nicht zeitgleich, sondern – wenn überhaupt – immer nur im Wechsel bewusst wahrnehmen und verarbeiten. In diesem Zusammenhang gilt, dass sich die Qualität der Leistung umso mehr reduziert, je öfter und schneller ein Wechsel zwischen unterschiedlichen Gehirnregionen erfolgt. Auch hierfür gibt es eine physiologische Erklärung: Das Gehirn benötigt für das Hochfahren eines Areals und seiner dort angelegten Arbeitsprogramme immer einen gewissen Zeitraum. Vergleichbar mit einem Verbrennungsmotor muss es den entsprechenden Bereich praktisch erst „warm fahren“. Findet ein schneller und ständiger Wechsel zwischen unterschiedlichen Wahrnehmungs- bzw. Informationsfeldern statt, dann wird das Warmfahren der einzelnen Areale ständig unterbrochen und immer wieder von Neuem gestartet. Unter diesen Umständen erreicht keines der Areale das optimale Aktivierungsniveau. Ein solches Vorgehen entspricht dem sogenannten Multitasking-Verhalten.

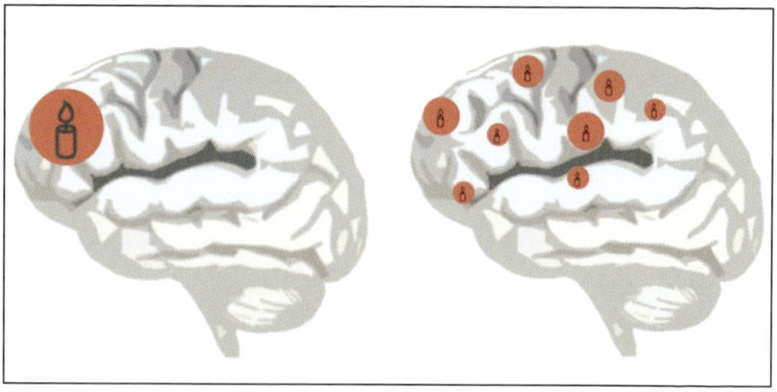

Gehirnaktivität bei Fokussierung der Aufmerksamkeit (links) und unter Multitasking-Bedingungen (rechts) (nach Emberger/Prinz, 2013)

Multitasking: Leistungskiller und Stressturbo

Je anspruchsvoller Aufgaben werden, desto weniger ist unser Gehirn in der Lage, sich auf mehrere Dinge gleichzeitig zu konzentrieren. Laut Forschung trifft dies übrigens für Männer wie Frauen im gleichen Maße zu. Inzwischen haben wir uns aber eine Welt erschaffen, die uns mit ihren faszinierenden technischen und digitalen Möglichkeiten tagtäglich mit einer Flut an unterschiedlichen und mannigfaltigen Informationen und Reizen geradezu überschwemmt. Dabei wollen wir natürlich auch im Beruf und im Privaten möglichst alles mitnehmen und ausnutzen was geht und zum perfekten privaten wie beruflichen Glück beiträgt. Eine Multitasking-Verarbeitung scheint in unserer Welt also unabdingbar.

Vor ein bis zwei Jahrzehnten wurde ein Multitasking-Lebensstil tatsächlich noch als empfehlenswertes „State of the Art“ angesehen. Möglichst viele Dinge zur gleichen Zeit zu erledigen, galt als Ideal für ein ökonomisches, effizientes und zeitgerechtes Dasein. Inzwischen ist hier jedoch deutliche Ernüchterung eingetreten. Sowohl praktische Erfahrungen als auch wissenschaftliche Befunde lassen kaum Zweifel daran, dass dieser Ansatz ein ineffizienter und gesundheitsgefährdender Irrläufer der Neuzeit ist. Die simultane Arbeits- und Lebensprämisse führt bei Zunahme von Bearbeitungszeiten zur Abnahme von Leistungsqualität. Zudem steigt das Anstrengungsempfinden und führt zu Stressreaktionen. Inzwischen wird ein Multitasking-Lebens- und Arbeitsstil sogar als grundlegender Risikofaktor für Burn-out-Erkrankungen gesehen.

Vom Multitasking zur Aufmerksamkeitsstörung

Nun ließe sich argumentieren, dass unser Gehirn plastische Eigenschaften hat und sich dementsprechend auch auf Multitasking-Anforderungen sollte einstellen können. Und tatsächlich: Entsprechende Ein- und Umstellungsprozesse finden in der Tat statt, leider sind deren Effekte jedoch alles andere als positiv. Wird ein Gehirn permanent mit Multitasking-Bedingungen konfrontiert, verliert es nach und nach die Fähigkeit, seine Aufmerksamkeit zielgerichtet zu bündeln und sich über einen längeren Zeitraum hinweg intensiv zu konzentrieren. Dazu der bekannte Neurobiologe Manfred Spitzer: „Wenn Sie noch keine Aufmerksamkeitsstörung haben, dann können Sie sich eine antrainieren. Sie müssen nur versuchen, ganz oft alles Mögliche gleichzeitig zu machen. Sie werden es dann nicht gut können und Sie werden sehr oberflächlich sein. Sie werden zwar das Gefühl haben, viel hinzubekommen, aber in Wahrheit bekommen Sie es nicht hin." (DVD 2010, Kapitel 2; 14:40).

Info-Box 5.1: Multitasking verändert Gehirnleistung

Die nachfolgenden Grafiken geben Ergebnisse von Untersuchungen der amerikanischen Forscher Ophire, Nass und Wagner wieder. Sie haben kognitive Fähigkeiten, die mit dem Multitasking-Stil in Zusammenhang gebracht werden, bei Personen getestet, die nach strengen wissenschaftlichen Kriterien ausgewählt und in die zwei Gruppen „Multitasker" und „Nicht-Multitasker" eingeteilt wurden. In der Multitasker-Gruppe befanden sich Personen, die in ihrer Arbeits- und Lebenswelt tagtäglich sehr stark mit Multitasking-Anforderungen konfrontiert wurden (entsprechender Arbeitsplatz) bzw. sich selbst damit konfrontierten (etwa durch permanente zeitgleiche Nutzung von mehreren Informations- und Unterhaltungsmedien). Die Arbeits- und Lebenswelten der Personen in der Nicht-Multitasker-Gruppe zeichneten sich dagegen durch geringe bis nicht vorhandene Multitasking-Anforderungen aus.

Reizselektion unter Ablenkungsbedingungen

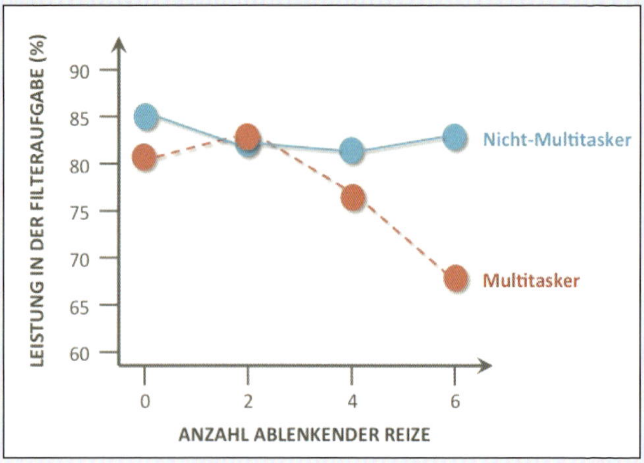

Die Grafik zeigt, dass sich die Multitasker durch äußere Reize leicht vom Wesentlichen ablenken ließen. Wurden Ihnen in Labortests relevante Zielreize und irrelevante Ablenkungsreize zeitgleich präsentiert, konnten sie das Unwichtige schwerer ignorieren als die Nicht-Multitasker.
Dies zeigte sich in den Tests umso deutlicher, je höher die Anzahl der Ablenkungsreize wurde. Einfach ausgedrückt: Multitasker können sich unter Ablenkungsbedingungen wesentlich schlechter auf aufgabenrelevante Dinge fokussieren.

Reaktionsfähigkeit des Kurzzeitgedächtnisses

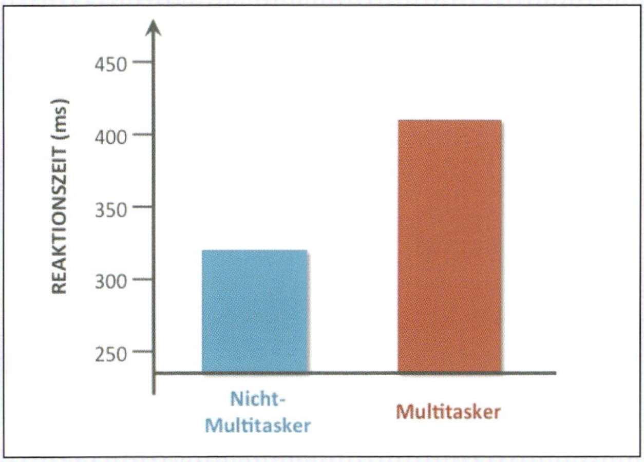

Die Grafik zeigt die Ergebnisse eines Tests, in denen von den Probanden äußere Reize selektiert werden mussten, die sich mit kurz zuvor dargebotenen Informationen verbinden ließen Die Ergebnisse zeigen, dass die Multitasker deutlich länger brauchten, um diese Selektionsarbeit durchzuführen. Das Kurzzeitgedächtnis der Multitasker arbeitete also im Vergleich zu den Nicht-Multitaskern eindeutig langsamer.

Verarbeitungsfähigkeit des Kurzzeitgedächtnisses

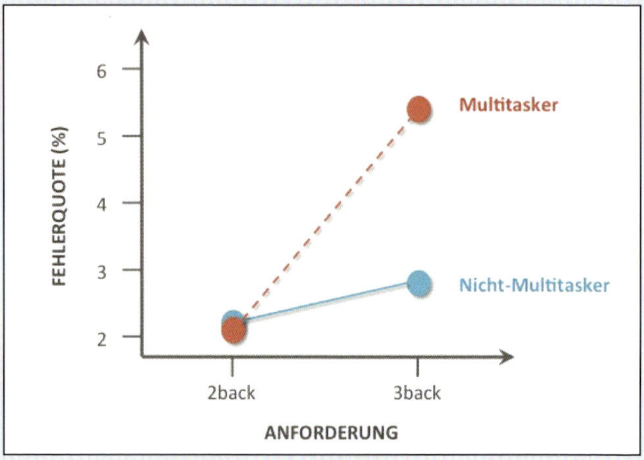

Nicht nur die Arbeitsgeschwindigkeit, sondern auch die Merk- und Verarbeitungsfähigkeit des Kurzzeitgedächtnisses scheint bei Multitaskern im Vergleich zu Nicht-Multitaskern schwächer zu sein. Die Grafik zeigt die Ergebnisse eines Tests, in dem im Kurzzeitgedächtnis relevante Informationen festgehalten und fehlerfrei mit nachfolgenden Zielreizen gekoppelt werden sollten. Während die Leistung der Nicht-Multitasker auch unter Zunahme der Aufgabenschwierigkeit annähernd gleich blieb, stieg die Fehlerhäufigkeit bei den Multitaskern rasant an. Als Grund dafür wird in Forschungskreisen vermutet, dass sich die Gehirne der Multitasker auch gegen innere Dynamiken, Ablenkungen und Denkprozesse schlechter wehren und abschotten können.

Last but not least: Fähigkeit zum Aufgabenwechsel

Das vielleicht überraschendste Ergebnis zum Schluss: Ophire, Nass und Wagner konnten zudem belegen, dass Multitasker für einen Wechsel von einer Aufgabe zur anderen deutlich mehr Zeit benötigen. Sie maßen bei einem entsprechenden Test zwischen ihren beiden Untersuchungsgruppen einen signifikanten Zeitunterschied von mindestens 170 Millisekunden. Auf den Punkt gebracht heißt das, Multitasker können auch ihre tagtäglichen Tätigkeiten – nämlich einen permanenten Wechsel ihres Aufmerksamkeitsfeldes – deutlich schlechter bewältigen, als Nicht-Multitasker. Sie agieren also selbst in ihrem ureigenen Beanspruchungsbereich ineffizienter. Spätestens hier sollte deutlich werden, dass sich eine Multitasking-Fähigkeit nicht trainieren lässt, indem man sich ständig entsprechenden Bedingungen aussetzt und einen simultanen Lebensstil praktiziert. Vielmehr gilt das genaue Gegenteil! Im Klartext heißt das:

- sich immer nur auf eine Sache fokussieren
- Aufgaben wie Anforderungen nacheinander erledigen
- Ablenkungen gerade in Leistungsphasen vermeiden und
- insgesamt Wert auf eher ruhige Arbeits-, Freizeit- und Lebensbedingungen legen.

Multitasking nur bei Routinetätigkeiten

Den geringsten Energieverbrauch hat unser Gehirn bei einfachen Routinearbeiten. Dies sind Handlungen, mit denen wir bereits unzählige Male konfrontiert worden sind und für die unser Gehirn über den Lauf der Zeit automatisierte Programme entwickelt hat. Je öfter unser Gehirn auf solche unbewusst ablaufenden Programme zurückgreifen kann, desto mehr wird das Bewusstsein entlastet. Aus diesem Grund lassen sich mehrere einfache Routinearbeiten auch recht gut miteinander kombinieren. Kommt hier allerdings eine weitere Aufgabe hinzu, für die das Bewusstsein beansprucht werden muss, sind die multifunktionalen Aufnahme- und Verarbeitungskapazitäten des Gehirns schnell erreicht.

Ein gutes Beispiel dafür ist das Telefonieren beim Autofahren. Ist man routinierter Autofahrer und rauscht mit seinem Wagen bei wenig Verkehr auf der vielspurigen Autobahn dahin, ist ein lockeres Telefongespräch über die Freisprechanlage problemlos möglich. Wird aber der Inhalt des Gesprächs anspruchsvoller, kann es selbst dem geübtesten Autofahrer recht schnell passieren, dass er – im Gespräch vertieft – einige relevante Reize nicht mehr richtig wahrnimmt und beispielsweise seine Zielausfahrt komplett übersieht. Ähnliches gilt, wenn mitten im Gespräch beim Fahren urplötzlich etwas Unerwartetes eintritt, wie etwa ein LKW, der plötzlich die Fahrspur wechselt und sich direkt vor das eigene Auto setzt. In diesem Fall richtet das Gehirn sämtliche seiner unbewussten und bewussten Möglichkeiten unmittelbar darauf aus, heil aus der Nummer rauszukommen. Die Steuerung des schnellen Abbremsens und die Kontrolle der unmittelbaren Gefahrenmomente lässt für eine souveräne Gesprächsfortführung nun keine geistige Kapazität mehr übrig. Und sollten Sie statt auf der wenig befahrenen Autobahn mitten in den verkehrsberüchtigten Innenstädten von Rom oder Paris unterwegs sein, werden Sie vermutlich ein gleichzeitiges Telefongespräch von vornherein nicht einmal ansatzweise in Betracht ziehen.

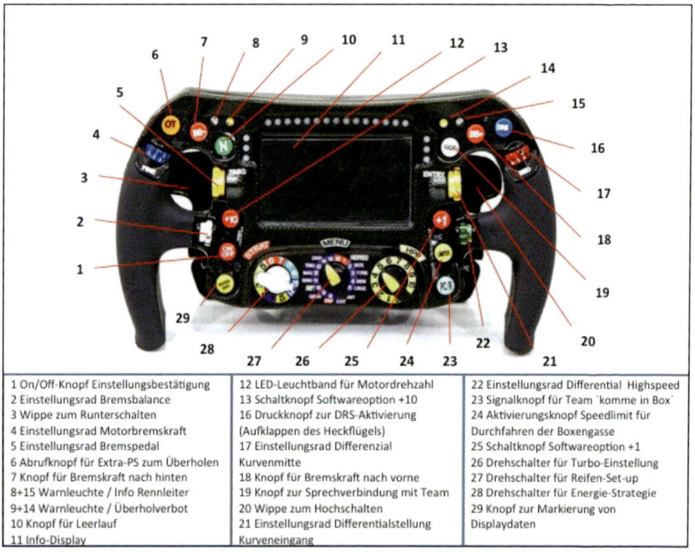

1 On/Off-Knopf Einstellungsbestätigung
2 Einstellungsrad Bremsbalance
3 Wippe zum Runterschalten
4 Einstellungsrad Motorbremskraft
5 Einstellungsrad Bremspedal
6 Abrufknopf für Extra-PS zum Überholen
7 Knopf für Bremskraft nach hinten
8+15 Warnleuchte / Info Rennleiter
9+14 Warnleuchte / Überholverbot
10 Knopf für Leerlauf
11 Info-Display
12 LED-Leuchtband für Motordrehzahl
13 Schaltknopf Softwareoption +10
16 Druckknopf zur DRS-Aktivierung (Aufklappen des Heckflügels)
17 Einstellungsrad Differenzial Kurvenmitte
18 Knopf für Bremskraft nach vorne
19 Knopf zur Sprechverbindung mit Team
20 Wippe zum Hochschalten
21 Einstellungsrad Differentialstellung Kurveneingang
22 Einstellungsrad Differential Highspeed
23 Signalknopf für Team 'komme in Box'
24 Aktivierungsknopf Speedlimit für Durchfahren der Boxengasse
25 Schaltknopf Softwareoption +1
26 Drehschalter für Turbo-Einstellung
27 Drehschalter für Reifen-Set-up
28 Drehschalter für Energie-Strategie
29 Knopf zur Markierung von Displaydaten

Lenkrad des Mercedes AMG Petronas Formel 1-Teams 2014. Eine der speziellen Herausforderungen, mit denen Formel 1-Rennfahrer wie wohl in keiner anderen Sportart konfrontiert werden, ist die Aufnahme und Verarbeitung von kognitiv zu bewältigenden Informationen. Während der Rennwagen mit atemberaubender Geschwindigkeit am physikalischen Limit um die Rennstrecke bewegt werden muss, sind die Fahrer gleichzeitig mit der Aufgabe konfrontiert, nahezu pausenlos die unzähligen Knöpfe und Drehschalter an ihrem Lenkrad zu bedienen sowie Anweisungen, die sie von ihrem Team via Funk erhalten, situationsgerecht umzusetzen. Würde ihre Konzentrationsfähigkeit bereits durch das reine Fahren am Limit übermäßig in Anspruch genommen, wären sie zu solchen Zusatzleistungen nicht mehr in der Lage. Spitzenrennfahrer zeichnet daher die Fähigkeit aus, den Rennwagen über mehrheitlich unbewusste und automatisierte Prozesse steuern zu können. Diese Fähigkeit kann selbst das größte Rennfahrer-Talent nur durch ein jahrelanges und kontinuierliches Fahrtraining entwickeln und zur Perfektion bringen.

Konzentration als Grundlage für ein optimales Leistungsverhalten

Motivation zur Leistung verführt schnell zum blinden Eifer. Dies kann gerade in einer beschleunigten Welt voller digitaler Kommunikations- und Informationsmöglichkeiten zu fatalen Auswüchsen führen. Wer immer und überall am Ball bleiben möchte und zudem auch noch ständig Angst hat, etwas Wichtiges verpassen zu können, wird wie von selbst nur noch im Multitasking-Modus unterwegs sein. Wie Sie inzwischen wissen, führt das zur permanenten Überforderung der geistigen Aufnahmemöglichkeiten und seine mentalen PS lassen sich nur noch unzureichend auf die Straße bringen. So gerät man ganz zwangsläufig über kurz oder lang ins Hintertreffen.

Wer nachhaltig an der Spitze mitmischen will, sollte seine gehirnphysiologischen Grundlagen beachten und sich konsequent und gezielt umso mehr auf das wirklich Wichtige, Nützliche und Dringliche konzentrieren, je fordernder und anspruchsvoller die zu bewältigenden Aufgaben werden.

Was ist Konzentration überhaupt?

Konzentration zeichnet sich durch die bewusste Fokussierung der eigenen Aufmerksamkeitsmöglichkeiten aus. Dabei werden die Gedanken willentlich gebündelt und auf ein enges äußeres oder inneres Wahrnehmungsfeld ausgerichtet. Zweck ist die Selektion von Reizen (und keinesfalls – wie oftmals missverstanden – deren Verdichtung).

Werden Reize aus der Umwelt gesucht oder anvisiert, gilt es, die fünf Sinneskanäle (visuell/Auge, auditiv/Ohren, kinästhetisch/u. a. Haut- und Muskelrezeptoren, olfaktorisch/Nase, gustatorisch/Zunge) bewusst darauf auszurichten und zeitgleich irrelevante Reize zu ignorieren. Wird die Konzentration hingegen nach innen gerichtet, geht es um die achtsame Wahrnehmung und Steuerung der eigenen Denkvorgänge, Befindlichkeiten und Handlungen.

Konzentration benötigt Energie!

Schon Leonardo da Vinci wird mit dem Satz zitiert: „Die größten Genies leisten mehr, wenn sie weniger arbeiten." Was von dem berühmten Universalgelehrten des 15. Jahrhunderts noch intuitiv erfasst wurde, ist inzwischen längst von den modernen Kognitionswissenschaften bestätigt worden. Unser Gehirn kann eine willentliche Konzentrationsleistung nur über einen vergleichbar geringen Zeitraum auf hohem Niveau halten. Grund dafür ist die enorme Energie, die unser Gehirn für die intensive und bewusste Beschäftigung mit einer anspruchsvollen Aufgabe benötigt. Dabei kann der Energiebedarf des Gehirns im Vergleich zu Ruhebedingungen bis zu über 300 Prozent ansteigen und im Extremfall bis zu 20 Prozent unseres gesamten Energiestoffwechsels ausmachen. Punktuell in diesem roten Bereich zu agieren ist für ein gesundes und ausgeruhtes Gehirn kein Problem, dauerhaft darin bleiben kann es jedoch nicht.

Anteil des Gehirnstoffwechsels am Gesamtstoffwechsel
(in Anlehnung an Savelev 2005/in Bartonietz 2008)

Gehirnaktivität

Passiver Zustand (Ruhe)

- Sauerstoffaustausch: 8 %
- Nährstoffverbrauch: 9 %

Anspruchsvolle Informationsverarbeitung

- Sauerstoffaustausch: 25 %
- Nährstoffverbrauch: 24 %

Konzentration macht das Gehirn müde!

Bei leistungspsychologischen Tests, in denen die individuelle Konzentrationsleistungsfähigkeit unter Laborbedingungen maximal beansprucht wird, sind bereits innerhalb der ersten Belastungsminuten kleine Auszeiten unseres Gehirns zu beobachten. Dabei fällt die Arbeitsleistung über Sekundenbruchteile stark ab, um danach sofort wieder auf das individuelle Top-Niveau hochzuschnellen. Doch selbst wenn eine Konzentrationsbeanspruchung nur submaximal ist, kann das Gehirn sein Arbeitsniveau nicht über einen unbegrenzten Zeitraum auf Spitzen-Niveau halten. Typisch ist ein Leistungsverlauf, wie ihn nachfolgende Grafik zeigt.

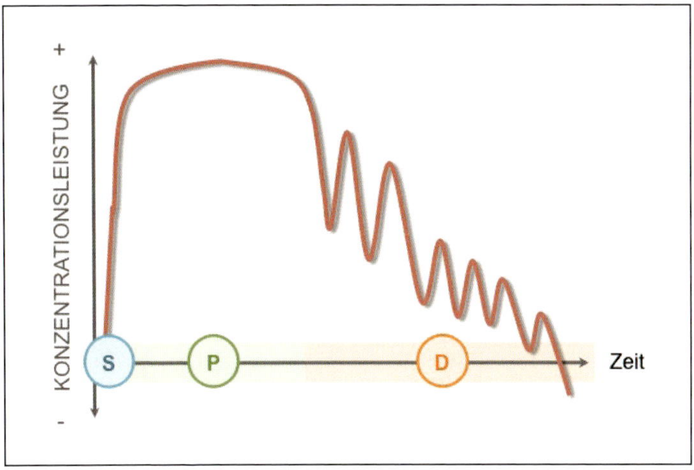

Konzentrationsleistung im Verlauf der Zeit
S = Startphase: Hineinfinden in die Aufgabe, Fokus aufbauen (je nach Aufgabe über ca. 5 bis 10 Minuten).
P = Performancephase: Phase der maximalen Konzentrationsleistungsfähigkeit, bei stark beanspruchender geistiger Arbeit in der Regel nur über einen Zeitraum von ca. 20 bis 30 Minuten auf höchstem Niveau aufrechtzuerhalten.
D = Dropphase: Wellenförmiger Abbau der Konzentrationsleistungsfähigkeit, zunehmende geistige Erschöpfung, die Aufrechterhaltung einer akzeptablen Konzentrationsleistung ist bei einer kontinuierlichen, hohen Beanspruchung über einen Zeitraum von ca. 90 Minuten kaum noch möglich.

Konzentration braucht Pausen!

In der Regel ist die mentale Ermüdung nach ca. 90 bis 120-minütiger Beschäftigung mit einer intensiven geistigen Aufgabe so stark, dass die kognitiven Leistungsmöglichkeiten bis unter den Bereich des kognitiven Herumvagabundierens abfallen. Entsprechende Anzeichen sind zunehmende Ablenkbarkeit, Häufung von Fehlern, aufkommende negative Stimmungen sowie der Drang, sich mit etwas anderem beschäftigen zu wollen. Die wirksamste Strategie um all dies zu verhindern, sind frühzeitig und regelmäßig eingelegte Pausen.

Die Bedeutung von Erholungsphasen wird in kaum einer Region so stark unterschätzt, wie in Westeuropa. In asiatischen Kulturen, zunehmend aber auch in den USA, wird ein professionelles Pausenmanagement hingegen längst nicht mehr als ein

Zeichen von Bequemlichkeit oder gar Faulheit missverstanden, sondern als ein äußerst professionelles, weil an den menschlichen Ressourcen orientiertes Verhalten geschätzt. Pausen geben dem Kopf, was er braucht, um ausdauernd auf hohem Leistungsniveau agieren und effizient arbeiten zu können: frische Energie.

Pausenempfehlungen:

- Machen Sie Pausen, wenn Sie sich noch relativ fit fühlen. Je erschöpfter und überforderter Sie sind, desto ausgiebiger müssen Sie pausieren, damit sich Ihr Gehirn wieder ausreichend erholen kann.
- Legen Sie öfter Kurzpausen ein. Selbst die kürzesten Unterbrechungen wirken sich positiv auf die Konzentrationsleistung aus, da es im Gehirn unmittelbar zu den ersten Verarbeitungs- und Regenerationsprozessen kommt.
- Arbeiten Sie in Etappen und machen Sie eine ausreichend lange Pause, wenn Sie ein Thema abgeschlossen haben. Damit geben Sie Ihrem Gehirn die Gelegenheit, alte Bearbeitungsprogramme und Aktivitätsfelder vollständig zu schließen, bevor es solche an anderen Stellen wieder hochfahren muss.
- Machen Sie in den Pausen kognitiv wie körperlich das Gegenteil von dem, was Sie in Ihrer vorausgegangenen Arbeitsphase getan haben. Für geistige Arbeiter heißt das: aufstehen, bewegen und wann immer es geht raus aus dem Büro, Seminarraum oder Besprechungssaal; für körperliche Arbeiter hingegen: hinsetzen oder -legen und bewusst zur körperlichen Ruhe kommen.
- Orientieren Sie sich in Ihrer Pausenplanung an folgenden Zeitempfehlungen:
  - nach 45 Minuten Beanspruchung 5 Minuten Minipause
  - nach 90 Minuten Beanspruchung 15 Minute Kurzpause
  - nach 180 Minuten Beanspruchung 30 bis 60 Minuten Großpause

Pausenverhalten in Belastungssituationen: Im Tennis-Spitzenbereich werden extreme Anforderungen an mentale Konzentrations- und Wahrnehmungsprozesse gestellt. Es ist für die Aktiven daher elementar, ihre Pausen vor allem zur geistigen Erholung zu nutzen. Dies gelingt ihnen am besten, wenn sie sich aus der unmittelbaren Situation völlig herausnehmen und kurzzeitig komplett abschalten.

Konzentration braucht Können!

Eine Konzentrationsleistung ist immer von folgenden drei Faktoren abhängig:

1. die Schwierigkeit der Aufgabe bzw. individuelle Beanspruchung durch die Aufgabe
2. die Dauer der Beanspruchung
3. die individuelle körperlich-geistige Frische bzw. die aktuellen Energievoraussetzungen

Wie Sie bereits im ersten Kapitel erfahren haben, sind wir Menschen keine „100-Prozent-Funktionierer". Egal ob es sich um eine körperliche oder geistige Beanspruchung handelt, unsere maximalen Leistungsfähigkeiten lassen sich immer nur punktuell und über einen vergleichsweise kurzen Zeitraum abrufen. Werden unsere Möglichkeiten dagegen nur submaximal beansprucht, sind wir in der Lage, die Qualität unserer Leistung wesentlich länger auf einem ausreichend stabilen Niveau zu halten. Sinkt unsere Beanspruchung sogar unter 50 Prozent unserer maximalen Möglichkeiten, werden wir quasi zu Dauerläufern, die die geforderte Arbeitsqualität über einen nahezu unbegrenzten Zeitraum erbringen können.

Lernen und Trainieren
Daraus ergibt sich als logische Konsequenz, dass die Verbesserung der eigenen Fähigkeiten ein probates Mittel zur Selbstentlastung darstellt. Zur Verbesserung der Konzentrationsleistung ist neben einem professionellen Pausenmanagement also ebenso die kontinuierliche Steigerung des eigenen fachlichen Könnens angesagt. Haben Sie beispielsweise in Ihrer Berufswelt mit englischen Texten oder Gesprächen zu tun? Dann wird Ihr Gehirn umso weniger beansprucht, je mehr Sie es lernen, die englische Sprache in Schrift und Ton zu beherrschen. Sind Sie dazu gezwungen, am Computer schwierige Dinge zu bearbeiten, werden Sie sich damit umso leichter tun, je souveräner Sie mit den dafür notwendigen Softwareprogrammen umgehen.

Spitzensportler zeichnen sich durch sportspezifische Fähigkeiten aus, die sie durch jahrelanges Training in den Bereich des biologisch Machbaren geschraubt haben. So liegt beispielsweise die Fähigkeit des deutschen Weltklasse-Tischtennisprofis Timo Boll, einen sich bewegenden Gegenstand mit seiner Augenbewegung zu verfolgen, 180 Prozent über dem Durchschnittswert von Otto Normalverbrauchern.

Ablenkung vernichtet Konzentration!

Neben Ermüdung oder Überforderung bilden auch Ablenkungen eine massive Störquelle für eine intensive und effektive Konzentrationsleistung. Diese entstehen, wenn fremde Reize in das Bewusstsein gelangen, die mit der unmittelbaren Konzentrationsaufgabe nichts zu tun haben. Je wichtiger das Abrufen von Höchstleistungen ist, desto mehr gilt die Gleichung: Leistung ist Können minus Ablenkung.

Unsere Empfindlichkeit gegenüber Ablenkungen ist generell hoch. Dies hängt zum einen damit zusammen, dass für unser Gehirn – wie oben beschrieben – bewusste Konzentration anstrengend ist und sich ein stark eingeengter Wahrnehmungsfokus nicht endlos lange aufrechterhalten lässt. Zum anderen fließen hier aber auch stammesgeschichtlich bewährte Wahrnehmungsmechanismen mit ein. Wären wir beständig nur im Aufgabendelirium unterwegs und gegenüber Ablenkungen jeglicher Art völlig unempfindlich, könnten unerwartet auftretende Veränderungen lebensbedrohlich sein. Was für unsere Vorfahren plötzlich erscheinende Räuber, wilde Tiere oder sonstige unmittelbar auftauchende Gefahren waren, sind für uns heutzutage beispielsweise unberechenbare Verkehrsteilnehmer, Desinteresse signalisierende Zuhörer aber auch körperliche oder geistige Signale aus unserem Inneren.

Konzentration braucht gute Rahmenbedingungen!

Ist unsere Effektivität und unser Erfolg von einer konzentrierten Herangehensweise abhängig, stören allerdings jene Ablenkungen, die den Fokus auf das Wesentliche aufweichen und ansonsten keinerlei Nutzen mit sich bringen. Leider leben wir in einer Zeit, in der uns solche Ablenkungen ständig begleiten. Viel Lärm um nichts ist zur Regel geworden und unsere Arbeits- und Lebenswelt ist von Lautstärke, Hektik und permanenter Reizüberflutung geprägt. Konzentrierte Kopfarbeit jedoch braucht Ruhe, ausreichend Zeit und ein Mindestmaß an Ordnung und Stabilität.

Info-Box 5.2: Die 10 Aufmerksamkeitsprinzipien
(nach Chibici, 2005)

1. **stammesgeschichtliche Programmierung**
   Wir tragen Aufmerksamkeitsprogramme in uns, die auf Überlebens-, Zusammenlebens- und Fortpflanzungsreize anspringen. Aus diesem Grund wird unsere Aufmerksamkeit besonders stark erregt durch Reize, die auf potentielle oder unmittelbar vorhandene Gefahren hinweisen, uns erkennen lassen, ob uns unsere Mitmenschen gewogen sind oder nicht, und bei einem potentiellen Sexualpartner hohe Fruchtbarkeit signalisieren.
2. **individuelle Programmierung**
   Unsere Aufmerksamkeitsausrichtung wird zudem durch hoch individuelle Bedürfnisse, Einstellungen und Wertvorstellungen gelenkt. Was uns wichtig ist, steht auf der Fahndungsliste unseres Gehirns ganz oben. Wer etwa mit dem Kauf eines bestimmten Autos liebäugelt, wird dieses Auto plötzlich an jeder zweiten Straßenecke sehen. Und einem pessimistisch eingestellten Menschen fällt ganz automatisch zuerst das Schlechte und Beklagenswerte ins Auge, die Aufmerksamkeit eines Optimisten hingegen wird vom Positiven und Reizvollen in den Bann gezogen.
3. **Intensität**
   In jeder Sekunde befinden sich unzählige Außenreize im Wettkampf um unsere bewusste Aufmerksamkeit. Dabei nehmen unsere Sinneskanäle den intensivsten Reiz am ehesten wahr. In einer Umgebung mit permanenter Reizüberflutung haben demnach nur diejenigen Reize eine Chance, unsere Aufmerksamkeit zu erregen, die noch mal eine Spur lauter, schriller und ungewöhnlicher sind als der Rest.
4. **Diskontinuität**
   An Reize, deren Intensität wechselt, können wir uns nicht so schnell gewöhnen, wie an solche mit gleichbleibender Intensität. Mit anderen Worten: Diskontinuität erregt unsere Aufmerksamkeit stärker als Kontinuität.

Dieses Prinzip bedienen etwa auf- und abtönende Alarmsirenen, sich drehende Lichtkegel an Leuchttürmen, aber auch weiß-rot gestreifte Absperrungsbänder sowie Warnschilder.

5. **Farben**
   Starke Farbtöne erwecken unsere Aufmerksamkeit, blasse Farben oder Grautöne dagegen kaum. In diesem Zusammenhang wird vor allem den Farben Gelb, Rot und Orange eine ganz besondere Wirkkraft zugesprochen. Präsentiert man allerdings allzu viele Farben auf einmal, wird es recht schnell kontraproduktiv: Wilde Buntheit bewirkt die Abkehr unserer Aufmerksamkeit.
6. **Normbruch**
   Wer in einer Masse aus der Reihe tanzt, fällt auf. Mit anderen Worten: Werden Normen verlassen, wird das Interesse besonders erregt. So fällt uns etwa das schwarze Schaf in einer Menge von weißen Schafen ebenso auf wie das weiße Schaf unter einer Menge von schwarzen.
7. **Hypothesen-Bruch**
   Wenn etwas Vertrautes plötzlich irgendwie anders erscheint, kommt es in unserem Gehirn zu einem Bruch einer als Wahrheit abgespeicherten Hypothese. Beispielsweise sind Kühe in der Regel braun, weiß oder schwarz bzw. entsprechend gescheckt. Folglich war die lila Kuh des Schokoladenherstellers Milka in der Lage, unsere Aufmerksamkeit eine Zeit lang zu erregen. Solche Effekte verblassen allerdings recht schnell, wenn sich das Gehirn an die Neuerscheinungen gewöhnt hat und sie in seine Erklärungsschemata einordnen kann. So ist zu erklären, warum für uns inzwischen auch die lila Kuh zum Alltag geworden ist.
8. **Poleposition**
   Unmittelbar wahrnehmbare Reize haben im Rennen um unsere Aufmerksamkeit die besten Chancen. Dieses Prinzip machen sich beispielsweise Supermärkte zunutze, indem Waren ganz bewusst nach dem Prinzip des besten Starplatzes angeordnet werden. Am meisten

verkauft sich, was in Augenhöhe angeboten wird. Bei Ware in Hüfthöhe kommt es bereits zu einer Umsatzeinbuße von 30 Prozent, bei Ware in Kniehöhe sind es sogar 70 Prozent.

10. **Gewöhnung**
    Wiederholen sich Reize ständig oder wirken sie ununterbrochen ein, werden sie irgendwann nur noch unterbewusst als Routine wahrgenommen. So schaffen es beispielsweise Anwohner in der Nähe von Flughäfen in der Regel auch recht bald, sich trotz einer penetranten Lärmbelästigung in ihrem Zuhause wohlzufühlen und recht schnell auch einigermaßen gut zu schlafen. Dies bedeutet für eine durch Verkauf, Sensation und Unterhaltung geprägte Gesellschaft, dass die Intensität und Diskontinuität der Reize regelmäßig erhöht werden muss, will man den Kampf um Aufmerksamkeit und Übersättigung nicht verlieren.
11. **Vorrang**
    Manche der genannten Aufmerksamkeitsprinzipien haben mehr Gewicht als andere. So bindet etwa an einer Wand voller roter Punkte ein einziger grauer Punkt unsere Aufmerksamkeit – in diesem Fall besiegt Normbruch das Prinzip Farbe.

Gehirngerechtes Selbstmanagement

In unserer aktuellen Lebens- und Arbeitswelt geht es primär um konzentrierte Kopfarbeit. Betrug laut Wolf Lotter vom Wirtschaftsmagazin brand eins vor der digitalen Globalisierung selbst in hochrangigen Managementberufen das Verhältnis zwischen eher routiniert ablaufenden Arbeiten, bei denen man nicht übermäßig konzentriert sein musste, und Tätigkeiten, die nur durch fokussiertes, diszipliniertes Nachdenken zu bewältigen waren, etwa 90:10, so hat sich dies innerhalb einer nur halben Menschengeneration ins komplette Gegenteil gedreht: „Routinen landen zusehends bei Automaten und Rechnern", so der renommierte Wirtschaftsjournalist.

Die Grenzen der Kopfarbeit

Unsere Anforderungen sind mehr denn je von Aufnahme und Verarbeitung von Informationen geprägt. Dabei wird immer deutlicher, dass unsere gehirntechnischen Möglichkeiten von den aktuellen Anforderungen und technischen Möglichkeiten grenzwertig beansprucht werden. Kam es in den frühen Jahren des Industriezeitalters zur rasanten Zunahme von Symptomen, die auf eine körperliche Überforderung hinwiesen, so erleben wir gegenwärtig eine Zeit, in der zunehmend Symptome auszumachen sind, die auf massive mentale Belastung hinweisen. Nicht von ungefähr ist etwa das berühmte Burn-out inzwischen in aller Munde. Und erschöpfungsbedingte Depressionen sowie andere psychosomatische Erkrankungen entwickeln sich längst zu gesellschaftlich relevanten Massenphänomenen.

Die Stunde des Selbstmanagements

Sind grenzenlose Ressourcen vorhanden und entstehen durch deren Nutzung keinerlei Schäden, lässt sich leicht und ungehemmt aus dem Vollen schöpfen. Sind die Ressourcen hingegen begrenzt oder verursacht deren Raubbau nachhaltige Schäden, schlägt die Stunde des Managements. Ein gutes Management sorgt durch Instrumente der Planung, Organisation und Führung für einen effektiven Umgang mit begrenzt zur Verfügung stehenden Mitteln und einen ökonomischen und zielgerechten Einsatz vorhandener Möglichkeiten. In unserer kopflastigen Welt geht es daher um ein cleveres Management der eigenen mentalen und körperlichen Ressourcen.

Prioritäten setzen

Wenn Sie das Gefühl haben, Sie können Ihre Energien bedürfnisgerecht und ausgewogen auf Arbeit und Freizeit sowie Familie und Freunde verteilen, ist Ihnen das Setzen von Prioritäten entweder intuitiv gegeben oder Sie haben es sich bewusst angeeignet. Fühlen Sie sich jedoch ständig getrieben, erleben tagtäglich ein ständiges Auf- und Ab Ihrer Stimmungen oder fühlen sich gar immer öfter lustlos und ausgelaugt, sind Sie vermutlich mitten drin in einer Spirale, in der Sie Ihre zeitlichen und energetischen Möglichkeiten regelmäßig überfordern. In diesem Fall gilt der dringende Rat, alte Herangehensweisen zu überdenken und sehr bewusst nach besseren Möglichkeiten und neuen Wegen Ausschau zu halten. Eine konsequente Ausrichtung seines Denkens und Handelns nach Prioritäten kommt dabei einer Schlüsselfunktion gleich.

Info-Box 5.3: Das Pareto-Prinzip

Der italienische Ingenieur, Ökonom und Soziologe Vilfredo Pareto (1848–1923) fand bereits in der Übergangszeit des 19. zum 20. Jahrhunderts heraus, dass sich praktisch in allen gesellschaftlichen Strukturen wie auch wirtschaftlichen Prozessen ein Prinzip erkennen lässt, das nach der 20/80-Regel funktioniert. So besitzen beispielsweise damals wie heute unabhängig von der Gesellschaftsform immer nur 20 Prozent einer Bevölkerung 80 Prozent des vorhandenen Geldes und nehmen zu 80 Prozent Einfluss auf die gesellschaftlichen Fort- und Weiterentwicklungen. In Firmen liefern in der Regel nur 20 Prozent der Kunden 80 Prozent des Umsatzes, 20 Prozent aus dem jeweiligen Produkt- oder Dienstleistungsportfolios bringen 80 Prozent des Gesamtgewinns. Diese Regel gilt aber nicht nur in Gesellschaften und Wirtschaftsunternehmen. Nach dem Pareto-Prinzip bestimmen auch lediglich 20 Prozent der Dinge, die wir tun, 80 Prozent unserer persönlichen Ergebnisse und Erfolge. Im Umkehrschluss bedeutet dies: Wenn zehn Möglichkeiten oder Aufgaben auf Sie warten, mit denen Sie sich beschäftigen müssen oder wollen, werden Ihnen zwei davon ebenso viel Wert einbringen wie die restlichen acht zusammen. Je knapper Ihre zeitlichen und energetischen Ressourcen sind, desto cleverer wäre es, die entscheidenden 20 Prozent zu identifizieren und die eigenen Kräfte und Konzentrationsmöglichkeiten in erster Linie nur noch darauf auszurichten.

Orientierung an der Eisenhower-Matrix
Eine bekannte und nützliche Methode, um Prioritäten zu erkennen und sie für sich selbst verbindlich festzulegen, ist die Eisenhower-Matrix. Sie verdankt ihrem Namen dem ehemaligen US-Präsidenten Dwight D. Eisenhower (1890–1969), der mit ihrer Hilfe während seiner Amtszeit seine vielen Termine und Verpflichtungen in den Griff bekommen konnte. Im Kern bietet sie eine anschauliche und praxisgerechte Möglichkeit, Wichtiges vom Unwichtigen zu trennen und bevorstehende Aufgaben und Verpflichtungen nach den vier Dimensionen „wichtig“, „unwichtig“, „dringend“ und „nicht dringend“ zu kategorisieren.

Konsequent angewendet veranschaulicht die Matrix vor allem, dass nicht alle dringlichen Dinge gleichzeitig wichtig genug sind, um sich unmittelbar mit ihnen zu beschäftigen. Dies kann vor allem in Bereichen, in denen Tempo, ständige Erreichbarkeit und sofortige Reaktion immer noch als Beweis für Leistungsmotivation, geistige Flexibilität und hohe Einsatzbereitschaft missverstanden werden, zu einem Umdenken führen. Dazu die Schweizer Managementberaterin Dr. Verena Steiner: „Sie wollen nicht nur effizient sein, sondern auch effektiv. Sie kennen den Unterschied: Effizient sein heißt, etwas auf bestmögliche, kompetente, rasche und in jeder Beziehung ökonomische Art und Weise zu tun; eine Aufgabe richtig zu lösen. Effektivität bedeutet, die richtigen (also wichtigen) Aufgaben zu lösen.“

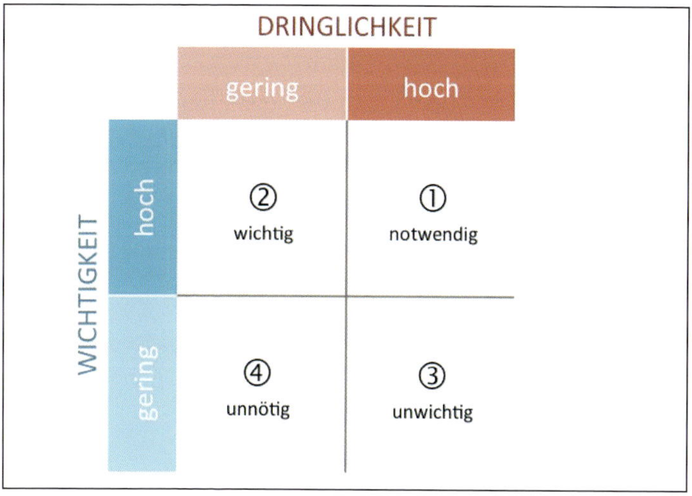

Anwenden der Eisenhower-Matrix:
Nehmen Sie sich entweder am Ende des Vortags oder aber direkt zu Beginn des aktuellen Arbeitsags zehn Minuten, in denen Sie sich in Ruhe darauf konzentrieren, Ihre bevorstehenden Anforderungen und Aufgaben wie folgt einzuteilen:

① **„sehr wichtig und momentan sehr dringend"** = **Bearbeitung unmittelbar notwendig**
In dieses Feld gehören die Aufgaben mit höchster Prioritätsstufe. Sie zu erledigen ist ohne Wenn und Aber sofort notwendig und verlangt einen uneingeschränkten Fokus.

② **„sehr wichtig aber momentan nicht dringend"** = **Bearbeitung wichtig, aber erst später notwendig**
In dieses Feld gehören Aufgaben, die wichtig sind, deren Bearbeitung aber noch nicht unmittelbar erfolgen muss. Das sind etwa Anfragen, die mit Bitte um baldige Antwort an Sie gestellt wurden, oder Arbeiten, für deren Erledigung Sie noch ein paar Tage oder gar Wochen Zeit haben.

③ **„nicht wichtig aber momentan dringend"** = **Bearbeitung unwichtig**
In diesem Feld stehen die klassischen Störelemente und Zeitfresser. Dies können beispielsweise eher belanglose Geschichtchen von Kollegen sein, die Sie damit in Ihrem Büro regelmäßig belagern, oder aber auch ganz banale Dinge wie etwa ein ständig aufpoppender E-Mail-Account. Zumindest solange Sie in Feld 1 noch Dinge stehen haben, sollten Sie sich vor den Störquellen aus Feld 3 aktiv schützen.

④ **„nicht wichtig und momentan auch nicht dringend"** = **Bearbeitung unnötig**
Diese Dinge haben keinerlei Einfluss auf Erfolg oder Zufriedenheit. Wir können sie allerdings gut nutzen, um uns gezielt abzulenken und uns dabei geistig und körperlich zu erholen. Aus dieser Perspektive heraus betrachtet, sind die Dinge in Feld 4 also gar nicht so uninteressant, wie sie auf den ersten Blick erscheinen mögen. Wie wäre es etwa, zwischen zwei anspruchsvollen Aufgaben mal eben runter in den Hof zu gehen, um Ihren Papierkorb zu leeren?

Planungs-Overload vermeiden

Das beste Planungsverfahren wird Ihnen nichts nützen, wenn Sie sämtliche Ihrer Aufgaben als ebenso dringend wie wichtig einstufen. In diesem Fall wäre der Prioritäten-Overload vorprogrammiert und die Idee der Entflechtung und bewussten Ausdünnung, die hinter der Eisenhower-Matrix steckt, ad absurdum geführt. Doch selbst wenn Sie in der Lage sind, Prioritäten zu erkennen und nach dem beschriebenen Prinzip abzuarbeiten, wird es schwierig, wenn Sie sich eine Aufgabe unmittelbar hinter die nächste auf Ihre Agenda setzen. Je anspruchsvoller die Dinge sind, mit denen Sie sich beschäftigen, desto eher ist davon auszugehen, dass die eine oder andere Erledigung auch mal ein wenig länger dauern wird, als ursprünglich geplant. Und geradezu klassisch sind Geschehnisse, die plötzlich und unvorhergesehen eintreten und im Voraus nicht einzuplanen waren, und mit denen man sich dennoch – ob man nun will oder nicht – unmittelbar auseinandersetzen muss.

Wenn Sie im Voraus jede Minute Ihres Tages mit Aktivitäten zugekleistert haben, bleibt so am Ende des Tages ganz automatisch Unerledigtes übrig. Ist die Konfrontation mit unvorhergesehenen Geschehnissen die Regel, werden sich die unerledigten Dinge Tag für Tag anstauen und irgendwann ins Unermessliche ansteigen. Dieser Zustand lässt sich natürlich durch Überstunden beheben, doch wie Sie inzwischen wissen, werden über kurz oder lang der Verlust an Leistungsfähigkeit und die Zunahme des gesundheitlichen Risikos die Folgen sein.

Zeitpuffer einplanen

Stress und Zeitnot erleben Sie bei einem lückenlos durchgetakteten Tag sowohl mit als auch ohne Überstunden. Eine ganz grundlegende Empfehlung des modernen Zeitmanagements lautet daher: Pufferzeiten ganz bewusst mit einplanen und keinesfalls eine Aktion direkt hinter die nächste setzen. Als Ideal gilt sogar eine Zeiteinteilung, in der lediglich 50 Prozent der zur Verfügung stehenden Zeit mit festen Aufgaben und vorgeplanten Aktionen belegt werden.

Nehmen Sie diese Prozentzahl als Orientierung. Je näher Sie ihr kommen, desto positiver wird sich das auf Ihre Leistung, geistige Flexibilität und letztendlich auch Gesundheit auswirken. Dieses Grundprinzip gilt vor allem bei Zeiten direkt vor und nach wichtigen Terminen. Spätestens wenn es innerhalb der Termine richtig heiß zugeht, fungieren Zeitpuffer als elastische Dehnungsfugen. Sie verhindern ein Aufplatzen und Zusammenbrechen Ihres zeitlichen Fundaments und sorgen dafür, dass Ihre Möglichkeiten nicht permanent überstrapaziert werden.

Info-Box 5.4: Individuelles Zeitmanagement

Im modernen Zeitmanagement sind einseitige und rigide formulierte Pauschalempfehlungen sowie verkrustete Maximalanforderungen an Planung und Disziplin passé. Aktuelle Ratschläge zeichnen sich durch Orientierung an der jeweiligen Persönlichkeitsausprägung sowie den individuell unterschiedlichen biologischen Rhythmen aus.

Besonders im Fokus steht dabei die Ausprägung des Ordnungsmotivs (eines der 18 Lebensmotive, die Sie bereits in Kapitel 3 kennengelernt haben). Wie Sie inzwischen wissen, ist dieses Motiv bei jedem von uns irgendwo zwischen den beiden Polen „strukturiert" und „flexibel" angesiedelt. Wird es stärker von der „strukturiert"-Richtung geprägt, lassen sich Bedürfnisse und Fähigkeiten zur Planung, Organisation und Ordnung erwarten. Entsprechend angetriebene Personen zeichnen sich in der Regel durch strikte Zeiteinteilung, Stetigkeit und Pünktlichkeit aus. Entspricht das Ordnungsmotiv allerdings eher der Richtung „flexibel", überwiegen Bedürfnisse wie Spontaneität, Flexibilität und zeitliche Unabhängigkeit. Personen mit solch einer „Polung" fühlen sich unwohl und verlieren oftmals deutlich an Leistungsfähigkeit, wenn sie sich an enge Zeit- und Verhaltenspläne halten sollen oder strikte Detailgenauigkeit von ihnen verlangt wird. Zur Hochform laufen sie dagegen auf, wenn sie ihre Aufgaben in einem zeitlich lockeren Rahmen erledigen können, spontan auf plötzlich eintretende Probleme reagieren müssen oder kreative Lösungen von ihnen erwartet werden.

Für den Perfektionisten: Fokus auf Klasse!

Sollten Sie ein sehr strukturierter und linear denkender Mensch sein, wird Ihnen das ganz bewusste Einplanen von Zeitpuffern dabei helfen, weniger To-dos vor sich herzuschieben und sich Ihren Aufgaben mit mehr Ruhe, Übersicht und Souveränität widmen zu können. Ihr Anspruch auf Perfektion kann sich so endlich auf das Durchsägen der wirklich dicken und bedeutenden Bretter konzentrieren. Aus Streben nach Masse wird so Fokus auf Klasse. Mag sein, dass die Empfehlung, 50 Prozent Ihrer Zeitmöglichkeiten offenzuhalten, momentan noch ein zu großer Kulturschock für Sie ist. Vielleicht starten Sie zu Beginn mit einem freien Zeitpuffer von nur 25 Prozent? Auch damit schaffen Sie sich bereits gute Voraussetzungen, für einen flexiblen und gelassenen Umgang mit unvorhergesehenen Ereignissen.

Für den Flexiblen: Grundgerüst aufbauen!

Sind Sie eher flexibel geprägt, wird Ihnen das strikte Verplanen von 50 Prozent Ihrer Zeit dabei helfen, ein zeitliches Grundgerüst aufzubauen und sich in Beruf und Alltag nicht mehr ganz so oft wie bisher in Zeit und Raum zu verlieren. Ihre entsprechenden Zeitpakete sollten davon geprägt sein, dass Sie sich tatsächlich immer nur mit einem Thema beschäftigen und es kompromisslos am Stück abarbeiten. So können Sie ein Mindestmaß an Struktur und Orientierung in Ihr Berufsleben bringen, ohne damit Ihren inneren Drang nach Flexibilität und Spontaneität vollends unterdrücken zu müssen. Als flexibel orientierter Mensch haben Sie jedoch vermutlich nur ein geringes Gespür dafür, wann zuvor festgelegte Zeiten beginnen und enden. An dieser Stelle daher folgender Tipp: Benutzen Sie äußere Zeitmarken, die Ihnen Anfang und Ende einer festen Zeiteinheit signalisieren. Anbieten würden sich hier etwa Alarmsignale von Armbanduhr oder Handy. Dies könnte übrigens auch für einen sorgfältigeren und respektvolleren Umgang mit der Zeit seiner Mitmenschen nützliche Hilfe sein. Dies gilt für das Kurzfassen bei Präsentationen oder Redebeiträgen ebenso wie für ein pünktliches Erscheinen bei beruflichen Terminen oder privaten Verabredungen.

Für alle: Aufschieben konsequent vermeiden

Je mehr man das Leben nur dann als lebenswert betrachtet, wenn ein kräftiger Cocktail an Glückshormonen in einem tanzt, desto weniger wird man bereit sein, sich mit unangenehmen Dingen auseinanderzusetzen. Als Folge entsteht ein Verhalten, das durch die berühmte „Aufschieberitis" gekennzeichnet ist. Besonders das Aufschieben unangenehmer und wenig Spaß versprechender Anforderungen kann massive Stresswirkung hervorrufen.

Der bekannteste Persönlichkeits- und Managementtrainer Brian Tracy vergleicht diesen Prozess mit der Notwendigkeit, einen Frosch zu schlucken. Anfänglich ist dieser Frosch nur eine vergleichsweise kleine Kaulquappe. Ihn jetzt zu schlucken würde am wenigsten Überwindung kosten. Entsprechend hält sich auch die Stresswirkung in Grenzen. Wird jedoch das Schlucken aufgeschoben, entwickelt sich aus der kleinen und zarten Kaulquappe eine immer größer und fetter werdende, hässliche Kröte. So kostet nicht nur das Schlucken selbst immer mehr Überwindung, schon die Vorstellung wird nach und nach sämtliche Gedanken besetzen und die Gefühlswelt entsprechend vereinnahmen. Nicht verwunderlich, dass der Stresspegel unter diesen Bedingen extrem ansteigt.

Als Grundaussage gilt daher: Da Sie es vermutlich nicht umgehen können, gelegentlich auch mal Frösche zu schlucken bzw. unangenehme und mitunter anstrengende Dinge zu erledigen, sollten Sie früh und kompromisslos an solche Herausforderungen herangehen. So sorgen Sie dafür, dass Ihre Stressbelastung überschaubar bleibt und Ihre Leistungsfähigkeit und Gesundheit keinen Schaden nehmen.

Info-Box 5.5: Aufschieben schadet Leistung und Gesundheit

In einer amerikanischen Studie von Tice und Baumeister aus dem Jahr 1997 wurden Studierende mittels eines speziellen Messinstrumentes (dem „Genreal Procrastination Scale" von Lay 1986) in die zwei Gruppen „Nichtaufschieber" und „Aufschieber" eingeteilt. In beiden Gruppen gaben die Teilnehmer zu Beginn wie zum Ende ihres Semesters an, wie viele Symptome für eine körperliche Erkrankung sie aktuell bei sich selbst erlebten. Bei allen Studierenden zeigte sich gegen Ende des Semesters – in der Phase also, in denen Prüfungen geschrieben und Semesterarbeiten abgegeben werden mussten – ein Anstieg, der bei der Aufschieber-Gruppe jedoch deutlich höher war.

Erwartungsgemäß begannen die Aufschieber vergleichsweise spät, sich an ihre Semesterarbeiten zu begeben und für die anstehenden Prüfungen zu lernen. Mit dieser Strategie führten sie sich genau zu dem Zeitpunkt in einen ungünstigen gesundheitlichen Zustand, in dem sie eigentlich optimale Leistungsvoraussetzungen gebraucht hätten. Die Nichtaufschieber hingegen machten sich frühzeitig an Semesterarbeit und Lernstoff und traten im Vergleich zu den Aufschiebern wesentlich fitter zu den Prüfungen an. Wie zu erwarten, erhielten sie für ihre Arbeiten im Schnitt die besseren Noten und waren bei den Prüfungen deutlich erfolgreicher als ihre aufschiebenden Studienkolleginnen und -kollegen.

Übersicht über Gründe für chronischen Zeitmangel
(nach G. Kaluza)

Problematische Einstellungen und Verhaltensweisen

- übermäßiger Perfektionsanspruch
- unrealistischer Leistungsanspruch
- übermäßiges Bedürfnis nach Anerkennung
- Angst vor Leere, unverplanter Zeit, Langeweile
- Schwierigkeiten beim Setzen von Prioritäten
- permanentes Aufschieben von wichtigen Entscheidungen
- Tendenz, Unangenehmes vor sich herzuschieben
- alles zur gleichen Zeit machen wollen
- alles selber machen und kontrollieren wollen
- Unfähigkeit, auch mal „Nein“ zu sagen
- permanent ansprechbar und für andere da sein wollen
- auf Unvorhergesehenes mit sofortigem Aktionismus reagieren

Ineffektiver Umgang mit Zeit

- Hinauszögern von Anfängen
- Beschäftigung mit Unwichtigem
- mit neuen Arbeiten beginnen, bevor alte abgeschlossen sind
- häufiges Hin- und Herwechseln zwischen unterschiedlichen Arbeitsinhalten und -feldern
- fehlender oder zu später Schlusspunkt
- überlange Arbeitszeiten
- Verzicht auf Pausen
- unkonzentriertes, oberflächliches oder hastiges Arbeiten
- extremer Ordnungswahn oder extreme Unordnung
- zu enge Zeitplanung ohne Platz für Unvorhergesehenes
- Unterschätzen von Aufgabenanforderungen und benötigtem Zeitaufwand

Biologisches Selbstmanagement

Wir sind Wesen, die sich in ständigen und oftmals zeitgleich ablaufenden Prozessen der Aufnahme und Abgabe von Energie befinden. Diese Prozesse scheinen an grundlegende Rhythmen gebunden zu sein, die messbar sind und unter dem Begriff Biorhythmus zusammengefasst werden. Dieser Biorhythmus ist als Wechselspiel zwischen körperlichen und mentalen Leistungs- und Erholungsphasen bzw. Hochleistungs- und Minderleistungsphasen zu verstehen.

Tagesrhythmus

Unser täglicher Biorhythmus ist durch zwei bis drei einander abwechselnde Phasen, in denen wir entweder gute oder weniger gute Leistungsvoraussetzungen besitzen, geprägt. Wann genau wir im Tagesablauf diese Hoch- und Tiefphasen durchleben, ist von unserem Zeittypus abhängig. Die sogenannte Chronobiologie unterscheidet zwischen den beiden Extremen Morgen- und Abendtyp. Dazwischen liegt der Mischtyp, dem sich die überwiegende Zahl der Menschen zuordnen lässt.

Der Morgentyp ist früh wach und nach dem Aufstehen schnell fit. Der Mischtyp wird später wach und benötigt durchaus ein wenig Zeit, bis er voll da ist. Noch extremer ist dies beim Abendtypen: Wird er nicht bei Zeiten durch Weckhilfen aus dem Schlaf geholt, kann er problemlos bis in den Vormittag hinein schlafen und kommt sogar nach selbstständigem Aufwachen bis zur Mittagszeit nicht wirklich auf Touren.

Tagesabhängige Hochleistungsphasen

Die erste Hochleistungsphase fällt beim Morgentyp in den frühen, beim Mischtyp in den späten Vormittag. Bei beiden folgt zur entweder frühen oder späteren Mittagszeit das erste körperliche und geistige Leistungstief, gern auch als „Suppenkoma" bezeichnet. Im Gegensatz dazu erreicht der Abendtyp erst gegen Mittag die erste Hochleistungsphase des Tages.

Für Morgen- und Mischtypen beginnt ein wenig zeitversetzt am Nachmittag das zweite Tageshoch, das sie über etwa zwei Stunden leistungsfähig und belastbar macht; beim Morgentyp ist dieses Hoch allerdings nicht mehr ganz so ausgeprägt wie beim Mischtyp. Genau in dieser Zeit durchlebt der Abendtyp sein erstes Leistungstief.

Bei Morgen- und Mischtyp schwingt die zweite Hochleistungsphase wieder leicht zeitversetzt gegen Abend erneut ab. Für den extremen Morgentyp war es das in der Regel dann auch: Sein Biorhythmus befindet sich bereits auf dem Weg in Richtung Schlaf. Der Mischtyp kann am frühen Abend durchaus noch einmal ein leichtes Hoch erleben. Weit vor Mitternacht jedoch besitzt auch sein Organismus keine körperlichen und geistigen Hochleistungsmöglichkeiten mehr. Der Abendmensch hingegen befindet sich seit dem späten Nachmittag auf der Reise in Richtung seiner persönlichen Tageshöchstform. Oftmals ist er erst gegen Mitternacht so richtig aufgelegt, sich anspruchsvollen geistigen Aufgaben zu widmen und diese mit Bravour zu bewältigen.

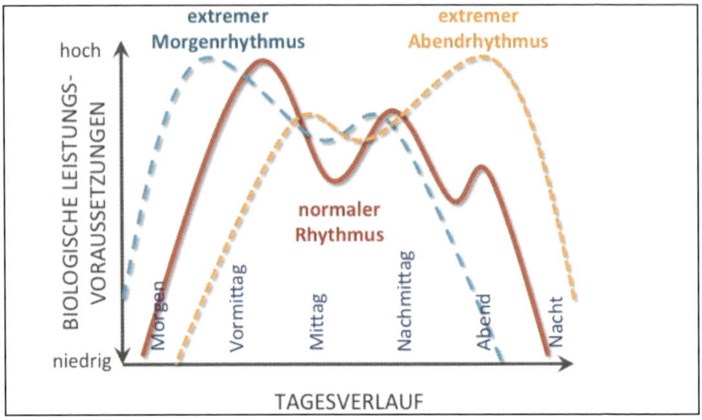

Der Biorhythmus im Tagesverlauf ist durch zwei bis drei Hochphasen geprägt. Im Regelfall werden diese einmal vormittags und einmal nachmittags, gelegentlich auch noch mal kurz am frühen Abend durchlebt. Menschen mit einem extremen Morgenrhythmus erleben am Vormittag ihre biologische Hochphase und fallen danach ab. Menschen mit einem ausgeprägten Abendrhythmus kommen erst ab dem Nachmittag so richtig in Schwung und sind bis in die späte Nacht hinein leistungsfähig und belastbar.

Hohe Anforderungen gehören in die individuellen Hochleistungsphasen

Die Ausrichtung von Anforderungen an die persönlichen Tageshöchst- und Tiefleistungsphasen spart Energie und wirkt präventiv gegen Mittelmäßigkeit und zunehmende Erschöpfung. Je stärker Ihre Leistungsfähigkeit beansprucht wird, desto leichter werden Sie die entsprechenden Aufgaben so konsequent wie möglich während Ihrer persönlichen Tageshöchstleistungsphasen bearbeiten können. Nur in dieser Zeit wird es Ihnen möglich sein, Ihre Leistungs- und Energiemöglichkeiten mit größtmöglicher Effizienz einzusetzen. Je anspruchsvoller die Aufgaben sind, mit denen Sie sich in Ihren „Low-Zeiten" beschäftigen, desto länger werden Sie dransitzen und umso unbefriedigender werden Ihre Ergebnisse ausfallen.

Dabei ist eine absolut freie Zeiteinteilung in unserer normierten Arbeitswelt ohne Frage nur selten möglich. Die gute Nachricht dazu: Zumindest der Biorhythmus von Mischtypen ist einigermaßen flexibel und kann sich ein Stück weit an Anforderungsspitzen, die auf frühe Morgen- oder spätere Abendstunden fallen, anpassen. Die schlechte Nachricht: Je einseitiger der Zeittypus ausgeprägt ist, desto schwieriger wird die Anpassung an einen entgegenlaufenden äußeren Zeitrhythmus. Dies hat ein zwangsläufig nachlassendes Wohlgefühl, Schwierigkeiten im Schlaf-Wach-Rhythmus sowie einen deutlichen Abfall der Leistungsfähigkeit zur Folge.

Wochenrhythmus

Auch über die Woche hinweg zeigt sich ein fester Rhythmus, der durch Hoch- und Tiefleistungsmomente gekennzeichnet ist. Allerdings sind die Auswirkungen auf die Leistungsfähigkeit im Vergleich zum biologischen Tagesrhythmus deutlich geringer.

Nach einem erholsamen Wochenende benötigt der Organismus etwa die Hälfte des Montags, um wieder auf Touren zu kommen. Bezeichnend dafür auch der Begriff des „Montagsautos“, der im Laufe des vorherigen Jahrhunderts entstanden ist und darauf hinweist, dass Arbeiter in Autofirmen an Montagen einfach noch nicht „voll da“ sind und ihnen im Vergleich zu den Resttagen der Woche deutlich mehr Montagefehler unterlaufen.

Dafür gilt der Dienstag als absoluter Leistungs-Primetime-Tag. Körper und Geist laufen vollends auf Hochtouren und es ist noch genügend Energie vorhanden, um dies auch durchzustehen. Vergleichbar mit dem Tagestief zur Mittagszeit sinkt die Leistungsfähigkeit zur Mitte der Woche allerdings wieder ein wenig ab. Der Mittwoch lässt sich daher auch als Tag verstehen, an dem Körper und Geist dem Vollgas-Dienstag einen kleinen biologischen Tribut zollen müssen. Am Donnerstag dreht das biologische Leistungsgeschehen jedoch wieder voll auf und Körper und Geist erreichen erneut Höchstform. Diese hält sich in der Regel bis in den Vormittag des Freitags hinein, sinkt danach aber bereits wieder ab. Vergleichbar mit einem dritten Leistungshoch am Tage lässt sich oftmals am Samstag ein abermaliger kurzer Leistungsaufschwung beobachten. Am Sonntag kommt es dann endgültig zu einem ausgeprägten Rückgang der allgemeinen Leistungsfähigkeit und Belastbarkeit. Vergleichbar mit der Schlafphase werden an diesem Tag die über die Woche hinweg investierten Energien regeneriert und neue Kräfte für die bevorstehende Woche gesammelt.

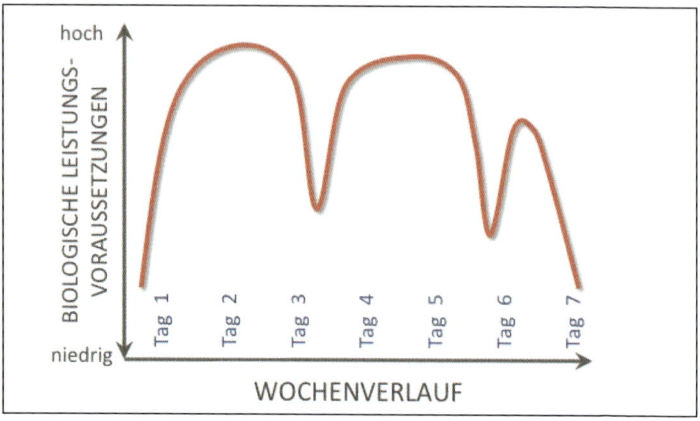

Wochenrhythmus

Hohe Anforderungen auf Hochleistungstage legen
In unserer modernen Welt weicht sich die strikte Einteilung zwischen Werks- und Wochentagen zunehmend auf. Manche Arbeitnehmer sind an Sonntagen aktiv, dafür haben sie mitten in der Woche ihren freien Tag. Zumindest solange ein fester Wochenrhythmus gegeben ist, lässt sich natürlich auch hier die 7-Tage Abfolge von Leistungshoch- und -tieftagen beobachten.

Wollen Sie Ihre Wochenplanung effektiv auf Ihre Leistungsmöglichkeiten ausrichten, sollten Sie sich die ersten Stunden Ihres **Wochentags 1/7** gönnen, um wieder neu in Ihren Arbeitsrhythmus hineinzukommen.

Erst wenn sich Ihre Leistungssysteme auf der richtigen Betriebstemperatur befinden, ist es sinnvoll, den ersten wirklich harten Brocken anzugehen. Idealer Zeitpunkt wäre in der zweiten Hochleistungsphase nach der Mittagspause. Gesund wäre es zudem, nicht direkt am ersten Tag unbegrenzte Überstunden zu machen. Damit würden Sie Ihre Energiekörner sofort wieder in übermäßiger Zahl investieren. Die Woche ist ja noch lang und Ihre Energiemöglichkeiten bekanntlich umso eher ausgeschöpft, je stärker Sie sich engagieren.

Am Tag 2/7 heißt es dann (endlich?): Feuer frei! Hier dürfen Sie absolute Höchstleistung von sich erwarten und Ihre Power zur Erledigung Ihrer Aufgaben kann sich vollends entfalten. Eventuell sind sie an diesem Tag zusätzlich in der Lage, ein paar Überstunden zu schieben, ohne dass dies Ihr Energielevel für den Rest der

Woche durcheinanderbringt. Dabei gilt allerdings weiter die Empfehlung, die beschriebenen Tageshoch- und -tiefleistungsphasen im Auge zu behalten und die Vollgasphasen des Tages entsprechend darauf abzustimmen.

Für den Tag 3/7 heißt es dann: Dampf ein wenig rausnehmen und sich eher Belastungen zuwenden, durch die der Körper oder Geist (je nachdem, in welchem Bereich am Vortag Höchstleistung abgerufen wurde) nur submaximal beansprucht wird.

Am Tag 4/7 kann es dafür wieder so zur Sache gehen, wie am Tag 2/7: Volldampf!

Die Volldampfphase kann eventuell auch noch über den Vormittag **des Tages 5/7** aufrechterhalten werden, spätestens zum Beginn der zweiten Tageshälfte gilt dann aber, den Fuß wieder vom Gaspedal zu nehmen und das persönliche Wochenende einzuläuten. Hier gilt auch die Empfehlung, den Arbeitstag früher zu beschließen, als dies an den Tagen 1–4 der Fall war.

Haben Sie sich an das beschriebene Energie- und Einsatzmanagement gehalten, werden Sie auch **am Tag 6/7** noch in der Lage sein, die eine oder andere Aufgabe gut und leistungsgerecht zu erledigen. Übertreiben Sie es aber nicht und schützen Sie sich und Ihre Kräfte, indem Sie sich mit echten Leistungsaufgaben höchstens über einen Zeitraum von drei bis vier Stunden beschäftigen.

Am Tag 7/7 ist das Ideal die vollständige Abkehr von Pflichten und Leistungsaufgaben. Auch wenn es Zeitgenossen, die in engen Zeitfenstern und Effizienzkategorien zu denken pflegen, die Nackenhaare aufstellen mag: Dieser Tag ist ideal genutzt, wenn er durch Trödeln, geistiges Vagabundieren und Dösen dominiert wird. Dabei bin ich mir durchaus bewusst, dass dieser „freie" Tag bei den meisten von uns inzwischen längst durch weitere berufliche Tätigkeiten oder zahlreiche private Pflichttermine und zeitbeanspruchende Hobbys übermäßig verplant und durchgetaktet ist. Akzeptieren wir dies als gottgegebene neue Lebensmaxime und verhalten uns entsprechend, brauchen wir uns nicht wundern, wenn wir uns bereits zu Wochenbeginn schon wieder erschöpft fühlen und unser Energielevel und unsere Leistungsfähigkeit kontinuierlich absinken. Und ganz nebenbei: Gottgegeben ist dieses Verhalten nicht. Vielmehr heißt es bekanntlich bereits im Alten Testament: „Sechs Tage sollst du deine Arbeit tun, am siebten Tage aber sollst du ruhn!"

Im professionellen Sport wird der Aufbau und Erhalt der Leistungsfähigkeit festen Rhythmen unterworfen und in Form von Karriere-, Jahres-, Monats- und Wochenzyklen durchgeführt. Beispielsweise werden Innerhalb eines Jahres die Trainings- und Erholungsphasen so gezielt miteinander verbunden, dass das Jahresleistungshoch zu Zeiten der wichtigsten Wettkämpfe erreicht werden kann. Dabei spielen Regenerationszeiten eine umso wichtigere Rolle, je dichter ein Wettkampf vor der Tür steht. Im Ausdauersport wie etwa dem Marathonlauf schrauben professionelle Teilnehmer dabei bereits Wochen vor einem Wettkampf in der sogenannten Taperingphase sowohl den Umfang als auch die Intensität ihrer Trainingseinheiten ganz bewusst herunter. Damit erreichen sie, dass sie am Wettkampftag maximal ausgeruht und mit randvoll gefüllten Energiedepots an den Start gehen können.

Jahresrhythmus

Auch übers Jahr hinweg lässt sich ein gewisser Auf-und-Ab-Rhythmus unserer Leistungsfähigkeit und Belastbarkeit ausmachen. Grob gesprochen scheinen wir unsere produktivsten Phasen vor allem in den Frühlings- und Herbstzeiten zu haben, über Sommer und Winter bauen wir hingegen immer ein wenig ab. Dabei zeigt sich, dass wir unsere produktiven Phasen etwas länger durchhalten, wenn wir sowohl an den einzelnen Tagen als auch über die Wochen hinweg effektiv nach unseren biologischen Leistungsrhythmen leben und mit den Regenerationsbedürfnissen unseres Organismus gut umgehen.

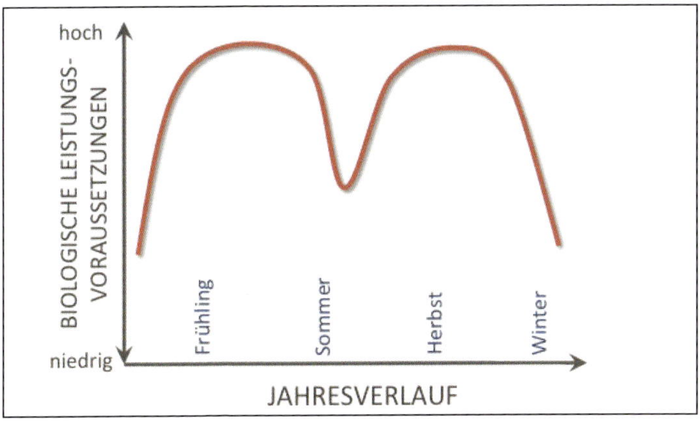

Jahresrhythmus

Dazu gehören auch ausreichend lange, gute sowie rechtzeitig eingelegte Regenerationsphasen in Form von Ferien- und Urlaubszeiten. Forschungen haben ergeben, dass das körperliche Stressgeschehen nach einer stark beanspruchenden und länger andauernden Leistungsphase ganze zwei Wochen benötigt, um wieder auf Normalmaß herunterzufahren. Die Urlaubsempfehlung lautet daher, sich mindestens zweimal im Jahr für mindestens zwei zusammenhängende Wochen konsequent von seinen beruflichen Belastungsfeldern zu lösen und diese Zeit bewusst zum Runterfahren und zur vollständigen Regeneration seiner Einsatzkräfte zu nutzen.

Erholsamer Urlaub

Weil ein stark beanspruchter menschlicher Organismus zwei Wochen benötigt, um sein inneres Stressgeschehen wieder zu harmonisieren, gilt die Empfehlung, einen Urlaub eher aktiv zu beginnen und nicht am ersten Tag schon auf maximales Nichtstun umzuschalten. Wird ein Körper, der durch seine Stresshormone noch auf Aktivität geschaltet ist, von jetzt auf gleich mit konsequentem Nichtstun konfrontiert, stauen sich die immer noch tanzenden Stresshormone auf. Zwangsläufig ist die Zunahme der inneren Unruhe, die sich nach außen durch zunehmende Rastlosigkeit, schlechte Laune und nicht selten auch durch aggressives Verhalten bemerkbar macht, die Folge. So kommt es auch nicht von ungefähr, dass es zu den meisten stressbedingten Herzinfarkten nicht etwa in den unmittelbaren Belastungsphasen kommt, sondern deutlich häufiger in darauffolgenden Entlastungszeiten etwa am Wochenende oder innerhalb der ersten Urlaubstage.

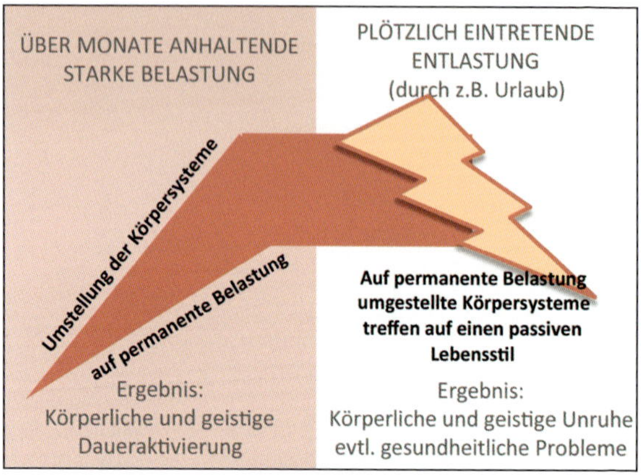

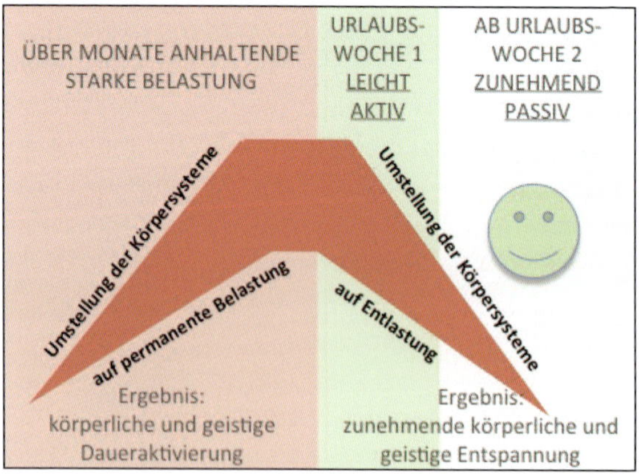

Um nach starker Beanspruchung das körperlich-geistige Stressgeschehen zu harmonisieren, sollte vor allem die erste Urlaubswoche mit moderaten Aktivitäten wie gemäßigtem Sport (beispielsweise Wander- oder Fahrradtouren) oder lockeren Sightseeing-Aktionen ausgefüllt werden. Damit baut sich die Stressbelastung harmonisch ab und es wird verhindert, dass es bei einem vorgeschädigten Herz-Kreislauf-System aufgrund einer zu plötzlich eintretenden vollständigen Entlastung zu Komplikationen kommt.

Bedingungen gehirngerecht optimieren

Wie Sie erfahren haben, bietet uns unser Gehirn viele Möglichkeiten aber auch unüberwindbare Grenzen. Maßgeblich ist das Verständnis, dass es keine dumpfe Maschine ist, von der man unter jeder Bedingung und zu jedem beliebigen Zeitpunkt optimale Leistung abfordern kann, sondern vielmehr ein Organ, das äußerst sensibel auf innere und äußere Geschehnisse, aktuelle Voraussetzungen und biologische Rhythmen reagiert. Selbstredend können wir nicht alles, womit unser Gehirn konfrontiert wird und klarkommen muss, selbst lenken und bestimmen. Da unser Kopf in unserer aktuellen Welt jedoch so stark beansprucht wird wie niemals zuvor, wäre es clever, zumindest die bekannten und regelbaren Dinge im Sinne einer optimalen Leistung und stabilen Gesundheit unseres Gehirns zu gestalten.

Ruhe bitte!

Je intensiver Sie sich auf eine Aufgabe konzentrieren müssen, desto mehr Ruhe brauchen Sie. Dabei wird die Qualität der Ruhe von zwei Faktoren bestimmt: zeitliche Kontinuität und Stille.

Werden Sie in Ihrer Tätigkeit beispielsweise regelmäßig durch ein klingelndes Telefon oder ständig an Ihrem Arbeitsplatz vorbeihuschende Kolleginnen und Kollegen gestört, haben Sie keine Chance, jemals die Startphase Ihrer Konzentration zu überwinden und in die produktive und ökonomische Performancephase hineinzugleiten. Sind Sie hingegen dauerhaft vorhandenen Lärmquellen ausgesetzt, sitzen Sie inmitten einer permanent aufmerksamkeit- und energiefressenden Ablenkungswolke, muss sich Ihr Gehirn doppelt anstrengen, um Ihre bewusste Wahrnehmung von den Geräuschen abzuschirmen und gleichzeitig die Konzentration auf das Wesentliche dennoch einigermaßen aufrechtzuerhalten. Eine entsprechend frühe geistige Ermüdung ist unvermeidbar.

Diese Ermüdungsgefahr ist umso größer, je unerwarteter plötzliche Geräusche auftreten bzw. je lauter und unrhythmischer die permanent vorhandenen Geräuschquellen sind. Unter solchen Umständen benötigt anspruchsvolle Kopfarbeit nicht nur mehr Zeit, sondern geht zwangsläufig auch mit schlechteren Ergebnissen einher. Und last but not least nimmt auch die Gefährdung

Ihrer Gesundheit zu. Wenn Ihnen also Ihre Leistung und Gesundheit am Herzen liegen, sollten Sie sich selbst möglichst ruhige und stille Arbeits- und Lebensbedingungen schaffen.

Tür zu!

In den sozialwissenschaftlich geprägten Sechziger- und Siebzigerjahren wurde mit dem durchaus löblichen Vorhaben, Kommunikation und Gruppendynamiken innerhalb von Organisationen und Unternehmen zu fördern, die Idee des Großraumbüros geboren. Seitdem prägen Säle, in denen unzählige Schreibtische aneinander stehen oder kleine Raumparzellen lediglich durch dünne Trennwände voneinander abgegrenzt sind, die Arbeitswelt vieler Angestellten. Längst jedoch belegen zahlreiche Studien, dass sich die Menschen in Gemeinschaftsbüros umso weniger wohlfühlen, je größer diese sind. Lärm, ständige Ablenkungen aber auch das Gefühl von Dauerkontrolle gefährden das soziale und leistungsgerechte Miteinander. Fakt ist, dass das Stresslevel der dort Beschäftigten – gemessen sowohl mittels objektiver wie subjektiver Daten – um ein Vielfaches höher ist, als bei Beschäftigten, die ihre Arbeit in Einzel- oder Kleinraumbüros verrichten.

Kopfarbeiter leisten mehr, wenn sie sich zumindest in Phasen höchster Konzentration und Leistung in ein ruhiges und ungestörtes Einzelbüro ohne oder mit abgestelltem Telefon zurückziehen können. Arbeiten Sie bereits in einem Einzelbüro, steht Ihre Tür jedoch für Ihre Mitarbeiter von morgens bis abends offen, tun Sie sich und Ihren Leistungsmöglichkeiten den größten Gefallen, wenn Sie diese wenigstens während der Bearbeitung von wirklich herausfordernden Aufgaben schließen. Tun Sie dies aber bitte nicht, ohne Ihr Verhalten vorher anzukündigen und mit dem Hinweis auf Arbeitsqualität und Effizienz zu begründen.

Informations-Overload vermeiden!

Via Internet ist es uns ein Leichtes, innerhalb weniger Sekunden mit nahezu jedem Winkel unserer Erde Kontakt aufzunehmen. Ähnlich verhält es sich auch mit der Suche nach Informationen. Wenn wir es darauf anlegen, können wir uns mit Informationen aus dem Internet buchstäblich zuschütten und in ein grenzenloses Meer von immer neuen und angeblich nochmals genaueren Teilaspekten eintauchen. Wie bei allen Errungenschaften der

Menschheit birgt auch dies Vor- und Nachteile in sich. Wer mit Sachverstand herangeht und gezielt nach Informationen sucht, kann schnell fündig werden und die neuen Erkenntnisse effektiv für ein erfolgreiches Weiterkommen nutzen. Wer jedoch im Umgang mit den grenzenlosen Informationsmöglichkeiten davon angetrieben wird, nur ja nichts zu verpassen, sich ständig auf den neuesten Stand bringen will oder gar bevorstehende Entscheidungen immer wieder aufs Neue durch weitere Informationen abzusichern versucht, wird aufgrund eines massiven Informations-Overloads früher oder später scheitern. Die massive Überforderung der kognitiven Möglichkeiten sorgt nicht für mehr Erkenntnissicherheit und größere Souveränität bei Entscheidungen, sondern für die Zunahme von Gefühlen der Unsicherheit und Überforderung. In letzter Konsequenz übernehmen hier Angstimpulse die Regie über das Denken und Handeln, und der Verstand bleibt zunehmend außen vor. In diesem Zusammenhang haben auch Forschungen aus den Kognitionswissenschaften längst gezeigt, dass ein mehr an Informationen nicht zwangsläufig zu mehr Klarheit oder gar besseren Entscheidungen führt. Die Effekte sind vielmehr umgekehrt: Je mehr Informationen man sich zu einem Thema einholt, desto eher werden die Grenzen des Arbeitsgedächtnisses überschritten und umso ineffektiver geht das Gehirn mit den vorhandenen Informationen um.

Mut zur Informationslücke!

„Ab sofort ist derjenige im Vorteil, der Informationen gekonnt NICHT aufnimmt", so der Managementtrainer Lothar Seiwert. Tatsächlich können Sie sich in unserer global vernetzten und vor Informationen überquellenden Welt einen ganz entscheidenden Vorteil schaffen, wenn Sie zukünftig mit unseren Medien und mannigfaltigen Informationsmöglichkeiten sehr bewusst umgehen und sich aktiv vor zu viel Quantität schützen. Im Klartext heißt das: Haben Sie Mut zur Informationslücke!

Ohne Frage birgt dieser Mut die Gefahr in sich, auch mal etwas Entscheidendes zu verpassen oder relevante Informationen mal nicht oder erst zu spät mitbekommen zu können. Dies ist vor allem für solche Personen schwer zu akzeptieren, die vom Wunsch nach Perfektionismus angetrieben werden. Ursprung dieses Antriebs ist oftmals eine tief innewohnende Angst vor Misserfolg.

Es gibt jedoch zahlreiche wissenschaftliche und alltagsnahe Hinweise darauf, dass das Misserfolgsrisiko bei bewusstem Verzicht auf Information in der Realität verschwindend gering ist. Gute Entscheidungen werden vor allem bei geringen Informationsmengen getroffen, deren inhaltliche Qualität und Klarheit dafür aber umso größer ist. Auf den Punkt gebracht: In Bezug auf Informationen lässt sich Qualität keineswegs durch hohe Quantität ersetzen.

Dazu schreibt der Schweizer Unternehmer, Wirtschaftsberater und Buchautor Rolf Dobelli in seinem vielbeachteten Buch „Die Kunst des klugen Handelns": „Versuchen Sie, mit dem Minimum an Informationen durchs Leben zu kommen. Sie werden bessere Entscheidungen treffen. Was man nicht wissen muss, bleibt wertlos, selbst wenn man es weiß."

Selbstbestimmt im Umgang mit Internet und Handy!

Was denken Sie: Droht in einem System, das nach der 24/7-Regel (24 Stunden über 7 Tage die Woche in Aktion sowie reaktionsbereit) denkt, agiert und funktioniert, ausgespuckt zu werden, wer nicht ständig online präsent oder via Handy erreichbar ist? Zur Beantwortung dieser Frage lohnt der Blick in die aktuellen Arbeitsrealitäten: Angeblich verbringen Büroarbeiter in Deutschland gegenwärtig umgerechnet bereits einen Tag in der Woche nur noch damit, das eigene E-Mail-Konto zu kontrollieren und zu bearbeiten. Dabei scheint der Eingang von bis zu 200 E-Mails pro Tag keine Seltenheit zu sein, und nicht wenige schieben das Lesen und Beantworten von sage und schreibe 4000 E-Mails vor sich her. Diese Zahlen sind geradezu grotesk, haben mit einem cleveren Umgang mit den vorhandenen Möglichkeiten nichts mehr zu tun und führen die Idee von Leistung sowie den Anspruch auf Arbeitseffektivität ad absurdum.

Diese Arbeitsrealitäten im Blick lässt sich oben gestellte Frage dann wohl auch eher wie folgt beantworten: Ausschluss aus dem System droht viel eher dem, der sich dem 24/7-Diktat ungebremst unterwirft und im Umgang mit Internet und Handy jegliche Selbstbestimmung über Bord wirft. Dazu passt, dass von oben genannten Büroarbeitern lediglich 14 Prozent des ganzen Mail-Wusts als notwendig und wichtig erachtet werden. Wer unter diesen Umständen Herr über sich und seine Zeit bleiben möchte, braucht die Fähigkeit, souverän mit den Möglichkeiten des Internets umzugehen, auf ständige Erreichbarkeit via Handy zu verzichten, und die Stärke, die unten aufgeführten Tipps zu beherzigen.

Info-Box 5.6: Smartphone und Co. als Zigarette der Moderne

In den Augen des Psychologen Stephan Grünewald, Chef des renommierten Kölner Marktforschungsinstituts Rheingold, wird der Konsum von digitalen Medien immer weniger von rationalen Beweggründen bestimmt, sondern zunehmend durch den Drang, innere Unruhen abzuführen. Laut Grünewald melden sich die inneren Unruhen vor allem dann, wenn eine Konfrontation mit freien Momenten und nicht verplanter Zeit droht. In solchen Situationen würde sich im Inneren die Angst breitmachen, etwas Wichtiges verpassen zu können oder in den Augen seiner Mitbürger an Bedeutung zu verlieren. Diese Angst werde durch den reflexartigen Griff zum Smartphone bekämpft und ließe eine Spirale entstehen, in der auf das dauerhafte Abrufen von E-Mails, Facebook-Nachrichten oder Twitter und Co.-Einträgen nicht mehr verzichtet werden kann. Die dadurch eintretende beruhigende Wirkung sei einfach zu groß und fördere ein suchtähnliches Verhalten. Dementsprechend bezeichnet er das Smartphone auch als „Zigarette der Moderne".

Sollte Grünewald mit seiner Einschätzung richtig liegen, wirken Tipps, wie mit E-Mails, Smartphones und Co. rationaler und gezielter umgegangen werden kann, eher kontraproduktiv. Da sie von Einschränkung und Verzicht geprägt sind, würden sie zur Verstärkung der inneren Unruhen führen. Sind im Umgang mit Internet, Smartphone und Co. tatsächlich schon deutlichere Suchttendenzen mit im Spiel, gilt als erster und wichtigster Schritt, sich den Drift in die Abhängigkeit selbst einzugestehen. Und auch wenn es in diesem Zusammenhang gegenwärtig noch fremd anmuten mag: Als zweiter Schritt ist professionelle Hilfe angesagt. Das heißt, eine Beratung aufzusuchen, in der es darum geht, wie man von der Sucht nach den „Zigaretten der Moderne" wieder loskommen kann.

Tipps zum Umgang mit E-Mail und Smartphone:

- **reaktiven Modus vermeiden**
  Schalten Sie Ihr Handy erst zu Beginn Ihres Arbeitstages ein und rufen Sie Ihre E-Mails erst dann ab, wenn Sie Ihren Tagesablauf selbstbestimmt geplant und Ihre Aufgaben nach dem Eisenhower-Prinzip sortiert haben. Damit bleiben Sie Herr Ihrer Tagesagenda. Entdecken sie danach in Ihrem E-Mail-Ordner oder auf Ihrer Handy-Mailbox Weiteres, das zu bearbeiten notwendig ist, sollten Sie auch dafür noch genügend Zeit zur Verfügung haben – zumindest wenn Sie die Empfehlung zur Einplanung von Pufferzeiten beherzigt haben.
- **Primetime für Konzentration, Nice-Time für Öffnung zur digitalen Welt**
  Rufen Sie Ihre E-Mails nur zu ganz bestimmten und vorher festgesetzten Zeiten ab. Schalten Sie zudem Ihr Handy in Momenten, in denen Sie sich auf die Erledigung von wichtigen Aufgaben konzentrieren, zumindest mal über einen Zeitraum von 60 bis 90 Minuten konsequent aus. Eine E-Mail läuft nicht weg und ein Anrufer hat immer die Möglichkeit, Ihnen auf der Mailbox eine Nachricht zu hinterlassen. Die Welt wird auch mal eine Stunde auf Sie warten können, bevor Sie sie retten. Und ist es nach 18 Uhr, wird sie auch die Zeit bis zum Folgetag verkraften.
- **Was du nicht möchtest, was man dir tu, das füg auch keinem anderen zu!**
  Gehen Sie mit dem Schreiben und Versenden von E-Mails so um, als wären Sie Ihr eigener Empfänger. Möchten Sie elendig lange Texte lesen? Möchten Sie E-Mails nach Feierabend erhalten oder gar zu spätschlafender Stunde? Möchten Sie sich durch einen Wust an E-Mails wühlen, die Sie inhaltlich kaum betreffen oder bei denen Sie einfach nur in CC gesetzt wurden, weil sich der Sender damit besser oder sicherer fühlt?
- **Mail-Overload aktiv verhindern**
  Senden Sie nur so viele E-Mails wie nötig und so wenig wie möglich. Je weniger Sie versenden, desto weniger werden Sie auch erhalten!
- **Regelungen einführen und einhalten**
  Mit Kollegen und idealerweise auch mit Kunden E-Mail-Regeln festlegen, die einem „Zu viel“, „Zu häufig“ und „Zu belanglos“ entgegenwirken.

- **Bewusste Bedenkzeiten!**
  Lassen E-Mails oder Telefonanrufe mit schwierigem Inhalt erstmal auf sich wirken und vermeiden Sie eine sofortige Reaktion. Je mehr Zeit Sie zwischen Empfang und Reaktion verstreichen lassen, desto mehr wird Ihr Stresslevel sinken. Damit reduziert sich die Gefahr einer impulsiv gesteuerten Reaktion und Sie verhindern, etwas in die Welt zu setzen, das Ihnen später leidtun oder Ihnen Nachteile bescheren würde.
- **computer- und smartphonefreien Tag einführen und pflegen**
  Das bedeutet tatsächlich, an diesem Tag (Sonntag?) weder Computer noch Smartphone zu benutzen und demnach auch nicht ins Internet zu gehen, um sich News zu holen, private Nachrichten zu lesen oder gar zu beantworten. Ihr Gehirn und Ihre Augen werden sich mit größerer Frische und besserer Konzentrations- und Funktionsfähigkeit am Tag danach bedanken.
- **Info-Müll verbannen**
  Sämtliche Newsletter und soziale Benachrichtigungsdienste konsequent abbestellen. Wenn Sie darauf so gar nicht verzichten mögen, nutzen Sie Ihre Nice-Time (s. o.), um bei solchen Portalen gelegentlich selbst vorbeizuschauen und sich selbstbestimmt auf den neuesten Stand zu bringen.

Abschied von Laberkonferenzen!
Wir leben in einer Zeit der flachen Hierarchien. Entsprechend wird in beruflichen und privaten Bereichen der hohe Wert umfassender Kooperationen und intensiver Kommunikation betont. An und für sich lässt sich dies als positive Entwicklung zu einem menschlicheren Miteinander nur begrüßen. Schwierig wird es allerdings, wenn durch das Prinzip des Miteinanderredens und Abstimmens die ursprünglichen Absichten torpediert werden. Diese lauten im Regelfall: miteinander vorwärts kommen, gemeinsam etwas schaffen und durch Zusammenschluss der einzelnen Fähigkeiten bestmögliche Ergebnisse erzielen.

Tatsächlich mehren sich auf unterschiedlichen beruflichen Feldern die Stimmen, die das Vorhandensein einer unproduktiven und nervenraubenden „Laberkultur“ beklagen.

Laut der Wirtschaftsjournalistin Dorit Kowitz verbringen Mitarbeiter in Deutschland gegenwärtig pro Woche durchschnittlich bereits über sechs Stunden in Meetings, Konferenzen und sonstigen Zusammenkünften. Bei Spitzenmanagern verschlingen solche Veranstaltungen sogar satte 90 Prozent der gesamten Arbeitszeit, bei Führungskräften der mittleren Ebene sind es immerhin noch 60 Prozent. Dabei ist es egal, ob es sich um Angestellte oder Führungskräfte handelt: Diese Zeiten werden von der überwiegenden Zahl der Teilnehmer als „reine Zeitverschwendung“, „unproduktiv“ und „überflüssig“ tituliert und immer mehr als demotivierende und nervenabtötende Plage wahrgenommen.

Eine ernsthafte Hinterfragung der eingestaubten Meeting-Gewohnheiten lohnt auch aus gesundheitlicher Sicht: So konnte etwa die Arbeitspsychologin Prof. Dr. Simone Kauffeld nachweisen, dass die Inflation von schlechten Meetings krankmachende Wirkung hat und im klaren Zusammenhang mit der Zunahme des Empfinden von Stress und daraus folgenden psychosomatisch bedingten Gesundheitsproblemen steht.

Ohne Frage erfüllen gute Meetings eine informative und soziale Funktion. Auf Meetings gänzlich zu verzichten wäre daher der falsche Ansatz und würde das Kind mit dem Bade ausschütten. Vergleichbar mit dem Umgang unserer digitalen Möglichkeiten geht es auch hier vielmehr um die Frage, wie Masse reduziert und Klasse gefördert werden kann. Im Einzelfall heißt das, die Notwendigkeit jedes einzelnen Meetings immer wieder aufs Neue zu hinterfragen und die Zusammenkünfte so vorzubereiten und zu gestalten, dass der inhaltliche Nutzen für alle Teilnehmer groß-, der zeitliche Aufwand hingegen möglichst kleingehalten wird.

Schritte zur Sicherung von Relevanz und Ökonomie von Meetings:

- **vorab veröffentlichte Agenda**
  Die wichtigsten Informationen, zu behandelnden Fragen sowie das Ziel des Meetings werden stichpunktartig formuliert und den Teilnehmern vorab zugänglich gemacht.
- **kleinstmöglicher Personenkreis**
  Der Teilnehmerkreis wird auf wenige für das Thema wirklich relevante Personen beschränkt.
- **gehirngerechte Rahmenbedingungen**
  Ablenkungen durch etwa Lärm im Voraus ausschließen und Handys oder dergleichen konsequent ausschalten. Um eine einschläfernde Lümmel-Atmosphäre zu verhindern zudem

Meetings wann immer möglich an Stehtischen durchführen und bis auf Getränke keinerlei Catering-Elemente auffahren.

- **Moderation und Protokollführung**
  Zwecks Strukturierung und Zeitkontrolle Meetings grundsätzlich nur mit Moderationsleitung durchführen, die diesen Namen auch verdient; zwecks Informationsverdeutlichung und Nachprüfbarkeit zudem immer mit Protokollführung.
- **konsequenter Umgang mit Zeit**
  Rede- und Präsentationszeiten sowie Präsentationsaufwand werden vorab festgelegt und strikt eingehalten.
- **klare Ergebnisse, eindeutige Zuständigkeiten und klare Handlungsschritte**
  Ist das Ziel des Meetings, zu konkreten Ergebnissen zu kommen, so sollten diese am Ende klar formuliert und messbare Handlungsschritte wie folgt festlegt werden:
  - WER macht WAS bis WANN
  - Vorgehensweise für den Fall, dass in der Handlungsphase Probleme auftreten
  - WANN trifft sich das Team zu diesem Thema erneut und WIE OFT wird ein solches Treffen noch nötig sein
- Um den sozialen Aspekt von Meetings nicht völlig zu vernachlässigen, kann es zudem sinnvoll sein, gelegentlich auch Meetings durchzuführen, in denen der soziale Austausch in lockerer Form ganz bewusst im Vordergrund steht.

Teil 2

2

Optimal erholen und auftanken

6. Energie durch Nichtstun – Schlafen

Im Laufe der Menschheitsgeschichte hat manch großer Geist mit seiner Sicht der Dinge auch schon mal kräftig danebengelegen. Einer dieser Geister war der deutsche Filmemacher und bekennende Workaholic Rainer Werner Fassbinder (1945–1982). Mit dem Satz „Schlafen kann ich, wenn ich tot bin" ist es ihm gelungen, eine Sichtweise zum Schlaf in das kollektive Gedächtnis zu brennen, wie sie falscher nicht sein könnte.

Schlaf ist alles andere als ein todesähnlicher Zustand. Ganz im Gegenteil sind sowohl Gehirn als auch Körper im Schlaf sogar hochaktiv. Wenn wir schlafen, bilden zahlreiche in sich greifende Prozesse die Grundlage dafür, dass wir über den Tag hinweg geistige und körperliche Höchstleistungen vollbringen können und unsere gesundheitliche Vitalität erhalten bleibt. Aus diesem Grund ist auch nicht verwunderlich, dass unser Körper im Schlaf einen nur unwesentlich geringeren energetischen Grundumsatz aufweist als im Wachzustand. Schlaf ist eher so zu verstehen, wie ihn der Philosoph Arthur Schopenhauer (1788–1860) beschrieben hat: „Der Schlaf ist für den Menschen, was das Aufziehen für die Uhr." Und ganz nebenbei: Rainer Werner Fassbinder starb im Alter von nur 37 Jahren an Herzstillstand – vermutlich ausgelöst durch eine Mischung aus Überarbeitung, Kokain, Alkohol und ... Schlaftabletten.

Schlaf als Leistungs- und Gesundheitsgarant

Ohne ausreichend Schlafquantität und -qualität könnten wir weder unsere Leistungsfähigkeit nachhaltig aufrechterhalten, noch gesund bleiben. In Phasen übermäßig starker Beanspruchung dagegen wird unsere Gesundheit keinen großen Schaden nehmen, solange wir ohne Zuhilfenahme von Schlafmedikamenten weiterhin gut und ausreichend schlafen können.

Ein guter Schlaf ist zum einen Garant für die Regeneration der über Tag verbrauchten körperlichen und geistigen Kräfte. Über Nacht findet eine Runderneuerung sämtlicher Gewebe und Organe statt. Auf der anderen Seite sorgen im Schlaf unzählige Prozesse für eine adäquate Verarbeitung und Abspeicherung der Tageserlebnisse im Gehirn. Erst wenn diese Konsolidierungsarbeit erledigt ist, sind wir am Folgetag in der Lage, uns erneut zu konzentrieren und weitere Informationen effektiv aufzunehmen. Eine unzureichende Schlafmenge oder mangelnde Schlafqualität hat auf die mentale Leistungsfähigkeit deutlich früher negative Auswirkungen als auf die körperliche. Aus diesem Grund ist das Thema Schlaf für Kopfarbeiter noch mal relevanter, als es für körperlich aktive Menschen ohnehin schon ist.

Das Gehirn lernt im Schlaf

Wer wenig schläft, geht fahrlässig mit seinen mentalen Leistungsmöglichkeiten um. Ein wenig prägnanter ausgedrückt: Wer wenig schläft, hat geringere Chancen, klug zu werden. Und bisweilen läuft ein solcher Mensch sogar Gefahr, dümmer zu werden, als er momentan ist.

In bestimmten Phasen des Schlafs, in den sogenannten REM- oder auch Traumphasen (s. Info-Box 6.2), ist das Gehirn sehr aktiv. Seine Durchblutung steigt an und die Entladungsfrequenzen einzelner Neuronen sind deutlich erhöht. Dies wird durch interne Vorgänge, in denen sämtliche über Tag gemachte Erfahrungen sowie bewusst gelernte Dinge erneut aufgerufen, auf unterschiedliche Bahnen weitergeleitet und an mannigfaltigen Orten verarbeitet werden, verursacht. Diese als „Gedächtniskonsolidierung" bezeichneten Prozesse sorgen dafür, dass im Gehirn neue Informationen und Erfahrungen in das Langzeitgedächtnis transferiert und dort stabil abgespeichert werden. In diesem Zusammenhang haben Experimente nachweisen können, dass bei Menschen, die sich über Tag umfangreichen Lerneinheiten aussetzen, der Gesamtumfang an REM-Phasen innerhalb des Schlafs deutlich zunimmt.

Vom Server auf die Festplatte

Mit anderen Worten: Am Vortag gemachte Erfahrungen, frische Erinnerungen und neu aufgenommene Informationen werden in unserem Gehirn erst dann stabil abgespeichert und sind nachhaltig abrufbar, wenn wir mindestens eine Nacht mit ausreichend Schlaf hinter uns gebracht haben. Im Jargon des Computerzeitalters gesprochen, ließe sich auch sagen, dass unser Gehirn Tageserlebnisse auf einer Art Server zwischenlagert. Dieser Server kann sogar einer festen Gehirnstruktur zugeordnet werden: Es ist der Hippocampus, den Sie bereits in Kapitel 1 im Zusammenhang mit der schädlichen Auswirkung von chronischem Stress auf das Gehirn kennengelernt haben. Von diesem Ort werden jede Nacht die neuesten Software-Upgrades downgeloadet und auf der nahezu unendlich großen Festplatte, namentlich Großhirnrinde, abgespeichert. Auf diese Weise werden aber nicht nur unsere mentalen Fähigkeiten auf den aktuellsten Stand gebracht, sondern zeitgleich wird auch der Speicher unseres Servers geleert. So ist er zum Morgengrauen wieder frei für die erneute Aufnahme und Zwischenlagerung von frischen Erfahrungen und neuen Informationen.

Klappt es hingegen – aus welchen Gründen auch immer – nicht mit dem Schlaf, kann unser Gehirn auf der einen Seite zwangsläufig Informationen weniger gut abspeichern, auf der anderen Seite aber auch am Folgetag neue Informationen nicht mehr so gut aufnehmen.

Vor allem in Sportarten, in denen es um koordinativ hoch anspruchsvolle Bewegungstechniken geht, ist ein gesunder Schlaf mitentscheidender Faktor für den Lernerfolg. So zeigt sich etwa im Golfsport, dass sich die Leistungen bei neu antrainierten Bewegungstechniken allein durch eine Nacht mit gutem Schlaf am Folgetag im Schnitt um mehr als 25 Prozent verbessern. Derart massive Leistungsverbesserungen sind allerdings nur in der ersten Nacht nach einem völlig neuen Fertigkeitserwerb zu beobachten. Mit zunehmender Automatisierung flacht dieser Effekt ab.

Problemlösen im Schlaf

Es wäre allerdings ein Missverständnis, zu glauben, sämtliche über den Tag gemachten Erfahrungen würden im Gehirn jede Nacht 1:1 vom Zwischenspeicher in den Langzeitspeicher überführt. Vor allem hartes Faktenwissen wie etwa Vokabeln, mathematische Formeln oder grammatikalische Regeln benötigen über mehrere Tage hinweg einen erhöhten Lernaufwand, bis sie sich im Langzeitgedächtnis als ausreichend breite und stabile Spur festgesetzt haben. Gleichzeitig scheint dabei auch noch eine Art Selektionsprozess stattzufinden, bei dem nur die Inhalte in den Langzeitspeicher gelangen, die das Gehirn als wichtig bewertet. Der Rest wird noch in selbiger Nacht wieder komplett gelöscht.

Anhand dieses Selektionsprozesses lässt sich auch erklären, warum der Schlaf geradezu Wunder bewirkt, wenn es statt Abspeichern von Fakten um das kreative Lösen von aktuellen Problemen bzw. dem cleveren Beantworten von anspruchsvollen Fragen geht. Die nächtlichen Verarbeitungs- und Abspeicherungsprozesse scheinen vor allem im Zeichen der Dinge stattzufinden, die uns über Tag emotional in ihren Bann gezogen haben. So lassen sich zahlreiche Berichte darüber finden, dass Personen beim Aufwachen nach einem guten Schlaf urplötzlich die Lösung für ein Problem parat hatten, auf das sie am Vortag trotz intensivster Grübelei partout nicht gekommen sind.

Eine der bekanntesten Storys dieser Art ist, wie es dem Nobelpreisträger James D. Watson gelang, die Struktur unseres Erbguts zu entschlüsseln. In einer Phase, in der er – wie weltweit zahlreiche andere Forscher auch – versuchte, der Strukturfrage auf die Schliche zu kommen, träumte er eines Nachts sehr intensiv von einer vor ihm liegenden und in sich verschlungenen Schlange. Sofort nach dem Aufwachen war ihm klar, dass ihm der Traum des Rätsels Lösung präsentiert hatte. Kurz darauf legte er 1953 zusammen mit seinem Partner Francis Crick ein Modell vor, das unser Erbgut in Form einer doppelten und schlangenartig in sich verschlungenen Spirale, der sogenannten Doppelhelix, zeigte.

Wenn Sie also mal eine Situation erleben, in der Sie gar nicht mehr weiter wissen und den Wald vor lauter Bäumen nicht sehen, gilt tatsächlich die ernstgemeinte Empfehlung, sich in erster Linie um einen guten und ausreichend langen Schlaf zu kümmern! Im Schlaf bieten Sie Ihrem Gehirn die Grundlagen, mannigfaltig vorliegende Informationen sauber zu ordnen, ordentlich zu verarbeiten und über unbewusste Wege nach kreativen Lösungen zu suchen. Mag sein, dass Ihnen Ihr Gehirn nach dem Aufwachen nicht immer die allumfassende Lösung präsentieren kann. Eine erholsame Nacht sorgt im beanspruchten Oberstübchen aber zumindest für deutlich mehr Ordnung und wesentlich größere geistige Frische, als dies am Ende des problembeladenen Vortags der Fall war. Der Spruch „Schlaf erst mal drüber“ kommt tatsächlich nicht von ungefähr!

Info-Box 6.1: Schlafmangel frisst kognitive Leistung

Sämtliche Ergebnisse von Forschungsexperimenten zeigen ausschließlich in eine Richtung: Bekommt das Gehirn nicht ausreichend Schlaf, wirkt sich das auf nahezu alle kognitiven Fähigkeiten negativ aus. Besonders früh und deutlich betroffen sind Konzentrations-, Reaktions-, und Merkfähigkeit. Exemplarisch dafür stehen die Studienergebnisse der beiden

Medizinpsychologen David F. Dinges und Hans Van Dongen von der University of Pennsylvania aus dem Jahr 2005: Sie teilten gesunde junge Männer und Frauen mit normalem Schlafbedürfnis in drei unterschiedliche Gruppen ein und bestimmten über zwei Wochen hinweg die Dauer des Schlafs. Die Teilnehmer in der ersten Gruppe hatten die Möglichkeit, jede Nacht acht Stunden zu schlafen, die der zweiten Gruppe nur sechs und die der dritten Gruppe nur vier Stunden. Über die Dauer des Versuchs führten sämtliche Teilnehmer an jedem Tag die gleichen standardisierten kognitiven Leistungstests durch – darunter beispielsweise auch Tests für die Konzentrationsfähigkeit und das Reaktionsvermögen. Während die Testleistungen der Acht-Stunden-Schläfer über die zwei Wochen hinweg stabil blieben, gingen sie bei den beiden anderen Gruppen Tag für Tag kontinuierlich zurück. Dabei sackte die Leistung der Sechs-Stunden-Schläfer noch vergleichsweise langsam ab, bei den Vier-Stunden-Schläfern hingegen war der Leistungsverfall rapide.

Kognitive Höchstleister wissen ganz genau um die überragende Bedeutung von ausreichend Schlaf für ihre Leistungsfähigkeit. Dazu Garri Kasparow, ehemaliger Weltmeister und über 20 Jahre hinweg die Nummer Eins der Schach-Weltrangliste: „Schlaf und Ruhezeiten waren ebenso präzise geregelt wie das Training, und zu wenig Schlaf war einfach unentschuldbar.“ (aus Kasparow: „Strategie und die Kunst zu leben“, 2007, S. 114)

„Traumhafte" Verarbeitungsmechanik

Sind keine Schlafmedikamente im Einsatz, träumen wir jede Nacht mehrmals. Dabei ist es eher Regel denn Ausnahme, dass wir uns beim Aufwachen an die meisten dieser Träume nicht mehr bewusst erinnern können. Da sogar höher entwickelte Tiere träumen, muss davon ausgegangen werden, dass diese Fantasieerlebnisse der Nacht keine beiläufige Laune der Natur sind, sondern eine fürs Überleben wichtige Funktion besitzen.

Sigmund Freud (1856–1939) war einer der Ersten, der dem Traum eine erhebliche Bedeutung für das Seelenleben zusprach. Der Begründer der Psychoanalyse verstand Träume als emotional gefärbten und bizarren Ausdruck von nächtlichen Sinneseindrücken, Gedanken und Vorstellungen, die mit Geschehnissen des Vortags zusammenhängen und fernab von Logik mit unbewussten Bedürfnissen und verdrängten Wünschen zusammengebracht werden. Damit war er nicht weit entfernt von dem Erkenntnisstand der heutigen Wissenschaft, gleichzeitig aber auch weit weg. Nach wie vor bewegen sich wissenschaftliche Meinungen über Funktion und Bedeutung von Träumen auf eher unsicherem Boden. Und ähnlich wie bei Freud ist auch weiterhin reichlich viel Spekulation im Spiel.

Das limbische System (in unserem Gehirn die Basis der Gefühlswelt) ist während einer Traumphase besonders aktiv. Diese Phase ist vom schnellen Hin- und Herbewegen unserer Augen unter den geschlossenen Lidern, bezeichnet als „REM" (Rapid Eye Movement) gekennzeichnet. Vieles spricht dafür, dass diese Augenbewegungen mit dem zuvor beschriebenen Prozess der Gedächtniskonsolidierung gekoppelt sind. Wie von Freud bereits vermutet, werden in unserem Gehirn während des Träumens tatsächlich emotional gefärbte Gedächtnisinhalte kognitiv verarbeitet und als bewusstseinsfähige Erinnerung in der Großhirnrinde abgelegt.

Info-Box 6.2: REM-Einsatz zur Traumaverarbeitung und Stressregulation

Die REM-Verarbeitungsmechanik macht sich eine einfache und erstaunlich effektive Behandlungsform von Patienten mit seelischen Traumata zunutze, die den Namen „EMDR"

(Eye Movement Desensitization and Reprocessing) trägt. Ein seelisches Trauma entsteht, wenn eine emotional hochgradig beanspruchendes Erlebnis nicht vollständig verarbeitet werden kann, im Gehirn also quasi irgendwo „hängt". Wird dieses Erlebnis durch äußere oder innere Reize auch nur ansatzweise angetriggert, überfluten die mit diesem Erlebnis einhergehenden Emotionen sämtliche kognitiven Möglichkeiten. Als sogenannte Post-traumatische Belastungsstörung übernehmen sie schlagartig Kontrolle über das Fühlen, Denken und Handeln der betroffenen Person.

Im EMDR durchlaufen solche Personen einen kontrollierten Prozess, in dem zuerst die überschießenden Emotionen provoziert und dann die Augen mittels rascher Fingerbewegungen des Therapeuten hin- und herbewegt werden; nicht mehr, aber auch nicht weniger. Was von außen betrachtet ein wenig wie alberner Hokuspokus anmutet, geht mit überragenden Behandlungserfolgen einher. In der Phase von hochschießenden Emotionen scheint auch im Wachzustand allein durch die Mechanik der Augenbewegungen ein Vorgang innerhalb des Gehirns in Gang zu kommen, bei dem das auslösende Erlebnis effektiv verarbeitet und die emotionale Wirkkraft harmonisiert wird. Danach ist das entsprechende Erlebnis in der Großhirnrinde stabil abgespeichert und als kognitive Erinnerung zugängig. Das zugrunde liegende Erlebnis wird von den betroffenen Personen zwar auch weiterhin nicht als schön empfunden, zieht nun aber keine überschießende und sämtliche Systeme überflutende emotionale Wirkung mehr mit sich.

So skurril die EMDR-Methode auch wirken mag, als psychotherapeutisches Verfahren ist sie hoch anerkannt und ihre Effektivität wissenschaftlich belegt. Analog zum EMDR wird in nicht-therapeutischen Bereichen die sogenannte wingwave©-Methode angeboten. Damit werden im Leistungssport wie in der Wirtschaft ganz verblüffende Erfolge erzielt, wenn es um die Harmonisierung von Leistungsdruck und überschießenden Stressreaktionen geht.

Der Körper regeneriert im Schlaf

Wer viel schläft, bleibt länger jung. Verantwortlich dafür sind zahlreiche Auf- und Umbauprozesse, in denen jede Nacht aufs Neue sämtliche über Tag beanspruchten Gewebe und Organe des Körpers regeneriert sowie die Schutzmechanismen des Immunsystems neu aufgestellt werden. Diese Prozesse finden vor allem in den Tiefschlafphasen der ersten Nachthälfte statt.

Schon beim Einschlafen beginnt die nur erbsengroße Hirnanhangdrüse mit der Produktion des Wachstumshormons HGH. Dieses ist für die Runderneuerung sämtlicher Körperzellen verantwortlich, stellt energieliefernde Substanzen bereit und sorgt für den Abbau von Abfallprodukten aus dem Energiestoffwechsel. Zudem ist HGH zusammen mit dem Sexualhormon Testosteron, das ebenfalls in der Nacht seine höchsten Produktionsraten erreicht, für die Neubildung von Muskelmasse verantwortlich. Für Sportler ist es daher elementar, sich nach einem harten Training ausreichend viel Schlaf zu gönnen. Bei Kindern fungiert HGH außerdem als Dreh- und Angelpunkt für ein gesundes Körperwachstum. Untersuchungen belegen, dass Kinder mit chronischem Schlafmangel im Schnitt kleiner bleiben als ihre schlafverwöhnten Altersgenossen.

Neuaufstellung des Immunsystems

Von mindestens ebenso großer Bedeutung für den Körper ist, dass er nur im Schlaf die Gelegenheit bekommt, sich um die Pflege seines Immunsystems zu kümmern. In der Nacht steigt die Produktion von Abwehrzellen massiv an und alle über Tag beanspruchten Verteidigungslinien werden für den beim nächsten Morgengrauen erneut beginnenden Kampf gegen Krankheitserreger, Bakterien und Viren wieder in geordnete Ausgangsstellungen gebracht. Auch wenn sich bereits Krankheitserreger in den Körper eingeschlichen haben, werden die dafür benötigten Abwehrkörper vornehmlich während des Schlafens produziert. Aus diesem Grund gehen die meisten Erkrankungen auch mit einem höheren Schlafbedürfnis einher.

Bildung von neuen roten Blutkörperchen

Last but not least wird im Schlaf auch die Produktion von roten Blutkörperchen angekurbelt. Diese sind im Körper für den Transport von Sauerstoff aus der Lunge in sämtliche Gewebe und Organe verantwortlich. Im Endeffekt sind sie die alles entscheidenden Bindeglieder, um körperliche und geistige Leistungen überhaupt erst vollbringen zu können. Die Lebensdauer von roten Blutkörperchen beträgt etwa vier Monate. Häufig werden sie aber auch schon wesentlich früher durch mechanische Einflüsse (etwa bei Läufern beim Durchfluss der Gefäße an der Fußsohle während des Fußauftritts) zerstört. Wer längere Phasen mit zu wenig Schlaf erlebt oder gar chronischen Schlafmangel erleidet, bietet seinem Körper nur unzureichende Möglichkeiten, für einen dauerhaft ausreichenden Nachschub an roten Blutkörperchen zu sorgen. In diesem Fall ist das Abdriften in anämische Bereiche nur noch eine Frage der Zeit.

Der deutsche Profifußballer Miroslav Klose nahm 2014 im reifen Alter von 36 Jahren in Brasilien an seiner vierten WM teil und sicherte sich dabei Platz 1 der ewigen WM-Torschützenbestenliste. Auf die Frage, wie er es geschafft habe, seine Fitness über all die Jahre auf einem dermaßen hohen Level zu konservieren, gab er an, dass dies unter anderem wohl seiner Gewohnheit „viel schlafen" zu verdanken sei.

Info-Box 6.3: Die Schlafphasen

Der Mensch durchläuft im Schlaf pro Nacht vier bis fünf Zyklen, die etwa 90 Minuten andauern und immer nach dem gleichen Grundmuster ablaufen. Jeder dieser Zyklen ist durch Tiefschlaf-, Leichtschlaf- und Traumphasen gekennzeichnet, in denen entweder Regenerationsprozesse für den Körper stattfinden oder Gehirnfunktionen und Gedächtnisinhalte konsolidiert werden. Jede dieser Phasen ist durch bestimmte Gehirnstromwellen charakterisiert, die sich durch die Ableitung von Gehirnströmen via Elektroenzephalogramm (EEG) messen lassen, was in Kapitel 9 noch einmal genauer dargestellt wird.

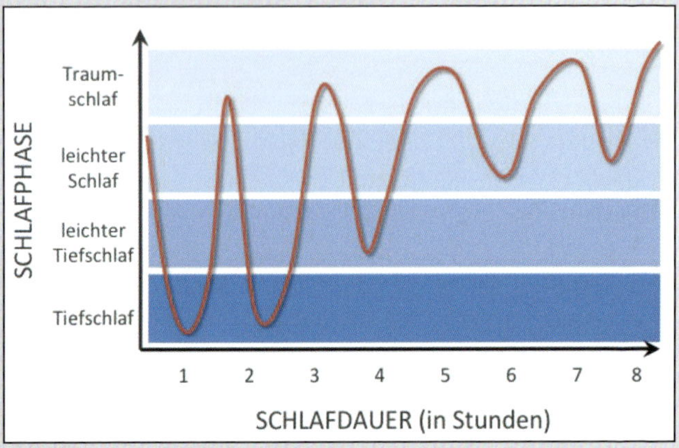

Zu Beginn der Nacht sind die Tiefschlafphasen ausgeprägter. Je länger der Schlaf andauert, desto kürzer werden sie, im Gegenzug nehmen allerdings die Zeiträume der Traum- bzw. REM-Phasen immer weiter zu. Nach einer Nacht mit gesundem Schlaf treten gegen Morgen nur noch Traum- und Leichtschlafphasen auf. Insgesamt liegt unser Schlaf etwa die Hälfte der Nacht im Leichtschlafbereich, ein Viertel der Nacht verträumen wir. Und auch wenn wir es nicht merken, weil unser Bewusstsein nicht immer unmittelbar dazu geschaltet wird: Etwa fünf Prozent unserer Gesamtschlafdauer verbringen wir pro Nacht – gehirnphysiologisch gesehen – im Wachzustand.

Schlaf als Gewichtsregulator

Wer ausreichend lange und gut schläft, läuft weniger Gefahr, dick zu werden! Grund dafür ist das Hormon Leptin, das im Schlaf ausgeschüttet wird und als Art Appetitzügler fungiert. Es verhindert, dass unsere Nachtruhe durch ein aufkommendes Hungergefühl gestört wird. Je weniger wir schlafen oder umso öfter wir in der Nacht aufwachen, desto mehr verringert sich die Möglichkeit des Körpers, ausreichend Leptin zu bilden. Da sämtliche Steuerfunktionen des Körpers nach fein austarierten Balanceprinzipien funktionieren, verändert sich dadurch zeitgleich aber auch etwas auf der Gegenseite, also auf der Seite der Appetitanregung. Je länger wir wach sind, desto länger hat unser Körper Zeit, das Hormon Ghrelin zu produzieren. Dieser Leptin-Gegenspieler vermittelt uns das Gefühl von Hunger und steigert unseren Appetit. Wer wenig schläft wird also zwangsläufig öfter Hunger empfinden und dementsprechend mehr essen. Und tatsächlich zeigen Untersuchungen, dass Menschen, die aufgrund von Schlafstörungen über längere Zeit zu wenig Schlaf bekommen, deutlich häufiger übergewichtig sind.

Auswirkungen von Schlafmangel

• geistige Leistungsfähigkeit	↓↓
• körperliche Leistungsfähigkeit	↓
• Gewichtsproblematiken	↑
• Konzentrationsfähigkeit	↓↓
• Entscheidungsfreudigkeit	↓
• Mutlosigkeit	↑
• Lethargie	↑
• Stresstoleranz	↓↓
• Gefühl von Kontrollverlust	↑↑
• körperliche Stressreaktionen	↑↑
• Aggressivität	↑↑
• Widerstandsfähigkeit des Immunsystems	↓↓
• Körperkerntemperatur	↓
• Halluzinationen	↑
• Todesrisiko	↑

Der gesunde Schlaf

Wenn optimale Leistungsfähigkeit und stabile Gesundheit Ihre Ziele sind, haben die vorausgegangenen Zeilen hoffentlich verdeutlicht, dass Ihr Schlaf hierfür eine Schlüsselfunktion besitzt. Was jedoch macht gesunden Schlaf aus, welche Faktoren kennzeichnen ihn? Wie viel Schlaf ist notwendig, was ist zu wenig und ab wann wird es vielleicht auch zu viel?

Schlafquantität

Wenn man sich vergegenwärtigt, dass wir etwa ein Drittel unseres Lebens verschlafen, drängt sich die Frage auf, ob sich da nicht durch bewusste Schlafbegrenzung ein wenig abknapsen ließe. Für einen Erwachsenen werden von der Schlafforschung sechs bis zehn Stunden als durchschnittliche Normaldauer für einen gesunden Schlaf angegeben. Die meisten von uns liegen im Bereich von sieben bis acht Stunden, einige aber eben auch darüber oder darunter. Das individuell stark schwankende Bedürfnis scheint genetisch bedingt zu sein, ist aber auch abhängig vom Alter. Extrem ist das Schlafbedürfnis bei Kindern. Sie haben einen stark erhöhten Bedarf, neugeborene Babys schlafen sogar rund 16 Stunden pro Tag. Im Alter 60+ kann der Schlafbedarf abnehmen und die Sechs-Stunden-Marke durchaus auch mal unterschreiten.

Ob ein Schlaf gesund ist oder nicht, wird insgesamt jedoch weniger durch die reine Schlafdauer bestimmt. Worauf es tatsächlich ankommt, ist die Qualität des Schlafs oder anders ausgedrückt: die Schlafeffektivität.

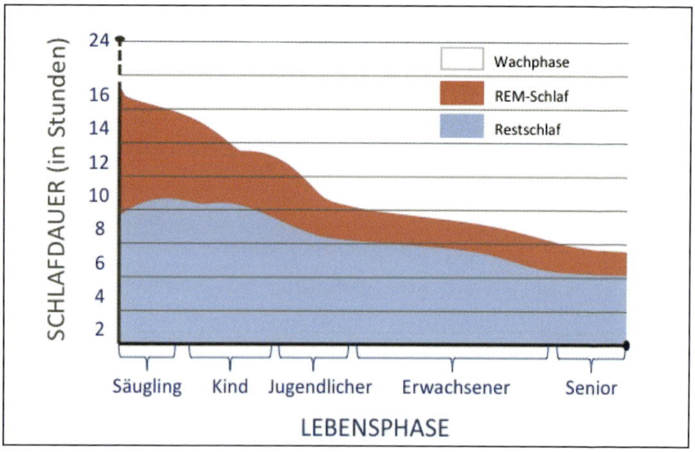

Info-Box 6.4: Der verlorene Schlaf und seine gesellschaftlichen Folgen

In einer Welt, die 24 Stunden am Tag über 7 Tage die Woche und über 52 Wochen im Jahr hinweg ein weltweites Überangebot an Stimulation bietet, scheint der Schlaf immer mehr unter die Räder zu kommen. Wird für die frühen Jahre des vorherigen Jahrhunderts, in denen die meisten Haushalte noch nicht an ein Stromnetz angebunden waren, eine durchschnittliche Schlafzeit von gut neun Stunden angegeben, so beträgt diese heutzutage nur noch sieben Stunden – Tendenz weiter fallend.

Wie die amerikanischen Psychologen Richard J. Gerrig und Philip G. Zimbardo beschreiben, hat sich gegenüber dem Schlaf eine gewisse Hassliebe entwickelt: „Die Leute schlafen gern, weil man sich gut fühlt, wenn man ausgeruht ist (und es einem schlecht geht, wenn man müde ist). Andererseits schlafen die Leute nicht gern, weil es so viele schöne Dinge zu tun gibt."

Untersuchungen zeigen, dass sich die Mehrzahl von uns an mindestens einem Tag in der Woche schlaff und müde fühlt. Aufgrund von Schlafmangel lassen über 40 Prozent der Menschen Arbeitstage auch mal ausfallen und sind oftmals nicht einmal mehr in der Lage, beruflichen oder privaten Verpflichtungen adäquat nachzukommen. Knapp 50 Prozent scheinen mindestens einmal im Monat übermüdet am Straßenverkehr teilzunehmen und gefährden damit sich und andere. In diesem Zusammenhang nicht überraschend, dass Übermüdung als eine der häufigsten Ursachen für Autounfälle gilt. Und auch das Aufkommen von relativ neuen Verhaltensauffälligkeiten im Kindes- und Jugendalter, wie etwa die um sich greifende ADHS-Problematik (ADHS = Aufmerksamkeitsdefizit-Hyperaktivitätsstörung), wird immer häufiger im Zusammenhang mit chronischem Schlafmangel während der Phase des Heranwachsens gesehen.

Schlafqualität

Die Schlafqualität bestimmt die Schlafdauer. Je höher die Qualität des Schlafs ist, umso weniger Notwendigkeit besteht für unseren Organismus, lange zu schlafen. Das Verhältnis von Qualität und Dauer wird von Schlafmedizinern als ausreichend und gesund bezeichnet, wenn am Tag keine regelmäßigen größeren kognitiven Löcher auftreten oder sich übermäßige Müdigkeit bemerkbar macht. Unter kognitiven Löchern sind Phasen zu verstehen, in denen Konzentration kaum noch möglich ist, Informationen nur noch unzureichend aufgenommen werden können oder das Sprechen und Zuhören nicht mehr wie gewohnt funktioniert.

Die Schlafqualität wird durch die Tiefe des Schlafs bestimmt. Hier scheint auf der einen Seite wieder die Genetik die Finger im Spiel zu haben. Von Geburt an gibt es sogenannte Tief- und Leichtschläfer. Die Schlafbiologie der Mehrzahl von uns ist allerdings, wie bei so vielen anderen körperlichen und geistigen Eigenschaftsbereichen auch, dazwischen angesiedelt. Extreme Leichtschläfer, die in der Nacht bereits bei der geringsten Störung hochschrecken, und extreme Tiefschläfer, die nichts und niemand aus dem Schlaf reißen kann, lassen sich eher selten finden. Je mehr allerdings das individuelle Pendel in Richtung Leichtschläfer tendiert, desto mehr bestimmen äußere Einflüsse in der Nacht über die Möglichkeit qualitativ hochwertigen Schlafs.

Schlaftyp

Welchem Schlaftyp wir entsprechen, wird von unserer genetischen Ausstattung bestimmt. Anders ausgedrückt: Unser individuelles Schlafbedürfnis ist momentaner Ausdruck der Schlafentwicklung unserer Jahrmillionen alten Stammesgeschichte. In jedem von uns steckt etwas, das vor nicht allzu vielen Generationen in von Feinden bedrohten Nächten in ungemütlichen Höhlen Schlaf finden musste. Daraus entstanden Schlafeigenschaften, die sich individuell höchst unterschiedlich zwischen den Gegensatzpaaren Leicht- versus Tiefschläfer, Kurz- versus Langschläfer sowie Morgen- versus Abendmensch bewegen. So ergibt sich der individuelle Zeit- und Schlaftypus, der vom Chronobiologen Till Roenneberg mit einer festen Schuhgröße verglichen wird, für die es den passenden Schuh auszuwählen gilt. Wenn Sie also Ihren Schlaf als Grundlage für Ihre Leistung und Gesundheit effektiv nutzen wollen, lohnt sich als erster Schritt herauszufinden, welcher Schlaftypus Sie sind. Mit den nachfolgenden Screeningfragen angelehnt an den Diagnostikmethoden des wohl bekanntesten deutschen Schlafmediziners Prof. Dr. Jürgen Zulley aus Regensburg – erhalten Sie dazu nun Gelegenheit.

Morgen- oder Abendmensch

Wann werden Sie in der Regel müde und bekommen das Bedürfnis, ins Bett zu gehen?

- deutlich früher als 22 Uhr –2
- gegen 22 Uhr –1
- gegen 23 Uhr 0
- gegen 24 Uhr +1
- deutlich später als 24 Uhr +2

Wann wachen Sie auf, wenn Sie ausschlafen können (etwa am Wochenende oder im Urlaub)?

- deutlich früher als 6 Uhr –2
- gegen 6 Uhr –1
- gegen 7 bis 8 Uhr 0
- gegen 9 Uhr +1
- deutlich später als 9 Uhr +2

Wann fühlen Sie sich tagsüber am fittesten?

- eher morgens –2
- eher vormittags –1
- vormittags und nachmittags ziemlich gleich 0
- eher nachmittags +1
- eher abends +2

Wie würden Sie sich selbst einschätzen?

- absoluter Morgenmensch –2
- eher Morgenmensch –1
- weder noch 0
- eher Abendmensch +1
- absoluter Abendmensch +2

Summe: ______________________

Auswertung (Summe):

deutlicher Morgenmensch	–8 bis –6
gemäßigter Morgenmensch	–5 bis –3
Mischtyp	–2 bis +2
gemäßigter Abendmensch	+3 bis +5
deutlicher Abendmensch	+6 bis +8

Kurz- oder Langschläfer

Wie lange schlafen Sie pro Nacht, wenn Sie ausschlafen können (etwa am Wochenende oder im Urlaub)?

• deutlich weniger als 6 Stunden	–2
• etwa 6 Stunden	–1
• etwa 7 bis 8 Stunden	0
• etwa 9 Stunden	+1
• deutlich mehr als 9 Stunden	+2

Erleben Sie an Arbeitstagen öfter das Gefühl von Müdigkeit?

• Nein	–2
• nur selten	–1
• gelegentlich	0
• des Öfteren	+1
• Ja, regelmäßig	+2

Schlafen Sie an freien Tagen länger als an Tagen, an denen Sie arbeiten müssen?

• Nein	–2
• nur selten	–1
• gelegentlich	0
• des Öfteren	+1
• Ja, immer	+2

Wie würden Sie sich selbst einschätzen?

• absoluter Kurzschläfer	–2
• eher Kurzschläfer	–1
• weder noch	0
• eher Langschläfer	+1
• absoluter Langschläfer	+2

Summe: ____________________

Auswertung (Summe):

deutlicher Kurzschläfer	–8 bis –6
gemäßigter Kurzschläfer	–5 bis –3
Mischtyp	–2 bis +2
gemäßigter Langschläfer	+3 bis +5
deutlicher Langschläfer	+6 bis +8

Leicht- oder Tiefschläfer

Schlafen Sie Ihrer Meinung nach gut?

• Nein, so gut wie nie	–2
• meistens nicht	–1
• mal so, mal so	0
• meistens ja	+1
• Ja, so gut wie immer	+2

Fühlen Sie sich über Tag ausgeschlafen?

• Nein, so gut wie nie	–2
• meistens nicht	–1
• mal so, mal so	0
• meistens ja	+1
• Ja, so gut wie immer	+2

Wachen Sie in der Nacht auf?

• Ja, jede Nacht mehrmals mit nachfolgenden Wachphasen	–2
• Ja, in den meisten Nächten für kurze Zeit	–1
• In manchen Nächten ja, in manchen nein	0
• eher selten	+1
• Nein, so gut wie nie	+2

Wie würden Sie sich selbst einschätzen?

• absoluter Leichtschläfer	–2
• eher Leichtschläfer	–1
• weder noch	0
• eher Tiefschläfer	+1
• absoluter Tiefschläfer	+2

Summe: ____________________

Auswertung (Summe):

deutlicher Leichtschläfer	–8 bis –6
gemäßigter Leichtschläfer	–5 bis –3
Mischtyp	–2 bis +2
gemäßigter Tiefschläfer	+3 bis +5
deutlicher Tiefschläfer	+6 bis +8

Morgen- oder Abendmensch?
Die meisten Menschen gehören zur Gruppe der Mischtypen mit allenfalls gemäßigten Tendenzen zur einen oder anderen Seite. Dennoch gibt es sie, die sogenannten Lerchen und Eulen. Sie machen zusammen gut 15 Prozent der Gesamtbevölkerung aus.

Je mehr Ihr Typ in Richtung Morgenmensch tendiert, desto eher werden Sie morgens aufwachen und umso früher am Tag fit sein. Abends werden Sie dafür vermutlich recht bald müde und bereits über den Nachmittag einiges an Konzentrationsvermögen und Leistungskraft einbüßen. Sind Sie dagegen ein Abendmensch, kehrt sich dieses Bild um: Morgens sind Sie eher spät wach, kommen vergleichsweise schlecht aus dem Bett und sind danach vermutlich noch über eine längere Zeit träge. Nachmittags und abends werden Sie dagegen immer besser drauf sein und zunehmenden Tatendrang verspüren.

Morgenmenschen wird nachgesagt, ihr Biorhythmus funktioniere nach einem 24-Stunden-Takt. Bei Abendmenschen geht man von einem deutlich längeren inneren Takt aus, der bisweilen sogar eine Spanne von 25 Stunden überschreitet. Diese Taktung scheint genetisch vorgegeben und kann umso weniger „umgepolt" werden, je extremer ihr Ausprägungsgrad ist. Geht es also um optimale Leistung und stabile Gesundheit, besteht wenig Hoffnung, dass sich ein Abendtyp in Morgenverhältnissen – wie sie etwa im Bäckerhandwerk vorhanden sind – wohlfühlt und dort langfristig bestehen kann. Ebenso wenig darf man von einem Morgenmenschen Hochleistung und gesundheitliche Stabilität erwarten, wenn er beispielsweise regelmäßig in einer Nachtbar seinen Dienst tut.

Je extremer Sie zu einer Seite hin tendieren, desto sinnvoller ist es, Ihre Lebensbedingungen so gut wie möglich danach auszurichten. Versuchen Sie nicht, gegen eine starke einseitige innere Taktung anzuleben, dies wird früher oder später Leistungseinbußen zur Folge haben und gesundheitliche Probleme hervorrufen. Wie beschrieben sind aber im Endeffekt nur 15 Prozent von uns sehr stark von dieser Thematik betroffen. Gehören Sie zu den restlichen 85 Prozent, sind Sie umso mehr zur Anpassung an vorgegebene zeitliche Rahmenbedingungen fähig, je näher Sie dem Mischtypus entsprechen. In diesem Zusammenhang gilt aber auch: Werden Sie als ausgeglichener Mischtyp mit entweder extremen Morgen- oder Abendverhältnissen konfrontiert, sollten Sie völlig unabhängig von Ihren sonstigen Fähigkeiten damit rechnen, dass Sie unter diesen Umständen mit den jeweiligen „Zeit-Spezialkräften" nicht wirklich gut mithalten können.

Ausgewählte Merkmale von Morgen- und Abendmenschen (nach Prof. Dr. J. Zulley)

Morgenmensch (Lerchen)	**Abendmensch (Eulen)**
morgens früh fit, abends früh müde	morgens lange müde, abends fit
tagsüber fit	Fitness kommt erst gegen späten Vormittag
aktivste Zeit morgens bis mittags	aktivste Zeit ab Nachmittag bis späten Abend hinein
mag Frühsport	mag Nachmittags- und Abendsport
wird abends im Vergleich zu Abendmenschen etwa anderthalb bis zwei Stunden früher müde	steht ohne Wecker etwa zwei Stunden später auf als Morgenmenschen
schlechte Anpassung an Schichtarbeit	meist gute Anpassung an Schichtarbeit
tendenziell eher Kurzschläfer	tendenziell eher Langschläfer
Schlafdauer meist gleich	Schlafdauer oft unterschiedlich
meist ohne Schlafprobleme	gelegentlich Ein- und Durchschlafprobleme
meist wenig Probleme mit normaler Arbeitszeit (8 bis 17 Uhr)	vor allem nach dem Wochenende Schwierigkeiten mit Anpassung an normale Arbeitszeit (8 bis 17 Uhr)

Kurz- oder Langschläfer?

Wie bereits beschrieben, haben die meisten Menschen ein natürliches Schlafbedürfnis von sieben bis acht Stunden, manche liegen aber auch darunter oder darüber. Dabei sind Menschen, die von Haus aus weniger Schlaf benötigen, nicht automatisch aktiver oder gar leistungsfähiger. Von Albert Einstein beispielsweise wird erzählt, dass er pro Tag bis zu zwölf Stunden geschlafen hat – ein wohltuender Mittagsschlaf mit einberechnet. Und bekanntlich war dieser Mensch alles andere als inaktiv oder minder leistungsfähig. Was für Aktivität, Leistungsfähigkeit und Gesundheit zählt, ist einzig und allein, nach dem Schlaf wirklich ausgeschlafen zu sein.

Laut Lehrmeinung ist für die Dauer des Schlafs vor allem ein Enzym verantwortlich, das in unseren Körpern in individuell sehr unterschiedlichee Variationen vorhanden ist. Dieses Enzym hat im Schlaf die Aufgabe, Adenosin abzubauen, ein Stoff, der sich im Wachzustand als Spaltprodukt aus unserem Energiestoffwechsel umso schneller in uns ansammelt, je stärker wir Körper und Geist beanspruchen. Abhängig davon, welche Enzym-Variante unser Körper bildet, können wir dieses Adenosin im Schlaf entweder schneller oder langsamer abbauen. Daraus ergibt sich, ob wir eher eine längere oder kürzere Gesamtzeit an Schlaf benötigen.

Im gleichen Zusammenhang steht, dass Kurzschläfer länger wach sein müssen, um stärkere Müdigkeit zu empfinden. Man spricht davon, dass sie im Vergleich zu Langschläfern einen höheren „Schlafdruck" brauchen, um ähnlich gut einschlafen zu können. Diese Notwendigkeit scheint Kurzschläfer auch ein Stück weit von den beiden größten äußeren Taktgebern für einen gesunden Schlaf unabhängig zu machen: Licht und zeitlicher Rhythmus der Nahrungsaufnahme (zu beiden Faktoren folgt gleich mehr). Kurzschläfer sind daher prädestiniert dafür, auch mal über eine Nacht hinweg wach und ausreichend aufmerksam bleiben zu können. Langschläfer hingegen haben unter solchen Bedingungen kaum eine Chance. Ihre Schwelle für den Schlafdruck liegt deutlich tiefer, und sie werden – ob sie wollen oder nicht – vom Schlaf geradezu überrannt.

Geht es um Leistungsfähigkeit und Gesundheit, gilt die Empfehlung, dem eigenen Schlaftypus möglichst gerecht zu werden und dem Organismus die Schlafdauer zu gönnen, die er von seiner Natur aus benötigt. Je mehr Ihre Tendenz in Richtung Langschläfer zeigt, desto eher sollten Sie über einen regelmäßigen kurzen Mittagsschlaf nachdenken. Ihre Leistungsfähigkeit und Ihr Wohlgefühl werden es Ihnen danken (auch zu dieser Thematik folgt mehr).

Bei Autorennen, die 24 Stunden lang andauern, wie etwa dem legendären 24-Stunden-Rennen von LeMans, teilen sich mehrere Fahrer ein Auto. Dabei testen die professionell agierenden Teams bereits im Vorfeld sehr genau aus, welche Schlaftypen sich in ihren Fahrer-Paarungen befinden. Darauf werden vor allem die nächtlichen Einsatzzeiten der Fahrer abgestimmt. Die kritischste Fahrzeit liegt zwischen 3 und 4 Uhr in der Nacht. In dieser Stunde führt die hormonelle Steuerung bei Renn- und Nichtrennfahrern zur Verschlechterung des Sehens sowie zur Verlangsamung der Reaktionszeiten.

Leicht- oder Tiefschläfer?

Leichtschläfer sind die Problemkinder des Schlafs. Sie schlafen eher unruhig, werden in der Nacht leicht wach und sind von guten Schlafbedingungen abhängig. Mit anderen Worten: Ihre Schlafqualität ist nicht die Beste. Tiefschläfer hingegen schlafen hervorragend. Für sie sind Probleme beim Ein- und Durchschlafen kaum ein Thema und die Qualität ihres Schlafs ist einwandfrei. Entsprechend erholsam sind die Nächte für ihren Körper und Geist. Allerdings sind auch hier beide Extremausprägungen eher selten zu finden. Die überwiegende Mehrzahl von uns sind „Mitteltiefschläfer“, die mal unruhige Phasen durchleben, dann aber auch wieder wie ein Stein schlafen.

Extreme Leichtschläfer empfinden ihren Schlaf nicht selten als wahre Qual. Dementsprechend aufgeschlossen sind sie gegenüber Schlafmedikamenten und sonstigen Mittelchen, die ein besseres Ein- und Durchschlafen versprechen. Hier wird es allerdings recht schnell gefährlich. Leichter Schlaf bedeutet keinesfalls, dass eine behandlungswürdige Schlafstörung vorliegt. „Dopt" ein gesunder Leichtschläfer seine Schlafqualität allzu sorglos, kann sich daraus eine Abhängigkeit entwickeln. Und im Endeffekt ist es dann diese Abhängigkeit, die den Weg in eine chronische Schlafstörung ebnet.

Stammesgeschichtlich gesehen ist die Disposition zum Leichtschlaf sinnvoll und wichtig gewesen. Vor Urzeiten waren die Leichtschläfer in ihrer Sippe während der Nacht prädestiniert dafür, am Eingang der Höhle die verantwortungsvolle Wächterrolle zu übernehmen. Ihre Schlafqualität hat sie dazu befähigt, sofort aus dem Schlaf hochzuschrecken und die Verteidigungsposition einzunehmen, wenn in der Nähe des Höhleneingangs auf eine potentielle Gefahr hinweisende Geräusche wahrzunehmen waren. Damit konnten sich die Tiefschläfer der Sippe im Inneren der Höhle in aller Ruhe dem Schlaf hingeben und so ihre Energiedepots wieder effektiv für die Aufgaben und Herausforderungen, für die sie verantwortlich waren, auffüllen: Versorgung und Verteidigung der Sippe über Tag. Diese über Jahrmillionen bewährte Aufteilung wird unsere Natur nicht einfach nur, weil sich unsere nächtlichen Gefahrenmomente über die letzten Jahrhunderte hinweg immer weiter ausgedünnt haben, innerhalb weniger Generationen über Bord werfen.

Info-Box 6.5: Zum Zusammenhang von Schlaf und Mondphasen

Es gilt als alte Volksweisheit, dass die Mondphasen Einfluss auf unseren Schlaf haben. Demnach wird es mit dem Ein- und Durchschlafen vor allem in Nächten, in denen der Vollmond am Himmel prangt, schwieriger. Die wissenschaftliche Lage dazu ist allerdings alles andere als eindeutig. Es liegen sowohl Forschungsberichte vor, in denen die Wissenschaftler keinerlei Zusammenhang zwischen Schlafqualität oder -quantität mit den Mondphasen entdecken konnten, als auch seriöse Studien, in denen eben dieser Zusammenhang gesichert wurde.

Aus physikalischer Sicht spricht wenig dafür, dass der Mond in Vollmondnächten eine andere Kraftwirkung auf die Erde und ihre Lebewesen hat. Egal ob Neu-, Halb- oder Vollmond, er ist in jeder Nacht am Firmament mit gleicher Anziehungskraft präsent. Was sich allerdings verändert, ist die Lichtwirkung, die von ihm ausgeht. Viele Schlafforscher sehen daher vor allem in der stärkeren Helligkeit von Vollmondnächten die Ursache für eventuelle Ein- und Durchschlafprobleme. Davon betroffen seien dann vor allem die umgebungssensiblen Leichtschläfer.

Aus psychologischer Sicht kommt allerdings noch ein weiterer und nicht zu unterschätzender Faktor hinzu: Wer seinen Schlaf als unbefriedigend empfindet und dies mit den Mondphasen in Verbindung bringt, verschafft seinem Gehirn eine Einstellung, die sich als „selbsterfüllende Prophezeiung" festsetzt und bewirkt, dass sich das Thema „Schlafproblem" umso mehr in die Gedanken- und Emotionswelt drückt, je näher die Vollmondnacht heranrückt. In besagten Nächten ist der damit selbstgemachte Stress dann so hoch, dass es einem Wunder gleichkommen würde, wenn ein gutes Ein- und Durchschlafen tatsächlich mal gelänge.

Wege zum erholsamen Schlaf

Unser grundlegendes Schlafbedürfnis ist also genetisch festgelegt und stammesgeschichtlich erklärbar. Nun drängt sich die Frage auf, wie sich eine möglichst hohe und dem eigenen Schlaftypus gemäße Schlafqualität erreichen lässt. Was fördert das Ein- und Durchschlafen? Was stört? Welche Wege sind vielversprechend, um zu einem erholsamen Schlaf zu kommen, welche entpuppen sich hingegen früher oder später als Sackgasse?

Schlafförderndes Verhalten

Neben unserem biologisch festgelegten Schlaftypus wird unser Bedürfnis, ins Bett zu gehen und sich dem Schlaf hinzugeben, maßgeblich von zwei weiteren Faktoren beeinflusst: Unserer inneren Uhr sowie unseren Aktivitäten in der Wachphase. Erst wenn unsere innere Uhr den Schlafmodus erreicht hat und unser Gehirn durch die Aktivitäten des Tages ausreichend ermüdet worden ist, können wir einschlafen. Schlafförderndes Verhalten ist daher darauf ausgelegt, den Rhythmus der inneren Uhr bestmöglich zu bedienen und Körper wie Geist über den Tag hinweg adäquat zu beschäftigen.

Die innere Uhr: Justierung durch Licht und Essenszeiten

Unsere innere Uhr ist als relativ stabile Eichung auf einen festen Wach- und Schlafrhythmus zu verstehen. Sie lässt uns beispielsweise auch dann noch recht zuverlässig zu unserer gewohnten Zeit aufwachen, wenn wir am Abend zuvor mal deutlich später ins Bett gegangen sind und unser Körper eigentlich noch ein wenig mehr Schlaf brauchen könnte. Zudem ist die innere Uhr der alles entscheidende Taktgeber für unseren Biorhythmus. Sie sorgt dafür, dass unsere Tageshoch- und -tiefphasen innerhalb eines festen Zeitrasters hin- und herschwingen. Je nachdem, wie wir uns verhalten, können wir unsere innere Uhr dabei entweder gut bedienen und ihren Takt unterstützen, oder uns ihr entgegenstellen und unseren inneren Schlaf-Wach-Rhythmus völlig durcheinanderbringen. Dabei haben für die Stabilität des inneren Takts und Rhythmus zwei Faktoren ganz maßgeblichen Einfluss: Licht und Essenszeiten.

Licht

Das in unser Auge einfallende Licht wird im Gehirn wahrgenommen und bedient dort eine Art Schrittmacher. Abhängig von der vorherrschenden Lichtintensität werden ganz unterschiedliche Hormone produziert, Organe aktiviert und Stoffwechselprozesse in Gang gesetzt. Sobald das Licht die Intensität von 2500 Lux erreicht oder überschreitet, interpretiert unser Gehirn es als Tageslicht und richtet seine Aktivitäten entsprechend darauf aus. Auch wenn künstliche Lichter etwa fünf- bis achtmal dunkler sind als das normale Tageslicht, scheint unser Gehirn durch solche Quellen ebenfalls beeinflussbar zu sein. Daher gilt vor allem für Leichtschläfer, sich umso mehr mit Dunkelheit zu umgeben, je näher ihre Schlafenszeit heranrückt. Nur so werden dem Gehirn die Bedingungen geboten, die es braucht, um die Produktion des Schlafhormons Melatonin anzukurbeln.

In diesem Zusammenhang lohnt sich auch die Überprüfung der eigenen Schlafstätte. Wenig förderlich für das Ein- und Durchschlafen ist etwa, wenn das Bett über Nacht von einer Straßenlaterne oder das Gesicht in Vollmondnächten von deren hellem Licht beschienen wird. Mitunter lohnt es sich zudem, am Abend eher zu früh als zu spät Abstand von starken Lichtquellen wie Fernseher, Computerbildschirmen aber auch Tablets und die auf den Markt schießenden E-Book-Readern zu nehmen. Nicht erst seit gestern wird in Forschungskreisen darüber diskutiert, ob nicht auch das Licht aus solch vergleichsweise kleinen Quellen bereits wachmachende Wirkung zeigt. Zumindest wenn Sie sich nach ausgiebigem Konsum von „Leuchtmedien" jede Nacht aufs Neue in Ihrem Bett schlaflos hin- und herwälzen, wäre das frühere Ausschalten solcher Geräte einen Versuch wert.

Info-Box 6.6: Grenzfall Jetlag

Das Worst-Case-Szenario für unsere lichtabhängige innere Uhr ist ein regelmäßiger Aufenthalt in unterschiedlichen Zeitzonen. Durch die damit verbundene Instabilität der tagesabhängigen Lichtverhältnisse erhält unsere innere Uhr höchst verwirrende Signale. Die äußere Zeit stimmt nicht mehr mit dem inneren Takt überein. Früher oder später wird so der Rhythmus der inneren Uhr ausgehebelt und unser Organismus rutscht in den berühmten Jetlag.

Das Jetlag-Phänomen ist durch unterschiedliche körperliche und mentale Beschwerden geprägt. Neben Ein- und Durchschlafstörungen sind dies beispielsweise Tagesmüdigkeit, Schwindelgefühle, Stimmungsschwankungen oder Appetitlosigkeit, die mit deutlich verminderter körperlicher und geistiger Leistungsfähigkeit einhergehen. Verschwinden die subjektiven Beschwerden meist nach ein paar Tagen, so zeigen objektiv messbare Parameter wie beispielsweise Körpertemperatur und Hormonregulation, dass unser Organismus tatsächlich ein bis zwei Wochen benötigt, um wieder „in Takt" zu kommen.

Je stärker die Zeitverschiebung ausfällt und je öfter man sich zwischen den Zeitzonen hin- und herbewegt, desto schwieriger wird es, den Takt wiederzufinden. Als Faustformel gilt, dass die chronobiologische Anpassungszeit pro Stunde Zeitverschiebung etwa einen halben Tag beträgt. Abhängig davon, ob man in den Zeitzonen nach vorn oder zurück fliegt, gelten zudem folgende Empfehlungen:

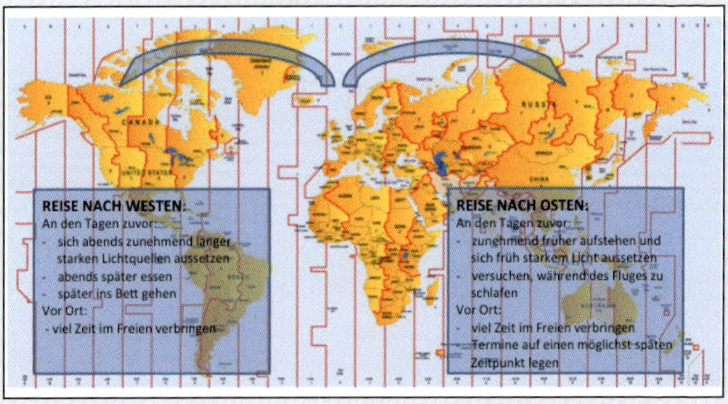

Essenszeiten

So bekannt der Einfluss von Licht auf unsere innere Uhr im Allgemeinen ist, so unbekannt ist die stabilisierende Wirkung von festen Essenszeiten. Dabei zählt weniger, wie oft wir am Tag insgesamt essen oder was wir dabei zu uns nehmen. Viel entscheidender ist, ob wir unsere Nahrung Tag für Tag zu annähernd gleichen Zeiten einnehmen. Je deckungsgleicher die täglichen Essenszeiten sind, desto mehr dient es unserem Gehirn als zusätzliche Orientierung für die Stabilisierung des Biorhythmus und der damit verbundenen Wach- und Schlafphasen.

Laufen die Tage generell unruhig und verschieben sich dadurch die Essenszeiten ständig oder werden feste Mahlzeiten auch mal ganz ausgelassen, findet eine Entkoppelung dieses wichtigen Taktgebers statt. In solchen Fällen dürfen sich zumindest Leichtschläfer nicht darüber wundern, wenn ihre innere Uhr unsauber läuft und es mit einem guten Ein- und Durchschlafen nicht so recht klappen will. Auch wenn unsere moderne Welt eine flexible Tagesgestaltung geradezu fordert und feste Essenszeiten immer mehr als Einschränkung der persönlichen Freiheit wahrgenommen werden, kann hinsichtlich gutem Schlaf enorm viel Positives bewegt werden, wenn sich an einen festen Mahlzeiten-Rhythmus gebunden wird. Die Wahrscheinlichkeit ist groß, dass sich allein dadurch eine aus dem Takt geratene innere Uhr innerhalb von etwa zwei bis drei Wochen wieder stabil einpendelt. Sollten Sie an Ein- und Durchschlafproblemen leiden, versuchen Sie es doch einfach mal mit der Einführung von festen Frühstücks-, Mittags- und Abendessenszeiten in Abständen von jeweils etwa vier bis fünf Stunden.

Info-Box 6.7: Schlafprobleme durch Nahrungsmittel

Es gibt verschiedene Nahrungsmittel, denen eine schlafstörende Wirkung zugesprochen wird. Als Ursache werden entweder darin enthaltene Stoffe gesehen, die – wie etwa Koffein – wachmachende Wirkung haben oder aber Unverträglichkeitsreaktionen im Verdauungstrakt provozieren. Folgende Nahrungsmittel zählen zu den Top 15 der nächtlichen Ruhestörer – ihr abendlicher Verzehr führt bei 20 bis 30 Prozent der Menschen zu mehr oder weniger großen Schlafproblemen.

1. Hülsenfrüchte
2. Gurkensalat
3. frittierte Speisen inkl. Pommes frites
4. Kohl-, Kraut- oder Wirsinggerichte
5. CO2-haltige Getränke
6. sehr fettige Speisen
7. Paprikagemüse
8. sehr süße oder sehr fettige Backwaren
9. Zwiebeln
10. hart gekochte Eier
11. frisches Brot
12. Mayonnaise
13. Kartoffelsalat
14. Geräuchertes
15. Eisbein

Tagesaktivitäten

Von Tageszeiten und -rhythmen unabhängig bestimmen auch unsere Aktivitäten im Wachzustand, ob wir eher früher oder später müde werden. Wie oben bereits erwähnt, spielt dabei eine Substanz die Hauptrolle, die in unserem Organismus bei dem Verbrauch von körperlicher und geistiger Energie entsteht: Adenosin. Je mehr sich dieser Stoff im Laufe des Tages im Gehirn ansammelt, desto größer wird der Schlafdruck.

Einschlaf- und Durchschlafstörungen können entstehen, wenn zwar die Zeiger der inneren Uhr am Abend auf Schlafen stehen, gleichzeitig jedoch die Konzentration an Adenosin im Gehirn den Grenzwert, ab dem sich Müdigkeit breitmacht, noch nicht erreicht hat. In diesem Fall ist trotz anbrechender Schlafenszeit eine ganz wesentliche Voraussetzung für ein gutes und problemloses Einschlafen noch nicht gegeben.

Diesem Problem ist im Grunde recht einfach beizukommen, indem einfach ein wenig mehr Bewegung in den Alltag integriert wird. Je öfter und intensiver die Muskeln über Tag arbeiten, desto mehr Adenosin sammelt sich bis zum Abend im Gehirn an. Dabei reichen oftmals lediglich 30 Minuten mehr Bewegung pro Tag aus, um zuvor quälende Ein- und Durchschlafprobleme vollständig aufzulösen.

Dazu an dieser Stelle jedoch schon mal ein wichtiger Hinweis, auf den ich in Kapitel 8 ausführlicher eingehen werde: Führen Sie solche Bewegung in Form von intensivem Sport durch, erhöhen Sie damit zwar die Konzentration an Adenosin in Ihrem Inneren, kurbeln aber ebenso die Ausschüttung von Stresshormonen kräftig an. Ein solches Bewegungsprogramm in den frühen Abendstunden durchgeführt, erhöht die Wahrscheinlichkeit eines unvollständigen Abbaus der Stresshormone bis zur vorgesehenen Schlafenszeit. Unter diesen Umständen wird Ihnen das gute Ein- und Durchschlafen trotz ausreichender Adenosinkonzentration nicht gelingen, die Stresshormone halten Ihr Gehirn wach und Ihren Körper unruhig. Die Lösung kann nur lauten, Bewegungseinheiten umso moderater durchzuführen, je dichter sie an den anvisierten Schlafenszeiten liegen. Je später der Abend, desto ratsamer ist es, nur noch lockere Läufe oder gar Spaziergänge durchzuführen. Für intensive Sporteinheiten dagegen gilt, sie allerspätestens drei Stunden vor dem Zubettgehen konsequent zu beenden.

Allgemeine Empfehlungen für gutes Ein- und Durchschlafen

- Schlafraum sollte dunkel, geräuscharm und eher kühl sein (18–16 °C) sowie ausreichend mit frischer Luft versorgt werden.
- Einhalten von immer gleichen Essenszeiten
- Bei hoher Sensibilität letzte Mahlzeit spätestens drei Stunden vor dem Zubettgehen, dabei nur noch leichte Kost zu sich nehmen (s. Kapitel 7).
- Bei hoher Sensibilität auf aufputschende Nahrungs- und Genussmittel (z. B. Koffein) ganz bzw. spätestens ab dem frühen Nachmittag verzichten (s. Kapitel 7).
- Moderate Bewegung in den Alltag integrieren (s. Kapitel 8).
- Spätestens drei Stunden vor dem Zubettgehen körperliche Action zurückfahren und emotionale Aufregungen vermeiden.
- Bereits vor dem Zubettgehen Ruhe und Entspannung einkehren lassen.
- Erlernen von Entspannungstechniken (s. Kapitel 9)
- Bereits vor dem Zubettgehen für warme Füße sorgen. (Hintergrund: Die Blutversorgung und Wärmempfindung des Organismus verändert sich von Tag zu Nacht von zentraler Rumpfdurchblutung hin zur verstärkten Durchblutung der Extremitäten.)

Mittagsschlaf

Wie die Biorhythmus-Kurven verdeutlichen, sind wir nicht durchgängig von morgens bis abends im Höchstleistungsmodus unterwegs. Egal ob Morgen-, Abend- oder Mischtyp, innerhalb des Tagesverlaufs fallen wir mindestens in ein ausgeprägtes Loch der körperlichen und geistigen Minderleistung. Bei den meisten von uns tritt dieses Loch zuverlässig um die Mittagszeit herum auf. Würden wir es uns erlauben, wären die Bedingungen entsprechend und hätten wir uns zudem daran gewöhnt, würde in dieser Zeit nahezu jeder von uns ein kleines Nickerchen machen oder zumindest kurz mal wegdösen.

Aus leistungstechnischer Sicht gesehen wäre dies auch äußerst sinnvoll. Ein Mittagsschlaf sorgt für eine nachfolgend größere allgemeine körperliche und geistige Frische. So zeigt sich etwa innerhalb von Arbeits- und Produktionsprozessen, dass es zu deutlichen Abfällen von Qualitäts- und Quantitätsmerkmalen innerhalb der zweiten Tageshälfte kommt, wenn eine adäquate

Mittagspause ausbleibt. Außerdem steigt die Anzahl an Fehlern zwischen 12 und 14 Uhr signifikant an und die Häufigkeit von Arbeitsunfällen erreicht ihren Tageshöchststand.

Galt es bis zur Mitte des vorherigen Jahrhunderts noch als normal, die Mittagsruhe zu pflegen und sich für einen erquickenden Mittagsschlaf hinzulegen, so hat sich diese Verhaltensweise zumindest in westlich geprägten Welten bis zum Eintritt in unser aktuelles Jahrhundert nahezu verloren. Mittagsschlaf wurde immer mehr als Zeichen ruchloser Bequemlichkeit gedeutet und die Siesta schnell in die Schublade „Irrläufer von faulen und leistungsschwachen Völkern" gesteckt. In asiatisch geprägten Gegenden war und ist man diesbezüglich deutlich schlauer. So ist beispielsweise auch in China trotz Wirtschaftsboom die Tradition des Mittagsschlafs aktuell geblieben. Das Recht der Arbeitnehmer auf einen Mittagsschlaf am Arbeitsplatz ist dort sogar gesetzlich verankert.

Fakt ist, dass aufgrund unserer biologisch determinierten Rhythmen um die Mittagszeit herum keine gute Arbeitsqualität abgeliefert werden kann und auch keine vernünftige Arbeitsquantität zu erwarten ist. Und wie unten stehende Aufzählung zeigt, ist die Liste an prominenten und schaffenskräftigen Kopfarbeitern aus ganz unterschiedlichen Wirkungsbereichen, die sich selbst bei höchster Arbeitslast und unter größtem Stress regelmäßig dem Mittagsschlaf hingegeben haben (bzw. dies immer noch tun), ebenso lang wie beeindruckend. Spätestens bei Betrachtung dieser Namen sollte klar werden, dass die Befürwortung des Mittagsschlafs alles andere als ein Zeichen für Bequemlichkeit oder gar geringeres Arbeitsengagement darstellt.

Info-Box 6.8: Beispiele für prominente Befürworter und Anwender des Mittagsschlafs

Johannes Brahms, Albert Einstein, Winston Churchill, Thomas Mann, Salvador Dalí, Konrad Adenauer, Margaret Thatcher, Jacques Chirac, Helmut Kohl, Hans-Dietrich Genscher sowie nahezu sämtliche US-Präsidenten

Hoffnung macht, dass sich in unserer westlichen Welt seit einigen Jahren wieder Zeichen für einen erneuten Paradigmenwechsel erkennen lassen. Unter dem schicken Decknamen „Powernapping“ wird nun vielerorts wieder dazu ermutigt, zur Mittagszeit die Augen zu schließen und eine bewusste Kurzschlafpause einzulegen. Dementsprechend stößt man nicht mehr überall auf gerümpfte Nasen, wenn der Liegesessel Einzug ins Büro hält. Und immer mehr Firmen sind inzwischen dabei, spezielle Ruheräume einzurichten, in denen sich die Mitarbeiter zum Zwecke der Entspannung sowie für einen kurzen Mittagsschlaf zurückziehen können.

Empfehlungen für einen leistungsgerechten Mittagsschlaf

- **Schlaf kurz halten**
  Als optimal gelten 20 bis 30 Minuten. In dieser Zeit wird im Gehirn bereits ein wenig Adenosin abgebaut und die Gedächtniskonsolidierung läuft an. Zeitgleich kommt es im Körper zu ersten Reparaturmaßnahmen von beschädigten Zellen sowie zu Regenerationsprozessen innerhalb des Immunsystems. Wer seinen Mittagsschlaf länger ausweitet, droht in den Tiefschlaf zu rutschen. Ist dies der Fall, wartet nach dem Erwachen statt neuer Frische und Leistungskraft anhaltende Schlaftrunkenheit. Um dieser Gefahr zu entkommen, gilt die Empfehlung, vor dem Einnicken den Wecker zu stellen oder einen Schlüssel in die Hand zu nehmen. Sobald sich die Hand im Schlaf entspannt und der Schlüssel klirrend herunterfällt, ist die Schlafenszeit vorbei.
- **abgedunkelte Räume und geräuscharme Bedingungen**
  Vergleichbar mit den Bedingungen für einen guten Nachtschlaf benötigt ein guter Mittagsschlaf eine reizarme Umgebung. Telefonklingeln, aufpoppende E-Mails oder quatschende Kollegen stören hier ebenso wie sonnendurchflutete Räume oder allzu grelles Kunstlicht. Müssen Sie mit suboptimalen Bedingungen klarkommen, lässt sich eventuell mit der Verwendung von Ohropax, ruhiger Musik via Kopfhörer und einer Schlafmaske helfen.
- **Es geht im Sitzen wie im Liegen.**
  Ideal, wenn sich der Mittagsschlaf liegend durchführen lässt. Ist keine Liege vorhanden und haben Sie Probleme damit, sich auf den Fußboden zu legen, reicht es schon,

wenn Sie es sich auf einem Stuhl in einer Lümmelposition bequem machen oder Ihren vorgebeugten Oberkörper auf einem Tisch ablegen. Was zählt ist einzig und allein, dass Sie Ihre Position als ausreichend behaglich empfinden.

- **Auch Dösen tut gut!**
  Wenn Sie nicht einschlafen können, reicht auch ein Dösen im Halbschlaf! Die Wirkungen auf Leistungskraft und Wohlgefühl sind ähnlich wie beim vollständigen Einschlafen.
- **Informieren Sie Ihre Umgebung!**
  Verhindern Sie, dass sich Ihre Umgebung aufgrund von fehlender Information einen eigenen Reim auf Ihr Verhalten machen muss. Sprechen Sie mit Ihrem Chef und Ihren Kollegen und erklären Sie, warum Sie den Mittagsschlaf brauchen. Bitten Sie bei dieser Gelegenheit auch gleich darum, während Ihres Nickerchens nicht ohne triftigen Grund gestört zu werden.

Wenn das Ein- oder Durchschlafen gestört ist

Richtig schwierig wird es mit dem Schlaf unter anhaltenden oder gar chronischen psychischen Überforderungssituationen. Hier besteht das Problem in der dauerhaften Ausschüttung von Stresshormonen, was sich – wie in Kapitel 2 dargestellt – verselbstständigen kann, wenn davon die Struktur des Hippocampus immer mehr in Mitleidenschaft gezogen wird. Ist der Schlaf stressbedingt nur gelegentlich für ein paar Nächte gestört, ist dies noch nicht allzu dramatisch. Stressgeprägte Nächte kommen wohl in jedem normal ablaufenden Leben hin und wieder vor. Sind Körper und Geist gesund, kann dies von jedem gut verkraftet und kompensiert werden.

Aktive Entspannung erlernen

Problematisch wird es erst, wenn der Stress anhält und der Schlaf über mehrere Wochen hinweg deutlich beeinträchtigt ist. Sollte es dann nicht möglich sein, den Stressauslöser zumindest mittelfristig zu beseitigen oder die Situation durch Veränderung der eigenen Einstellung zu entschärfen, können die Schlafvoraussetzungen – Medikamente mal ausgenommen – nur noch durch Verbesserung der aktiven Entspannungsfähigkeit verbessert werden. Entsprechende Anregungen und Methoden hält Kapitel 9 für Sie bereit. Zudem mitunter hilfreich: die Anwendung der kleinen Schlafhelfer aus Info-Box 6.9.

Info-Box 6.9: Kleine Schlafhelfer

- Vor dem Zubettgehen ein Glas warme Milch mit einem Teelöffel Honig trinken. Die in der Milch enthaltene Aminosäure Tryptophan hat beruhigende Wirkung, die Bestandteile des Honigs fördern ihr Einströmen in die Blutbahn.
- Am Abend Baldrian in Form von Teemischungen, Frischpflanzensäften, Tinkturen oder zuckerfreien Dragees zu sich nehmen. Baldrian ist der Klassiker unter den Pflanzen mit schlaffördernder Wirkung und hat weder narkotische Wirkung, noch besteht Suchtgefahr.
- Über den ganzen Tag hinweg vier bis fünf Tassen einer Teemischung trinken, die außer Baldrian auch noch Melisse, Passionsblume und Lavendel enthält. Zwei Tassen davon am Abend trinken.
- Hopfen in Form von alkoholfreiem Bier (Alkohol würde sich auf die Schlafphasen negativ auswirken) oder als Tee aus der geschnittenen Pflanze bzw. als Pulverextrakt.

Finger weg von der Selbstmedikation!

Ist Ihr Schlaf ernsthaft gestört, wird früher oder später die Frage nach Abhilfe durch Medikamente auftauchen. Auch wenn der Griff zu solchen Mitteln in unserer Gesellschaft immer häufiger zu erfolgen scheint, warnen selbst Schlafmediziner dringend davor, mit den vielen schlafversprechenden chemischen Möglichkeiten allzu sorglos umzugehen.

Die älteste und härteste Gruppe der Schlafmedikamente bilden die sogenannten Benzodiazepine. Wirkstoffe aus dieser Gruppe sind in einem Medikament enthalten, wenn im Beipackzettel Namen wie Brotizolam, Flurazepam, Oxazepam, Temazepam und Triazolam zu finden sind. Je nach Wirkstoff ist das Medikament darauf ausgelegt, das Ein- oder Durchschlafen zu erleichtern. Mag dies auf den ersten Blick sehr vielversprechend klingen, so liefern diese Stoffe jedoch gleichzeitig auch enorme Nebenwirkungen:

- Der Schlaf ist weniger tief und dementsprechend weniger erholsam; trotz durchgeschlafener Nacht ist der Körper beim Aufwachen am Morgen nicht wirklich ausgeruht.
- Die Fähigkeit zur Bewegungskoordination und Konzentration reduziert sich; damit erhöht sich vor allem morgens das Risiko bei Teilnahme am Straßenverkehr.
- Es kann zu Amnesie-Erscheinungen kommen (Erinnerungslücken).
- Die Atmung beim Schlafen wird negativ beeinflusst; dadurch schnarcht man eher oder stärker und das Risiko für nächtliche Atemaussetzer nimmt zu.
- Es kommt zu einem äußerst raschen Gewöhnungseffekt; für die gleiche Wirkung braucht man immer höhere Dosen.
- Schon nach zwei- bis dreiwöchiger regelmäßiger Einnahme besteht Suchtgefahr; ohne den Stoff ist guter Schlaf dann nicht mal mehr ansatzweise möglich.
- Bei manchen Personen wirkt der Stoff entgegengesetzt; sie drehen auf und erleben, statt ruhiger und entspannter zu werden, eine übergroße Unruhe. An Schlaf lässt sich nicht mehr denken.

Medikamente auf Benzodiazepin-Ebene sind in Deutschland rezeptpflichtig. Aber machen wir uns nichts vor: Wo ein Wille ist, da gibt es selbst unter straffster gesetzlicher Regelung Mittel und Wege, auch ohne Rezept an die gewünschten Stoffe zu gelangen. Ich hoffe, oben genannte Nachteile haben genügend abschreckende Wirkung, um Sie von Gedanken hinsichtlich eigener Experimente abzubringen und solche Medikamente niemals ohne ärztliche Verordnung einzunehmen.

Dies gilt ebenso für Mittel, die die gleichsam rezeptpflichtigen Z-Substanzen enthalten. Namen wie Zolpidem, Zopiclon oder Zaleplon weisen auf solche Wirkstoffe hin. Insgesamt scheinen hier zwar weniger Nebenwirkungen aufzutreten, harmlos sind sie dadurch allerdings noch lange nicht. Vor einer Selbstmedikation ist auch hier dringend zu warnen.

Größte Vorsicht ist ebenfalls bei „Nebeneinsteiger-Stoffen“ geboten. Darunter fallen Medikamente, die zwar schlafbeeinflussende Wirkung haben, jedoch für andere gesundheitliche Problematiken entwickelt worden sind. Dies ist beispielsweise bei Antidepressiva oder Antihistaminika (Stoffe gegen Allergiesymptome) der Fall. Gerade letztere sind oftmals nicht verschreibungspflichtig, ihre Nebenwirkungen dennoch alles andere als harmlos. Die Antiallergika-Substanzen Diphenhydramin oder Doxylamin führen beispielsweise zu zahlreichen vegetativen Problemen, die bei Mundtrockenheit und Verstopfungen anfangen und bei Sehproblematiken bis hin zur Erhöhung des Augeninnendrucks aufhören. Zudem schränken sie die Konzentrations- und Reaktionsfähigkeit oftmals massiv ein.

Behandlungsbedürftige Schlafstörungen

Spätestens wenn folgende drei Störungsmerkmale zusammenfallen, ist die Abklärung durch einen Schlafmediziner angesagt:

1. Der Schlaf ist generell sehr schlecht.
2. Die Leistungsfähigkeit am Tag ist eingeschränkt und Müdigkeit ein ständiger Begleiter.
3. Punkt 1 und 2 treten seit vier Wochen jede Nacht und jeden Tag auf.

Durch eine vernünftige medizinische Diagnostik lässt sich herausfiltern, ob ein ungünstiges Schlafverhalten, schlechte Schlafbedingungen, zu viel bzw. zu wenig Stress oder körperliche Fehlfunktionen Ursache für die Schlafproblematik sind. Liegen körperliche Störungen oder gar Krankheiten vor, können die meisten davon recht erfolgreich behandelt werden. Darauf an dieser Stelle noch näher einzugehen, würde jedoch den Umfang dieses Buches sprengen und zudem meine Kompetenzen deutlich überschreiten. Wenn Sie mehr zu dieser Thematik erfahren wollen, empfehle ich Ihnen das Buch „Mein Buch vom guten Schlaf“ vom bereits mehrfach erwähnten Schlafmediziner Prof. Dr. Jürgen Zulley.

7. Energie durch Essen – Ernährung

Sie erinnern sich noch an den Beginn von Kapitel 1? Dort habe ich versucht unsere biologischen Grundbedürfnisse anhand der Funktionsweise eines Autos darzustellen. Keine wirklich bahnbrechend neue Erkenntnis dabei: Ein Auto verbraucht beim Fahren Benzin, verschleißt Reifen und beansprucht Fahrwerk und Motor. Ebenso wenig überraschend die logische Konsequenz daraus: Das Auto sollte regelmäßig nachgetankt, Verschleißteile möglichst frühzeitig ausgetauscht und Schäden rechtzeitig repariert werden. Kommt der Autobesitzer diesen Dingen nur unzureichend nach oder unterlässt sie gar ganz, wird er mit seinem Auto früher oder später mitten auf dem Weg liegen bleiben.

Mit dem Thema Ernährung kommen wir nun ganz konkret zu den Dingen, die unserem Körper eine Art Benzin liefern und die Bausteine für sämtliche biologischen Aufbau-, Austausch- und Reparaturarbeiten beinhalten. Und auch hier passt der Autovergleich. Es lässt sich nämlich bezüglich unserer Ernährung ebenfalls zwischen hochwertigen und minderwertigen Spritangeboten, guter und abenteuerlich schlechter Qualität von Ersatzteilen sowie seriösen und höchst windigen Tankstellenbesitzern und Werkstattbetreibern unterscheiden.

Ernährungsgrundlagen

Damit ein Auto sich in Bewegung setzen kann, benötigt es funktionsfähiges Material sowie Sprit (bzw. Strom), um Energie in Bewegung umzuwandeln. Bei uns läuft es ähnlich. „Fahrtüchtig“ sind wir, wenn die Organe und Strukturen unsers Körpers gesund sind und zeitgleich ausreichend Energie für einen reibungslosen Betrieb zur Verfügung steht.

Baustoffwechsel

Auch unsere Köperorgane und -strukturen unterliegen einem regelmäßigen Verschleiß. Um dies aufzufangen und zu kompensieren, finden innerhalb unseres Organismus – wie Sie spätestens seit dem vorausgegangenen Kapitel wissen primär jede Nacht im Schlaf – permanent zahlreiche Reparatur-, Erneuerungs- und Auf- bzw. Abbauarbeiten statt. Verantwortlich dafür ist unser sogenannter Baustoffwechsel. Hier werden alle für den Körper relevanten Materialien aufgebaut. Die dafür benötigten Rohstoffe werden in erster Linie aus den Nährstoffen Eiweiß und Fett gewonnen.

Betriebsstoffwechsel

Um einen belastbaren „Körperbau“ in Funktion und Bewegung setzen zu können, muss der „innere Ofen“ unter Dampf gebracht werden. Dafür wird vernünftiges Brennmaterial benötigt. Die Rohstoffe für diesen sogenannten Betriebsstoffwechsel kann der Körper aus Eiweißen und Fetten sowie aus Kohlenhydraten gewinnen. Ist die Nähstoffbilanz gesund und ausgeglichen, werden hierfür allerdings fast ausschließlich nur Kohlenhydrate und Fette herangezogen.

Drei unterschiedliche Nährstoffe

Die Grundbausteine der Ernährung sind Kohlenhydrate, Eiweiße und Fette. Diese Nährstoffe liefern dem Körper allesamt Energie, wirken jedoch auf unsere Leistungsfähigkeit und Gesundheit in völlig unterschiedlicher Art und Weise.

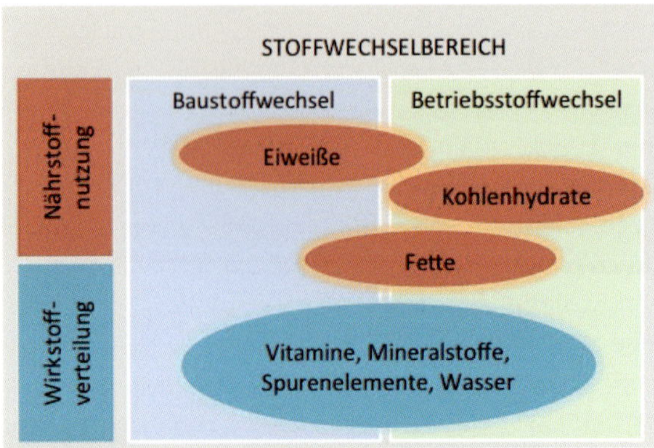

Verteilung der Nähr- und Wirkstoffe in den beiden Bereichen des Stoffwechsels

Kohlenhydrate
Kohlenhydrate sind sauerstoffsparende und äußerst ökonomische Energielieferanten, die vom Körper begrenzt in Muskulatur und Leber gespeichert werden können. Diese Speicherung garantiert längerfristige Energieversorgung bei sportlicher und geistiger Arbeit.

In der Nahrung gibt es verschiedene Formen von Kohlenhydraten. Die für den Menschen wichtigste Form sind die Vielfachzucker (Polysaccharide), weil nur aus dieser Kohlenhydratform der körpereigene Energiespeicher gefüllt werden kann. Vielfachzucker, auch bekannt unter dem Namen „Stärke", sind in Lebensmitteln wie Kartoffeln, Getreide, Brot, Nudeln und Reis, aber auch Obst und Gemüse enthalten.

Die für die Leistungsfähigkeit ineffektivste und gleichzeitig ungesündeste Kohlenhydratform sind die Ein- und Zweifachzucker (Mono- und Disaccharide). Diese schießen nach der Aufnahme direkt ins Blut und lassen den Blutzuckerspiegel rasant ansteigen. Das führt zwar zu einem kurzzeitigen körperlichen und geistigen Leistungspeak, wird aber von einem gesunden Körper nicht toleriert. Übermäßig viel Zucker im Blut schädigt die kleinsten Blutgefäße etwa in den Nieren oder Augen. Entsprechend wird ein automatisiertes biologisch verankertes Set-up wirksam, das diesem Überzuckerungszustand prompt und kompromisslos ein Ende setzt. Sobald der Blutzuckerspiegel die Marke von

100mg/dl überschreitet, beginnt unsere Bauchspeicheldrüse mit der Ausschüttung von Insulin – und dies umso massiver, je drastischer der Blutzuckerspiegel hochschnellt. Dieses Hormon sorgt für den raschen Abfall der Zuckerkonzentration im Blut, indem es die Zuckermoleküle aus der Blutbahn in die Fettzellen des Köpers schleust und dort in Fettsäuren umwandelt. Aus diesem Grund führen Lebensmittel, die Ein- und Zweifachzucker enthalten, nach einem kurzen Leistungspeak zwangsläufig zur nachfolgenden körperlichen Schlappheit und geistigen Ermüdung. Darüber hinaus lassen sie auch noch die körperlichen Fettpolster kräftig anwachsen. Der Verzehr sämtlicher Zuckerarten inklusive Traubenzucker bzw. mit reichlich Zucker angereicherter Lebensmittel wie Backwaren, Fruchtjoghurts, Limonaden aber auch marktüblichen Müslimischungen und Cerealienprodukten sowie der sogenannten Energie-, Aktiv- oder Powerdrinks sollte daher mindestens eingeschränkt, idealerweise ganz unterlassen werden.

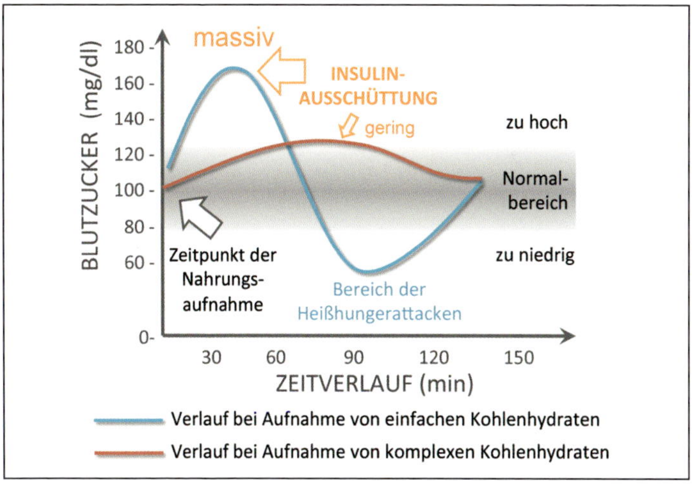

Wirkung von Ein- und Mehrfachzucker auf den Blutzuckerspiegel und die Ausschüttung von Insulin. Einfache Kohlenhydrate schnellen ungebremst ins Blut, lassen den Blutzuckerspiegel rasant ansteigen und haben eine kompensatorische Mehrausschüttung von Insulin zur Folge. Komplexe Kohlenhydrate dagegen müssen durch Verdauungsprozesse erst langsam zu Einfachzucker abgebaut werden und können daher nur nach und nach ins Blut sickern. So bleibt der Blutzuckerspiegel über mehrere Stunden annähernd konstant im normalen Bereich und für eine massive Ausschüttung von Insulin ist kein biologischer Grund vorhanden.

Eiweiße

Eiweiße sind die Grundbausteine aller Zellen im Körper. Ohne Eiweiß gibt es kein Leben. Mit Eiweißen (= Proteine) wird zum einen die Körperstruktur in Form von Muskeln, Knochen und Organen aufgebaut, zum anderen steuern sie unzählige biochemische Prozesse im Körper, haben Boten- und Transportaufgaben und sind Grundlage für ein funktionierendes Immunsystem. Da sie für das biologische Leben und Überleben so wichtig sind, werden sie vom Körper nur in Ausnahmesituationen und unter mangelhafter Versorgung mit Kohlenhydraten und Fetten zur Produktion von Körperwärme und Bewegungsenergie hinzugezogen.

Eiweiße bestehen aus verschiedenen einzelnen kleineren Bausteinen, den sogenannten Aminosäuren. Die meisten dieser Aminosäuren kann der Körper aus den Eiweißbausteinen, die er durch die Nahrung erhält, selbst herstellen. Bei acht von zurzeit 22 bekannten Aminosäuren ist ihm dies allerdings nicht möglich. Damit er lebensfähig ist und bleibt, müssen diese regelmäßig von außen – also durch die Nahrung – aufgenommen werden. Diese sogenannten essentiellen Aminosäuren sind Isoleuzin, Leuzin, Lysin, Methionin, Phenylalanin, Threonin, Tryptophan und Valin und werden dem Körper durch eine normale Mischkost mit Fisch-, Fleisch- und Milchanteil in ausreichenden Mengen zugeführt.

Fette

Fette spielen sowohl im Bau- als auch im Betriebsstoffwechsel eine große Rolle. Im Baustoffwechsel werden sie beispielsweise als Aufbau- und Schutzmaterial der Zellen verwendet und wirken bei der Produktion zahlreicher Hormone mit. Für den Betriebsstoffwechsel sind die körpereigenen Fettreserven selbst bei sehr dünnen Menschen ein praktisch unerschöpfliches Energiedepot.

Je lockerer die Muskeln arbeiten, desto mehr kann die dafür benötigte Energie durch die Verwertung von Fetten abgedeckt werden. Als Energielieferant für intensive körperliche Betätigungen ist Fett dagegen zu unökonomisch. Im Vergleich zu Kohlenhydraten benötigen Fette bei gleicher Energieausbeute bis zu 15 Prozent mehr Sauerstoff. Entsprechend früh muss eine intensive Leistung abgebrochen werden, wenn der Vorrat an Kohlenhydraten zur Neige geht.

Zur Befeuerung der Gehirnarbeit spielen Fette keine Rolle, da Gehirnzellen Ihre Energie ausschließlich aus dem Brennstoff Zucker gewinnen können. Bei extremer Mangelernährung können zudem auch Eiweißbestandteile begrenzt in Zucker umgewandelt werden, dies stellt aber für das Gehirn eine Notfallmaßnahme dar und hinterlässt gesundheitsgefährdende Abfallprodukte.

Ähnlich wie bei den Eiweißen gibt es auch innerhalb der Fette Bestandteile, die für den menschlichen Körper unverzichtbar sind. Diese Bestandteile werden „essenzielle Fettsäuren“ genannt und bestehen aus ungesättigten Fettsäuren. Finden lassen sie sich primär in pflanzlichen Lebensmitteln, vor allem in natürlichen Speiseölen wie Sonnenblumen-, Raps- und Olivenöl. Besonders reich an der mehrfach ungesättigten und gesundheitsrelevanten Fettsäure Omega 3 sind zudem fettreiche Fische wie Hering, Sardine und Lachs, aber auch der vergleichsweise magere Thunfisch.

Info-Box 7.1: Fette und Eiweiße verbrennen in der Flamme der Kohlenhydrate

Die Energie, die in den Nahrungsmitteln enthalten ist, wird in unserem Körper stückweise erschlossen und im finalen Schritt in einem sauerstoffbefeuerten Kreisprozess – bezeichnet als Citratzyklus – abgebaut. Dieser Kreisprozess funktioniert nur, wenn dem Körper ein Mindestmaß an Kohlenhydraten zur Verfügung steht. Aus den Kohlenhydraten gewinnt er die sogenannte Oxalessigsäue (Acetyl-Coenzym A), die er für den reibungslosen Abbau von Fettsäuren und Aminosäuren benötigt.

Unter Kohlenhydratmangel gerät der Citratzyklus ins Stocken. Als Folge können nicht mehr alle Energien aus den Fett- und Aminosäuren gewonnen werden und die verbleibenden Reste lagern sich im Organismus in Form von energiereichen Zwischenprodukten (Sammelbegriff = Ketonkörper) an. Je größer die Menge dieser Zwischenprodukte ist, desto ungünstiger wirkt sich das auf das biochemische Milieu des Körpers aus. Der pH-Wert des Bluts sinkt und lässt den Organismus sauer werden. Anfänglich reduziert sich dadurch die Leistungsfähigkeit, mittel- und langfristig wirkt dies jedoch auch gesundheitsgefährdend. Um dem entgegenzutreten und den Citratzyklus mit den notwendigsten Grundbausteinen zu versorgen, gilt die Empfehlung, täglich mindestens 100 Gramm Kohlenhydrate in Form von stärkehaltigen Lebensmitteln aufzunehmen.

Die vier Wirkstofffamilien

Damit der Körper die zugeführten Nährstoffe vom Körper für seinen Bau- und Betriebsstoffwechsel überhaupt verwerten kann, benötigt er zudem noch bestimmte Wirkstoffe. Dies sind Nahrungsbestandteile, aus denen der Körper zwar keine Energie gewinnen kann, ohne deren Vorhandensein jedoch weder ein funktionierender Stoffwechsel, noch ein gesundes Leben möglich wäre. Sie regulieren, steuern und beschleunigen die biologischen Prozesse im Körper und sind maßgeblich dafür verantwortlich, dass auch ein stark beanspruchter Organismus leistungsfähig und gesund bleiben kann.

Ganz grob werden die Wirkstoffe in folgende vier unterschiedliche Familien eingeteilt: Vitamine, Mineralstoffe, Spurenelemente und Wasser.

Vitamine

Vitamine sind für sämtliche Funktionen des Körpers unentbehrlich. Kleinste Mengen an unterschiedlichen Vitaminen sorgen dafür, dass Stoffwechselprozesse effektiv ablaufen, sämtliche Systeme gesund bleiben und Körper wie Geist den täglichen Belastungen trotzen können.

Unser Körper braucht Vitamine nur in vergleichsweise geringen Mengen. Der tägliche Bedarf schwankt zwischen einem Millionstel- und einem Zehntelgramm. Eine Unterversorgung oder der Mangel an Vitaminen können zahlreiche gesundheitliche Störungen bewirken, ebenso kann sich jedoch auch ein Zuviel an bestimmten Vitaminen negativ auswirken. Überdosierungen der Vitamine A und D sind sogar giftig.

Man unterscheidet zwischen fettlöslichen und wasserlöslichen Vitaminen. In der Ernährungswissenschaft ist man sich allerdings darüber einig, dass noch längst nicht alle Vitamine entdeckt und aufgeschlüsselt worden sind, die für unser Überleben und unsere Gesundheit eine Rolle spielen. Auch gibt das genaue Zusammenspiel der Vitamine untereinander der Wissenschaft bisweilen noch Rätsel auf.

Info-Box 7.2: Krank durch Vitaminpräparate?
Noch in den späten Jahren des letzten Jahrhunderts bestand ein gewisser Hype um die Aufnahme von zusätzlichen Vitaminen durch Nahrungsergänzungspräparate. Inzwischen sind jedoch immer mehr Stimmen zu vernehmen, die von einer langfristigen Supplementierung über Vitamintabletten oder der Aufnahme von Nahrungsmitteln, denen künstlich Vitamine beigefügt wurden, dringend abraten. Aktuell steht eine Nahrungsergänzung durch entsprechende Tabletten oder Pülverchen sogar im dringenden Verdacht, für die Entstehung von diversen Erkrankungen bis hin zu Krebs mitverantwortlich zu sein. So wird etwa der Schweizer Medizinprofessor Peter Jüni in der Spiegel-Ausgabe 03/2012 mit dem Titelthema „Die Vitaminlüge" dahingehend zitiert, dass der Konsum von Vitaminpräparaten allein in Deutschland „für mehrere tausend Todesfälle pro Jahr" verantwortlich sein könnte.

Fettlösliche Vitamine

Vitamin A (Retinol)

Wichtig für: Wachstum, Haut, Schleimhäute, Sehvorgang
Mangel: z. B. Nachtblindheit, Lichtempfindlichkeit, verringertes Knochenwachstum, Haarausfall, Hautschäden, Infektanfälligkeit
enthalten u. a. in: Karotten, Spinat, Grünkohl, Rinderleber, Eigelb, Butter

Vitamin D (Calciferol)

Wichtig für: Knochenwachstum und -erhalt
Mangel: Knochenentkalkung: Rachitis bei Kindern, Knochenerweichung bei Erwachsenen
enthalten u. a. in: Lebertran, Fettfisch, Leber, Margarine, Eigelb

Vitamin E (Tocopherol)

Wichtig für: Blutgefäße, Muskeln, Fortpflanzungsorgane, Antioxidation

Mangel: Durchblutungs- und Entwicklungsstörung, Muskelstörung, Erschöpfung, Unlust

enthalten u. a. in: Weizenkeim-, Sonnenblumen- und Sojaöl

Vitamin K (Phyllochinon)

Wichtig für: Blutgerinnung, besonders wichtig für Neugeborene und Kinder

Mangel: Verlängerung der Blutgerinnungszeit, erhöhte Blutungsneigung

enthalten u. a. in: Grüngemüse, Leber, Fleisch, Milch und Milchprodukten

Wasserlösliche Vitamine

Vitamin B1 (Thiamin)

Wichtig für: Energie- und Kohlenhydratstoffwechsel, Nervensystem und Herz

Mangel: Störung im Bereich Nerven, Herz und Verdauung, Müdigkeit, Infektanfälligkeit

enthalten u. a. in: Vollkornprodukten, Hülsenfrüchten, Kartoffeln, Schweinefleisch, Leber

Vitamin B2 (Riboflavin)

Wichtig für: Sauerstofftransport, Eiweiß- und Energiestoffwechsel, Haut

Mangel: Wachstumsstörungen, Hautveränderungen, Mundwinkelrisse, Anämie

enthalten u. a. in: Milch und Milchprodukten, Vollkornprodukten, Fleisch, Leber, Seefisch

Vitamin B3 (Niacin)

Wichtig für: Energiestoffwechsel, Auf- und Abbau von Fetten, Kohlenhydraten und Eiweiß

Mangel: Müdigkeit, Gewichtsverlust, geringer Appetit, Haut- und Schleimhautveränderungen, Herz- und Nierendysfunktion

enthalten u. a. in: Fleisch, Fisch, Getreide, verschiedenen Nüssen

Niacin kann im Körper auch aus der Aminosäure Tryptophan gebildet werden.

Vitamin B5 (Pantothensäure)
Wichtig für: Kohlenhydrat-, Fett- und Eiweißstoffwechsel
Mangel: Kommt praktisch nicht vor.
enthalten u. a. in: Leber, Fleisch, Fisch, Milch und Milchprodukten, Vollkornprodukten

Vitamin B6 (Pyridoxin)
Wichtig für: Eiweißstoffwechsel und Blutbildung
Mangel: Appetitlosigkeit, Hautveränderungen, Krämpfe, Blutarmut, Muskelschwund und Wachstumsstörungen
enthalten u. a. in: Fleisch, Leber, Fisch, Vollkornprodukten, Kohl, Hülsenfrüchten, Kartoffeln, Weizenkeimen

Vitamin B7 (Biotin)
Wichtig für: Verstoffwechselung von Kohlenhydraten und Fettsäuren, Haut und Schleimhäute
Mangel: bisher nicht beobachtet
enthalten u. a. in: Leber, Niere, Eigelb, Sojabohnen

Vitamin B9/B11 (Folsäure)
Wichtig für: Aufbau von Körpergewebe
Mangel: Blutarmut, Verdauungsstörungen, Entzündungen der Mundschleimhaut, Schwangerschaftskomplikationen
enthalten u. a. in: Weizenkeimen, Sojabohnen, Grüngemüse, Vollkornprodukten, Kartoffeln, Fleisch, Leber, Milch und Milchprodukten

Vitamin B12 (Cobalamin)
Wichtig für: Blutbildung
Mangel: Blutarmut, Haut- und Schleimhautveränderungen, Gelbsucht
enthalten u. a. in: tierischen Lebensmitteln, Spuren auch in Gärungsprodukten wie z. B. Sauerkraut

Vitamin C (Ascorbinsäure)
Wichtig für: Zellatmung, Aufbau von Bindegewebe, Immunsystem, Eisenverwertung
Mangel: Infektionsanfälligkeit, Müdigkeit, Verminderung der körperlichen und geistigen Leistungsfähigkeit, schlechte Wundheilung, im Extremfall Skorbut
enthalten u. a. in: Zitrusfrüchten, schwarzen Johannisbeeren, Paprika, Kartoffeln

Mineralstoffe und Spurenelemente

Mineralstoffe und Spurenelemente sind anorganische, lebensnotwendige Elemente und Verbindungen. Mineralstoffe brauchen wir in vergleichsweise großen Mengen, Spurenelemente hingegen nur in sehr kleinen.

Sie sind Dreh- und Angelpunkt für die elektrischen Vorgänge in unserem Körper. So spielen sie beispielsweise die Hauptrolle, wenn es um die Weiterleitung und Verarbeitung von Reizen oder um die Aufrechterhaltung der elektrischen Stabilität an den Membranen unserer Körperzellen geht. Zudem sind sie für die Regulation unseres Wasserhaushalts unentbehrlich, sorgen für den reibungslosen Ablauf von Stoffwechselprozessen und liefern wichtige Baustoffe für den Aufbau und Erhalt unserer Knochen und Zähne.

Ein Mangel an Mineralstoffen kann entweder aufgrund einer zu geringen Zufuhr entstehen oder durch eine erhöhte Flüssigkeitsausscheidung (wie es etwa bei starkem und anhaltendem Schwitzen, Erbrechen oder einer Durchfallerkrankung der Fall sein kann). Wer nicht aufpasst, kann seinem Körper jedoch auch mit einem Zuviel an Mineralstoffen belasten. Allgemein bekannt ist dies etwa bei Natrium. Aber auch die Aufnahme von Magnesium in hohen Mengen – beispielsweise in Form von Tabletten oder Getränkepulvern – wird in aktuellen medizinischen Studien sehr kritisch betrachtet und immer häufiger als Risikofaktor für die Entstehung von Arteriosklerose und Herz-Kreislauf-Erkrankungen gesehen.

Aufgrund der wesentlich geringeren Menge, die der Organismus benötigt, tritt ein Mangel an Spurenelementen eher selten auf. Eine sehr ungünstige Ernährung kann dem Körper jedoch mitunter zu wenig Jod oder Eisen liefern. Vor allem Frauen, die sich unzureichend ernähren, laufen Gefahr, den Eisenverlust, den sie durch ihre Menstruation jeden Monat aufs Neue erleiden, nicht mehr adäquat über die Nahrung kompensieren zu können. Bei Personen, die längerfristig unter hohem psychischen Stress stehen, scheint sich zudem der Bedarf an Magnesium, Jod und Zink zu erhöhen.

Die wichtigsten Mineralstoffe

Natrium, Chlorid, Kalium

Wichtig für: Regulierung der Gewebespannung, Natrium und Kalium wichtig für Muskelfunktion, Kalium beschleunigt die Kohlenhydratspeicherung in der Muskulatur
Mangel: Kreislaufstörungen, Muskelkrämpfe, Muskelschwäche, nervöse Störungen, Herzstörung
Überversorgung: Magen-Darm-Probleme, Durchfall, evtl. Arterioskleroserisiko
enthalten u. a. in: Kochsalz/kochsalzhaltigen Lebensmitteln; Kalium zudem in Obst, Gemüse, Kartoffeln

Calcium

Wichtig für: Blutgerinnung, besonders wichtig für Neugeborene und Kinder
Mangel: Verlängerung der Blutgerinnungszeit, erhöhte Blutungsneigung
enthalten u. a. in: Grüngemüse, Leber, Fleisch, Milch und Milchprodukten

Phosphor

Wichtig für: Knochen und Zähne, Energiestoffwechsel, einer der wichtigsten Bausteine der Zellen
Mangel: nicht bekannt, Zufuhr in der Regel eher zu hoch
Überversorgung: Probleme im Knochenstoffwechsel möglich
enthalten u. a. in: Fleisch, Wurst, Milchprodukten

Magnesium

Wichtig für: Enzyme des Energiestoffwechsels, Funktion von Nerven und Muskeln
Mangel: Krämpfe und Muskelzuckungen
Überversorgung: langfristig evtl. Arterioskleroserisiko
enthalten u.a. in: Vollkornprodukten, Milch und Milchprodukten, Fleisch, Leber, Fisch, Gemüse, Obst

Die wichtigsten Spurenelemente

Eisen

Wichtig für: Blutbildung und Sauerstofftransport
Mangel: Blutarmut, Müdigkeit, Leistungsminderung
Überversorgung: Magen-Darm-Probleme
enthalten u. a. in: Fleisch, Leber, Gemüse, Hülsenfrüchten, Vollkornprodukten

Eisen, das von tierischen Lebensmitteln geliefert wird, kann vom Organismus besser verwertet werden als Eisen aus pflanzlichen Lebensmitteln. Vitamin C verbessert die Eisenaufnahme.

Jod

Wichtig für: Schilddrüse
Mangel: Unterfunktion der Schilddrüse und Kropfbildung
enthalten u. a. in: Seefisch, Meeresfrüchten, Brot, Jodsalz

Zink

Wichtig für: Enzyme
Mangel: Wachstumsstörungen, Appetitlosigkeit, Keimdrüsenschwund und Hautveränderungen
enthalten u. a. in: Käse, Eiern, Leber, Fleisch, Fisch, Orangen, Salat

Selen

Wichtig für: Enzyme, Antioxidation
Mangel: Immunschwäche, vermehrte Bildung sogenannter freier Radikaler
Überversorgung: giftige Wirkung auf Zellen
enthalten u. a. in: Fleisch, Fisch, Vollkornprodukten, Obst und Gemüse

Wasser

Der Körper des Erwachsenen besteht – je nach Alter und Geschlecht – zu 60 bis 65 Prozent aus Wasser. Jede chemische Reaktion im Körper findet im Umfeld von Wasser statt, es dient als Lösungs- und Transportmittel sowie als Dreh- und Angelpunkt der Wärmeregulierung.

Der reine Wasserbedarf richtet sich nach den Wasserverlusten, die über Urin, Stuhlgang, Haut und Atmung auftreten. Diese Verluste können nur durch Getränke und Nahrung ausgeglichen werden. Der tägliche Flüssigkeitsbedarf wird bei Erwachsenen je nach Ernährungssituation mit mindestens anderthalb bis hin zu zwei bis drei Litern angegeben. Bei Sportlern, die viel schwitzen, ist dieser Bedarf um ein Vielfaches höher.

Jeder Wasserverlust des Körpers beeinträchtigt seine Funktionskreise negativ. Bei unzureichender Flüssigkeitsaufnahme wird zuerst das im Bindegewebe der Haut gespeicherte Wasser ins Körperinnere abgezogen. Als Folge trocknet die Haut aus und wirft zunehmend Falten. Spätestens wenn der Flüssigkeitsverlust zwei Prozent des Körpergewichts erreicht hat, gesellen sich zu den optischen Veränderungen auch leistungs- und gesundheitsrelevante Veränderungen. So fällt als erstes die Leistungsfähigkeit unseres wasserempfindlichsten Organs ab: dem Gehirn. Aufgrund einer Verdickung des Bluts und einer zunehmend gestörten Wärmeregulierung wird zudem das Herz-Kreislauf-System immer stärker beansprucht. Bemerkbar macht sich dies unter anderem durch den zunehmenden Verlust der körperlichen Ausdauerleistungsfähigkeit.

Fatalerweise meldet sich in diesem Stadium aber oftmals nur ein leichtes Durstgefühl. Dieses wird erst ab einem Wasserverlust von sechs Prozent wirklich massiv. Wer allerdings erst jetzt anfängt zu trinken, muss lange warten, bis der Flüssigkeitshaushalt seines Körpers wieder einigermaßen ins Lot gekommen ist. Dies dauert oftmals bis zu 24 Stunden. Aus diesem Grund beeinträchtigt ein moderates Wasserdefizit die Leistung in der Regel auch erst am Folgetag so richtig. Die grundlegende Regel zur Wasseraufnahme lautet daher: Trinken bevor Durst entsteht und die Gesamtmenge gut über den Tag verteilen.

Auswirkungen von Flüssigkeitsmangel (in Prozent des Körpergewichts)
(in Anlehnung an Konopka 1988)

1 bis 5 Prozent

- Durst
- Unwohlsein
- Bewegungseinschränkung
- Appetitlosigkeit
- gerötete Haut
- innere Unruhe
- Müdigkeit
- erhöhte Herzfrequenz
- erhöhte Körperkerntemperatur
- Übelkeit

6 bis 10 Prozent

- Schwindelgefühl
- Kopfschmerzen
- Atemnot
- Kribbelgefühl in den Gliedern
- vermindertes Blutvolumen

- erhöhte Blutkonzentration
- keine Speichelbildung
- Sauerstoffmangel
- Konzentrationsprobleme
- Gleichgewichtsprobleme

11 bis 20 Prozent

- Bewusstseinstrübung
- Krämpfe
- geschwollene Zunge
- Unfähigkeit zu schlucken
- Schwerhörigkeit
- Sehschwierigkeiten
- runzlige Haut
- Schmerzen beim Harnlassen
- Empfindungsstörungen
- ausbleibende Urinbildung

Die Schweizerin Gabriela Andersen-Schiess erlitt beim Marathonlauf der Olympischen Spiele 1984 einen massiven Flüssigkeitsmangel. Bedingt durch starkes Schwitzen und unzureichendes Trinken war ihr Dehydrations-Stadium so weit fortgeschritten, dass ihr Gehirn ihre Bewegungen zum Ziel nicht mehr sauber koordinieren konnte. Die Streckenposten wiesen ihr den Weg zum Ziel, den sie nur noch torkelnd und fern jeglicher Bewegungskontrolle zurücklegen konnte. Im Ziel brach sie schließlich vollends zusammen, konnte danach aber recht schnell wieder vollständig regenerieren und behielt keine bleibenden Schäden zurück. Ihr Resultat übrigens: der achtbare 37. Platz

Sonstiges

Neben den genannten Stoffen enthalten unsere Lebensmittel eine Vielzahl weiterer Bestandteile, deren Relevanz von der Ernährungswissenschaft teilweise noch gar nicht bis ins Letzte entschlüsselt worden ist, die für unsere Gesundheit und Leistungsfähigkeit jedoch ebenfalls enorme Bedeutung haben. Um die Darstellung dieser Stoffe in diesem Buch nicht ausufern zu lassen, beschränke ich mich nachfolgend nur auf die sogenannten sekundären Pflanzenstoffe.

Sekundäre Pflanzenstoffe

Die bioaktive Wirkungsbreite der sekundären Pflanzenstoffe ist vielseitig. So sind sie beispielsweise an der Regulation von Blutdruck, Blutzuckerspiegel und Verdauung beteiligt, hemmen die Entstehung von Entzündungen und Krebs, senken das Cholesterin im Blut und regen das Immunsystem positiv an. Besonders hervorgehoben werden dabei gegenwärtig die Flavonoide (praktisch in jeder Pflanze enthalten), die Sulfide (etwa im Knoblauch), die Polyphenole (in Gewürzen), die Phytinsäure (im Getreide), die Phenolsäure (in Früchten) sowie die Carotinoide (im grünen Blattgemüse). Spätestens bei dieser Aufzählung sollte auch klar werden, warum eine Ergänzung von künstlichen Vitaminen, Mineralstoffen und Spurenelementen sowie die Aufnahme von industriell gefertigten und dementsprechend wirkstoffarmen Nahrungsmitteln nicht ausreicht. Vorausgesetzt Obst, Gemüse und Kräuter werden nicht übermäßig lange gelagert und ihr frisches Aussehen ist nicht durch chemische Konservierung bedingt, können nur sie uns den umfassenden Strauß der leistungs- und gesundheitsrelevanten sekundären Pflanzenstoffe liefern. Dazu ist gegenwärtig kein noch so ausgeklügelt hergestelltes und mit künstlichen Wirkstoffen vollgepumptes Industrieprodukt ansatzweise in der Lage.

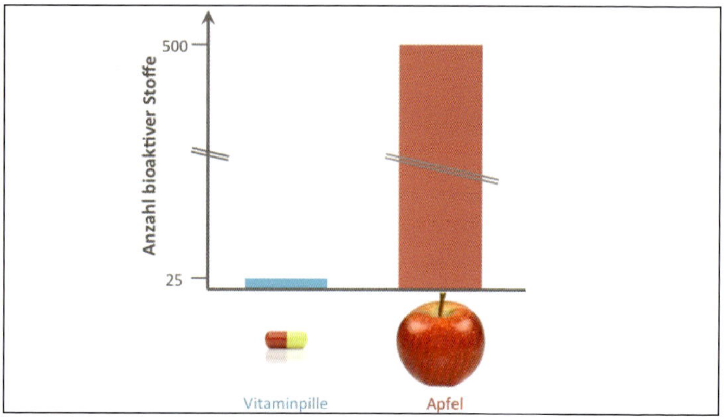

An apple a day keeps the doctor away: Im Gegensatz zu Nahrungsergänzungspräparaten liefern Pflanzen keine isolierten Wirkstoffe, sondern eine Mixtur vielfältiger unterschiedlichster Nähr- und Wirkstoffe. So werden einem frischen Apfel einer alten und genetisch unveränderten Sorte (wie etwa Boskop, Gravensteiner oder Finkenwerder Herbstprinz) von der Ernährungswissenschaft bis zu 500 bioaktive und gesundheitsrelevante Wirkstoffe zugeschrieben. Multivitamin-Mineralstoff-Komplexe in Pillen-, Tabletten- oder Pulverform hingegen kommen in der Regel über 20 bis 30 solcher Inhaltsstoffe nicht hinaus.

Info-Box 7.3: Wie wirkstoffreich sind unsere natürlichen Lebensmittel?

Bereits seit Jahrzehnten wird kontrovers diskutiert, ob unsere natürlichen Lebensmittel aufgrund von überstrapazierten und ausgelaugten Böden im Vergleich zu früheren Zeiten nicht nur noch einen Bruchteil an Vitaminen und sonstigen Wirkstoffen in sich tragen. Befürworter dieser These werden nicht müde darauf hinzuweisen, dass wir unsere Wirkstoff-Grundversorgung nicht mehr ohne zusätzliche Einnahme von künstlich hergestellten Vitamin- und Vitalstoffprodukten sichern können. Ein Schelm, wer denkt, dass dahinter die einflussreiche Lobby der Hersteller von Vitamin- und Nahrungsergänzungsmittelchen stecken könnte. Demgegenüber stehen jedoch nach wie vor viele interessenfreie und von Zuwendungen der Wirtschaft weitestgehend unabhängige Biologen und Ernährungsforscher, die immer wieder aufs Neue auf seriös durchgeführte Studien hinweisen, die zeigen, dass unsere natürlichen Nahrungsmittel nach wie vor ähnlich vitamin-, mineral- und nährstoffreich sind wie in der „guten alten Zeit".

Sonderform Ballaststoffe

Zu den sekundären Pflanzenstoffen zählen auch die allseits bekannten Ballaststoffe. Diese sind nichts weiter als eine besondere Form von Kohlenhydraten, die unser Körper nicht aufknacken und daher auch nicht zur Energiegewinnung nutzen kann. Dennoch zählen sie zu den grundlegenden Bestandteilen einer gesunden Ernährung. Nur wenn wir tagtäglich mindestens 20 Gramm davon aufnehmen, kann unsere Verdauung problemlos funktionieren.

Ballaststoffe bestehen aus Pflanzenfasern. Sie verleihen unserem Stuhlgang Gewicht und verhindern – in Verbindung mit einer ausreichend guten Flüssigkeitsversorgung – Verstopfungen und damit verbundene gesundheitliche Probleme wie etwa Hämorrhoiden. Indem sie im Darm die sich in krebserregende Stoffe umwandelnde Gallensäure frühzeitig aufsaugen, scheinen sie zudem der Entstehung von Dickdarmkrebs vorbeugen zu können. Darüber hinaus absorbieren sie im Darm Cholesterin und sind an der Regulation der Fett- und Zuckerkonzentration im Blut beteiligt. Eine ballaststoffreiche Ernährung stellt damit ein wichtiges Fundament dar, um klassischen Stoffwechselkrankheiten wie Diabetes, Arteriosklerose, Gallensteinleiden und Fettsucht präventiv begegnen zu können.

Innerhalb des letzten Jahrhunderts ist allerdings zumindest in der westlichen Welt die Aufnahme von Ballaststoffen durchschnittlich um sage und schreibe 80 Prozent zurückgegangen. Verantwortlich dafür ist die fortschreitende Industrialisierung in der Lebensmittelherstellung. Je künstlicher, süßer und fleischreicher die Kost ist, die man zu sich nimmt, desto geringer fallen die Ballaststoffmengen aus. Für eine ballaststoffreiche Ernährung sorgen reichlich Obst und Gemüse sowie Gerichte aus Hülsenfrüchten und Getreideprodukte aus Vollkorn.

Wenn Sie sich bislang eher ballaststoffarm ernährt haben, sollten sie den Wechsel zu einer ballaststoffreichen Kost allerdings sanft gestalten. Ein entsprechend schlecht trainiertes Verdauungssystem benötigt etwa drei Wochen, um für den Umgang mit einer größeren Menge an Pflanzenfasern wieder ausreichend fit zu werden.

So essen Sie gesund und leistungsgerecht

Damit Bau- und Betriebsstoffwechsel reibungslos funktionieren, müssen in unserer Nahrung die Nähr- und Wirkstoffe in ausreichenden Mengen und in gut aufeinander abgestimmter Mixtur enthalten sein. Werden dem Körper zu wenige Nährstoffe zugeführt, so beginnt er, sich selbst zu essen. Zur Deckung seines Mindestbedarfs gewinnt er seine Energie dann aus dem Abbau eigener Strukturen. Ist der Nahrungsmangel gering und nur vorübergehend, so labt er sich dabei primär an Bewegungsmuskulatur und Fettgewebe. Bei extremer und länger andauernder Mangelernährung greift der Strukturabbau jedoch auf sämtliche Organe über – Gehirn und Herzmuskel mit eingeschlossen. Massive und lang andauernde gesundheitliche Probleme sind die Folge.

Besteht hingegen ein Mangel an Wirkstoffen, sind Körper und Geist mit angezogener Handbremse unterwegs. Damit besteht selbst bei ausreichender Versorgung mit Nährstoffen keine Chance, zur Höchstform aufzulaufen. Es sind einfach zu wenig bioaktive Stoffe vorhanden, um die vorhandenen Energien effizient abbauen und nutzen zu können. Dauert ein solcher Mangelzustand länger an, findet das Leben nicht nur permanent in einem niedertourigen Bereich statt, sondern wird zudem auch noch das Immunsystem geschwächt.

Ausgeglichene Nährstoffbilanz

Die Höhe unseres Energiebedarfs wird durch die Summe aus unserem Grund- und Leistungsumsatz bestimmt. Der Grundumsatz ist die Energiemenge, die zur Aufrechterhaltung aller im Ruhezustand stattfindenden Körperprozesse wie etwa Herz-Kreislauf-Tätigkeit, Atmung, Nerven- und Gehirnaktivität etc. benötigt wird. Grob berechnet werden kann er für Männer mit 1 kcal pro Stunde und Kilogramm Körpergewicht, für Frauen aufgrund der geringeren Muskelmasse mit einem um 10 Prozent reduzierten Körpergewicht.

Berechnung des Grundumsatzes (GU)

Männer: GU (kcal) = 24 x Körpergewicht

Frauen: GU (kcal) = 24 x (Körpergewicht – 10%)

Beispiel:

Mann, 70 kg: GU = 24 x 70 = 1680 kcal (7034 kJ)

Frau, 60 kg: GU = 24 x (60 – 6) = 1296 kcal (5426 kJ)

Zum Grundumsatz hinzu kommt nun die Menge an Energie, die durch Aktivität – also Tätigkeiten in Schule oder Beruf sowie der Freizeit – verbraucht werden, bezeichnet als Leistungsumsatz. Dafür eine allgemeingültige Rechenformel zu finden, ist nicht möglich, da die diversen Tätigkeiten einfach zu unterschiedlich hohe Energiemengen benötigen. Als grundlegende Aussage gilt jedoch, dass der Leistungsumsatz umso höher ausfällt, je stärker und dauerhafter die Bewegungsmuskulatur beansprucht wird. So überschreitet beispielsweise die benötigte Tages-Energiemenge von Radrennfahrern, die eine sehr lange oder bergige Etappe zu bewältigen haben, gelegentlich sogar die 10 000 kcal-Grenze. Grundumsatz und Leistungsumsatz summieren sich auf und ergeben den Tagesumsatz.

Tagesumsatz verschiedener Berufsgruppen
(in Anlehnung an Konopka)

- Büroarbeit, vorwiegend sitzend (z. B. Sachbearbeiter): ca. 2300 kca/ca. 9630 kJ
- leichte Muskelarbeit, Mischung aus sitzen, gehen und sprechen (z. B. Lehrer): ca. 2700 kcal/ca. 11 300 kJ
- mäßige Muskelarbeit (z. B. Briefträger): ca. 3000 kcal/ca. 12 560 kJ
- stärkere Muskelarbeit (z. B. Anstreicher: ca. 3500 kcal/ca. 14 650 kJ
- starke Muskelarbeit (z. B. Handballprofi): ca. 4000 bis 5000 kcal/ca. 16 750 bis 20 930 kJ

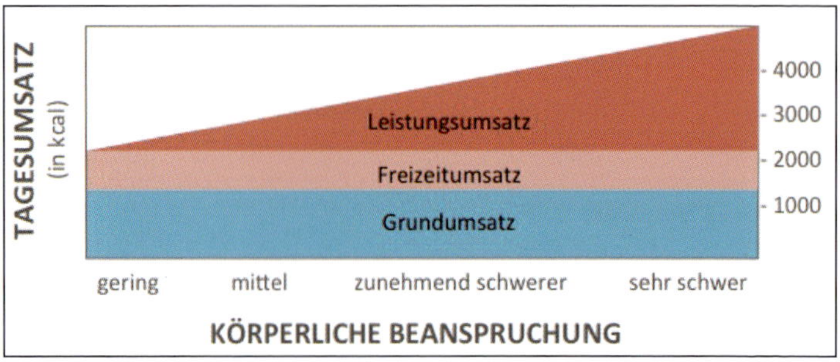

Aufteilung des täglichen Energiebedarfes von leichter bis schwerer körperlicher Arbeit (in Anlehnung an Hollmann)

Der gesunde Nährstoffmix

In der Ernährungs- und Diätszene ist seit Jahrzehnten ein wildes und oftmals eher ideologisch denn wissenschaftlich geprägtes Hin und Her zwischen mehr oder weniger einseitigen und überzogenen Ernährungsempfehlungen zu beobachten. Über lange Sicht gesehen, pendeln sich Empfehlungen zum Nährstoffmix jedoch immer wieder auf folgende Grundsätze ein: gute Versorgung mit komplexen Kohlenhydraten, ausreichende Aufnahme von hochwertigen Eiweißen sowie Vorsicht hinsichtlich der Aufnahme von zu viel Fett. Nimmt man den Tagesbedarf an Kalorien als Grundlage, so wird empfohlen, ihn in Summe durch mindestens 50 Prozent komplexer Kohlenhydrate, 35 Prozent möglichst guter Fette und etwa 15 Prozent hochwertigem Eiweiß zu decken. Ausgehend von einem Tagesumsatz eines Büroarbeiters von 2300 kcal hieße das, 1150 kcal durch Kohlenhydrate (entspricht 280 Gramm), maximal 805 kcal durch Fette (entspricht gut 87 Gramm) sowie 345 kcal durch Eiweiß (entspricht 84 Gramm) abzudecken.

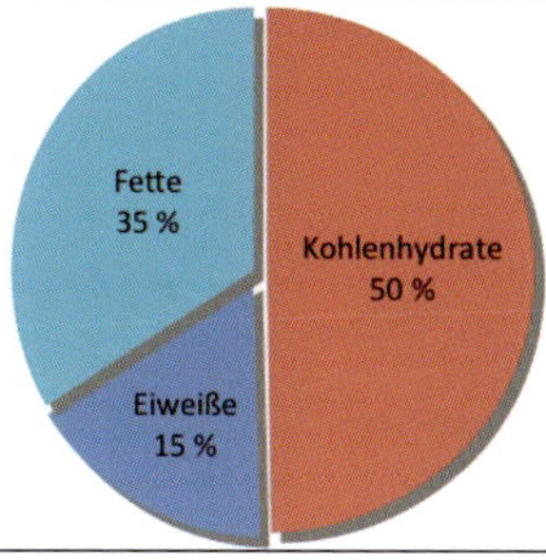

Der gesunde Nährstoffmix für optimale Leistung und stabile Gesundheit

Beispiel eines nährstoffgerechten Speiseplans für männliche Büroarbeiter

Tag 1

- Frühstück: 2 Vollkornbrötchen mit Butter und Scheibenkäse: ca. 600 kcal, aus: 55 g KH, 28 g EW, 28 g F
- Mittagessen: großer Teller Nudeln mit Tomatensauce und gemischter Salat: ca. 370 kcal, aus: 62 g KH, 12 g EW, 7 g F
- Abendessen: 1 Portion Döner Kebab: ca. 620 kcal, aus: 75 g KH, 35 g EW, 18 g F
- Snacks (1x vormittags/1x nachmittags): Schale Frucht-Quarkspeise: ca. 295 kcal, aus: 31 g KH, 11 g EW, 13 g F/1 Stück Obstkuchen: ca. 340 kcal, aus: 34 g KH, 4 g EW, 20 g F

  Dazu über den Tag reichlich Wasser (s. S. 277), morgens und mittags Tasse Kaffee oder Tee (ungesüßt und mit Schuss Vollmilch) = zzgl. ca. 30 kcal aus etwa 2 g KH, 1,3 g EW, 1,4 g F

  Gesamt: ca. 2255 kcal, KH = 48 %, EW = 16 %, F = 36 %

Tag 2

- Frühstück: großer Teller Kaiserschmarrn: ca. 670 kcal, aus: 75 g KH; 24 g EW, 28 g F
- Mittagessen: großer Teller Käsegnocchi und gemischter Salat: ca. 640 kcal, aus: 90 g KH, 20 g EW, 20 g F
- Abendessen: großer Teller Linsen-Nudelsuppe mit Brot: ca. 610 kcal, aus: 100 g KH, 30 g EW, 8 g F
- Snacks (1x vormittags/1x nachmittags): zuckerfreie Backware (z. B. Laugenbrezel): ca. 210 kcal, aus: 36 g KH, 6 g EW, 4 g F/

200 g Naturjoghurt mit Beeren (frisch oder tiefgefroren): ca. 165 kcal, aus: 20 g KH, 11 g EW, 4 g F

Dazu über den Tag reichlich Wasser (s. S. 277), morgens und mittags Tasse Kaffee oder Tee (ungesüßt und mit Schuss Vollmilch) = zzgl. ca. 30 kcal aus etwa 2 g KH, 1,3 g EW, 1,4 g F

Gesamt: ca. 2325 kcal, KH = 57 %, EW = 16 %, F = 27 %

Tag 3

- Frühstück: große Schale zuckerfreies Früchtemüsli mit Vollmilch: ca. 495 kcal, aus: 85 g KH, 17 g EW, 8 g F
- Mittagessen: großer Teller Risotto Milanese und gemischter Salat: ca. 515 kcal, aus: 70 g KH, 10 g EW, 20 g F
- Abendessen: 200 g gebratener Atlantischer Lachs mit Reis und Gemüse: ca. 670 kcal, aus: 50 g KH, 45 g EW, 30 g F
- Snacks (1 x vormittags/1 x nachmittags): Handvoll (ca. 50 g) Studentenfutter: ca. 290 kcal, aus: 15 g KH, 9 g EW, 21 g F
  1 Stück Obst (Banane): ca. 110 kcal, aus: 24 g KH, 1 g EW, 0 g F

Dazu über den Tag reichlich Wasser (s. S. 277), morgens und mittags Tasse Kaffee oder Tee (ungesüßt und mit Schuss Vollmilch) = zzgl. ca. 30 kcal aus etwa 2 g KH, 1,3 g EW, 1,4 g F

Gesamt: ca. 2110 kcal, KH = 48 %, EW = 16 %, F = 36 %

In Sportarten, in denen das Körpergewicht einen unmittelbaren Einfluss auf die Leistung hat, laufen die Athletinnen und Athleten Gefahr, durch wiederkehrende, harte Diätphasen einen nachhaltigen Substanzverlust zu erleiden. So vermutet auch der ehemalige Weltklasse-Skispringer Martin Schmitt, dass seine ab 2003 kontinuierlich nachlassende und inkonstanter werdende

Leistungsfähigkeit damit zu tun hatte, dass er sein Körpergewicht jedes Jahr aufs Neue ans unterste Limit brachte. In seiner aktiven Zeit wog er bei einer Größe von 1,82 Meter oftmals nicht mehr als 63 Kilogramm.

Optimale Wirkstoffversorgung

Wie dargestellt, sind für die Gesundheit und Leistungsfähigkeit unseres Körpers und Geistes weit mehr Wirkstoffe verantwortlich, als die bislang identifizierten Vitamine, Mineralstoffe und Spurenelemente. Man zieht daher vergleichsweise wenig Nutzen daraus, wenn man sich für eine optimale Wirkstoffversorgung einzig und allein an den empfohlenen Tagesmengen dieser Stoffe orientiert. Viel cleverer ist es, sich so zu ernähren, dass man möglichst umfangreich von der Fülle an Wirkstoffen profitieren kann, die uns von der Natur geboten werden.

Nahezu sämtliche pflanzlichen Lebensmittel sind wahre Wirkstoffbomben – vorausgesetzt, sie sind frisch, genetisch noch nicht völlig auf links gedreht und industriell kaum bearbeitet. Die tägliche Aufnahme von reichlich Gemüse, Obst aber auch Hülsenfrüchten, Nüssen und Getreideprodukten aus dem vollen Korn gilt daher als Basis für eine optimale Wirkstoffversorgung.

Wichtige Vitamine, Mineralstoffe und Spurenelemente sind aber ebenso in vielen tierischen Nahrungsmitteln enthalten. Fleisch beispielsweise liefert das Spurenelement Eisen in einer für den menschlichen Körper besonders gut verwertbaren Form, zudem noch zahlreiche wertvolle B-Vitamine. Und geradezu klassisch werden Milch und Milchprodukte wie Joghurt und Käse als Hauptquelle für die Grundversorgung mit den Mineralstoffen Calcium und Magnesium genannt.

Die kleinen Ernährungsjoker nach Dr. Feil

Dr. Wolfgang Feil ist einer der führenden Ernährungsexperten im deutschsprachigen Raum. Er arbeitet bereits seit vielen Jahren für zahlreiche Spitzensportler und Nationalmannschaften als Nähr- und Vitalstoffberater und beschäftigt sich besonders stark mit der Frage, welche Lebensmittel dem Stoffwechsel besonders gut tun und mit ihren Inhaltsstoffen zur Erhöhung der körperlichen und geistigen Vitalität beitragen. Zu dieser Thematik hat er zahlreiche Bücher veröffentlicht und setzt insbesondere auf folgende Ernährungsjoker (aus seinem Buch „Die Lauf-Diät“, 2010):

- **so oft wie möglich:** Knoblauch, Zwiebel (Meerrettich, Senf). Bewirkt die Senkung von Blutfetten und LDL-Cholesterin, kräftigt das Immunsystem und wirkt präventiv gegen Krebserkrankungen und Herzinfarkt.
- **so oft wie möglich:** Frische, ungekochte Kräuter wie Petersilie, Schnittlauch, Basilikum, Oregano, Rosmarin und Salbei. Schützen die Zellen, verringern Entzündungsreaktionen im Körper, kräftigen das Immunsystem, aktivieren den Stoffwechsel und erhöhen die allgemeine Belastbarkeit.
- **regelmäßig aber moderat:** Würzen mit Pfeffer. Wirkt stoffwechselanregend, verbessert die Nahrungsverwertung und bietet Schutz für die Gefäße.
- **regelmäßig und reichlich:** Würzen mit Ingwer, Kurkuma und Zimt. Kräftigt das Immunsystem und wirkt als Gelenkschutz.
- **regelmäßig und reichlich:** Schlucken von Chilischoten (nach einer gewissen Eingewöhnungszeit bis zu drei kleine Schoten pro Mahlzeit). Wirkt stoffwechselanregend, kräftigt das Immunsystem, schützt die Magenschleimhaut und verbessert den Blutfluss.

Leistungsgerechtes Essverhalten

War in der Ernährungsszene noch vor gar nicht allzu langer Zeit die dringende Empfehlung en vogue, über den Tag verteilt fünf bis sechs eher kleine Mahlzeiten zu sich zu nehmen, so wird gegenwärtig von annähernd den gleichen Stellen und Personen mit gewohnter Vehemenz propagiert, dass es nur noch drei Mahlzeiten am Tag sein dürfen.

Für beide Standpunkte gibt es gute Argumente. Eine Verteilung der Nahrungsaufnahme auf mehr als drei Mahlzeiten am Tag versorgt den Körper und den Geist kontinuierlich mit Energie. Zudem werden dadurch Magen und Darm pro Mahlzeit mit einem geringeren Nahrungsvolumen konfrontiert und tun sich mitunter bei der Verdauung leichter. Leistungssportler hätten beispielsweise gar keine Chance, ihren besonders hohen Nähr- und Wirkstoffbedarf über lediglich drei Mahlzeiten am Tag zu decken. Für abnehmwillige Personen gilt zudem das Argument, durch Aufnahme der täglichen Nahrungsration über fünf oder mehr Mahlzeiten am Tag der Gefahr von Heißhungerattacken begegnen zu können.

Gerade für letzteren Personenkreis liefert jedoch auch die Ausrichtung der Nahrungsaufnahme auf nur drei Mahlzeiten ein sehr schlagkräftiges Argument. Je öfter am Tag gegessen wird – und seien es auch nur kleine Zwischenmahlzeiten –, desto häufiger steigt der Blutzuckerspiegel an. Die damit einhergehende Insulinausschüttung bringt den Fettstoffwechsel über mehrere Stunden hinweg zum Erliegen. Im Umkehrschluss heißt das: Wird am Tag nur dreimal Nahrung aufgenommen, kommt der Körper wesentlich besser an seine Fettdepots heran, um sie in Energie umzuwandeln.

Ich kann Ihnen an dieser Stelle nur raten, auszuprobieren, mit welchem Essverhalten Sie sich wohler fühlen und wie viele Mahlzeiten pro Tag Ihnen die größtmögliche Vitalität einbringt. Bitte verstehen Sie daher folgende Empfehlungen auch nur als Anregungen für die Optimierung Ihres individuellen Essverhaltens:

- Regelmäßiger Essensrhythmus (z. B. 8–12–18 Uhr), d. h. drei zeitstabile Mahlzeiten am Tag (Die Bedeutung eines festen Rhythmus für einen guten Schlaf wurde im vorausgegangenen Kapitel bereits thematisiert.)
- Vor allem zu Mittag kohlenhydratreich essen. (Unmittelbar danach ist eine Tasse Kaffee mit anschließendem ca. 20 bis 30 minütigen Mittagsschlaf ideal für eine hohe Vitalität im weiteren Tagesverlauf.)
- Eventuell am Vormittag wie Nachmittag zusätzlichen kleinen Snack zu sich nehmen. (Beispiele dafür siehe nährstoffgerechter Speiseplan auf S. 271ff.)
- Stress vor und direkt nach der Mahlzeit vermeiden.
- Für die Nahrungsaufnahme ausreichend Zeit einplanen.
- Das Essen in Ruhe, mit Gelassenheit und ohne große Ablenkung einnehmen.
- Schwierige Aufgaben eher im hungrigen Zustand angehen. (Erhöht bis zu einem gewissen Grad die Konzentrationsfähigkeit; Mahlzeit deswegen aber keinesfalls auslassen.)
- Über den Tag 1,5 Liter Wasserflasche ständig mit sich führen und jederzeit griffbereit in Sichtweite stellen (z. B. auf oder neben dem Büroschreibtisch).
- Umso mehr Mäßigung bei der Nahrungszufuhr, je bewegungsärmer der Tag ist.

Info-Box 7.4: Empfehlungen zum Kantinenessen

Viele Berufstätige haben für ihre Mittagsversorgung kaum eine andere Möglichkeit, als die Kantine ihrer Firma aufzusuchen. Ohne Frage hat sich in den Kantinen der Neuzeit einiges zum Positiven entwickelt und das Angebot ist mit der totgekochten und fettgebundenen Kost der siebziger und achtziger Jahre des letzten Jahrhunderts kaum mehr zu vergleichen. Aufgrund des enormen Kostendrucks müssen Kantinen jedoch mehr denn je auf eher billige und schnell zu verarbeitende Lebensmittel setzen. So lauert nach wie vor die latente Gefahr, mit den dargebotenen Gerichten einerseits deutlich zu viel Zucker, Fett und vergleichsweise viele chemische Zusatzstoffe zu sich zu nehmen und andererseits zu wenige leistungs- und gesundheitsrelevante Wirkstoffe zu erhalten.

Um mit Kantinenessen zumindest einigermaßen gut zurechtzukommen, hilft die Orientierung an folgenden Empfehlungen:

- als Grundlage zwischen Kartoffeln, Reis und Nudeln wählen
- dazu Fisch als Beilage bevorzugen
- generell eher fleischlose Gerichte wählen
- Würstchen, Wurst- oder Leberkäsegerichte ganz meiden
- frittierte Ware (z. B. Pommes frites aber auch Backfisch) ganz meiden
- nur fettarme Speise- und Salatsaucen verwenden, im Zweifelsfall ganz weglassen und lediglich mit einem Teelöffel Speiseöl beträufeln
- Möglichkeiten für tägliches Gemüse und frische Salate nutzen
- Angebote an frischem Obst und Milchprodukten nutzen
- eher schwach gewürzte Gerichte bevorzugen
- Wasser als Getränk, Fruchtsäfte nur begrenzt und mit Wasser vermischt, auf Limonadengetränke ganz verzichten

Der gesunde Lebensmittelmix

Wasser

Gesunde Ernährung steht und fällt mit einer guten Wasserversorgung. Ein paar Seiten zuvor haben Sie bereits erfahren, dass Ernährungsexperten selbst körperlich wenig aktiven Menschen die Aufnahme von mindestens 1,5, ideal sogar zwei bis drei Liter Wasser pro Tag empfehlen. Noch mal mehr wird es, wenn übermäßiges Schwitzen durch körperliche Aktivität, hohe Umgebungstemperaturen oder regelmäßige Saunabesuche hinzukommt. Dabei ist es relativ unerheblich, ob das Wasser aus Mineral-, Tafel-, Quell- oder (im deutschsprachigen Raum streng überwachtem und daher äußerst sauberem) Leitungswasser besteht. Geht es um die Grundversorgung mit Mineralstoffen und Spurenelementen, sind Mineralwasser allenfalls als ergänzende Quelle anzusehen. Ihr Mineralstoffgehalt ist so gering, dass sich die Mindestmengen mit dem oben angesprochenen Flüssigkeitsmengen allenfalls zu 20 Prozent abdecken lassen.

Ungeeignet zur Wassergrundversorgung des Körpers sind sämtliche Saftformen (Direktsaft, Saftkonzentrat, Nektar etc.), Limonaden oder Energiedrinks. Sie enthalten allesamt deutlich zu starke Zuckerkonzentrationen oder sind stattdessen mit gesundheitsbedenklichen künstlichen Süß- und Aromastoffen vollgepumpt (s. Info-Box 7.8). Wer Getränke ohne Geschmack partout nicht mag, dem ist mit Saftschorlen im Verhältnis drei Teile Wasser und ein Teil Saft geholfen.

Für den Genuss gut, zur grundlegenden Flüssigkeitsgrundversorgung jedoch ebenfalls nicht geeignet, sind zudem Kaffee und Schwarztee. Und gänzlich außen vor stehen – weil auf der einen Seite harntreibend und auf der anderen Seite gesundheitsschädlich – alkoholische Getränke. Mehr zu Kaffee, Tee und Alkohol folgt unter dem Abschnitt „Genussmittel“.

Fakten zur Wasserversorgung

- Der Zusammenhang zwischen Wasserdefizit und Verschlechterung der körperlichen Fitness sowie Abbau der geistigen Leistungsfähigkeit ist eindeutig und lässt sich bereits ab einem Flüssigkeitsverlust von nur einem Prozent des Körpergesamtgewichts nachweisen.

- Ein moderates Wasserdefizit beeinträchtigt die Leistungsfähigkeit oftmals erst am Folgetag.
- Optimale Wasserversorgung ist nur dann gewährleistet, wenn gleichmäßig über den Tag getrunken wird und es am Ende insgesamt mindestens 1,5 Liter, besser zwei bis drei Liter sind; große Flüssigkeitsmengen in kurzer Zeit kann der Organismus nur sehr bedingt aufnehmen und verarbeiten (max. 250 ml pro 15 Minuten).
- Ideale Getränke sind pures Wasser, auch Saftschorlen im Mischungsverhältnis drei (Wasser) zu eins (Saft) sind in Ordnung – der Zusatz einer Teelöffelspitze Salz pro Liter Flüssigkeit kann zudem die Flüssigkeitsaufnahme in den Körper nochmals beschleunigen.
- Vorsicht bei puren Säften, Kaffee und Bier; Energiedrinks und alkoholische Getränke beeinflussen den körperlichen Wasserspeicher sowie den Blutzuckerspiegel negativ.

Getreide, Kartoffeln und Co.

Eine gesunde Ernährung mit guter Kohlenhydrat- und Wirkstoffversorgung steht und fällt mit der Aufnahme von stärkehaltigen Nahrungsmitteln, die zudem möglichst naturbelassen – soll heißen: vollwertig – sind.

Getreide

In nahezu allen Volksstämmen und -schichten stellt Getreide seit Jahrtausenden die Grundlage zur Sicherung einer nähr- und wirkstoffreichen Ernährung dar. Dementsprechend sind im Laufe der Zeit Arten wie Dinkel, Roggen oder Weizen immer weiter kultiviert worden und in unterschiedlichster Art und Weise verarbeitet in den Lebensmittelregalen unserer Welt zu finden.

Sie sind beim Einkauf auf der grünen Seite, wenn Sie möglichst oft zu Produkten aus Vollkorn und mit wenig bis gar keinen Zuckerzusätzen greifen. Damit ist gewährleistet, dass Sie beim Verzehr guter Kohlenhydrate neben ein wenig Eiweiß und gesunden Fetten auch noch die massive Wirk- und Ballaststoff-Armada zu sich nehmen, die bei Getreidekörnern vor allem in der Nähe der Schale angesiedelt ist. Weißmehlprodukte hingegen enthalten kaum noch Wirkstoffe und sind lediglich dumpfe Nähstofflieferanten.

Info-Box 7.5: Dinkel schlägt Weizen
Die weltweit dominierende Getreidesorte ist der Weizen. Gründe dafür sind, dass der Ertrag mittels Kunstdünger rasant gesteigert werden kann, das Korn industriell ideal verwertbar ist und einen hohen Gehalt an Klebereiweißen (= Gluten) besitzt, wodurch sich Backwaren besonders gut herstellen lassen. Im Vergleich dazu ist Dinkel zwar deutlich nähr- und wirkstoffreicher, auch aromatischer, jedoch um ein Vielfaches ertragsärmer. Zudem lassen sich die Körner nur mit großem mechanischen Aufwand gewinnen und die Verarbeitung zu Mehl ist um einiges schwieriger.

Nachdem Dinkelprodukte über Jahrzehnte hinweg vom Weizen nahezu völlig aus den Lebensmittelregalen verdrängt wurden, ist gegenwärtig eine gewisse Renaissance zu beobachten. Diese scheint weniger auf Nostalgie zu beruhen, als vielmehr auf dem Verdacht, dass übermäßiger Verzehr von Weizenprodukten zu gesundheitlichen Problemen führen kann und für die Entstehung von Allergien verantwortlich ist. Als Ursache hierfür wird in erster Linie die jahrzehntelange Hochzüchtung des Weizens genannt, die mit einem stetigen Anstieg des Glutengehalts einherging. Dazu ebenfalls immer problematischer: Weizen nimmt vergleichsweise schnell Schadstoffe in sich auf. So ist beispielsweise die Menge an Schwermetallen, die die Körner in sich tragen, mitunter bereits äußerst bedenklich.

Alternativ zu Weizen und entsprechenden Produkten bieten sich Lebensmittel an, die aus Roggen, Gerste, Hafer, Buchweizen, Hirse oder Reis sowie Exoten wie Quinoa oder Amaranth hergestellt worden sind.

Reis
Im Naturzustand enthalten Reiskörner unzählige Wirkstoffe, dazu reichlich gute Kohlenhydrate, leicht verdauliche Eiweiße und kaum Fett. Ähnlich wie bei den Getreidekörnern enthält das Korn allerdings umso weniger Wirkstoffe, je stärker es industriell bearbeitet wurde und je weißer es dadurch geworden ist. Nach entsprechender Verarbeitung erhöht sich zwar seine Haltbarkeit, außer Stärke

enthält es jedoch kaum noch gesundheitsrelevante Stoffe. So ging beispielsweise aus einer Untersuchung der Harvard School of Public Health mit knapp 200 000 Probanden hervor, dass Menschen, die mehrmals pro Woche Naturreis essen, ein geringeres Diabetes-Risiko haben.

Kartoffeln

Was das Ausmahlen bei Getreide und Reis darstellt, ist bei der Kartoffel die Weiterverarbeitung zu diversen Industrieprodukten wie etwa Püreepulver, Chips oder tiefgekühlten Pommes frites. Kartoffeln in Naturform liefern unzählige lebensnotwendige Nährstoffe und machen satt. In den vielen Verarbeitungsvarianten der Nahrungsmittelindustrie liefern sie hingegen oftmals nur noch leere Kalorien, in frittierter Form zudem noch gefährliche Transfettsäuren. Auch hier gilt die Empfehlung, bei der Zubereitung seiner Mahlzeiten so oft wie möglich die ganze Knolle zu verwenden. Da die Kombination der spezifischen pflanzlichen und tierischen Eiweiße besonders hochwertig ist, raten Ernährungswissenschaftler zudem dazu, Kartoffeln in Kombination mit Milch und Milchprodukten zu verzehren.

Gemüse und Obst

Gemüse und Obst sind unsere Top-Wirkstofflieferanten. Der maßgebliche Unterschied besteht in dem Gehalt an Nährstoffen.

Gemüse

Gemüse ist in der Regel äußerst nährstoffarm. Neben ein paar Gramm Kohlenhydraten liefern die meisten Sorten nur Milligramm-Mengen an Eiweißen und Fetten. Dafür jedoch sind Paprika, Möhren, Kohl und Co. die eindeutigen Wirkstoff-Stars unter unseren Lebensmitteln. In nahezu allen Ernährungsschulen und -richtungen wird darauf hingewiesen, täglich mindestens zweimal Gemüse als Rohkost, als Hauptgericht oder in Form von Beilagen zu sich zu nehmen. Je unverarbeiteter und frischer das Gemüse ist, desto eher wird eine tatsächliche Lieferung sämtlicher guter Dinge, die die Pflanzen ursprünglich in sich tragen, an unseren Körper gewährleistet. Wird das Gemüse dagegen bis zur Matschgrenze weichgekocht oder vor dem Verzehr ewig lang gelagert, ist von dieser Ursprünglichkeit kaum noch etwas übrig.

Info-Box 7.6: Sonderfall Hülsenfrüchte

Innerhalb unserer Nahrungsmittel liefern Hülsenfrüchte wie Bohnen, Linsen oder Erbsen den umfassendsten Komplex an Nähr- und Wirkstoffen. Was sie dabei von anderen Gemüsesorten unterscheidet, ist ihr hoher Eiweißgehalt. So liegt etwa der Eiweißgehalt von 100 Gramm trockener Linsen bei 26 Gramm. Zum Vergleich: 100 Gramm Hühnerfleisch enthält „nur" 21 Gramm Eiweiß.

Pflanzliches Eiweiß scheint für uns allerdings nicht ganz so gut verwertbar zu sein wie tierisches. Grund dafür ist die deutlich geringere Menge an essentiellen Aminosäuren. Dennoch ist eine Kost, die reich an Hülsenfrüchten ist, dazu geeignet, den Fleischkonsum niedrig zu halten bzw. ganz zu ersetzen. Das klappt vor allem dann ganz hervorragend, wenn zudem regelmäßig Milch und Milchprodukte verzehrt werden.

Unbestrittener Nachteil von Hülsenfrüchten ist allerdings ihre blähende Wirkung. Zudem erfordern sie eine lange Einweich- und Kochzeit und damit eine etwas aufwendigere Menüplanung.

Obst

Frische Früchte tragen eine ähnlich hohe Wirkstoffmenge in sich wie Gemüsepflanzen. Aufgrund ihrer mitunter hohen Menge an Ein- und Zweifachzucker scheint jedoch eine Beschränkung auf ein bis zwei Früchte pro Tag ratsam zu sein.

Von den klassischen Obstsorten wurde der Apfel ein paar Seiten zuvor bereits hervorgehoben. Klassiker im deutschsprachigen Raum sind zudem Bananen und Zitrusfrüchte. Bei Bananen gilt, dass ihr Reichtum an einfachen Zuckern mit ihrem Reifegrad zunimmt. Um die Insulinproduktion des Körpers nicht übermäßig zu befeuern wäre es also clever, eher zu grüngelben Exemplaren denn zu leuchtend gelben oder gar bereits leicht angebräunten zu greifen. Für den Verzehr von Zitrusfrüchten zudem noch der Tipp: Entfernen Sie das weiße Gewebe unter der Schale nicht vollständig, da sich hier der größte Teil der wertvollen sekundären Pflanzenstoffe befindet.

Milch und Milchprodukte

Für eine ausgewogene Ernährung spielen Milch und Milchprodukte eine wichtige Rolle. Wer zu wenig davon aufnimmt, läuft Gefahr, seinem Körper nur unzureichend mit Calcium zu versorgen. Milch enthält zudem Kohlenhydrate in Form von Milchzucker, Fetten und hochwertigen Eiweißen, dazu auch noch zahlreiche Vitamine und weitere Mineralstoffe.

Bis vor etwa 8000 Jahren waren die Menschen auf der Erde nicht in der Lage, Milch in unverarbeiteter Form zu verdauen, weil ihnen für den Abbau des Milchzuckers (= Laktose) das Enzym Laktase fehlte. Im Laufe der Zeit fanden in den Körpern unserer Vorfahren jedoch zahlreiche Genmutationen statt, die unter anderem zu der Fähigkeit geführt haben, Laktase zu produzieren. Gegenwärtig kann zumindest ein Viertel der weltweiten Bevölkerung Kuhmilch konsumieren, ohne dass es zu Unverträglichkeitssymptomen wie Bauchschmerzen, Blähungen oder Durchfall kommt.

Problemlos möglich hingegen ist nahezu jedem von uns der Verzehr von weiterverarbeiteter Milch in Form von Joghurt, Buttermilch oder Käse. Sollten Sie also den Verdacht haben, unverarbeitete Milch täte Ihnen nicht gut, wollen aber die vielen positiven Nähr- und Wirkstoffe der Milch dennoch nutzen, ist Ihnen der Konsum solcher Produkte zu empfehlen. Zudem wäre natürlich eine medizinische Abklärung angesagt, ob tatsächlich eine Laktoseintoleranz vorliegt.

Milchprodukte sind so schmackhaft, weil sie immer auch Träger von versteckten Fetten sind. Wenn auf den Packungen etwas von Sahne, Doppelrahmstufen oder Ähnlichem zu lesen ist, sollte nur in Maßen zugegriffen werden. Aus Geschmacksgründen scheint es mir allerdings auch nicht ratsam, ins andere Extrem zu verfallen und nur noch trockene Magermilchprodukte und völlig fettbefreite, bereits unnatürlich bläulich schimmernde Milch zu konsumieren. Der Verzehr von teilentrahmter Milch und Joghurt mit einem Fettanteil von 1,5 Prozent, sowie Buttermilch und Kefir, die von sich aus fettarm sind, hilft, einen Großteil des täglichen Eiweißbedarfs zu decken, ohne dabei gleichzeitig übermäßig viel Fett zu sich zu nehmen. Und echten Käseliebhabern ist geraten, die geliebten aber in der Regel leider nun mal recht fetten Sorten zukünftig eher als Genuss- denn als Lebensmittel zu betrachten und die Konsumgewohnheiten von Qualitäts- statt Quantitätsmaßstäben leiten zu lassen.

Fleisch, Fisch und Eier

Fleisch, Fisch und Eier liefern hochwertiges Eiweiß und sind auch hinsichtlich ihrer Wirkstoffe nicht zu verachten. Vegetarier allerdings zeigen, dass ein gesundes und glückliches Leben auch ohne den Verzehr von Tieren möglich ist. Die Mehrzahl an seriösen medizinischen Studien bescheinigen Vegetariern sogar oftmals deutlich bessere Gesundheitswerte, als ihren fleischverzehrenden Mitbürgern.

Fleisch

Ohne Frage bedeutet aber gerade der Verzehr von Fleisch für viele von uns ein Stück Lebensqualität. Viele Fleischsorten liefern neben Geschmack und Eiweiß auch einiges an Fett, oftmals hohe Mengen an gesättigten Fettsäuren und Cholesterin sowie – bedingt durch Massentierhaltung und industrielle Verwertung – leider auch immer flächendeckender gesundheitsbedenkliche Mastzusätze und Rückstände von Medikamentengaben wie Antibiotika. Aus gesundheitlicher Sicht scheint vor allem der regelmäßige Verzehr von rotem Fleisch vom Rind, Schwein oder Lamm sowie daraus hergestellten Produkten wie Wurst kritisch zu sein. Menschen, die sich entsprechend ernähren, haben überdurchschnittlich oft Probleme mit Diabetes, Herz-Kreislauf-Erkrankungen oder Darmkrebs. Die Harvard School of Public Health stellte in einer über 28 Jahre andauernden Langzeitstudie sogar fest, dass regelmäßige Rotfleisch-Verzehrer im Schnitt früher starben als Personen aus den Kontrollgruppen, die davon wenig bis gar nichts aßen. Als unbedenklich gilt gegenwärtig noch der Verzehr von weißem Geflügelfleisch. Bedingt durch die Massentierhaltung kann jedoch zumindest beim Hühnerfleisch nicht von einer geringeren Problematik hinsichtlich schädlicher Zusätze und Medikamentenreste gesprochen werden.

Egal ob rotes oder weißes Fleisch: Die deutsche Gesellschaft für Ernährung (DGE) empfiehlt Erwachsenen, den Fleischkonsum pro Woche auf maximal 600 Gramm zu beschränken – darin mit einberechnet sind natürlich auch bereits diverse weiterverarbeitete Fleischprodukte wie Wurst. Zudem wird immer häufiger dazu geraten, auf möglichst hohe Fleischqualität zu setzen. Und wer ganz auf Nummer sicher gehen will, dem bleibt wohl nur der direkte Kauf bei einem kontrollierten Biohof.

Fisch

Der Verzehr von Fisch wird von der DGE ein- bis zweimal pro Woche empfohlen. Fische enthalten viel gutes Eiweiß, reichlich Wirkstoffe wie beispielsweise Jod, und vor allem die im kalten Gewässer beheimateten Fischsorten (Lachs aus dem Atlantik, Makrelen und Heringe) zudem noch wertvolle Omega 3-Fettsäuren. Leider häuft sich auch bei Fischen und Fischprodukten die Problematik von Zusätzen und Schadstoffen. So gelten etwa besonders fetthaltige Arten wie Heilbutt oder Hecht, aber auch der Thunfisch als zunehmend mit Schwermetallen belastet. Es scheint also ratsamer, vom Verzehr dieser Arten abzusehen. Ein Fisch sollte beim Kauf frisch sein, kühl gelagert und innerhalb von 24 Stunden verzehrt werden. Im Zweifel oder aus praktischen Gründen lässt sich natürlich auch auf Tiefkühlware zurückgreifen.

Eier

Ein gutes Beispiel für die rasant schwankenden Meinungen in der Ernährungsszene ist das Ei. Noch vor wenigen Jahren galt ein starker Eierkonsum aufgrund des hohen Cholesteringehalts – jedes Ei enthält davon gut 270 Milligramm – als gesundheitsgefährdend. Diese fettähnliche Substanz gilt als einer der Hauptrisikofaktoren, wenn es um Arteriosklerose und Herz-Kreislauf-Erkrankungen geht. Inzwischen hat sich diese Sicht allerdings radikal verändert. Anstoß dafür war eine Gemeinschaftsstudie mehrerer amerikanischer Universitäten, in der zwei Probanden-Gruppen miteinander verglichen wurden. Die eine aß über 30 Tage lang keine Eier oder Eierprodukte, die andere hingegen täglich 20 Eier. Das damals überraschende Ergebnis: die Cholesterinwerte der „Eier-Gruppe" lagen unter den der „Eierlosen-Gruppe". Begründet wird dies inzwischen mit dem in Eiern ebenfalls reichlich vorhandenen Stoff Lezithin, der für uns Menschen generell sehr wertvoll ist und unter anderem die Aufnahme von Cholesterin in den Körper verhindert.

Nach einer gewissen Verwirrungs- und Gewöhnungszeit kommen nun aus den diversen Ernährungsinstituten zaghafte Hinweise, die einstmals strikten Vorgaben hinsichtlich des Eierkonsums zu lockern. Gegenwärtig gilt folgende differenzierte Sichtweise als „State of the Art": Unter uns gibt es eventuell sogenannte Responder, bei denen Eier den Cholesterinwert trotz des Lezithins nach oben treiben. Andere hingegen können Eier recht unbekümmert in größeren Mengen verzehren. Sollten Sie sich nicht sicher sein, ob Sie nun ein solcher Responder sind oder nicht, machen Sie wohl keinen Fehler, wenn Sie sich an der einstigen Empfehlung orientieren. Sie lautete: maximal drei Eier pro Woche.

Öle und Fette

Wie bereits dargestellt, benötigt unser Körper Fette, um gesund und leistungsfähig bleiben zu können. Zudem ist Fett ein Aromaträger, der unseren Speisen Geschmack verleiht. Wirklich relevant für unsere Gesundheit und Vitalität sind allerdings nur die ungesättigten Fettsäuren. Finden lassen sie sich primär in pflanzlichen Nahrungsmitteln sowie hochwertigen Speiseölen. Die Empfehlung lautet daher, bei der Zubereitung und Aufwertung von Speisen auf hochwertiges Oliven-, Sonnenblumen- oder Rapsöl zu setzen und auf die Benutzung von Ölen und Fetten auf tierischer Basis weitestgehend zu verzichten. Zudem ist es ratsam, den Konsum von frittierten Nahrungsmitteln einzuschränken. Hier kommen oftmals nur billige Fette zum Einsatz, zudem besteht die Gefahr, übermäßig viele der enorm gesundheitsgefährdenden Transfettsäuren aufzunehmen.

Info-Box 7.7: Wie gesund ist Margarine?

Margarine galt noch bis vor wenigen Jahren als gesunde Alternative zur angeblich ungesunden Butter. Dieses Bild ist trotz zahlreicher Rettungsbemühungen der Margarine-Lobby inzwischen deutlich ins Wanken geraten.

Margarine ist ein preiswertes und vergleichsweise einfach herzustellendes chemisches Produkt. Als Inhaltsstoffe dominieren industriell gehärtete Pflanzenöle, Wasser sowie metallische Katalysatoren, die mit einer Vielzahl von chemischen Zusatzstoffen, die Farbe, Geschmack, das Mundgefühl sowie die Streichfähigkeit „konsumgerecht" gestalten sollen, vermischt werden.

Bei der Härtung der Pflanzenöle wandeln sich die ursprünglich ungesättigten Fettsäuren in die wenig gesunden gesättigten Fettsäuren um. Dabei entstehen auch

Transfettsäuren, die von Ernährungs- und Gesundheitsforschern als massive Risikostoffe für die Gesundheit angesehen werden. Dr. Bruce West von der unabhängigen amerikanischen Gesundheitsorganisation „Health Alert" bezeichnet Margarine sogar als „flüssiges Plastik", das beim Verzehr „jede Zelle im Körper negativ beeinflusst".

Im Auftrag der enorm mächtigen Lebensmittelindustrie hat es die Werbebranche jedoch bereits vor Jahrzehnten geschafft, das Kunstprodukt Margarine in den Köpfen der Verbraucher als natürliche und gesündere Alternative zur Butter zu positionieren. Dies ist besonders erwähnenswert, weil gerade Butter eines der wenigen verbliebenen Lebensmittel ist, das nach wie vor industriell kaum bearbeitet und chemisch nicht hochgepäppelt wird. Zudem enthält dieses Naturprodukt zwar reichlich Cholesterin und gesättigte Fettsäuren, ist jedoch völlig frei von Transfettsäuren und reich an der lebensnotwendigen Linolsäure.

Genussmittel

Als Mensch der Neuzeit ist Teil unseres Schicksals, dass unserem biologischen System die Nahrungsquellen besonders gut schmecken, die schnell und reichlich Energie liefern, es uns aber längst keine Mühen mehr bereitet, diese zu finden. Wenn wir wollen (und ein Mindestmaß an Kleingeld besitzen), können wir uns mit Süßem, Fettigem und natürlich auch Salzigem an jeder Straßenecke versorgen und solche Genussmittel massenhaft in uns reinstopfen. Nicht viel anders sieht es hinsichtlich der Versorgung mit alkoholhaltigen Getränken aus.

Mit der Situation unserer Vorfahren vor wenigen tausend Jahren hat dieser Überfluss natürlich nichts mehr zu tun. Für sie war es ebenso schwierig, etwas Süßes zu finden, um dem ewig hungrigen Körper den nächsten Schub an schneller Energie liefern zu können, wie sich ausreichend mit Mineral- und Spurenelementen zu versorgen oder ihr Überleben durch regelmäßige Aufnahme von Fetten und Eiweißen zu sichern. Entsprechend tragen auch wir noch ein Geschmackssystem in uns, das die Aufnahme eben solcher Nahrungsmittel besonders honoriert. Süße, salzige und fettreiche Nahrungsmittel schmecken uns besonders gut und unser Gehirn fordert davon beständig mehr. Kommt es zu entsprechenden Geschmackserlebnissen, wird das nach wie vor archaisch arbeitende Belohnungssystem in unserem Gehirn aktiviert und gibt uns das trügerische Signal: Gut gemacht, weiter so! Entsprechend bewusst sollten wir mit diesem trügerischen Drang umgehen.

Süßes

Auf süße Naschereien zu verzichten, fällt vielen Menschen besonders schwer. Was uns dabei so gut schmeckt ist ganz banal der süße Zucker. Wie Sie inzwischen längst wissen, sorgt dieser kurzfristig für einen schnellen Energieschub und hellt zudem die Laune auf. Danach kommt es aufgrund einer vermehrten Insulinausschüttung jedoch schnell zum erneuten Absacken des Blutzuckerspiegels, verbunden mit aufkommender Müdigkeit und Verschlechterung der Laune. Um diesen unerquicklichen Zustand zu beenden, giert das Gehirn in dieser Situation nach der nächsten erlösenden Zuckerladung und man ist mitten drin im ewigen Kreislauf des Blutzucker- und Laune-Up-and-Downs.

Fatal dabei, dass wir in unserer gestylten Lebensmittelwelt selbst bei völligem Verzicht auf Süßigkeiten schnell Gefahr laufen, deutlich zu viel Zucker zu uns zu nehmen. Obst und Milchprodukte nicht mitgerechnet empfiehlt die Weltgesundheitsorganisation WHO eine Zuckeraufnahme von höchstens 50 bis 60 Gramm pro Tag. Diese Menge ist aber beispielsweise bereits in einem halben Liter Cola enthalten. Während sich vielleicht auf diesen Softdrink noch ganz gut verzichten lässt, ist Zucker aber dummerweise in unterschiedlichsten Formen und Bezeichnungen längst in nahezu allen Fertiggerichten enthalten. Auch in auf den ersten Blick unverdächtig wirkenden Produkten wie Ketchup, eingelegten Gurken oder Fruchtjoghurt befinden sich bereits überraschend hohe Zuckermengen.

Was also tun, vor allem wenn man auf Süßes steht? Wenn Sie tatsächlich Hunger empfinden, sollte gerade in dieser Situation der Griff nach Süßigkeiten konsequent vermieden werden. Das gleiche gilt für Stressphasen – der Griff zu Süßigkeiten ist *der* klassische Impuls aus unserem Unterbewusstsein heraus, um Stress zu kompensieren. Essen Sie bei einem echten Hungergefühl lieber gleich eine vollständige Mahlzeit und trinken Sie bei stressbedingten Heißhungerattacken zuerst ein Glas Wasser und ergänzen es danach ganz bewusst und langsam mit einem Stück Obst. Hier gilt übrigens die Banane als echter Stresskiller.

Sparen Sie sich die Aufnahme von Süßigkeiten für Momente auf, in denen Sie diese auch wirklich genießen können. Machen Sie etwas Besonderes daraus. Das gelingt Ihnen, wenn Sie solche Augenblicke eher rar halten, sich dem Geschmackserlebnis dafür aber mit Haut und Haaren hingeben. Weiteres dazu folgt im Kapitel 10 „Energie durch Freude – Spaß und Genuss".

Info-Box 7.8: Zuckerersatzstoffe

Zuckerersatzstoffe werden in zwei Sorten eingeordnet: Süßstoffe sind nahezu nährstoff- und kalorienfrei, Zuckeraustauschstoffe hingegen enthalten fast so viel Kalorien wie Zucker, die darin enthaltenen Kohlenhydrate werden jedoch vom Körper deutlich langsamer abgebaut und provozieren demnach keine bzw. eine deutlich geringere Insulinausschüttung.

Die bekanntesten Süßstoffe sind Saccharin, Cyclamat, Thaumatin, Aspartam, Neohesperidin-Dihydrochalkon und Stevia (Letzeres ist auf der Zutatenliste von Lebensmitteln inzwischen als „Zusatzstoff E 960" gekennzeichnet). Relativ neu ist der Hinweis, dass ihr Konsum mit der Entstehung von Übergewicht zusammenhängt. Diese paradox wirkende Erkenntnis lässt sich dahingehend begründen, dass dem Körper beim Erleben des süßen Geschmacks die erwartete Ladung an Energie fehlt. Dieses Mogelpaket wird von unserem biologischen System keinesfalls akzeptiert, als Gegenreaktion wird nun das Hungerempfinden so richtig angekurbelt. Vereinfacht gesagt: Der Konsum von Süßstoffen macht hungrig und führt recht schnell zur kompensatorischen Mehraufnahme von Nahrung.

Zuckeraustauschstoffe liefern dem Körper die erwarteten Kalorien, sodass bei ihrer Aufnahme der beschriebene Kompensationsreflex ausbleibt. Die bekanntesten dieser Stoffe sind hier Sorbit, Mannit und Xylit. Ihre Aufnahme verhindert zum einen die mit der Aufnahmen von Zucker und zuckerhaltigen Lebensmitteln einhergehenden extremen physiologischen und mentalen Ups und Downs, minimieren aber auch das Risiko für Krankheiten, die im Zusammenhang mit einem hohen Zuckerkonsum stehen wie Adipositas, Diabetes und Karies.

Fettiges

Neben Zucker ist Fett einer der wichtigsten Geschmacksträger. Besonders verführerisch für uns daher auch, wenn beide Stoffe in Kombination miteinander auf unsere Geschmacksnerven treffen. Dies ist beispielsweise auch einer der Gründe, warum uns Schokolade so gut schmeckt.

Fett steckt aber nicht nur in Schokolade, sondern in nahezu allen spaßversprechenden Lebensmitteln wie Keksen, Kuchen und Torten, aber natürlich auch in Chips, Sahnesoßen und Mayonnaise oder Pommes frites. Da – ähnlich wie bei Zucker – auch die durch unsere normale Nahrung zu uns genommene Menge an Fett in der Regel deutlich zu groß ist, gilt auch bei der Aufnahme von fettreichen Lebensmitteln der vermutlich wenig überraschende Rat, es sich generell für einen mäßigen und bewussten Genuss in seltenen, besonderen Momenten aufzusparen.

Salziges

Auch wenn uns pures Salz auf der Zunge bei Weitem nicht so gut schmeckt wie Zucker: In Kombination mit anderen Geschmacksrichtungen mögen wir es durchaus gern und empfinden Speisen schnell als fad, wenn mit Salz gegeizt wurde oder es gar ganz fehlt. In dieser schmackhaften Kombination aufgenommen, bewirkt es im Gehirn die Ausschüttung des Glückshormons Dopamin. Unser System belohnt uns also auch mit guten Gefühlen, wenn wir Salziges zu uns nehmen.

Unser Speisesalz besteht hauptsächlich aus dem für uns lebenswichtigen Natriumchlorid, bedeutsam für Wasserhaushalt, Nervensystem, Knochenaufbau und Verdauung. Um gesund zu bleiben, benötigen wir davon laut WHO je nach Konstitution und klimatischem Umfeld allerdings lediglich 3 bis 6 Gramm pro Tag.

Diese Menge wird in der modernen Welt bereits durch das Salz in unseren normalen Gerichten mehr als abgedeckt.

Als gesundheitlich bedenklich gilt, wenn die täglich aufgenommene Gesamtmenge von Salz kontinuierlich die Grenze von 16 bis 20 Gramm überschreitet. Dabei lauert primär die Gefahr, an Bluthochdruck zu erkranken. Provoziert wird dies durch seine wasserbindende Wirkung, die sich auch belastend auf die Nieren auswirken und sie langfristig schädigen kann. Neuere medizinische Studien haben allerdings offenbart, dass ein hoher Salzkonsum nicht bei allen Menschen automatisch zu gesundheitlichen Problemen führen muss. Ähnlich wie beim Konsum von Eiern scheint es auch hier Responder zu geben, bei denen der Körper auf eine hohe Salzmenge besonders sensibel reagiert. Die Empfehlung lautet daher, sich selbst und seine Reaktionen auf Salz unter die Lupe zu nehmen und den Salzkonsum im Zweifelsfall bewusst zu begrenzen.

Koffein

Koffein ist der Stoff, der weltweit in nahezu allen aktivierenden Genussmitteln enthalten ist. Die bekanntesten natürlichen Koffeinlieferanten sind Kaffee und schwarzer Tee (dort oft bezeichnet als Teein), Klassiker unter den künstlich hergestellten Produkten ist die Cola, gegenwärtig sehr gefragt zudem die diversen Energie-, Aktiv- und Vitaldrinks.

Vor dem übermäßigen Genuss von Kaffee wurde einige Jahre zuvor aus gesundheitlichen Gründen noch dringend gewarnt. Als Hauptargument wurde angeführt, dass Kaffee die Wasserausscheidung des Körpers antreiben würde und zu einer schleichenden Austrocknung des Körpers führen könne. Diese Aussage ist so jedoch nicht mehr haltbar. Forschungen haben ergeben, dass der Körper darauf umso weniger sensibel reagiert, je mehr man an Kaffee gewöhnt ist. Demzufolge bleibt auch der Wasserhaushalt stabil.

Mehr als drei Tassen Kaffee am Tag sollten es aber dennoch nicht sein. Wird dem Körper zu viel Koffein zugeführt, schlägt die ursprünglich aktivierende und Konzentration steigernde Wirkung um und führt zu nervöser Unruhe und körperlicher Rastlosigkeit. Das gleiche gilt für Schwarztee, ebenso natürlich für Cola und alle sonstigen koffeingeschwängerten Produkte.

Weiterer Nachteil von starkem Koffeingenuss: Das Gehirn gewöhnt sich an die Stimulierungskunst des äußeren Helfers und verliert nach und nach die Fähigkeit, sich und den Körper aus eigener Kraft heraus leistungs- uns situationsgerecht zu aktivieren. Folglich entsteht eine körperlich gebundene Abhängigkeit, ein anderes Wort dafür wäre Sucht. Kommt der Koffeinfluss von außen ins Stottern oder gar ganz zum Erliegen, reagiert ein abhängiger Körper mit allgemeiner Müdigkeit und zunehmenden Kopfschmerzen. Diese Symptome sind als klassische Entzugssignale zu verstehen. Sie verdeutlichen, dass das Gehirn ohne Koffeindoping von außen nicht mehr wirklich gut zurechtkommt und seine Fähigkeit zur Selbstaktivierung – zumindest temporär – verloren hat.

Die Empfehlung lautet daher, auch koffeinhaltige Getränke als reine Genussmittel zu betrachten. Hin und wieder genossen, schmecken sie nicht nur gut, sondern können – punktuell eingesetzt – in anspruchsvollen Situationen auch ihre volle gehirnaktivierende und leistungsfördernde Wirkung entfalten.

Alkohol

Die kurz- und langfristigen Wirkungen auf das Gehirn sowie die Suchtgefahr sind natürlich auch die vorrangigen Themen, wenn es um Alkohol geht. Darüber hinaus fällt Alkohol bei der Energieversorgung des Körpers – im wahrsten Sinne des Wortes – ins Gewicht. Ein Gramm Alkohol enthält satte 7,1 kcal (30 kJ) und ein herkömmliches Glas (200 ml) Rotwein liefert beispielsweise bereits 165 kcal (690 kJ). Diese Zahlen im Blick, darf es dann auch nicht verwundern, dass Alkohol in der Ernährung von deutschen Bundesbürgern im statistischen Mittel sage und schreibe gut zehn Prozent der täglichen Energiezufuhr liefert.

In Alkohol sind keinerlei Wirk- oder Vitalstoffe enthalten. Bei Aufnahme wird er immer direkt verstoffwechselt, parallel werden die Energien aus den anderen Nährstoffen in Fett umgewandelt und wirken für die Fettdepots des Körpers entsprechend bereichernd. Alkohol ist zudem ein nicht zu unterschätzendes Zell- und Nervengift. Unmittelbar bewirkt er eine Bewusstseinsveränderung, die als betäubend oder stimulierend empfunden wird und temporäre Gemüts- oder gar Persönlichkeitsveränderungen zur Folge haben kann. Dies geht mit der Verlangsamung von Aktions-

und Reaktionsfähigkeiten sowie einer allgemeinen Enthemmung einher. Regelmäßiger Alkoholkonsum schädigt die Zellen insbesondere innerhalb des Nervensystems, im Gehirn sowie in der Leber. Chronischer Alkoholkonsum führt schließlich über kurz oder lang zur Schädigung der gehirnschützenden Blut-Hirn-Schranke. So haben immer mehr Giftstoffe die Möglichkeit, ins Gehirn zu gelangen und für zahlreiche degenerative Erkrankungen bis hin zur völligen Verblödung zu sorgen.

Dies alles sind für Sie wahrscheinlich keine neuen Erkenntnisse. Gleichzeitig muss wohl auch ein Stück weit akzeptiert werden, dass der Konsum von Alkohol zumindest in westlich geprägten Gesellschaften als mehr oder weniger fester Bestandteil von Genuss, Gemütlichkeit und Geselligkeit verstanden wird. Die Empfehlung an dieser Stelle kann daher nur lauten, Alkohol in seinen unterschiedlichsten Spiel- und Darreichungsformen nicht nur als pures, sondern vor allem auch als das mit Abstand gefährlichste frei erwerbbare Genussmittel zu verstehen. Vor allem wenn es Ihnen um optimale Leistung, anhaltende Vitalität und stabile Gesundheit geht, sollten Sie die Disziplin aufbringen, den Konsum auf ein Minimum zu begrenzen und zudem unbedingt darauf zu achten, im Zusammenhang mit Alkohol keine alltäglichen oder situationsgebundenen Gewohnheiten zu entwickeln.

Info-Box 7.9: Das französische Paradox – Rotwein oder doch eher die Kunst zu leben?

Die Empfehlungen für gesunde Ernährung waren und sind Streitthema unter Experten – und werden es bis in unabsehbare Zeiten hinein wohl auch bleiben. Dabei ist es vor allem Ernährungsdogmatikern ein Dorn im Auge, dass sich Einzelpersonen oder ganze Gruppen finden lassen, die sich im Sinne einer gesunden Ernährung äußerst fahrlässig verhalten und dennoch gute Gesundheitswerte aufweisen und ihre Leistungsfähigkeit bis ins hohe Alter hinein bewahren können. Eines dieser Beispiele wird auch als französisches Paradox bezeichnet.

In kaum einem anderen Land der westlichen Welt ist die Lebenserwartung und Vitalität der älteren Generation so hoch wie in Frankreich. Dabei ernähren sich die Franzosen hinsichtlich Stoffwechselstörungen und Herz-Kreislauf-Erkrankungen eher risikoreich.

Nicht wenige Forscher versuchen dies mit dem regelmäßigen Genuss des „französischen Nationalgetränks" Rotwein zu begründen. In der Tat ist wissenschaftlich belegt, dass Alkohol eine gefäßerweiternde Wirkung hat. Doch vor allem die im roten Wein in hoher Zahl enthaltenen sogenannten Polyphenole (die zur Familie der sekundären Pflanzenstoffe zählen) scheinen eine enorm positive Wirkung auf die Gesundheit und insbesondere auf das Herz-Kreislauf-System zu haben.

Andere Experten schauen bei ihren Erklärungsversuchen bereits deutlich über den Tellerrand der Ernährung hinaus. Der ärztliche Direktor der Uniklinik in Heidelberg, Peter Nawroth, betont, dass ein stressfreies und zufriedenes Leben für Gesundheit und Lebensdauer weit wichtiger sei als die Form der Ernährung. Seiner Ansicht nach könne ein normal funktionierendes und nicht ständig mit Stresshormonen überflutetes Verdauungssystem aus jeglicher Nahrung das herausfiltern, was den Menschen optimal versorgt. Wichtig dabei sei lediglich, nicht dauerhaft mehr Kalorien zu sich zu nehmen, als man verbrauche. Vielleicht ist es also ratsamer, auch in Bezug auf die Ernährung vor allem Gelassenheit walten zu lassen. Zumindest wäre es schön, wenn Sie bei dem Versuch, den allgemeinen Ernährungsempfehlungen gerecht zu werden, nicht übermäßig verkrampfen und sich die Freude an der Vielzahl unserer mannigfaltigen lukullischen Möglichkeiten und Genüsse keinesfalls nehmen lassen.

8. Energie durch Aktivität – Bewegung

Es dürfte nicht verwundern, dass man sich auf dem Gebrauchtwagenmarkt generell nicht um Fahrzeuge reißt, die bereits übermäßig viele Kilometer heruntergerattert haben. Solche Autos sind mehr oder weniger „durch" und lassen in Bezug auf Zuverlässigkeit und Haltbarkeit nicht mehr viel erwarten. Wahre Autoexperten machen allerdings ebenso einen Bogen um Wagen, die über mehrere Jahre hinweg kaum bewegt wurden. Grund dafür ist, dass technische Systeme im wahrsten Sinne des Wortes „einrosten", wenn sie nicht regelmäßig benutzt werden.

Mit ein wenig Fantasie lässt sich dieses „Einrosten" auf unser biologisches System übertragen. Auch unser Körper setzt Rost an, wenn wir ihn nicht regelmäßig in Gang bringen und unsere Bewegungssysteme kaum belastet werden. Dabei ist die Gesunderhaltung von Muskeln, Knochen und Gelenken nur eines von vielen Argumenten, die für eine regelmäßige Bewegung sprechen. Chronischer Bewegungsmangel wirkt sich praktisch auf unsere sämtlichen Organe und Systeme negativ aus – ausdrücklich eingeschlossen ist dabei übrigens auch unser Gehirn.

Warum Bewegung?

Ein defektes Auto können Sie abstoßen und durch ein neues ersetzen. Bei Ihrem Körper sieht die Sache jedoch anders aus. Ob Sie es wollen oder nicht, er trägt Sie durch Ihr ganzes Leben. Es wäre also ratsam, seine biologischen Grundbedürfnisse ernst zu nehmen und ihm zu geben, was er braucht, um die eigene Gesundheit und Funktionsfähigkeit auf einem zumindest ausreichend guten Niveau erhalten zu können.

Unser genetisches Programm wurde im Laufe unserer Stammesgeschichte auf Bewegung gepolt. Unsere Organe und Systeme sind auf Fortbewegung via Muskelkraft spezialisiert. Für unsere Vorfahren war dies über Hunderttausende von Jahren hinweg grundlegende Voraussetzung, um mit den Anforderungen ihrer rauen Lebenswelten zurechtzukommen. Wer glaubt, diese Zeiten seien schon lange vorbei und der Mensch habe sich über die letzten Generationen hinweg vom Bewegungs- zum Kopfgeschöpf entwickelt, irrt gewaltig. Noch vor etwa hundert Jahren verbrauchte die überwiegende Zahl unserer Vorfahren rund 90 Prozent ihrer Energie durch Muskelarbeit. Gegenwärtig erreicht dieser Wert in der sogenannten ersten Welt oftmals nicht einmal mehr ein Prozent.

Bewegung als Gesundheitsfaktor

Statistisch gesehen werden wir immer älter. Innerhalb dieser größer werdenden Lebensspanne treten jedoch zunehmend früher und immer häufiger diverse gesundheitliche Probleme auf. Die überwiegende Zahl ist hausgemacht und auf einen ausgeprägten Bewegungsmangel zurückzuführen. Auf orthopädischer Seite lassen sich hier altbekannte Klassiker nennen wie hartnäckige Muskelverspannungen oder chronische Rückenschmerzen. Auf der internistischen Seite fällt vor allem die innerhalb der letzten Jahrzehnte fast schon dramatische Zunahme diverser Stoffwechselstörungen auf. Dazu zählen beispielsweise Bluthochdruck, Fettstoffwechselstörungen, Diabetes und Fettsucht.

Kommt regelmäßige Bewegung ins Spiel, verbessern sich viele solcher gesundheitlicher Probleme innerhalb kürzester Zeit oder verschwinden gar ganz. Aus diesem Grund haben sich Sport- und Bewegungstherapien längst in nahezu allen medizinischen Fachbereichen als feste Größe etabliert. Der Sportmediziner Klaus-Michael Braumann geht sogar so weit, zu behaupten, dass es „kaum noch Gesundheitsstörungen (gibt), die sich nicht mit Bewegung behandeln lassen".

Auswirkungen von Bewegungsmangel (Auswahl)

- Zunahme der Herzinfarkt- und Schlaganfallgefahr
- Erhöhung des Blutdrucks
- Durchblutungsstörungen
- Erhöhung der Blutfettwerte
- Zuckerkrankheit (Diabetes)
- Verdauungsprobleme
- Schwächung des Immunsystems
- Haltungsverfall und Haltungsschäden
- Muskelverspannungen
- Rückenschmerzen
- Bandscheibenvorfälle
- Knochenschwund (Osteoporose)
- zunehmendes Stressempfinden
- Schlafstörungen

Stärkung des Körpers

Bewegung sorgt für eine gute Durchblutung sämtlicher Organe. Durch körperliche Aktivität werden Nährstoffe, die den Körper in zu hoher Konzentration über kurz oder lang schädigen und zu Risikofaktoren für zahlreiche schwere Erkrankungen wie Herzinfarkt oder Schlaganfall heranwachsen, verbrannt. Zudem sorgt Bewegung für die Stärkung des Herz-Kreislauf-Systems sowie den Aufbau bzw. Erhalt von Muskulatur, Knochen und Gelenken.

Der durchschnittliche Mitteleuropäer sitzt gegenwärtig etwa 15 Stunden pro Tag und verbringt um die acht Stunden liegend im Bett. Beansprucht er seinen Bewegungsapparat auch in der verbleibenden Stunde nicht, wird sein Körper nach und nach in sich zusammensacken und statt Leistungsfähigkeit und Vitalität irgendwann einmal nur noch Schwäche ausstrahlen und gesundheitlich instabiler werden.

Aufbau und Verfall der aufrechten Körperhaltung

Stärkung der Immunabwehr

Regelmäßige Bewegung trainiert das Immunsystem. Ähnlich wie in einer Erkrankungs- oder Verletzungsphase steigert sich während einer länger durchgeführten Bewegungseinheit die Zahl der Abwehrzellen im Körper. Zudem zeigen zahlreiche Studien, dass die Killerzellen von trainierten Personen Viren und Krankheitserreger deutlich effektiver vernichten können, als dies bei untrainierten Personen der Fall ist. Bewegung führt also zur Verbesserung der quantitativen und qualitativen Möglichkeiten des Immunsystems und senkt so die Anfälligkeit für Infektionskrankheiten wie Erkältungen und Grippe fundamental.

Harmonisierung von Stressreaktionen

Wie Sie bereits zu Beginn dieses Buches erfahren haben, geht das Erleben von mentalem Stress mit unwillkürlichen Körperreaktionen einher, die den Bewegungsapparat blitzschnell mit einer maximalen Ladung an Energie versorgen. Ein wahrer Strauß an Stresshormonen sorgt dafür, dass sämtliche Organe und Körpersysteme auf intensive Bewegung geschaltet und die Muskeln mit Zucker- und Fettmolekülen geradezu überschwemmt werden. Fatal, wenn in solchen Momenten Bewegung ausbleibt. In diesem Fall passiert unter höchster körperlicher Anspannung: NICHTS! So hat der Organismus keine Chance, das vorhandene Energieangebot abzubauen oder gar die wild tanzenden Stresshormone unter Kontrolle zu bringen. Infolgedessen können sich auch die überschüssigen Herz-Kreislauf-Reaktionen nicht beruhigen.

Je öfter Sie Stress in dieser Form erleben, desto mehr wird es Ihren Geist auf der einen Seite erschöpfen, auf der anderen Seite jedoch in Ihrem Körper die Spannung erhöhen und die innere

Unruhe stetig wachsen lassen. Das einzige Mittel, Ihr auf Notfall geschaltetes Gesamtsystem wieder ins Lot zu bringen, ist und bleibt aktive Bewegung. Nur durch die aktive muskuläre Beanspruchung kann Ihr Körper die aufgestauten Energiemengen verbrauchen und den Abbau von Stresshormonen beschleunigen. Das körperliche Stressgeschehen kann sich auf diese Weise beruhigen und sich eine als angenehm empfundene körperlich-geistige Entspannung ausbreiten.

Steigerung des Wohlbefindens

Laut der Psychologin Dr. Renate Frank von der Justus-Liebig-Universität Gießen lässt sich das Niveau des Wohlbefindens recht gut über folgende Faktoren bestimmen:

- Zufriedenheit mit dem momentanen Körperzustand
- Vitalität und Lebensfreude
- Gefühl von Gelassenheit, Ruhe und Muße
- nachlassende Anspannung
- angenehme Müdigkeit
- Genuss, Freude und Lustempfinden
- Fähigkeit zur Konzentration und Reaktion
- gepflegt sein, frisch sein, angenehmes Körperempfinden

Wenn Sie sich diese Faktoren vor Augen führen, werden Sie feststellen, dass nahezu alle Faktoren durch Bewegung direkt beeinflussbar sind. Offensichtlich ist dies beim Körperzustand, soll heißen Körpergewicht und Körperfitness, oder bei der Vitalität und damit verbundenen Lebensfreude. Wie oben beschrieben, sorgt Bewegung durch den Verbrauch an Energie und den Abbau von Stress zudem für ein Gefühl der Ruhe, verbunden mit dem Erleben einer nachlassenden Anspannung und angenehmen Müdigkeit. Durch Ausschüttung sogenannter Glückshormone wie Dopamin sind es unter den Bewegungsformen vor allem Ausdauerbewegungen, die Gefühle von Freude und Lust befeuern können. Und schlussendlich sorgt Bewegung maßgeblich für die Verbesserung der Gehirnleistung, darunter fallen unter anderem auch die Konzentrationsleistung sowie das Reaktionsvermögen.

Verbesserung der Gehirnleistung

Sämtliche Bewegung geht vom Gehirn aus. Reflexartige Bewegungen entstehen im Rückenmark und Hirnstamm, willentliche im sogenannten motorischen Cortex (der an den beiden inneren Grenzbereichen der beiden Großhirnhälften liegt). Hier werden sensorische Signale aus der Muskulatur und Haut ausgewertet sowie Bewegungsmuster in Gang gesetzt und zu komplexen Bewegungsabfolgen zusammengestellt. Nicht verwundern dürfte daher, dass Bewegung speziell für diesen Gehirnbereich der Dreh- und Angelpunkt für die Entwicklung und den Erhalt seiner Struktur darstellt. Neu für Sie ist jedoch vielleicht die Information, dass Bewegung auf das gesamte Gehirn stimulierend wirkt und an vielerlei weiteren Orten das Wachstum und die Verschaltung von Gehirnzellen fördert.

In den Neuro- und Bewegungswissenschaften wird regelmäßige Bewegung längst als eine der wichtigsten Voraussetzungen für eine ganzheitliche Entwicklung des Gehirns gesehen. Die bedeutendsten Wirkungen – nachgewiesen bei Jung und Alt – sind:

- **Förderung der Verzweigung von Dendriten und Bildung neuer Synapsen innerhalb des gesamten Großhirns**
  Dadurch bilden sich neue Informationsnetze, die das Gesamtsystem des Denkens erweitern und ausdifferenzieren. Die Folge ist ein funktionsfähigeres Gehirn mit besseren Voraussetzungen für geistige Leistungen.
- **Bildung von neuen Gehirnzellen im Hippocampus**
  Diese Gehirnstruktur haben Sie bereits einige Kapitel zuvor kennengelernt. Als Bestandteil des limbischen Systems (in unserem Gehirn das Areal, das für emotionale Funktionen zuständig ist) beteiligt sich der Hippocampus maßgeblich an der Aufnahme, Koordination und Speicherung von Informationen und spielt zudem eine wichtige Rolle innerhalb der Regulation der körperlichen Reaktionen auf Stress. Je mehr Zellen er beansprucht, desto souveräner kann er seinen unterschiedlichen Aufgaben nachkommen und umso besser der schädigenden Wirkung des Stresshormons Cortisol widerstehen.
- **Bildung neuer Blutgefäße im Gehirn**
  Regelmäßiges Ausdauertraining lässt nicht nur in der Muskulatur und im Herzen neue Blutgefäße entstehen, sondern eben-

so im Gehirn. Dadurch können die Gehirnzellen besser mit Sauerstoff und Nährstoffen versorgt werden. So lässt sich eine geistige Leistung länger durchhalten und mitunter auch durchgängiger klarer denken.

- **Sauerstoffdusche fürs Gehirn**
  Auch hier sind es wieder die Ausdauersportarten, die zu diesem positiven und diesmal sogar unmittelbar eintretenden Effekt führen. Es war der legendäre Sportmediziner Wildor Hollmann, der als Erster nachweisen konnte, dass sich die Durchblutung in verschiedenen Gehirnarealen während einer Ausdauerbeanspruchung um satte 20 bis 30 Prozent erhöht. So gelangen mehr Sauerstoff und Nährstoffe ins Gehirn und sorgen für einen gewaltigen Frischekick, der auch nach Beendigung der Bewegung noch eine Zeit lang anhält.

Im Rennsport sind die Anforderungen an mentale Leistungsfaktoren, punktgenaue Konzentration und blitzschnelle Reizwahrnehmungen enorm. Um dem Gehirn optimale Leistungsvoraussetzungen zu schaffen, gehören daher Bewegungseinheiten zum festen Bestandteil der direkten Vorbereitungsmaßnahmen von Rennfahrern. Das Bild zeigt Timo Glock im Jahr 2006, wie er sich im Renntransporter seines Teams mittels Radfahren auf der Fahrradrolle auf ein Zeittraining in der GP2-Klasse vorbereitet.

Föderung eines guten Schlafs

Wie Sie im Kapitel zum Schlaf bereits erfahren haben, darf man sich als Bewegungsmuffel nicht über regelmäßig wiederkehrende oder chronisch vorhandene Ein- und Durchschlafprobleme wundern. Der Grund dafür liegt in der Menge an Adenosin, das sich über Tag hinweg im Organismus ansammelt und unser Gehirn ab einer gewissen Konzentrationsgrenze schläfrig werden lässt. Diese Grenze wird umso früher erreicht, je aktiver wir körperlich sind. Wird der Bewegungsapparat aber während des Tages kaum bis überhaupt nicht beansprucht, fällt der Anstieg des Adenosinpegels entsprechend bescheiden aus. Bei Bewegungsmuffeln ist es aus biologischer Sicht daher normal, wenn ihre innere Uhr im Laufe des Abends auf „Schlafengehen" schaltet, das Gehirn jedoch aufgrund einer unzureichenden Adenosinkonzentration noch nicht soweit ist. Entsprechend wach verbringt man dann große Teile der Nacht missmutig im Bett. Wie dargestellt, können hier bereits tägliche Bewegungsdosen von nur 30 Minuten wahre Wunder bewirken.

Wie bewegen?

Der Schriftsteller Erich Kästner formulierte einst den griffigen Satz: „Es gibt nichts Gutes, außer man tut es." Selbstredend gilt dieses Motto auch hinsichtlich Bewegung. Soll heißen: Es ist allesamt besser, Sie fangen möglichst schnell und irgendwie damit an, sich mehr zu bewegen, als sich übermäßig stark mit theoretischen Vorüberlegungen zu beschäftigen oder sich durch Gedankenspiele hinsichtlich des perfekten „Wie" und „Wo" ewig selbst zu blockieren.

Mehr bewegen im Alltag

Fernab von irgendwelchen Sportprogrammen und neuesten Trainingsratschlägen bringt ein bewegungsreich gestalteter Alltag der Gesundheit und körperlichen wie geistigen Leistungsfähigkeit bereits enorm viel. Dafür benötigen Sie kein ausgeklügeltes und durchgestyltes Bewegungsprogramm. Auch sollten Sie sich hier von angstmachenden Vorschriften mancher sogenannter Fitnessexperten hinsichtlich richtiger oder falscher Bewegungsformen tunlichst freimachen. Solange Ihr Bewegungsapparat gesund ist, kann Ihr Körper sämtliche Bewegungen, zu denen er aufgrund seiner Anatomie und Physiologie in der Lage ist, auch problemlos durchführen, ohne dass sofort irreparable Schäden befürchtet werden müssen. Ihr Körper ist für diese Bewegungen geboren worden! Problematisch wird es erst, wenn bereits Vorschädigungen vorhanden sind oder – unabhängig ob nun im Alltag oder durch ein gezieltes körperliches Training – einseitig beanspruchende Bewegungen übermäßig häufig durchgeführt werden.

Tipps für mehr Bewegung im Alltag

Während der Arbeitszeit

- zur Arbeit gehen
- mit dem Fahrrad zur Arbeit fahren
- Auto weiter entfernt parken und Restdistanz zu Fuß zurücklegen
- konsequent Treppe statt Aufzug benutzen
- bewegungsintensives Büro (siehe Info-Box 8.1)
- Besprechungen im Stehen/beim Gehen
- gezielte Bewegungspausen
- bewegungsaktive Mittagspause (z. B. Spazierengehen)

Während der Freizeit

- Auto öfter stehen lassen
- Wege verstärkt zu Fuß oder mit dem Fahrrad zurücklegen
- aktive Hausarbeit/Gartenarbeit
- bewegungsintensiver Haushalt (ähnlich Info-Box 8.1)
- Bewegungstreffen mit Freunden und Bekannten (z. B. gemeinsamer Spaziergang)
- konsequent Treppen statt Aufzüge und Rolltreppen benutzen
- Hund mit hohem Bewegungsdrang zulegen

Info-Box 8.1: Das bewegungsintensive Büro

Es wirkt paradox, aber wir leben in einer Zeit, in der immer öfter der Versuch unternommen wird, technischen Errungenschaften, die zu noch mehr Bequemlichkeit und noch größerer Bewegungsarmut führen, ein bewusstes Schnippchen zu schlagen. Einer dieser Versuche ist das bewegungsintensive Büro.

Hier gilt die Empfehlung, seinen Arbeitsplatz so einzurichten, dass man zur regelmäßigen Bewegung gezwungen wird. Dabei gilt als grundlegende Maxime: Nicht sitzen, wenn man stehen kann, und nicht stehen, wenn man sich bewegen kann.

Eine der Maßnahmen ist beispielsweise, das Telefon (bzw. Handy) NICHT in unmittelbarer Sitz- und Griffnähe zu positionieren. Befindet es sich ein paar Meter vom Schreibtisch entfernt, ist man gezwungen, sich für sämtliche Telefonate vom bequemen Bürosessel zu erheben und den Körper aktiv in Bewegung zu setzen. Das Gleiche gilt für die Positionierung sämtlicher anderer Dinge, die man in seiner Arbeitszeit regelmäßig benötigt (etwa Papierkorb oder Drucker – ideal, wenn mit Einzelblatteinzug).

Sehr empfehlenswert ist zudem ein zusätzliches Stehpult. Hier lässt sich so manche kleine Arbeitseinheit wie etwa das Lesen von Texten oder das Abrufen von E-Mails via Laptop in stehender Position durchführen.

Der Gesundheits-GAU: permanentes Sitzen

Die in der modernen Welt mit Abstand einseitigste, häufigste und demnach auch schädlichste Belastung für unseren Körper hat nichts mit problematischen oder gar grenzwertigen Bewegungsformen zu tun. Vielmehr ist es eine auf den ersten Blick rein passive Körperhaltung, die auf dem besten Wege ist, sich zum gesundheitlichen Super-GAU zu entwickeln: permanentes Sitzen.

Bereits in Kindergarten und Schule anerzogen, dominiert die sitzende Körperhaltung längst sämtliche unserer Lebensbereiche und -gewohnheiten. Wenn wir in unseren modernen Arbeitswelten ausnahmsweise mal nicht vor dem Computer hocken, sitzen wir uns den Hintern in Konferenzen, Meetings oder auf irgendwelchen Kongressen platt. Selbst für die kürzesten Distanzen setzen wir uns in Auto, Bus oder Bahn, und verbringen unsere Freizeit vor der Glotze oder dem Computer kauernd, auf Theater- oder Kinostühlen räkelnd oder mit vollgestopften Backen an den reich gedeckten Tischen diverser Restaurants oder Feste.

Wirbelsäule trägt die Hauptlast

In sitzender Körperhaltung wird zwar weder das Herz-Kreislauf-System, noch die Bewegungsmuskulatur gefordert, gleichwohl aber unser passiver Bewegungsapparat aufs Schwerste belastet. An vorderster Front steht dabei unser Rücken. Sitzen bedeutet für unsere Wirbelsäule Schwerstarbeit, bei der unsere Bandscheiben einen permanent hohen Druck auszuhalten haben. So können bei einem sitzenden Arbeits- und Lebensstil früher oder später Bandscheibendegenerationen mit Folgeschäden an Wirbelkörpern und -gelenken auftreten. Wer seine Lebenszeit überwiegend im Sitzen verbringt, darf sich also nicht wundern, wenn ständig wiederkehrende oder gar permanent vorhandene Rückenschmerzen zu verlässlichen Begleitern des Alltags heranwachsen.

Sitzgewohnheiten radikal verändern!

Der erste Schritt, um diese Entwicklung zu verlangsamen oder gar ganz zu stoppen, ist eine bewusste und radikale Veränderung der eigenen Sitzgewohnheiten. Das gelingt über die Umstellung auf ein dynamisches und aktives Sitzen, einen regelmäßigen Wechsel der Körperhaltung sowie eine gelegentliche Komplettentlastung der Bandscheiben.

- **Dynamisches und aktives Sitzen**
  Im Sitzen lässt sich die Überlastungsgefahr im Bereich von Wirbelsäule und Bandscheiben reduzieren und zudem auch noch muskulären Verspannungen vorbeugen, wenn möglichst häufig zwischen den abgebildeten Sitzpositionen durchgewechselt wird. Voraussetzung hierfür ist allerdings ein Arbeitsstuhl, bei dem die Neigung der Rückenlehne dynamisch verstell- und stufenlos verriegelbar ist und sich dazu die Sitzflächenneigung synchron anpasst.

  Ebenso empfehlenswert ist es, zwischendurch immer mal wieder für einen kurzen Zeitraum auf ein Sitzmöbel ohne Lehne zu wechseln. Hier muss die Muskulatur aktiv arbeiten, um den Rücken gerade zu halten. So wird aus dynamischem Sitzen aktives Sitzen. Allzu lange sollten Sie aktive Sitzphasen allerdings nicht andauern lassen. Je untrainierter Ihre Rückenmuskulatur ist, desto schneller wird sie dabei ermüden und in der

Folge Ihren Oberkörper in die muskelentlastende und bandscheibenbelastende Rundrückenhaltung verfallen lassen. Dies ist auch der Grund, warum der altbekannte Sitzball ebenso schnell aus den Büros verschwunden ist, wie er vor gut einem Jahrzehnt Einzug gehalten hat. Als dauerhafte Sitzgelegenheit ist er ungeeignet, weil er die Wirbelsäulenmuskulatur überfordert. Sie können ihn jedoch zwischendurch immer mal wieder für 5 bis 30 Minuten verwenden und in dieser Form wunderbar für aktive Sitzeinheiten nutzen. Zudem ein weiterer und fast unschlagbarer Vorteil: Hält man auf dem Sitzball nicht nur seinen Rücken gerade, sondern wippt zudem noch ein wenig auf und ab, werden dadurch die Bandscheiben kontinuierlich be- und entlastet, wodurch sie kräftig durchsaftet und mit frischen Nähstoffen versorgt werden.

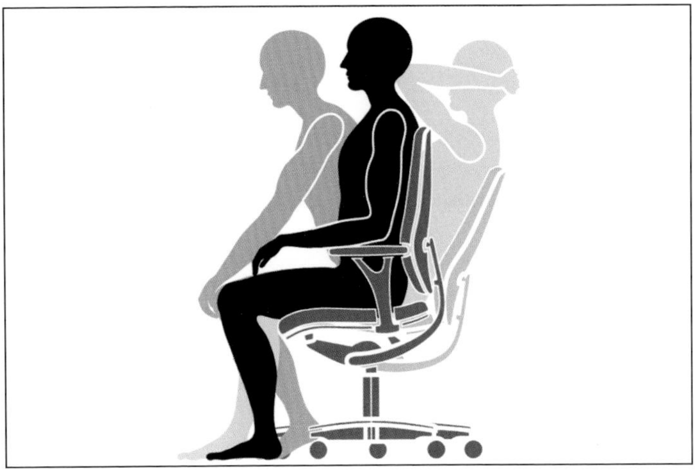

Dynamisches Sitzen

- Vordere Sitzhaltung: Auf der Sitzfläche leicht nach vorn gerückt, Winkel zwischen Oberkörper und Oberschenkel weniger als 90°, Oberschenkel sind nach unten geneigt.
- Mittlere/aufrechte Sitzhaltung: Ganz auf der Sitzfläche, Rücken liegt komplett an Lehne an, Winkel von Oberschenkel zu Oberkörper beträgt 90°.
- Hintere/zurückgelehnte Sitzhaltung: Ganz auf der Sitzfläche, Rücken liegt in leichter Liegeposition komplett an Lehne an, Winkel zwischen Oberkörper und Oberschenkel größer als 90°.

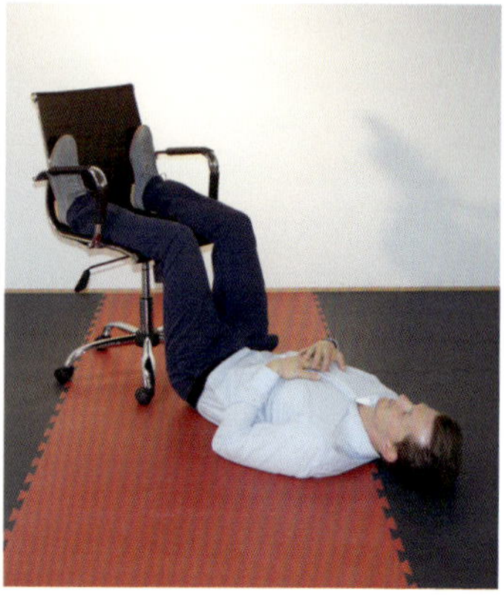

links: Aktives Sitzen auf dem Sitzball

- Sitzfläche leicht über Höhe der Kniegelenke, Kniegelenkswinkel größer als 90°, breite und stabile Fußstellung, aufrechte Oberkörperhaltung (Lendenwirbelbereich bewusst anspannen, Schultergelenke aktiv nach hinten führen und Brustbereich nach vorn bringen).

rechts: Psoas Position zur Druckentlastung der Bandscheiben

- **Regelmäßiger Wechsel der Körperhaltung**
  Forscher, die sich mit dem Sitzen und seinen negativen Folgen beschäftigen, geben als Faustregel an, sich mindestens alle 20 bis 30 Minuten aus seinem Sitzmöbel zu erheben und für die gleiche Zeit ins Stehen oder gar Gehen zu wechseln. Dies lässt sich heutzutage durch die Etablierung von Laptops im Büro wie in der Freizeit sowie die zunehmende kabellose Verbindung sämtlicher digitaler Geräte deutlich einfacher bewerkstelligen als noch einige Jahre zuvor. Nutzen Sie diese neuen Möglichkeiten zur Steigerung Ihrer eigenen Mobilität! Arbeiten Sie etwa an einem Stehpult weiter, wandern Sie während des Abrufens Ihrer E-Mails durch Ihr Büro oder gehen Sie gar vor die Tür! Machen Sie es sich zur Gewohnheit, nur noch im Stehen oder Gehen zu telefonieren. Jeder mobilisierende Moment zählt, lassen Sie sich daher auch die Idee eines bewegungsintensiven Büros durch den Kopf gehen (siehe Info-Box. 8.1).
- **Bandscheibenentlastung**
  Rücken und Bandscheiben werden nahezu vollständig entlastet, wenn man sich rücklings hinlegt und die Unterschenkel auf einer erhöhten Fläche ablegt. Diese als Psoas Position (psoas

= Hüftbeugemuskulatur) bezeichnete Liegeposition ist die erste und sinnvollste Maßnahme bei einem Bandscheibenvorfall, bietet aber auch Dauersitzern – zwei- bis dreimal am Tag über 10 bis 30 Minuten eingenommen – eine hervorragende Möglichkeit, die geschundenen Bandscheiben zu entlasten. Auch wenn es der gegenwärtig vorherrschenden Auffassung von Arbeit und Leistung (noch) entgegenlaufen mag: Texte lesen oder Telefonieren lässt sich auch in dieser besonderen Liegeposition – und die Chance, dass die Bandscheiben gesund bleiben, wächst mit jeder Liegeminute an!

Info-Box 8.2: Ergonomie am PC-Arbeitsplatz

Ergonomie am Arbeitsplatz beschreibt den Versuch, die Arbeitsbedingungen so an den Menschen anzupassen, dass dadurch möglichst geringe gesundheitliche Belastungen entstehen. Im Bürobereich betrifft dies die Gestaltung und Positionierung von Stühlen, Tischen, Computertastaturen oder Bildschirmen. Dabei gelten für die Ergonomie an einem PC-Arbeitsplatz folgende Grundempfehlungen:

1. Die oberste Bildschirmzeile sollte leicht unterhalb der waagerechten Sehachse liegen.
2. Tastatur und Maus befinden sich in einer Ebene mit Ellbogen und Handfläche.
3. 90°-Winkel zwischen Ober- und Unterarm sowie Ober- und Unterschenkel
4. Sichtabstand vom Monitor mindestens 50 cm
5. Bildschirm sollte im 90°-Winkel zu Fenstern stehen.
6. Feste Ablage für die Füße, ggf. Fußhocker benutzen.

Wenn Sie sich näher mit einem ergonomiegerechten Arbeits- und Freizeitumfeld beschäftigen möchten, empfehle ich Ihnen das 252 Seiten starke und knapp 13 Euro teure Buch „Der Ergonomie-Ratgeber“ vom AGR (Aktion Gesunder Rücken) e. V. aus Selsingen – unter ISBN 978-3-936119-08-4 erhältlich im Buchhandel oder auf der Homepage des AGR versandkostenfrei zu bestellen (www.agr-ev.de).

Bürogymnastik

Dynamisches und aktives Sitzen sowie der regelmäßiger Wechsel zwischen Sitz- und Stehphasen sind Grundlagen, um den gesundheitlichen Risiken des ewigen Sitzens aktiv zu begegnen. Ideal, wenn aktive Bewegungseinheiten hinzukommen.

Die einfachste Bewegungsform ist das Gehen. Wann immer Sie in Ihrem Arbeitsalltag die Möglichkeit dazu haben, sollten Sie diese ab sofort radikal nutzen. Des Weiteren sehr zu empfehlen: kleine und einfach durchzuführende Bewegungseinheiten in Form einer gezielten Bürogymnastik. Damit können Sie zwischendurch immer mal wieder jene Muskeln in Ihrem Körper aktivieren, die während des Sitzens zur Passivität verdammt sind. Dies sind vor allem die Muskeln im hinteren Schulterbereich, welche die Brustwirbelsäule aufrichten und die Schulterblätter in ihrer natürlichen Position fixieren. Zudem noch wertvoll: durch Bewegungen jene Körperbereiche entspannen, die beim Sitzen statische Höchstleistungen vollbringen müssen – an vorderster Front dabei die Nackenmuskulatur und die komplette Wirbelsäule.

Für die nachstehendende Übungsreihe benötigen Sie kein Gerät, und der Zeitaufwand beträgt lediglich acht bis zehn Minuten. Wenn Sie diese während Ihres Arbeitstags mindestens zweimal durchführen, haben Sie Ihrem Körper schon mal einen grundlegenden Ausgleich für sein Dasein als ewiger Sitzender geboten.

Grundlegende Hinweise:

- Übungen sind nicht für Personen mit Vorschädigungen im Bereich der Wirbelsäule/Bandscheiben geeignet (in diesem Fall bitte Übungen mit Arzt abklären).
- Führen Sie die Bewegungs- und Kräftigungseinheiten immer vor den Entspannungsübungen durch.
- Achten Sie bei der Übungsdurchführung immer auf eine kontinuierliche Atmung.
- Halten Sie – wenn nicht anders angegeben – die Blickrichtung in Verlängerung Ihrer Brustwirbelsäule geradeaus.

Bein und Rückenbeuge (moderne Kniebeuge)

- Füße leicht nach außen drehen und mehr als Hüftbreit auseinanderstellen, Knie sind leicht gebeugt.
- Oberkörper bewusst gerade halten und Rücken unter aktive Muskelspannung setzen (leichtes Hohlkreuz ist dabei okay).
- Nun zeitgleich Kniegelenke bis maximal 90° beugen und Gesäß nach hinten schieben.
- Dabei Arme nach vorn bringen und geraden Oberkörper nur durch Beugung im Hüftgelenk nach vorn neigen.
- Wieder zur Ausgangstellung zurückkommen und Gesamtbewegung über 30 Sekunden lang abwechselnd durchführen.

Wichtig: Kniegelenke nicht über Lot der Fußspitzen hinausschieben und Rundrücken vermeiden.

Beinanheben

- Mit Kopf und komplettem Rücken an einer Wand anlehnen, Füße etwa anderthalb Fußlängen von der Wand wegstellen.
- Ein Bein gebeugt anheben und mit dem Kniegelenk im Sekundenrhythmus abwechselnd über 20 Sekunden lang kräftig gegen die Handflächen nach oben drücken.
- Danach Bein wechseln.

Wichtig: Während der Übung Rumpfmuskulatur anspannen und die Körperposition stabilisieren.

Schulterkreisen

- Ellbogen sind gebeugt und zeigen zur Seite, Finger liegen auf dem Schultergelenk auf.
- Ellbogen nun hintereinander jeweils zehnmal langsam und ausgeprägt vorwärts, rückwärts und gegengleich kreisen.

Strickleiter

- Oberkörper bis in die langen Arme hinein in Richtung Decke strecken.
- Nun über 30 Sekunden lang abwechselnd rechten und linken Arm im Schultergelenk ein Stück nach oben schieben.
- Dabei im Oberkörper stabil bleiben und Pendelbewegung vermeiden.

Fingerhakeln

- Schultern kräftig nach hinten ziehen, Brust dabei rausstrecken.
- Ellbogen auf Brusthöhe anheben und Finger vor der Brust ineinander haken.
- Nun über 30 Sekunden Hände abwechselnd kräftig auseinanderziehen und wieder entspannen.

Nackenentspannung

- Einen Arm gestreckt hinter den Körper führen.
- Handgelenk mit der Hand des anderen Arms greifen und über die Körpermitte ziehen.
- Nun über 20 Sekunden hinweg langsam den Kopf zur Gegenseite neigen, bis deutliche Dehnung in der seitlichen Halsmuskulatur zu spüren ist, und wieder leicht zurück.

Wichtig: Schultern bleiben konstant auf gleicher Höhe.

Brustentspannung

- Im schulterbreiten Stand und mit leicht gebeugten Knien Arme nach vorn strecken und mit den Händen in etwa Höhe des Halses den Türrahmen o. ä. fassen.
- Oberkörper mit geradem Rücken absenken bis sich Dehngefühl im Brust- und Schulterbereich einstellt; Blickrichtung dabei nach unten/Kopf zwischen den Oberarmen.
- Über 30 Sekunden lang abwechselnd langsam in die Dehnung und wieder leicht zurückbewegen.

Schulterentspannung

- Schulterbreiter Stand, Knie leicht beugen und Arme nach vorn strecken.
- Finger mit Handflächen nach außen ineinander haken.
- Rücken nun rund machen und Handflächen kräftig nach vorn schieben, bis Dehnungsgefühl im oberen Rücken/an den Schulterblättern zu spüren ist.
- Über 30 Sekunden lang abwechselnd langsam in die Dehnung gehen und wieder leicht zurück.

Rumpfentspannung

- Seitlich an einen Türrahmen stellen, sodass die Füße dort anliegen.
- Rahmen nun über dem Kopf greifen und Körper langsam nach außen schieben, bis sich über den gesamten seitlichen Rumpf ein Dehnungsgefühl einstellt.
- Über 20 Sekunden lang halten, danach Seite wechseln.

Gesäßentspannung

- Mit Kopf und komplettem Rücken an eine Wand anlehnen, Füße etwa anderthalb Fußlängen von der Wand wegstellen.
- Ein Bein gebeugt anheben, mit beiden Händen am Scheinbein umfassen.
- Abwechselnd über 20 Sekunden hinweg im Sekundenrhythmus so nah wie möglich zum Körper ziehen und wieder leicht lösen.
- Danach Bein wechseln.

Wirbelsäulenentspannung

- An die Kante eines Stuhls setzen, Oberkörper nach vorn beugen und Rücken dabei rund machen.
- Ggf. mit den Händen an den Knöcheln der Füße Zug verstärken.
- Position 20 Sekunden lang halten.
- Beim Aufrichten Hände auf den Oberschenkeln aufstützen.

Gezielt Sport treiben

Bitte verstehen Sie die bisherigen Empfehlungen als Mindestmaß, um den gesundheitlichen Risiken eines Bewegungsarmen zumindest ein Stück weit die Spitzen zu nehmen. Nennenswert gestärkt werden Körper und Geist dadurch noch nicht. So zeigt etwa eine vielbeachtete Langzeitstudie, die bereits in den 1970er-Jahren von den amerikanischen Medizinern Paffenberger und Morris gestartet wurde, dass sich die Risikominderung eines Herzinfarkts erst ab einem zusätzlichen Verbrauch von 2000 bis 3000 Kalorien pro

Woche durch körperliche Aktivität wirklich nachweisen lässt. Das wären für einen 80 Kilogramm schweren Mann etwa drei bis vier Laufeinheiten á zehn Kilometern pro Woche oder fünf bis acht Stunden zügiges Fahrradfahren.

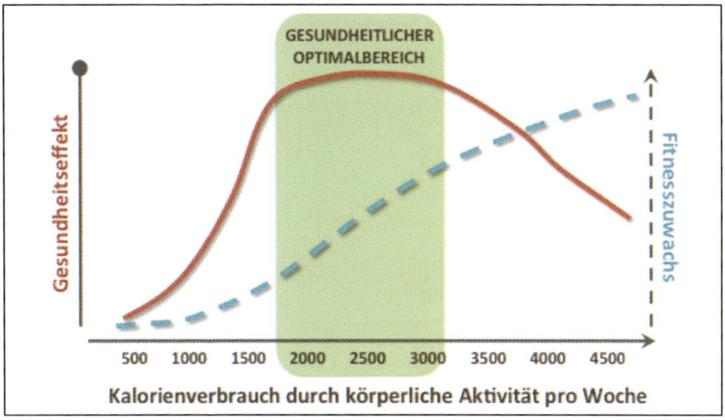

Zusammenhang von gesundheitlichem Nutzen, Fitnesszuwachs und wöchentlichem Kalorienmehrverbrauch durch körperliche Aktivität

Sport gleich Mord?

Dabei offenbart die Studie von Paffenberger und Morris aber auch, dass nicht nur ein Zuwenig an körperlicher Aktivität die gesundheitlichen Risiken steigen lässt, sondern auch ein Zuviel. Zwar steigen mit zunehmendem Kalorienverbrauch Fitness und körperliche Leistungsfähigkeit an, bezogen auf den gesundheitlichen Nutzen kommt es jedoch ab einem Mehrverbrauch von 3000 Kalorien zu einer Trendwende und das Gesundheitsrisiko erhöht sich wieder.

Welcher Sport ist der richtige?

Schaut man auf die gegenwärtige gesundheitliche Entwicklung unserer Bevölkerung, fällt die rasante Zunahme von Stoffwechselerkrankungen, Herz-Kreislauf-Problemen sowie psychisch bedingten Schwierigkeiten auf. Zudem bereits seit Jahren in den Statistiken von gesundheitsbedingten Fehlzeiten am Arbeitsplatz der Klassiker schlechthin: die bereits thematisierten Rückenschmerzen und die damit verbundenen mannigfaltigen Erkrankungserscheinungen an und in der Wirbelsäule. Dies als Ausgangslage genommen, sollte ein gesundheitsorientiertes Training also primär darauf ausgelegt sein, die Abläufe im Stoffwechsel zu harmonisieren, die Funktion des Herz-Kreislauf-Systems in Schwung zu bringen, das allgemeine Wohlgefühl zu steigern sowie das muskuläre Stütz- und Bewegungskorsett von Rücken und Wirbelsäule zu stärken. Dies gelingt durch regelmäßiges Ausdauer- und ergänzendes Krafttraining, verbunden mit gelegentlichen Übungen zum Erhalt bzw. zur Förderung der Beweglichkeit.

Im Leistungssport dient Gesundheit lediglich als Mittel zum Zweck. Sämtliche Maßnahmen laufen auf das Erreichen von sportartspezifischen Höchstleistungen hinaus, und akute Risiken wie die Gefahr von Spätfolgen werden bewusst in Kauf genommen. Schmerzlich erleben musste dies auch der ehemalige Zehnkämpfer Frank Busemann, der sich in seiner aktiven Zeit innerhalb weniger Jahre vom Olympia-Silbermedaillen-Gewinner zum Sportinvaliden entwickelte.

Gesundheitliche Bedeutung der fünf unterschiedlichen körperlichen Beanspruchungsformen

Ausdauer (Herz-Kreislauf-Beanspruchung)

Typische Sportarten: Laufen, Fahrradfahren, Schwimmen, Skaten, Skilanglauf

Gesundheitsbedeutung: sehr hoch

- Gesunderhaltung von Herz-Kreislauf-System und Stoffwechsel, dazu Harmonisierung von körperlichen Stressreaktionen und Aktivierung von Gehirnfunktionen

Kraft
Typische Sportarten: Hantel- und Gerätetraining
Gesundheitsbedeutung: hoch

- Gesunderhaltung des Muskel-, Knochen- und Gelenksystems, dazu Stabilisierung der Körperhaltung

Beweglichkeit
Typische Sportarten: Gymnastik, Turnen
Gesundheitsbedeutung: ergänzend

- unterstützt die Gesunderhaltung von Muskeln, Knochen und Gelenken

Geschicklichkeit (Bewegungskoordination)
Typische Sportarten: Bestandteil sämtlicher Bewegungstechniken, leistungsbestimmend etwa im Turnen oder den Tanzsportarten
Gesundheitsbedeutung: bisweilen ergänzend

- im Kindesalter Basis für eine umfassende Gehirnentwicklung und den Erwerb von grundlegenden Bewegungsfähigkeiten, im Alter bedeutsam für den Erhalt von Gehirnfunktionen sowie den Fähigkeiten zur selbstbestimmten Steuerung der eigenen Bewegungen

Schnelligkeit
Typische Sportarten: Kurzstrecken- und Sprintsportarten
Gesundheitsbedeutung: keine

Ausdauersport
Kennzeichen von Ausdauersportarten ist die zeitgleiche, kontinuierliche und länger andauernde Beanspruchung einer Mindestmenge an Bewegungsmuskulatur. Laut Sportwissenschaft wird diese Mindestmenge bereits ab knapp 20 Prozent der Gesamtmuskelmasse erreicht. Das entspricht in etwa der Masse, die beim Kurbeln an einem Arm-Ergometer aktiv ist. Ab dieser Grenze ist das Herz-Kreislauf-System verstärkt gefordert, über das Blut den Transport von Sauerstoff und Energie aufrechtzuerhalten. Dies wird als Volumenarbeit bezeichnet und wirkt umso intensiver, je mehr Muskeln zeitgleich einen erhöhten Bedarf an Sauerstoff und Nährstoffen aufweisen. Beim Fahrradfahren sind allein durch den Einsatz der Beinmuskulatur bereits über 50 Prozent der gesamten Bewegungsmuskulatur aktiv, beim Laufen 70 Prozent und beim Schwimmen – stil- und fertigkeitsabhängig – teilweise bis zu 90 Prozent. Daher wird Ausdauersport auch gern als Herz-Kreislauf-Training bezeichnet.

Ausgewählte positive Effekte von Ausdauersport

körperlich

- **Intensivierung des Stoffwechselgeschehens**
  Dadurch wird eine Abschwächung bzw. vollständige Beseitigung von zahlreichen gesundheitlichen Risikofaktoren wie Diabetes mellitus, erhöhte Blutfettwerte, Cholesterin und Übergewicht erzielt.
- **Verbesserte Durchblutung des Herzmuskels**
  Bewirkt die Ökonomisierung der Herzarbeit und wirkt der Herzinfarkt-Gefahr entgegen.
- **Vergrößerung von Herzinnenraum und Blutauswurfvolumen**
  Damit fließt pro Herzschlag mehr Blut in den Körper und die Herzbeanspruchung fällt unter Ruhe und Belastung geringer aus.
- **Verbesserung der Sauerstofftransport- und Nutzungsmöglichkeiten**
  Dadurch steigert sich die allgemeinen körperliche und geistige Leistungs- und Erholungsfähigkeit.
- **Verbesserung der Fließeigenschaften des Bluts und effektivere Durchblutung von Organen**
  Dadurch reduziert sich das Risiko für Verschlusskrankheiten wie etwa Arteriosklerose, Thrombose oder Schlaganfall.
- **Stärkung des Immunsystems**
  Damit wird ein besserer Schutz gegen Infektionserkrankungen sowie eine Vorbeugung gegen Tumorerkrankungen gegeben.

mental

- **Unmittelbare Verbesserung von allgemeinem Wohlbefinden und mentaler Leistungsfähigkeit**
  Dadurch erfolgt ein direkter Abbau von aufgestauten Energieträgern, vermehrter Ausschüttung von Glückshormonen und Steigerung der Gehirndurchblutung während der Ausdauertrainingseinheiten.
- **Nachhaltige Abmilderung der körperlichen Reaktionen auf mentalen Stress**
  Dadurch kommt es im Stressfall zu geringerer körperlicher Beanspruchung, erhöhter Widerstandskraft und deutlich klarerem Kopf.
- **Aufbau und Verstärkung von neuronalen Vernetzungen inner-**

halb des Großhirns sowie Zellneubildungen im Hippocampus
Dadurch verbessern sich die Voraussetzungen für eine hohe Gehirnleistung sowie mehr Souveränität im Umgang mit anhaltenden Stressphasen.

- **Bildung neuer und Vergrößerung bereits vorhandener Blutgefäße im Gehirn**
  Dadurch verbessert sich die Möglichkeit, das Gehirn mit Sauerstoff und Energie zu versorgen; ergo bessere Voraussetzungen für höhere Konzentrationsleistungen sowie Steigerung der Resistenz gegenüber mentalen Ermüdungserscheinungen.

Ausdauer-Basisprogramm
Wenn Sie gegenwärtig völlig untrainiert sind, sollten Sie sich vor Trainingsbeginn ärztlich durchchecken lassen. Nur so können Sie ausschließen, dass bislang unentdeckte körperliche Einschränkungen in Ihnen schlummern und sich das Ausdauerprogramm kontraproduktiv auf Ihre gegenwärtige Gesundheit auswirkt. Lassen Sie sich hier aber bitte nicht mit einem beiläufigen Augenscheinbefund abspeisen. Bestehen Sie vielmehr auf einen professionellen Check, in dem zumindest ein Belastungs-EKG durchgeführt wird.

Welche Ausdauersportart?
Eine Sportart ist für das Ausdauertraining umso besser geeignet:

- je größer die Menge an Muskeln ist, die bei der Bewegung beansprucht werden,
- je mehr die Bewegung von einer gleichmäßigen und rhythmischen Be- und Entlastung der beteiligten Muskeln gekennzeichnet ist,
- je länger die Bewegung ohne Pause locker durchgehalten werden kann.

Unten aufgeführt finden Sie eine Tabelle mit einer Auswahl von entsprechenden Ausdauersportarten. Meine Empfehlung lautet, erst einmal zu schauen, welche davon Ihnen Freude bereiten könnte. Wenn Sie dabei eine Sportart entdecken, die in puncto Herz-Kreislauf-Wirkung hinsichtlich Ihrer Eignung nicht an den vordersten Stellen steht, sollte das keine übermäßig große Rolle für Ihre Wahl spielen. Viel wichtiger als maximale Effektivität und bestmögliche Wirkung ist, dass Sie Ihr Herz-Kreislauf-System in geeigneter Ausdauerform beanspruchen und die gewählte(n)

Sportart(en) sich aufgrund von Machbarkeit und Freude zum festen Bestandteil Ihres Lebens entwickeln kann (können).

Grundlegend beachten sollten Sie zudem, dass Sie umso länger durchhalten können, je weniger Ihr Bewegungsapparat während des Ausdauertrainings mit Ihrem vollen Körpergewicht belastet wird. Um den gleichen Trainingseffekt für das Herz-Kreislauf-System zu erzielen, sollten daher beispielsweise Fahrrad-, Schwimm- aber auch Skilanglauf- oder Skatingeinheiten ein wenig länger durchgeführt werden als Laufeinheiten. Als Faustregel gilt hier beim Skilanglauf, Skaten oder ähnlichen Bewegungen: Zeitlänge der Laufeinheit x 1,5, beim Fahrradfahren und Schwimmen gilt sogar: Zeitlänge der Laufeinheit x 2.

Eignung von Ausdauersportarten für ein gesundheitlich orientiertes Ausdauertraining (Auswahl)

sehr gut geeignet

Sportarten

- Nordic Blading
- Schwimmen
- Crosstrainer (Indoor-Trainingsgerät)

Anmerkungen

- komplettes Ganzkörpertraining
- nur mäßige Knochen- und Gelenkbelastung
- teilweise anspruchsvolle Bewegungstechnik

gut geeignet

Sportarten

- Laufen
- Walken
- Fahrradfahren
- Rudern
- Aerobic/Spinning
- Dynamisches Tanzen

Anmerkungen

- teils hohe Knochen- und Gelenkbelastung
- teils problematisch bei bereits vorhandenen orthopädischen Problemen

mäßig geeignet
Sportarten
- Ballsportarten (z. B. Fußball)
- Rückschlagsportarten (z. B. Tennis)

Anmerkungen
- azyklische, intensive Bewegungen
- oftmals recht lange Bewegungspausen
- Belastungsintensität kaum steuerbar

nicht geeignet
Sportarten
- Kampfsportarten
- Kraftsportarten
- Bodybuilding

Anmerkungen
- keine allgemeine Ausdauerbelastung
- beanspruchte Muskelmasse pro Bewegungszyklus deutlich unter 20 Prozent
- hohe Druckbelastungen für Herz- und Gefäßsystem mit teilweise extremen Blutdruckspitzen

Trainingsgrundlagen
Als Trainingsgrundlage im Ausdauersport gilt: Als erstes die Trainingshäufigkeit erhöhen, erst danach die Länge der einzelnen Trainingseinheiten und zum Schluss – eher ein Kann denn ein Muss – deren Intensität.

- **Trainingshäufigkeit**
  Damit sich die anvisierten Gesundheitseffekte einstellen, sollte ein ausdauerbetontes Training mindestens zweimal, im Idealfall drei- bis viermal in der Woche durchgeführt werden. So erhält der Körper, was er zur Gesundheits- und Fitnesssteigerung am dringlichsten benötigt: regelmäßig wiederkehrende Trainingsreize. Selbstredend ist dabei ein Wechseln der Sportart für jede Trainingseinheit erlaubt – vor allem wenn Ihnen das in puncto Trainingsfreude hilft und Ihre Motivation stützt.
- **Länge pro Trainingseinheit**
  Sollten Sie es gegenwärtig noch nicht schaffen, 20 Minuten locker zu laufen oder 40 Minuten in der Ebene Fahrrad zu fahren, benötigen Sie eine ganz spezielle Einführung. Da darauf

speziell einzugehen, den Rahmen dieses Buches sprengen würde, empfehle ich Ihnen in diesem Fall eine Anfrage an Ihre Krankenkasse, einen Sportverein mit entsprechenden Einstiegsprogrammen oder ein auf Gesundheit und Rehabilitation spezialisiertes Fitnesscenter.

Halten Sie die oben aufgeführten Angaben bereits recht gut und locker durch, können Sie nach etwa drei bis vier Wochen die Länge einer Ihrer wöchentlichen Trainingseinheiten um 25 Prozent steigern, in der darauffolgenden Woche dann bei einer zweiten und so weiter. Diese sanfte Steigerung der Länge pro Trainingseinheit spielt vor allem beim Lauftraining eine herausragende Rolle. Der Grund hierfür: Herz-Kreislauf-System und Bewegungsmuskulatur können sich vergleichsweise schnell an höhere Belastungen anpassen, die beim Laufen stark beanspruchten Knochen und Gelenke hingegen benötigen hierfür aufgrund ihres deutlich langsameren Stoffwechsels deutlich mehr Zeit.

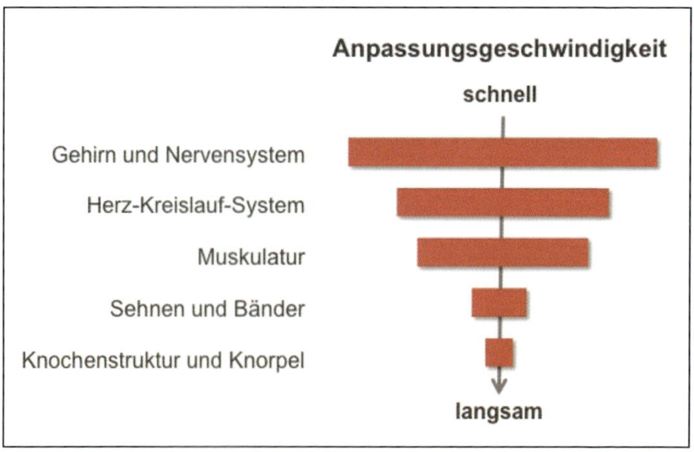

Anpassungsgeschwindigkeit verschiedener Organsysteme an körperliches Training

- **Trainingsintensität**
Die anvisierten positiven Stoffwechsel- und Hormoneffekte stellen sich beim Ausdauertraining aufgrund eines regelmäßigen Trainings mit ausreichend langen Belastungseinheiten ein. Übermäßig hohe Intensitäten wirken eher kontraproduktiv. Eine Intensitätssteigerung sollten Sie daher im Ausdauertraining erst dann anvisieren, wenn es Ihnen nicht mehr rein um Ihre Gesundheit, sondern um das Erreichen von leistungsorientierten Ausdauerzielen wie der Teilnahme an einem Marathonlauf geht.

  Ein auf die positiven Gesundheitseffekte ausgelegtes Ausdauertraining führen Sie durch, wenn Sie unter aeroben Stoffwechselbedingungen unterwegs sind. Dieser Bereich wird als aerobes Grundlagentraining bzw. „GA1-Training" bezeichnet. Sie treffen es recht zuverlässig, wenn Ihre Atmung während des Trainings ruhig und gleichmäßig abläuft und Sie konsequent Tempo rausnehmen, sobald Sie übermäßig zu schnaufen beginnen.

  Ein Stück weit genauer ist die Intensitätssteuerung nach Herzfrequenz bzw. Puls. Mit entsprechenden Geräten (in der Regel Brustgurt und Empfängeruhr am Handgelenk) kann die Frequenzhöhe während der Bewegung problemlos kontrolliert und die Bewegungsintensität unmittelbar angeglichen werden. Dabei gilt für wenig trainierte Personen, die im GA1-Bereich unterwegs sein wollen, folgende Empfehlung: Intensität so wählen, dass mindestens 60 bis maximal 75 Prozent der altersabhängigen maximal möglichen Herzfrequenz erreicht werden. Dabei lautet die grobe Faustformel zur Ermittlung der theoretisch maximal möglichen Herzfrequenz (maxHF): 225 minus Anzahl der Lebensjahre (= 100 Prozent). Bei einem Alter von 40 Jahren sollte die Trainingsherzfrequenz demnach im Bereich von 125 ± 15 Schläge pro Minute liegen (= 60 bis 75 Prozent der maxHF).

Gesundheitsorientierte Minimal- und Idealempfehlung für das Ausdauertraining

Minimal (entspricht pro Woche ca. 1000 kcal)

- 2 x lockere Ausdauereinheiten á 20 bis 30 min Laufen/40 bis 60 min Fahrrad fahren
- 1 x Krafttraining für Rumpf- und Schultermuskulatur á ca. 30 min

Ideal (entspricht pro Woche knapp 2500 bis 2800 kcal)

- 3 x lockere Ausdauereinheiten à 45 bis 60 min Laufen/90 bis 120 min Fahrrad fahren
- 2 x Krafttraining für den gesamten Oberkörper und Rumpfbereich

Das aerobe Grundlagentraining gilt auch in den ausdauerbetonten Spitzensportarten als die alles dominierende Traningsform. Radprofis beispielsweise bewegen sich innerhalb ihrer jährlich 30 000 bis 40 000 Traningskilometer bzw. 1000 bis 1300 Trainingsstunden auf dem Rad zu etwa 70 bis 80 Prozent im GA1-Bereich.

Krafttraining

Auch beim Krafttraining steigt die Herzfrequenz an. Dies hat jedoch nichts mit einer erhöhten Volumenarbeit aufgrund eines steigenden Sauerstoff- und Nährstoffbedarfs der Muskulatur zu tun. Hierfür ist die Gesamtmasse der arbeitenden Muskulatur einfach zu klein und liegt bei nahezu allen Kraftübungen deutlich unter der 20-Prozent-Marke. Die teilweise massiven Herz-Kreislauf-Reaktionen unter muskulären Kraftanstrengungen sind vielmehr dadurch bedingt, dass sich ein angespannter Muskel seine Blutgefäße selbst abquetscht. So trifft der herkömmliche Blutfluss auf verschlossene Gefäße und das Herz reagiert mit kompensatorischen Maßnahmen. Dabei wird das Blut mit einem erhöhten Schlagdruck und einer sich steigernden Schlagfrequenz in den Organismus gepumpt. Letztendliches Resultat ist eine mitunter massive Steigerung des Blutdrucks. Wenn Sie bereits unter Bluthochdruck leiden oder Ihre Gefäße gar schon vorgeschädigt sind, sollten Sie mit intensiven Kraftbeanspruchungen daher generell äußerst vorsichtig sein. Klären Sie in diesem Fall unbedingt mit dem Arzt Ihres Vertrauens ab, ob und in welcher Form ein gezieltes Krafttraining für Sie überhaupt infrage kommt.

Ausgewählte positive Effekte von Krafttraining

- **Kräftigt das muskuläre Grundkorsett**
  Dadurch wird ein Ausgleich zum muskelentlastenden Sitzalltag geschaffen, einer schleichenden Abnahme der Kraftfähigkeiten vorgebeugt und der Gefahr, schmerzhafte Muskelverspannungen zu erleben, präventiv begegnet.
- **Sorgt für den Erhalt von muskulären Kraftbalancen**
  Damit ist gewährleistet, dass die von Muskeln aus unterschiedlichen Richtungen auf Knochen und Gelenk einwirkenden Kräfte nicht zu einseitig werden und der passive Bewegungsapparat nicht punktuell überbelastet wird.
- **Stabilisiert die Körperhaltung**
  Dadurch werden Kräfte, die beim Sitzen, Stehen und in Bewegung auf den Körper einwirken, gleichmäßig auf den gesamten Bewegungsapparat verteilt, Wirbelsäule und Bandscheiben ihrer natürlichen Physiologie entsprechend belastet und zudem einer Rundrückenbildung und der damit verbundenen Einschränkung der Atmungsfähigkeiten vorgebeugt.
- **Verbessert die Knochen- und Gelenkfunktionen** durch Stärkung von Sehnen und Bändern, Verdichtung von Knochenmasse und Anregung des Gelenkstoffwechsels. Dadurch wird der gesamte Bewegungsapparat belastbarer und es entsteht ein präventiver Schutz gegen orthopädische Knochen- und Gelenkprobleme.

Wissensgrundlagen

Im gesundheitsorientierten Krafttraining geht es in erster Linie um die Stabilisierung der Rumpfmuskulatur sowie ein regelmäßiges Durchbewegen der im Alltag vernachlässigten Muskel- und Gelenkbereiche. Insofern sind hier Bodybuilding-Methoden oder ein auf maximale Kraftzuwächse ausgelegtes Training völlig fehl am Platz. Sie müssen nicht unbedingt normierte Kraftübungen durchführen oder mit Gewichten bzw. Kraftgeräten arbeiten, um Ihren Muskeln und Gelenken etwas Gutes zu tun. Sportarten wie Sportklettern oder Yoga sind beispielsweise hervorragend geeignet, nahezu sämtliche Bewegungsmuskeln Ihres Körpers zu beanspruchen und in Schwung zu halten. Beide Bewegungsformen bieten zudem den angenehmen Nebeneffekt, die Bewegungsgeschicklichkeit mit zu trainieren – ein Aspekt, der beim Krafttraining an Geräten oder bei den aktuell hochschießenden Methoden, in denen die Muskulatur durch Elektroreize von außen unter statische Haltespannung gesetzt wird, völlig außen vor bleibt.

Trainingsgrundlagen

Die zwei wesentlichen Belastungsgrößen im herkömmlichen Krafttraining sind die Anzahl von Sätzen und die Menge der Bewegungswiederholungen, die kontinuierlich (bedeutet ohne dazwischengeschaltete Pausen) durchgeführt werden können. Abhängig von der maximal möglichen Wiederholungsanzahl entstehen dabei für die beanspruchte Muskulatur unterschiedliche Trainingsreize. Ist der Kraftwiderstand so hoch, dass nur fünf oder weniger Wiederholungen durchgeführt werden können, führt das Training zur Steigerung der maximalen Muskelkraft. Im Bereich von etwa acht bis zwölf Wiederholungen findet das klassische Bodybuildingtraining statt und die Trainingsreize bewirken das Anwachsen der beanspruchten Muskulatur. Ab 15 bis maximal 30 Wiederholungen nehmen die Wachstumsreize schließlich kontinuierlich ab, dafür jedoch die muskelbezogenen Ausdauerreize zu. Dies führt innerhalb der Muskulatur zur Verbesserung der Aufnahme- und Verwertungsbedingungen für Sauerstoff und Nährstoffe. Dadurch werden die Muskeln zäher und können submaximalen Kraftbelastungen länger Stand halten.

Sämtliche der genannten Varianten wirken nur dann, wenn mehrere Sätze hintereinander durchgeführt werden, unterbrochen durch kurze Erholungspausen (Pausenlänge je nach Kraftanstrengung von einer bis zu drei Minuten). Die Gesamtzahl der Sätze pro Muskelbereich ist wiederum abhängig vom Trainingsziel. Ein gesundheitsorientiertes Krafttraining wird in der Regel mit zwei bis drei Sätzen á 20 bis 25 Wiederholungen durchgeführt. Die Pausen zwischen den Sätzen sollten nicht länger als eine Minute andauern. Durch diese Trainingsbelastung erhält die Muskulatur weitere kleine Wachstumsreize, befindet sich aber bereits im Ausdauermodus. Zeitgleich werden die Gelenke aufgrund der hohen Wiederholungszahl und vergleichsweise geringen Druckbelastung ausgiebig durchsaftet und der Stoffwechsel im Knorpelbereich ideal angeregt.

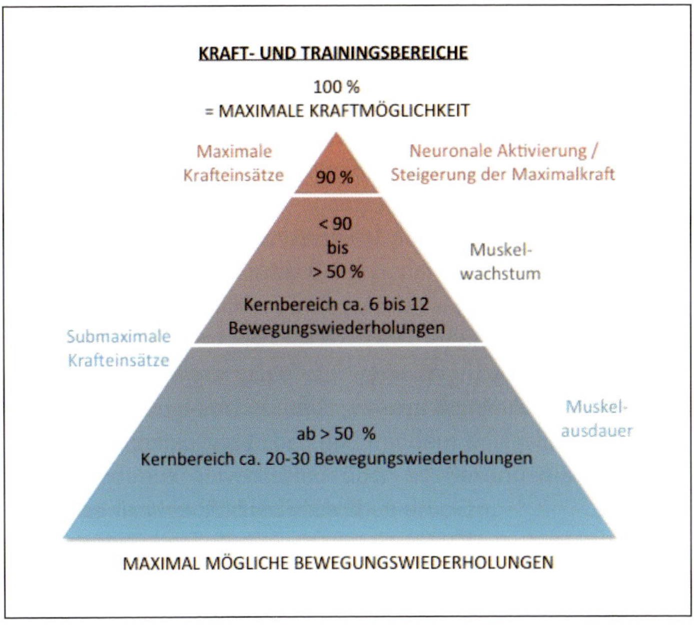

Beziehung zwischen Kraftbeanspruchung, möglichen Wiederholungszahlen und Trainingswirkung

Basisprogramm

Nachfolgend finden Sie ein gerätefreies Basisprogramm, das Sie innerhalb von 30 Minuten durchziehen können. Wenn Sie dieses ab sofort zwei- bis dreimal in der Woche durchführen, legen Sie sich bereits eine prima Grundlage für einen dauerhaft gesunden und vitalen Muskel- und Bewegungsapparat. Aus Gründen der Zeiteffizienz empfehle ich, die einzelnen Übungen in Form eines Zirkeltrainings direkt hintereinanderzuschalten und den Durchlauf zwei- bis dreimal zu wiederholen.

Grundlegende Hinweise:

- Übungen sind nicht für Personen mit orthopädischen oder internistischen Vorschädigungen geeignet – in solchen Fällen gesundheitlichen Nutzen und mögliche Gefahren bitte mit einem Arzt abklären.
- Achten Sie während der Übungsdurchführung auf eine kontinuierliche Atmung.
- Halten Sie – wenn nicht anders angegeben – die Blickrichtung in Verlängerung Ihrer Brustwirbelsäule geradeaus und legen Sie Ihren Kopf nicht in den Nacken.

Bauchmuskulatur (vorne)

- Rückenlage, Lendenwirbelsäule auf den Boden drücken, Knie anwinkeln, Fersen in den Boden drücken und Finger an die Schläfen führen.
- Bauch anspannen, Oberkörper leicht einrollen und dabei Schulterblätter vom Boden lösen.
- Wieder leicht zur Ausgangsposition zurückbewegen, dabei Schultern aber nicht wieder ablegen.

Wichtig: Lendenwirbelbereich bleibt während der gesamten Bewegungsausführung komplett auf dem Boden!

Rücken- und Gesäßmuskulatur

- Rückenlage, Knie anwinkeln und Füße im Lot zum Kniegelenk aufsetzen.
- Heben Sie nun Ihr Becken an, bis der Oberkörper in einer Linie zu den Oberschenkeln steht (Knie-Hüft-Brustlinie) und nur noch von Schultern und Beinen abgestützt wird.
- Becken wieder bis knapp vor die Ausgangsposition absenken, dabei jedoch nicht komplett ablegen.

Wichtig: Wenn Sie ausreichend Rumpfkraft aufgebaut haben, können Sie dazu übergehen, nur noch ein Bein aufzusetzen. Das andere Bein ist dann während der kompletten Übungsdurchführung bis in das Fußgelenk hinein gestreckt und Kniegelenke wie Oberschenkel durchgehend parallel nebeneinander. (Beinwechsel erfolgt beim nächsten Durchgang.)

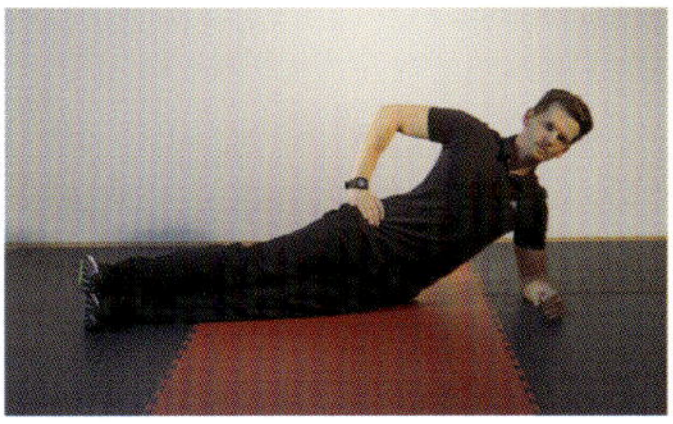

Bauchmuskulatur (seitlich)

- Seitenlage, Füße liegen parallel aufeinander (evtl. an der Wand abstützen), angewinkelter unterer Arm stützt Oberkörper ab, Schulter und Ellbogen dabei in einer Linie, Fingerspitzen zeigen nach vorn.
- Obere Hand in die obere Hüfte stemmen.
- Becken seitwärts anheben bis Rumpf gestreckt ist (Linie Füße, Hüfte, Schultern).
- Becken kontrolliert bis kurz vor Bodenberührung absenken und wieder zurück zur Ausgangsstellung.

Hintere Schultermuskulatur

- Ausgangsstellung: Mit Fersen anderthalb Schuhlängen von der Wand entfernt hinstellen, Schultern gegen die Wand lehnen und angewinkelte Arme seitlich anheben bis sich Ellbogengelenke etwa auf Höhe der Schultern befinden.
- Nun gestreckten Körper mit den Ellbogen von der Wand wegdrücken bis Schulterblätter etwa drei bis vier Zentimeter von der Wand entfernt sind.
- Kontrolliert bis kurz vor Ausgangsstellung zurückgehen, Schultern dabei aber nicht wieder anlehnen.

Wichtig: Ein Absenken der Ellbogen während der Übungen durch aktive Stabilisierung der Ausgangsposition verhindern! Schwierigkeiten bei der Übungsausführung können auf funktionale Störungen im Bereich der Halswirbelsäule hinweisen!

Brust-, Arm- und vordere Schultermuskulatur (Vereinfachte Liegestütze)

- Mit gestrecktem Körper schräg gegen eine Wand stellen oder mit gebeugten Armen an den seitlichen Kanten eines Stuhls abstützen, dabei Füße ca. hüftbreit auseinanderstellen und Zehenspitzen in der Position am Stuhl in den Boden drücken.
- Körper nun durch Strecken der Ellbogengelenke von der Wand/Stuhl wegdrücken, dabei Kopf in Verlängerung der Wirbelsäule belassen und Köperspannung beibehalten (Kopf, Schultern, Gesäß, Beine eine Linie).
- Ellbogen nun wieder kontrolliert beugen und zur Ausgangsposition zurückbewegen.

Anmerkung: Wenn Sie ausreichend Schulterkraft besitzen und bereits in der Lage sind, 20 normale Liegestütze hinzubekommen, dann können Sie zu normalen Liegestützposition (Oberkörper in der Waagerechten) übergehen.

Idealprogramm

Ziehen Sie stattdessen ein knackiges Gerätetraining in einem Trainingsstudio vor, haben Sie die Chance, über reine Grundlagen hinaus etwas für sich und Ihren Körper zu tun. Die richtigen Übungen und eine vernünftige Einweisung in die korrekten Bewegungsausführungen vorausgesetzt, können Sie sich mit lediglich zwei Trainingseinheiten pro Woche bereits in vergleichsweise kurzer Zeit ein Muskel- und Skelettsystem antrainieren, das jeglichen Sitzbelastungen – sei es im Beruf oder Privatleben – locker trotzen kann. Eine Übungsreihe, die Sie zeitlich kaum mehr als 90 Minuten in Anspruch nimmt und Ihnen dennoch alles Wesentliche bietet, könnte wie folgt aussehen (dies verbunden mit der dringenden Empfehlung, sich die konkreten Übungen von einem versierten Studiotrainer zusammenstellen und in die korrekten Geräteeinstellungen und Bewegungsausführungen einführen zu lassen):

Zehn Minuten lockeres Durchbewegen an einem Cardiogerät (dabei zur zeitgleichen Beanspruchung sämtlicher Muskeln ideal: das Rudergerät)

1. Übung für den vorderen Bauchbereich
2. Übung für den seitlichen Bauchbereich
3. Übung für den unteren Rückenbereich (Rückenstrecker)
4. Zugübung für den kompletten Brust- und Schultergürtelbereich (z. B. Klimmzug am Geräteturm)
5. Druckübung für den kompletten Brust- und Schultergürtelbereich (z. B. Dips am Geräteturm)
6. Zugübung für den oberen Rücken- und hinteren Schulterbreich (z. B. Ruderzug)
7. Druckübung für Brust- und vorderen Schulterbereich (z. B. Brustpresse)

Zehn Minuten lockeres Durchbewegen auf dem Fahrradergometer und zum Abschluss ein kleines Beweglichkeitsprogramm

Beweglichkeitsprogramm

Klassisches Beweglichkeitstraining verbraucht weder zusätzliche Kalorien, noch stärkt es Muskulatur, Knochen oder Gelenke. Im gesundheitsorientierten Training spielt es daher auch eine eher begleitende Rolle, sollte jedoch keinesfalls unterschätzt werden. Die entsprechenden Übungen dienen vor allem zur Erhaltung der Elastizität des Muskelapparats, zur Vorbeugung schmerzhafter Muskelverspannungen und der Verhinderung einseitiger Gelenkbelastungen durch sogenannte muskuläre Verkürzungen und Dysbalancen und dem damit verbundenen Verfall der Körperhaltung. Dies spielt vor allem bei einseitiger und passiver Beanspruchung der Muskeln, Knochen und Gelenke in Beruf und Freizeit eine wichtige Rolle.

Am effektivsten wird die Beweglichkeit des Körpers durch regelmäßig durchgeführte Bewegungen trainiert, die den natürlichen Radius der Gelenke ausnutzen. Auch hier – wie schon beim Krafttraining – sind Sportarten wie Klettern oder Yoga sehr zu empfehlen. Ganz gezielt lässt sich eine gesundheitsorientierte Beweglichkeit durch spezielle Gymnastik-Methoden trainieren. Dabei betonen Sportwissenschaftler wie Prof. Dr. Jürgen Freiwald von der Bergischen Universität Wuppertal bereits seit Jahren, dass von den weit verbreiteten Formen des Stretchings, die durch teils extreme Gelenkstellungen und über etliche Sekunden anhaltende statische Zugbelastungen der Muskulatur gekennzeichnet sind, eher abzuraten ist. Viele Behauptungen, mit denen schon vor Jahrzehnten die Vorteile des Stretchings propagiert wurden, scheinen rein theoretischer Natur zu sein und sind von der Praxis längst mehrheitlich widerlegt. Metastudien zeigen sogar ein tendenziell höheres Verletzungsrisiko für Muskeln, Bänder und Gelenke, wenn vor intensiven Sporteinheiten ausgiebig gestretcht wird. Außerdem reduzieren Stretchingübungen die Explosivkraft der Muskel-Sehnen-Komplexe temporär, was sich vor allem in sprint- und sprungbetonten Sportarten fatal auf die Leistungsfähigkeit auswirkt. Unter anderem aus diesen Gründen ist das klassische Stretching aus dem modernen Leistungssport inzwischen nahezu vollständig verschwunden.

Info-Box 8.3: Rollentraining

Ist das althergebrachte Stretching im modernen Leistungssport kaum noch zu finden, so lässt sich zunehmend die aktive Selbstmassage mittels einer harten Schaumstoffrolle beobachten. Dies zielt auf die Lockerung der sogenannten Muskelfaszien ab – die Bindegewebsanteile, mit denen ein jeder Muskel umhüllt ist und die zu Verklebungen neigen.

Wird dieses Rollentraining regelmäßig durchgeführt, wirkt es auf die Muskulatur entspannend und regenerierend. Auf lange Sicht hin kann damit sogar die Elastizität und damit das allgemeine Leistungsvermögen der Muskulatur gesteigert werden. Diese Art von Training ist auch für Otto Normalverbraucher interessant. Regelmäßigkeit vorausgesetzt kann es dazu beitragen, den Bewegungsapparat gesund und beweglich zu halten.

Spieler des Handball-Bundesligavereins MT Melsungen beim Rollentraining

Komplettprogramm

Moderne und gesundheitsorientierte Beweglichkeitsübungen werden aktiv angewendet und sind durch dynamisch kontrolliert durchgeführte Bewegungen gekennzeichnet, die intermittierend wiederholt werden. Als Maß für die Belastungsintensität gilt, dass die Bewegungsspitzen einen mittleren Spannungsschmerz in der Muskulatur hervorrufen sollten. Dabei ist es wichtig, schnelle und zerrende Bewegungen sowie zu langes und statisches Verweilen in extremen Gelenkstellungen zu vermeiden.

Die Übungen sollten NACH jeder Ausdauer- und Krafttrainingseinheit durchgeführt werden. Zu diesem Zeitpunkt sind Ihre Muskeln und Gelenke erwärmt und wesentlich besser auf die Zug- bzw. Druckbelastungen vorbereitet als im kalten Zustand. Wenn Ihnen in Ihrem Sitzalltag hin und wieder danach ist, können Sie die Übungen natürlich auch zwischendurch durchführen. Denken Sie in diesem Fall jedoch unbedingt daran, dass Ihre Gelenkknorpel nicht vorbereitet sind, und vermeiden Sie extreme Gelenkstellungen.

Grundlegende Hinweise:

- Übungen sind nicht für Personen mit Vorschädigungen im Bereich der Wirbelsäule/Bandscheiben geeignet (in diesem Fall bitte Übungen mit Arzt abklären).
- Wenn nicht anders angegeben, sollten die Beweglichkeitsübungen aktiv, d. h. mit dynamischen und kontrolliert geführten Bewegungen durchgeführt und über etwa 20 bis maximal 30 Sekunden lang intermittierend wiederholt werden.
- Achten Sie bei der Übungsdurchführung immer auf eine kontinuierliche Atmung.
- Halten Sie – wenn nicht anders angegeben – die Blickrichtung in Verlängerung Ihrer Brustwirbelsäule geradeaus und legen Sie Ihren Kopf nicht in den Nacken.

Seitlicher Nacken

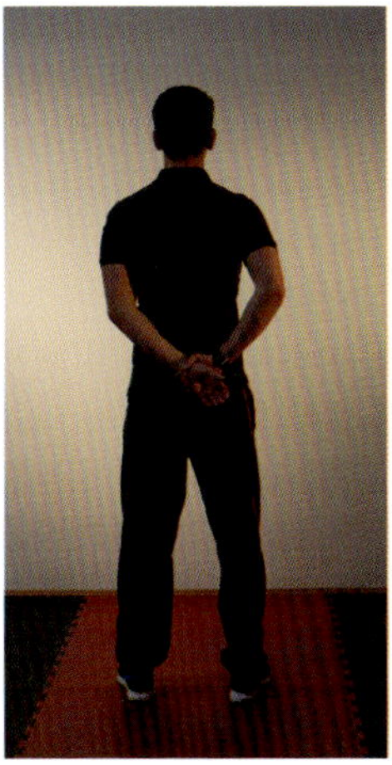

- Im Stand einen Arm gestreckt hinter den Körper führen.
- Handgelenk mit der Hand des anderen Armes greifen und über die Körpermitte ziehen, Schultern bleiben dabei auf gleicher Höhe.
- Nun noch Kopf langsam zur Gegenseite bewegen, bis Dehnung in der seitlichen Halsmuskulatur zu spüren ist.
- Kurz halten und Kopf wieder leicht zurückbewegen.

Wichtig: Schultern bleiben auf gleicher Höhe!

Schulter

- Im Stehen einen Arm gestreckt oberhalb der Brust (ca. Halshöhe) waagerecht über den Körper führen.
- Mit der anderen Hand gestreckten Arm am Ellbogen fassen und weiter zum Körper ziehen.
- Kurz halten und wieder leicht zurückbewegen.

Wichtig: Oberkörper bleibt frontal und dreht nicht mit der Armbewegung mit!

Brust

- Seitlich an eine Wand o. ä. stellen.
- Wandnahen Arm anwinkeln (Oberarm-Körper und Oberarm-Unterarm jeweils 90° gebeugt) und Unterarm anlehnen.
- Oberkörper nun leicht zur anderen Seite wegdrehen bis Dehnung in der Brust zu spüren ist.
- Kurz halten und wieder leicht zurückbewegen.

Wichtig: Oberkörper bleibt aufrecht, Überstreckung ins Hohlkreuz vermeiden!

Unterer Rücken

- In Rückenlage ein Bein ca. 90° beugen und über das gestreckte andere Bein zur gegenüberliegenden Seite ablegen.
- Hand der gegenüberliegenden Seite drückt Knie des gebeugten Beins sanft in Richtung Boden.
- Kopf und Oberkörper zur anderen Seite zum seitlich weggestreckten Arm drehen.
- Schultern behalten dabei Bodenkontakt.

Wichtig: Position 30 bis 60 Sekunden halten!

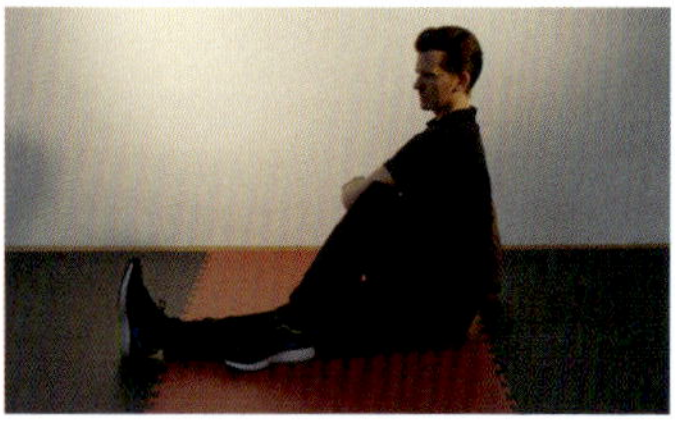

Beinabduktoren

- Im Sitzen ein Bein beugen und über das gestreckte Bein stellen.
- Knie mit dem Ellbogen des diagonalen Arms weiter nach außen drücken bis Dehnung im Gesäßbereich zu spüren ist.
- Kurz halten und Druck vom Ellbogen wieder leicht zurücknehmen.

Wichtig: Oberkörper bleibt aufrecht, Überstreckung ins Hohlkreuz vermeiden!

Beinadduktoren

- Im seitlichen Grätschstand ein Bein beugen.
- Fuß dabei etwas nach außen rotieren und Knie nicht über die Linie der Zehenspitzen hinausbewegen.
- Oberkörper bleibt aufrecht, Bein weiter beugen bis im gestreckten Bein Dehnung innen am Oberschenkel zu spüren ist.
- Kurz halten und wieder leicht zurückbewegen.

Wichtig: Oberkörper bleibt aufrecht, Überstreckung ins Hohlkreuz vermeiden!

Vorderer Oberschenkel

- Im Stehen Knie leicht beugen.
- Ein Fuß/Ferse mit Hand zum Gesäß ziehen bis Dehnung zu spüren ist.

Wichtig: Beide Oberschenkel sind dabei parallel, die Kniegelenke zusammen und der Oberkörper aufrecht!

- Kurz halten und Fuß wieder leicht vom Gesäß zurückbewegen und Dehnung so auflösen.

Oberer Rücken und seitlicher Rumpf

- Eine Hand hinter den Kopf auf das gegenüberliegende Schulterblatt legen.
- Die andere Hand zieht Ellbogen hinter den Kopf, Hand am Schulterblatt bewegt sich dabei weiter nach unten.
- Zeitgleich Oberkörper zur Seite neigen bis Dehnung im Bereich der seitlichen Rumpfmuskulatur zu spüren ist.
- Kurz halten und wieder leicht zurückbewegen.

Wichtig: Becken zeigt während der Übung nach vorn, Rotation in der Hüfte vermeiden!

Hinterer Oberschenkel

- Im Stehen ein Bein gestreckt hochlegen und Fußgelenk entspannen.
- Mit geradem Rücken/Oberkörper über das gestreckte Bein nach vorn absenken bis im gestreckten Bein in der Kniekehle Dehnung zu spüren ist.
- Kurz halten und wieder leicht zurückbewegen.

Wichtig: Spannung im Rücken, Rundrücken vermeiden!

Waden

- Schrittstellung, Hände gegen Wand o. ä. stützen
- Oberkörper ist gerade und Fußspitzen zeigen nach vorn
- Gewicht auf vorderes Bein verlagern, hinteren Fuß bei gestrecktem Knie mit Ferse auf den Boden drücken.
- Vorderes Bein beugen und Hüfte nach vorn schieben bis in der Wade Dehnung zu spüren ist.
- Kurz halten und wieder leicht zurückbewegen.

Hüftbeuger

- Im Ausfallschritt das Knie des hinteren Beins möglichst weit nach hinten ablegen.
- Bei aufrechtem Oberkörper nun Hüfte nach vorn drücken
- Kurz halten und wieder leicht zurückbewegen.

Wichtig: Oberkörper bleibt aufrecht, Überstreckung ins Hohlkreuz vermeiden!

9. Energie durch Ruhe – Entspannung

Kinder lieben Luftballons – je praller gefüllt, desto besser. Wenn man es dabei mit der Füllung allerdings übertreibt, erfolgt ohne Vorwarnung das abrupte Zerplatzen. Die Spannungsgrenze des Ballons wurde überschritten und das gute Stück ist unwiederbringlich kaputt. Und wenn es ganz dumm läuft, schaut man nun auch noch in die Augen schwer enttäuschter Kinder, die gleich loszuheulen drohen.

Die Freude an einem Luftballon währt jedoch selbst dann nicht ewig, wenn er perfekt aufgeblasen wurde. Entweder wird nach und nach Luft durch die verschlossene Öffnung entweichen oder aber die anhaltend pralle Füllung leiert über kurz oder lang die flexiblen Elemente des einst stolzen Ballons aus und er entwickelt sich entweder zum schlaffen und faltigen Beutel oder aber seine Latexwände sind irgendwann einmal so porös und dünnhäutig geworden, dass die kleinste Berührung ausreicht, um ihn zerplatzen zu lassen.

Die Entwicklung, die ein Luftballon durch zu viel oder zu lange einwirkenden Luftdruck nimmt, kann durchaus mit dem verglichen werden, was uns durch übermäßig starke Anspannung bzw. Daueranspannung droht. Um der Gefahr des Zerplatzens, des kontinuierlichen Luft- und Kraftverlierens oder einem körperlichen und geistigen Ausleierns aktiv entgegenzutreten, lohnt sich das Erlernen von Entspannungsfertigkeiten, die unmittelbar und in jeder noch so stressigen Situation abrufbar sind.

Von Entspannungsfähigkeit zu Regulationsfertigkeit

Entspannung ist alles andere als ein Sonderzustand, vielmehr bildet sie unsere ureigene biologische Grundverfassung. Insofern ist es eine Fähigkeit, die jeder von uns in sich trägt. Ihr souveräner und punktgenauer Abruf gelingt jedoch nicht ohne Weiteres. Wie soll sie auch in dieser durch Unruhe und Schnelllebigkeit geprägten und nach der 24/7-Regel funktionierenden Welt entstehen? Wenn innere Unruhen durch ununterbrochene Betriebsamkeit und Erreichbarkeit permanent befeuert werden, bleibt nach dem Motto „use it or lose it" für die Pflege der eigenen Entspannungsfähigkeit wenig Spielraum. Interessant ist daher, die angeborene Entspannungsfähigkeit so zu entwickeln, dass daraus die Fertigkeit entsteht, den eigenen Aktivierungsgrad jederzeit willentlich zu regulieren und Entspannungszustände situationsgerecht herstellen zu können.

Kennzeichen einer stabilen Regulationsfertigkeit

Die meisten von uns scheinen sich kaum etwas sehnlicher zu wünschen, als endlich mal wieder völlig loszulassen und dem Gefühl des „Ständig-unter-Strom-Stehens" nachhaltig entfliehen zu können. Gleichwohl werden Menschen, die die Kunst des Entspannens beherrschen, nicht selten als weltentrückte Exoten wahrgenommen. Sie agieren und reagieren einfach anders als die Masse – sie strahlen eine grundlegende Ruhe aus und stimmen nicht mit ein, wenn sich in Gesprächsrunden über die Themen Stress, Hektik und Überforderung ereifert wird. Je schwieriger Situationen werden, desto mehr fallen sie durch eine für ihre Umwelt fast schon aufreizende Gelassenheit auf. Und gerade unter Worst-Case-Szenarien sind sie in der Lage, ihre Souveränität zu behalten und ihr Denken und Handeln unbeirrt auf die Lösung des Problems zu fokussieren.

Info-Box 9.1: Entspannungsfähigkeit im Sport

Sich punktgenau entspannen und seinen psychischen und physischen Erregungszustand aktiv an die Anforderungen der Leistungssituation anpassen zu können, ist in sämtlichen Sportarten ein ganz wesentlicher Erfolgsfaktor. Ein Elfmeterschütze beim Fußball wird seinen Schuss nur dann platziert und mit der nötigen Härte setzen, wenn er in dieser Alles-oder-Nichts-Situation ausreichend cool bleiben kann. Ein Golfer hat nur dann eine Chance, ein Großer seiner Zunft zu werden, wenn er seine Schläge und Putts auch in bedeutsamen Wettkampfsituationen unaufgeregt durchzuziehen vermag. Und eine Eiskunstläuferin könnte nicht ansatzweise bestehen, wenn sie ihren Körper und Geist vor oder während ihrer Wettkampfeinsätze von Stress überfluten lassen würde.

Darüber hinaus ist es Sportlerinnen und Sportlern mit einer guten Entspannungsfähigkeit möglich, innerhalb kürzester Zeit in den Erholungsmodus zu schalten. Damit sind sie in der Lage, ihrem Körper und Gehirn auch an sehr langen Trainings- und Wettkampftagen immer mal wieder kleine Frischeeinheiten zu verabreichen. Und last but not least ist der Entspannungszustand für viele mentale Trainingsformen eine grundlegende Voraussetzung. Ein Imaginationstraining (= das Durchlaufen der sportlichen Technik vor dem inneren Auge) gelingt beispielsweise nur dann wirklich gut und effektiv, wenn sich die Gehirnwellen dabei im entspannten Alpha-Rhythmus bewegen.

Entspannungstraining mit Nachwuchsrennfahrern während eines sportpsychologischen Seminars der „Deutschen Post Speed-Academy“ im Jahr 2008. Im Vordergrund der spätere DTM-Champion Marco Wittmann.

Kurzfristige Wirkung von Entspannungstraining

Der Entspannungszustand ist durch Ruhe, Gelöstheit und Gefühle des Wohlbefindens gekennzeichnet. Im Entspannungstraining wird versucht, diese Zustände aktiv herbeizuführen. Ausgelöst werden sie durch Veränderungen im Bereich der Gehirnaktivität sowie der daraus resultierenden Harmonisierung der hormonellen Geschehnisse im Körper. Beobachten lässt sich dies unter anderem an der Beruhigung des Herz-Kreislauf-Systems, Absenkung der Muskelgrundspannung sowie dem Wechsel der Gehirnwellen in den sogenannten Alpha-Rhythmus.

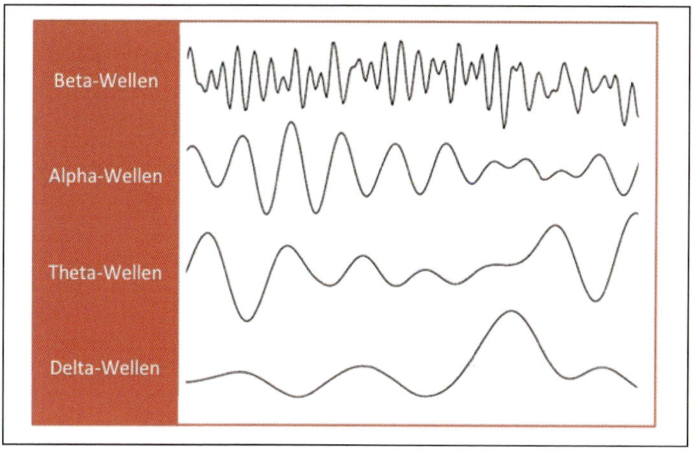

Die Rhythmen unserer Gehirnwellen werden von unserem zentralnervösen Erregungsniveau bestimmt. Je nach Wellenrhythmus befinden wir uns in einem bestimmten Bewusstseinszustand und können unsere kognitiven Leistungsmöglichkeiten entweder mehr oder weniger gut einsetzen.

- **Beta-Wellen** (13–40 Hertz) treten vermehrt bei körperlicher, mentaler und emotionaler Beanspruchung/Erregung auf.
- **Alpha-Wellen** (8–13 HZ) treten vermehrt im entspannten Wachzustand/Entspannungstrance auf (gilt auch als „Superlearning-Bereich").
- **Theta-Wellen** (3,5–8 HZ) treten während der Übergangsphase vom Wach- in den Schlafzustand sowie innerhalb von tranceähnlichen Bewusstseinszuständen auf.
- **Delta-Wellen** (0,5–3,5 HZ) deuten auf Tiefschlaf hin.

Regeneration und Stressharmonisierung
Jede noch so kleine Entspannungsphase ist für Körper und Geist stressreduzierend und regenerierend. Direkt im Anschluss fühlt man sich erholter und der Geist ist deutlich frischer. Werden über den Tag verteilt zwei bis drei bewusste Entspannungsphasen eingelegt, kann zudem verhindert werden, dass sich im Inneren eine übermäßige Erregung aufstaut und irgendwann einmal ein Niveau erreicht wird, ab dem die bewussten Möglichkeiten zur Selbstregulierung schwinden und man – wie in Kapitel 1 beschrieben – immer dümmer und ungeschickter wird.

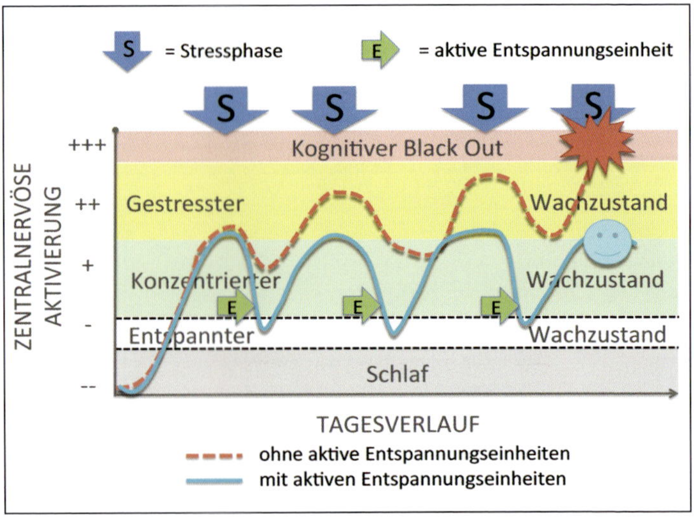

Entwicklung der zentralnervösen Aktivierung über einen beanspruchenden Arbeitstag hinweg mit und ohne Entspannungsphasen

Wie Sie inzwischen längst wissen, lässt kontinuierlich einwirkender Stress den Grad der Aktivierung im zentralen Nervensystem stetig ansteigen, hoch intensiver Stress hingegen bewirkt ein abruptes Hochschnellen. Ist diese in Fachkreisen als „Arousal" bezeichnete Aktivierung grenzwertig angestiegen, braucht es nur noch wenig, um das Fass zum Überlaufen zu bringen. Das Gehirn rutscht dann ungebremst in den kognitiven Blackout.

Mit zwei bis drei kurzen und über den Tag verteilten Entspannungssitzungen lässt sich diese Aktivierung immer mal wieder auf ein gesundes Maß herabsetzen. Tritt im Anschluss erneuter Stress auf, wird zwar auch dieser die zentralnervöse Erregung wieder ansteigen lassen. Die Chancen auch weiterhin bei klarem Bewusstsein zu bleiben und seine kognitiven Möglichkeiten ausspielen zu können, sind unter diesen Umständen jedoch deutlich höher.

Langzeitwirkung von Entspannungstraining

Vergleichbar mit einem Muskel, der durch regelmäßiges Training an Kraft zulegt, verbessert sich durch regelmäßig durchgeführte Entspannungstrainingseinheiten die grundlegende Fähigkeit des Organismus, sich entspannen zu können. Dabei durchläuft in erster Linie vor allem das Gehirn einen Prozess, in dem es auf den Entspannungszustand hin konditioniert wird. Dies lässt sich auch anhand von strukturellen Veränderungen nachweisen (so beispielsweise innerhalb des limbischen Systems, der emotionalen Zentrale unseres Gehirns, die Sie im Zusammenhang mit Stress ebenfalls bereits in Kapitel 1 kennengelernt haben).

Nachhaltig gelassener und souveräner

Hierbei ergeben sich vor allem für stark beanspruchte Kopfarbeiter drei unschlagbare Vorteile:

1. Im Laufe des Trainingsprozesses kommt es zu emotionalen und kognitiven Veränderungen, die zu einem nachhaltig gelasseneren Umgang mit Belastungen jeglicher Art führen. Damit werden Gehirn und Körper während plötzlich auftretender Stressmomente sowie länger andauernden Stressphasen grundlegend weniger beansprucht. So ist ein deutlich längeres Durchhalten auf hohem Niveau möglich und der Umgang mit den körperlich-geistigen Ressourcen gewinnt an Effektivität.
2. Mit zunehmender Entspannungsfähigkeit verkürzt sich der Zeitraum, den man benötigt, um sich selbst in einen entspannten Zustand zu bringen. Gut trainierte Entspannungskünstler benötigen vor, während oder nach einer hohen Belastung nur wenige Sekunden, bis sie den Entspannungsmodus erreicht haben, sodass sie sich völlig unabhängig von den vorherrschenden Bedingungen immer mal wieder kleine Frischehäppchen für Geist und Körper holen und sowohl Leistungsniveau als auch Belastbarkeit deutlich länger aufrechterhalten können.

3. Gerade unter hohen Belastungen reduziert sich das gesundheitliche Risiko umso mehr, je souveräner und regelmäßiger der Entspannungszustand hergestellt werden kann. Grund dafür ist die regelmäßige Unterbrechung der gesundheitsgefährdenden Reaktionen des Körpers auf Stress. So werden zwischendurch eine überflutende Ausschüttung von Stresshormonen eingedämmt, das Stoffwechselgeschehen harmonisiert sowie die Abläufe im Herz-Kreislauf-System beruhigt.

Trainer von Mannschaften im professionellen Hochleistungssport sind durchgehend stark beansprucht. Je besser sie es dabei schaffen, ihre Erregungen und Befindlichkeiten zu regulieren, desto souveräner können sie ihre Rolle ausfüllen. Dazu Jupp Heynckes in einem Spiegel-Interview vom 17. Juni 2013: „Ich habe in einem Spiel nie Angst, auch keine negativen Gedanken. Ich denke darüber nach, was ich zu tun habe. Wie kann ich wechseln, wo kann ich noch ein paar Prozent „rauskitzeln“. Ich bin dabei sehr kühl. Deshalb veranstalte ich an der Seitenlinie ja auch nie Theater.“

Trainingsmethoden

Grob unterteilt, lässt sich die Entspannungsfähigkeit mit sieben unterschiedlichen Trainingsmethoden gezielt verbessern:

- Atementspannung
- Muskelentspannung
- Biofeedbackverfahren
- Autogenes Training
- Imaginative Verfahren
- Meditative Verfahren
- Hypnoseverfahren

Keine der aufgeführten Methoden kann als prinzipiell besser oder schlechter bezeichnet werden. Entscheidend ist vielmehr, mit welcher Methode man persönlich am besten zurechtkommt. Zudem ist natürlich relevant, wie viel Zeit für ein bewusstes und regelmäßiges Training zur Verfügung steht.

Sind die Zeitressourcen knapp bemessen, bieten sich in erster Linie die Methoden der Atem- und Muskelentspannung an. Regelmäßiges Training vorausgesetzt, lassen sich damit vergleichsweise schnell die ersten Erfolge erzielen. Zudem ist mitunter ein Vorteil, dass beide Verfahren ohne fremde Hilfe durchgeführt werden können. Aus diesem Grund finden Sie sie nachfolgend auch ausführlich beschrieben.

Die restlichen Methoden sind entweder von technischen Geräten oder einer fundierten Einweisung über mehrere Sitzungen hinweg abhängig. Im Fall der Hypnose bleibt Letzteres sogar dauerhaft vorhanden – es sei denn man erlernt den Zugang über Selbsthypnosetechniken.

Trainingsvoraussetzungen

Damit Sie sich ein Bild über jedes einzelne Verfahren machen können, habe ich Ihnen nachfolgend entsprechende Informationen zusammengestellt. Wollen Sie Ihr Entspannungstraining selbst in die Hand nehmen, sollten Sie für folgende Rahmenbedingungen sorgen:

- ein bis zwei Stunden vor dem Training keine aktivierenden Getränke oder Lebensmittel mehr zu sich nehmen (wie beispielsweise Kaffee)
- spätestens eine halbe Stunde vor Trainingsbeginn Ruhe einkehren lassen und Situationen mit Potential für Stress und Hektik verlassen
- bequeme Körperkleidung
- störungsfreie Umgebung
- Körperhaltung sitzend oder liegend (ideal ist vor allem zu Beginn des Trainings das Liegen; diese Position verringert im Gehirn ganz automatisch die Aktivität)
- Einleitung über Schließen der Augen, Betonung von Ruhe und Atmung (s. „Atementspannung“)

- Übungsdurchführung eher am Tag als am Abend (dann besteht die Gefahr des Einschlafens, in diesem Fall sind keinerlei Trainingseffekte mehr vorhanden).
- pro Tag mindestens eine Übungseinheit á 15 Minuten; ideal sind zwei bis drei Tageseinheiten

Atementspannung

Unser Atemverhalten wird nicht nur durch den Sauerstoffbedarf unseres Körpers beeinflusst, sondern ebenso von unserer emotionalen Spannungslage. Unter psychischem Stress atmen wir automatisch schneller und flacher, unter psychischer Entspannung langsamer und tiefer. Diese Effekte lassen sich durch eine bewusste Atemsteuerung auch umdrehen. Durch Konzentration auf eine ruhige und gleichmäßige Atmung wird unser gesamtes System ruhiger. Schnelle und tiefe Atemzüge hingegen aktivieren uns ganzheitlich und können bei Müdigkeit im Körper für mehr Aktivität und im Geist für mehr Wachheit sorgen.

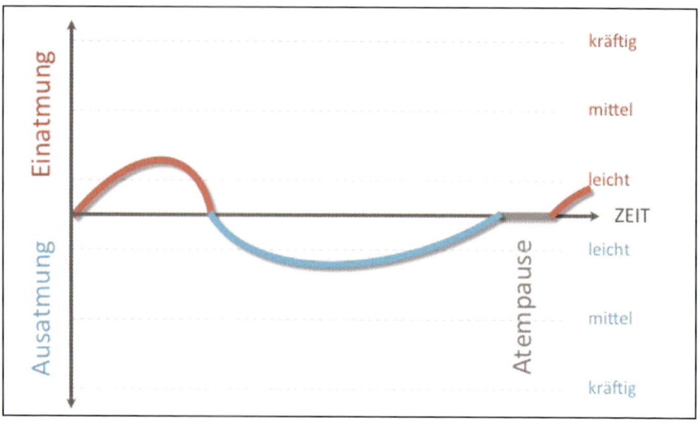

Ablauf eines entspannten Atemzugs

Unter Ruhe erfolgt das Einatmen durch Anspannung, das Ausatmen durch Entspannung der Atemmuskulatur. Die Ausatmung sollte also während Ihrer gesamten Übungssitzungen ein rein passiver Vorgang sein. Je langsamer die Atmung wird, desto mehr wird die zentralnervöse Steuerung vom parasympathischen Nervensystem bestimmt (dies ist der Anteil unseres Nervensystems, der das Stressgeschehen im Köper abbremst und für Ruhe und

Entspannung sorgt). Zudem tritt umso mehr Beruhigung ein, je länger die Phasen des Ausatmens im Vergleich zu den Einatmungsphasen werden. Bevor der nächste Atemzug von ganz allein wieder beginnt, kommt es im entspannten Zustand zu einer kleinen Atempause.

Dazu an dieser Stelle ein kleiner Hinweis für diejenigen, die dazu neigen, in allem was sie tun, Perfektion anzustreben: In Bezug auf das lange Ausatmen ist übertriebener Ehrgeiz kontraproduktiv. Ziehen Sie die Ausatemphase willentlich übermäßig in die Länge, wird Ihrem Körper irgendwann der Sauerstoff ausgehen. In diesem Fall werden Sie umso mehr gegen Ihren natürlichen Einatmen-Reflex ankämpfen, je länger Ihre Übungseinheit andauert. Folglich würden Sie sich statt der erhofften Entspannung eine noch höhere zentralnervöse Anspannung bescheren. Eine Atmung, die zur Entspannung führen soll, läuft ruhig und unverkrampft ab und pendelt sich unter Zurücknahme der bewussten Steuerung nach und nach von ganz allein auf das richtige Maß ein.

Übung zur Herstellung des Atemgleichgewichts in ca. zwei bis drei Minuten:
(für die Anwendung in akuten Stresssituationen, nicht um Entspannung zu lernen)

- tiefe Einatmung in den Bauchraum, Luft für fünf Sekunden anhalten
- Luft halb ausatmen, Atmung danach fünf Sekunden lang anhalten
- Luft ganz ausatmen, Atmung danach fünf Sekunden lang anhalten
- halb einatmen, Atmung danach fünf Sekunden lang anhalten
- Luft ganz ausatmen und danach drei bis fünf normale Atemzüge
- Abfolge min. zwei- und max. achtmal wiederholen

Ablauf einer Atementspannung/Grundübung für weitere Entspannungsmethoden:

- bequeme Liege- oder Sitzposition
- Die Augen werden geschlossen und die Aufmerksamkeit konzentriert sich auf die Atmung. (Das geht am Anfang leichter, wenn Sie versuchen, sich vorzustellen, welchen Weg die Atemluft in Ihrem Körper nimmt, und auf Ihre Körperempfindungen achten, wenn die Luft durch die Nase über den Rachen in die Lunge strömt, den Bauchraum anhebt und aus dem Körper über den Rachen durch die Nase wieder ausströmt.)
- Bei der Einatmung wird die Luft bewusst bis in den Bauchraum geatmet, dabei hebt sich die Bauchdecke. (Das sogenannte Brustatmen mit Heben der Schulterregion füllt die Lungen unzureichend und ist ein Zeichen für eine angespannte Atemlage.)
- Bei der Ausatmung senkt sich die Bauchdecke wieder.
- Nach der Ausatmung entsteht ganz von allein eine Atempause, das nächste Einatmen erfolgt danach wieder von selbst.
- Versuchen Sie, Ihre Atmung geschehen zu lassen; wenn keine inneren oder äußeren Störquellen vorhanden sind, wird sie von ganz alleine ruhig und gleichmäßig.
- Lassen Sie mindestens zehn Minuten vergehen, bis Sie Ihre Entspannung durch eine bewusste Aktivierung wieder auflösen.
- Atmen Sie danach zur Aktivierung dreimal kräftig ein und forciert wieder aus, öffnen Sie die Augen und strecken und räkeln Sie sich, indem Sie die Arme und Beine dabei kräftig durchbewegen.

Muskelentspannung

Betrachtet man alle Bewegungsmuskeln des Körpers als Einheit, stellt diese mit Abstand das größte Organ unseres Körpers dar. Es bestimmt unsere Flucht- und Kampfmöglichkeiten und springt daher auf emotionale Befindlichkeiten unmittelbar an. Das Anspringen unserer Muskeln auf unsere Stimmungslage ist allerdings keine Einbahnstraße. Gelingt es, die Muskulatur zu entspannen, ist damit als Umkehreffekt auch die Entspannung des zentralnervösen Systems sowie eine Beruhigung innerhalb von überschießenden emotionalen Prozessen möglich.

Die gängigste Form der Muskelentspannung ist die sogenannte Progressive Muskelrelaxation (PMR) nach Edmund Jacobson. Sie ist durch ein gezieltes An- und Entspannen von unterschiedlichen Muskelgruppen in vorgegebener Reihenfolge gekennzeichnet. In der Originalfassung erfolgt dabei ein Durchlauf von 16 Muskelgruppen innerhalb einer Zeitspanne von 20 bis 30 Minuten. Meine Erfahrung zeigt, dass nicht alle Muskelgruppen durchlaufen werden müssen, um in den Entspannungszustand zu gelangen. Nachfolgend finden Sie daher eine entsprechend abgespeckte Form der PMR aufgeführt. Die Originalversion finden Sie u. a. im Internet, wenn Sie in einer Suchmaschine die Begriffe „PMR", „Progressive Muskelrelaxation nach Jacobson" oder „Muskelentspannung" eingeben.

Der Rennfahrer Nicolas Hülkenberg beschreibt die Progressive Muskelrelaxation als seine bevorzugte Technik, um sich in den Entspannungszustand zu bringen: „Was da genau abgeht, kann ich eigentlich gar nicht beschreiben. Für mich ist das der Eintritt in eine Zone, in der ich in der Lage bin, mich voll auf das Fahren zu konzentrieren."
(aus Emberger/Prinz: Rennfahrertraining, 2013, S. 178)

PMR mit acht Muskelgruppen

Bequeme Liege- oder Sitzposition, Augen schließen; Atementspannung wie auf S. 350 angegeben (ca. zwei Minuten)

Bewusste Konzentration auf dominante Hand und Unterarm

- Hand zur Faust ballen und Unterarm über fünf bis sieben Sekunden kräftig anspannen.
- Spannung lösen und darauf konzentrieren, wie es sich anfühlt, wenn sich die Muskulatur wieder entspannt.
- Atmung nach Vorgaben der Atmungsentspannung regulieren.
- nach ca. 15 Sekunden zweiter Durchgang für die gleiche Muskelgruppe

Bewusste Konzentration auf dominanten Oberarm

- Ellbogengelenk ca. 90° beugen und Oberarmmuskel dabei über fünf bis sieben Sekunden kräftig anspannen.
- Spannung lösen und darauf konzentrieren wie es sich anfühlt, wenn sich die Muskulatur wieder entspannt.
- Atmung nach Vorgaben der Atmungsentspannung regulieren.
- nach ca. 15 Sekunden zweiter Durchgang für die gleiche Muskelgruppe

Bewusste Konzentration auf nicht-dominante Hand und Unterarm

- Hand zur Faust ballen und Unterarm über fünf bis sieben Sekunden kräftig anspannen.
- Spannung lösen und darauf konzentrieren, wie es sich anfühlt, wenn sich die Muskulatur wieder entspannt.
- Atmung nach Vorgaben der Atmungsentspannung regulieren.
- nach ca. 15 Sekunden zweiter Durchgang für die gleiche Muskelgruppe

Bewusste Konzentration auf nicht dominanten Oberarm

- Ellbogengelenk ca. 90° beugen und Oberarmmuskel dabei über fünf bis sieben Sekunden kräftig anspannen.
- Spannung lösen und darauf konzentrieren, wie es sich anfühlt, wenn sich die Muskulatur wieder entspannt.
- Atmung nach Vorgaben der Atmungsentspannung regulieren.
- nach ca. 15 Sekunden zweiter Durchgang für die gleiche Muskelgruppe

Bewusste Konzentration auf Schultern

- Schultergelenke zum Kopf in Richtung Ohren ziehen und Hals-/Schultermuskulatur dabei über fünf bis sieben Sekunden kräftig anspannen.

- Spannung lösen und darauf konzentrieren, wie es sich anfühlt, wenn sich die Muskulatur wieder entspannt.
- Atmung nach Vorgaben der Atmungsentspannung regulieren.
- nach ca. 15 Sekunden zweiter Durchgang für die gleiche Muskelgruppe

Bewusste Konzentration auf dominantes Bein

- Bein kräftig durchstrecken und leicht vom Boden lösen, Füße in Richtung Bein kippen. Beinmuskulatur über fünf bis sieben Sekunden kräftig anspannen.
- Bein absenken, Spannung lösen und darauf konzentrieren, wie es sich anfühlt, wenn sich die Muskulatur wieder entspannt.
- Atmung nach Vorgaben der Atmungsentspannung regulieren.
- nach ca. 15 Sekunden zweiter Durchgang für die gleiche Muskelgruppe

Bewusste Konzentration auf nicht-dominantes Bein

- Bein kräftig durchstrecken und leicht vom Boden lösen, dazu Füße in Richtung Bein kippen. Gesamte Beinmuskulatur über fünf bis sieben Sekunden kräftig anspannen.
- Bein absenken, Spannung lösen und darauf konzentrieren, wie es sich anfühlt, wenn sich die Muskulatur wieder entspannt.
- Atmung nach Vorgaben der Atmungsentspannung regulieren.
- nach ca. 15 Sekunden zweiter Durchgang für die gleiche Muskelgruppe

Bewusste Konzentration auf Gesäßmuskulatur

- Gesäßmuskulatur anspannen, Gesäßbacken dabei kräftig zusammendrücken und über fünf bis sieben Sekunden kräftig anspannen.
- Spannung lösen und darauf konzentrieren, wie es sich anfühlt, wenn sich die Muskulatur wieder entspannt.
- Atmung nach Vorgaben der Atmungsentspannung regulieren.
- nach ca. 15 Sekunden zweiter Durchgang für die gleiche Muskelgruppe

Bleiben Sie noch zwei bis drei Minuten liegen, genießen Sie das entspannte Gefühl.

Atmen Sie danach zur Aktivierung dreimal kräftig ein und forciert wieder aus, öffnen Sie die Augen und strecken und räkeln Sie sich, indem Sie die Arme und Beine dabei kräftig durchbewegen.

Biofeedbackverfahren

Der körperliche Aktivierungs- und Entspannungsgrad lässt sich über verschiedene Indikatoren messen. Klassisch ist etwa das Messen von Schweißproduktion (über eine sogenannte Hautleitwiderstandsmessung) und Herz-Kreislauf-Parametern (Herzschlag, Herzfrequenzvariabilität, Blutdruck). Durch solche Messdaten erhält die an die entsprechenden Geräte angeschlossene Person in Echtzeit ein objektives (Bio-)Feedback über ihren aktuellen Erregungs- bzw. Entspannungszustand. Damit kann sie während einer Entspannungsübung die Effekte nicht nur beobachten, sondern auch unmittelbar darauf reagieren. So entsteht die Chance, die angewandten Entspannungstechniken zu festigen und immer weiter zu verfeinern.

Das Biofeedbackverfahren erfreut sich gegenwärtig großer Beliebtheit. Scheinbar entspricht die an ein Gerät gebundene Trainingsform dem Zeitgeist. Ohne Frage wird der Aufforderungscharakter nochmals größer, wenn die Messdaten mit Computerprogrammen gekoppelt werden, in dem das Biofeedback in spielerischer Form geliefert wird. So gibt es etwa eine einfache Software, in dem Delfine umso schneller durchs Wasser schwimmen oder Luftballons umso schneller in die Höhe steigen, je mehr man sich entspannt. Ein solches Produkt ist beispielsweise der Stresspilot der Firma *Biocomfort*.

Autogenes Training

Die bislang vorgestellten Entspannungsmethoden sind Verfahren, mit denen der Entspannungszustand über die bewusste Beeinflussung von Körperprozessen hergestellt wird. Autogenes Training und die folgenden Verfahren setzen hingegen direkt am Gehirn an. Autogenes Training wird von formelhaften Autosuggestionen bestimmt, die vorgeben, wie sich der Körper in seinen verschiedenen Bereichen anfühlen soll. Dabei wird die innere Wahrnehmung auf festgelegte Körperteile gelenkt und mit der gezielten Suggestion von Empfindungen der Schwere und Wärme begleitet.

Das Autogene Training gilt in westlichen Kulturkreisen als eine Art Königsdisziplin unter den Entspannungsmethoden, ist aber vergleichsweise schwer zu erlernen. Der Entwickler J.H. Schultz gibt an, dass es zehn bis zwölf Wochen mit zwei bis drei Trainingseinheiten pro Tag benötigt, bis eine stabile Entspannungsbasis aufgebaut ist. Gleichwohl ist es eine Methode, die den Geist dazu befähigt, grundlegende Körperprozesse willentlich zu beeinflussen und zielgerecht zu steuern. Wenn Sie so wollen also eine Emanzipation des Geistes vom Körper. Dies lässt sich durch die zuvor vorgestellten Entspannungstechniken nicht ohne Weiteres erreichen.

Imaginative Verfahren

Die Familie der Imaginativen Verfahren ist groß und facettenreich. Im Kern geht es immer darum, vor dem inneren Auge Bilder entstehen zu lassen, die man intensiv betrachtet. Beispielsweise ein Meeresstrand im warmen Sonnenuntergang, das Gesicht, das Ruhe und Gelassenheit ausstrahlt, oder der Blick von einem erhabenen Berg hinab ins Tal. Eine der gängigsten Varianten ist die Körperreise. Ähnlich wie beim Autogenen Training wird hier die komplette Aufmerksamkeit in einer festen Abfolge auf verschiedene Körperteile gelenkt. Dabei wird das jeweilige Körperteil mit dem inneren Auge intensiv betrachtet und sämtliche Sinneswahrnehmungen konzentrieren sich auf die dortigen Empfindungen.

Um innere Bilder gezielt, intensiv und anhaltend abrufen zu können, benötigt das Gehirn bereits einen gewissen Vorentspannungszustand. Imaginative Verfahren zeichnen sich daher in der Regel durch Integration von Teilen aus anderen Entspannungstechniken aus.

Meditative Verfahren

Meditation wird in westlich und sehr technisch geprägten Kulturen schnell in diverse von Vorurteilen geprägte Schubladen gesteckt. Als Beispiel zwei Extrempositionen: Die einen sehen meditative Verfahren als den Zeitvertreib spirituell angehauchter Spinner, die anderen als heilbringenden Zugang zu einem immerwährenden Glücksgefühl. Beide Positionen sind natürlich falsch und überzogen. Wer mit diesen Einstellungen an das Thema Meditation herangeht, verstellt sich den Blick auf die tatsächlich vorhandenen Potentiale, die über eine reine Entspannungswirkung hinausgehen.

Der Kern aller Meditationsformen ist die Aufmerksamkeitsfokussierung auf ein Objekt. Das kann je nach Verfahren z. B. der Körper, eine seiner Funktionen, ein imaginiertes Bild, eine reale

Wahrnehmung oder das sogenannte Mantra (d. h. ein spezielles Wort oder spezieller Spruch) sein.

Dabei wird eine vertiefte Beschäftigung mit sich selbst sowie seinen inneren Zuständen erreicht, die die Zunahme der Sensibilität für den eigenen Geist und Körper bewirkt. Im Alltag lassen sich so beispielsweise aufstauende körperliche Stressreaktionen deutlich früher wahrnehmen, wodurch ein rechtzeitiges und bewusstes Gegensteuern erleichtert wird.

Das eigentliche Ziel der Meditation ist jedoch die tranceartige Veränderung des eigenen Bewusstseinszustands. Die Übenden erleben eine Loslösung des Geistes vom Körper, verbunden mit Gefühlen, die sich als „leicht und unbeschwert sein" umschreiben lassen. Je öfter dieser Bewusstseinszustand erlebt wird, desto nachhaltiger wird das Gehirn davon beeinflusst. Daraus kann sogar eine Weiterentwicklung der Persönlichkeit resultieren, die von einer immer tiefer gehenden emotionalen Grundgelassenheit geprägt wird. Diese Gelassenheit spiegelt sich auch in den fünf grundlegenden Axiomen der ZEN-Meditation wieder:

- **Beobachte ohne zu werten**
  Nimm die Geisteshaltung eines neutralen Beobachters ein und bewerte die Dinge, die geschehen, nicht immer sofort, und ordne sie nicht in Ketegorien wie etwa gut oder schlecht und nützlich oder nicht nützlich ein.
- **Übe dich in Geduld**
  Alle Dinge benötigen ihre ganz spezielle Zeit, um sich entwickeln zu können – auch du selbst.
- **Betrachte die Dinge mit dem Geist eines Anfängers**
  Befreie dich von jeglichen Erwartungen aufgrund deiner bisher gemachten Erfahrungen.
- **Erkenne dich selbst und vertraue dir**
  Betrachte dein Wesen und deine Persönlichkeit wie sie ist, nimm sie wertungsfrei an und vertraue den Geschehnissen wie dir selbst.
- **Lerne zu akzeptieren und lasse rechtzeitig los**
  Akzeptiere Menschen und die Geschehnisse; lasse Dinge los, die anders sind, als du sie gern hättest, wenn du sie nicht beeinflussen kannst.

Hypnoseverfahren

Ähnlich wie bei meditativen Verfahren aktiviert leider auch der Begriff Hypnose das Schubladendenken. Nicht selten werden dabei Assoziationen ausgelöst, die in Richtung Kontrollverlust und Manipulation des Geistes gehen. Wie so oft lohnt aber auch hier der vorurteilsfreie und rationale Blick auf die Fakten.

Hypnoseverfahren zielen darauf ab, Körper und Geist in unterschiedliche Entspannungszustände zu führen. Erreicht wird dies in der Regel durch sprachlich gebundene Prozeduren, mit denen die Aufmerksamkeit ganz gezielt auf eng begrenzte Sinnesempfindungen oder Gedankeninhalte gelenkt wird. Abhängig von der Hypnosebereitschaft des Empfängers, dem Können des Hypnotiseurs sowie dem Ziel der Hypnosesitzung tritt dabei entweder eine reine Entspannungstrance ein, oder aber es geht tiefer und erreicht die Ebene der Bewusstseinstrance.

Die Entspannungstrance ist von einer körperlichen Entspannung geprägt, deren Trancetiefe sich mit allen anderen der oben angesprochenen Entspannungsverfahren ebenfalls erreichen lässt. In der berühmt-berüchtigten Bewusstseinstrance hingegen verändert sich die Art und Weise der Aufnahme und Verarbeitung von Reizen und Informationen. Grob dargestellt, wird die Informationsverarbeitung im Zustand der Bewusstseinstrance ganzheitlicher, da der eher linear funktionierende Bewusstseinsfilter durch die Hypnoseinduktion ausgeschaltet wurde. Dieser Filter prüft im normalen Wachzustand alles auf ihn Einprasselnde unablässig auf Logik, Wahrheit und persönlichen Nutzen. Bei Ausschaltung ist das Gehirn für Führung und Weisung von außen deutlich empfänglicher – so beispielsweise auch für die Induktion, sich völlig zu entspannen, sämtliche Last von sich abfallen zu lassen und das so neu gewonnene Freiheitsgefühl in seine Berufs- und Freizeitwelt mitzunehmen.

In der Bewusstseinstrance steht zudem das Tor zum Unterbewusstsein offen. Diese Dimension ist aber eher für spezielle Therapie- oder Coachingversuche, im Spitzensport zudem für das Einüben mentaler Trainingstechniken sowie einer Optimierung von psychologischen Leistungsparametern relevant.

Info-Box 9.2: Aktivierung und Mobilisierung
Wer tief in die Entspannung gesackt ist, hat mitunter Probleme, Körper und Geist im Anschluss wieder auf normale Betriebstemperatur zu bringen. Helfen können dabei folgende Aktivierungs- und Mobilisierungstechniken (auch in Kombination möglich):

- drei- bis viermal tief ein- und forciert ausatmen (ideal am offenen Fenster)
- schnell und schwunghaft bewegen (ideal in der freien Natur)
- mit eigener Faust mehrmals kräftig auf die obere Mitte des Brustkorbs klopfen (Aktivierung der Tymusdrüse)
- mit Daumen und Zeigefinger die oberen Rundungen beider Ohren durchkneten
- Glas Wasser oder Tasse Kaffee trinken
- fetzige Musik laut hören
- herausfordernde und anregende Umwelten aufsuchen
- eigene Wahrnehmung per Selbstgespräch auf Power und Kraft ausrichten

Alltagsentspannung

Während das Entspannungstraining Sie zur hohen Kunst der Selbstregulation Ihrer körperlich-geistigen Erregungszustände führt, ist bereits mit zwischendurch hergestellten Inseln der Entspannung viel gewonnen. Diese Inseln werden Ihnen umso besser bekommen, je weniger sie mit einem Trainingsgedanken oder einer bewussten Zielsetzung in Verbindung stehen. Tatsächlich geht es hier einfach nur um das Loslassen zwischendurch, ein kurzes Einlassen auf das Wohlbefinden und eine kleine Auftankphase für Geist und Seele.

Müßiggang

Mag ein taffes Entspannungstraining in unserer modernen und ständig Aktivität einfordernden Gesellschaft noch auf Akzeptanz treffen, so scheint die Idee des reinen Müßiggangs für die Mehrheit dann doch zu viel des Guten zu sein. Wer Sprüchen wie „dem

Herrgott die Zeit stehlen" verinnerlicht hat, wird sich auf den Vorschlag, öfter die Seele baumeln zu lassen, natürlich nicht ohne Weiteres einlassen können. Schon Sigmund Freud stellte fest, dass Menschen auf diese Thematik sehr ambivalent reagieren und sie mit Schuldgefühlen und selbst auferlegten Verboten verbunden ist. Dies brachte eine Führungskraft während einer meiner Workshops wie folgt auf den Punkt: „Wenn ich mich mal fünf Minuten einfach nur in die Hängematte lege, meldet sich sofort eine vorwurfsvolle Stimme aus meinem Inneren, die mir aufzählt, was es noch alles zu erledigen gibt."

Dezente Annäherung
Wenn Sie der Gedanke an Zeiten des Müßiggangs unruhig werden lässt: Es geht an dieser Stelle keinesfalls um einen Wechsel in das Extrem des ewigen Nichtstuns. Vielmehr ist es der Vorschlag, das Gefühl des „Ewig-unter-Strom-Stehens" hin und wieder durch ein paar Momente der Unbeschwertheit und Entspannung aufzulockern. Solange Sie insgesamt aktiv und leistungsbereit bleiben, werden Ihre inneren Mahner und Kritiker sich nach und nach an regelmäßige Auszeiten und Entspannungsinseln in Ihrem Alltag gewöhnen. Und wenn Sie ein Argument für Ihre inneren Geister brauchen: All dies führt zu einem besseren Umgang mit Ihren Anforderungen und zu einem längeren Durchhalten auf dem Weg zu Ihren anvisierten Zielen.

Beispiele für Entspannung im Alltag:
- gemütlich faulenzen
- Besuch von schönen Veranstaltungen
- Lesen von Büchern/Zeitschriften/Zeitungen
- Hören von Musik/selbst musizieren
- spielen (z. B. zusammen mit Kindern)
- spazieren/bummeln gehen
- Sport treiben
- persönlichen Hobbys nachgehen
- mit Freunden/Familienmitgliedern treffen
- Essen gehen
- Sex

10. Energie durch Freude – Spaß und Genuss

Auch wenn ich betont habe, dass der Vergleich zwischen Mensch und Maschine hinkt, habe ich ihn im Laufe dieses Buches immer mal wieder herangezogen. Spätestens in dem nun folgenden letzten Kapitel wird jedoch deutlich, wie begrenzt er tatsächlich ist. Gut konzipierte technische Geräte benötigen auf lange Sicht hin Energie und regelmäßige Wartung, um zuverlässig zu funktionieren. Bei Ihnen und mir dagegen reicht die bloße Versorgung mit genügend Nahrung, Schlaf, Bewegung und Erholung selbst dann nicht aus, wenn wir zwischendurch ein zusätzliches medizinisches Update durchführen. Was wir für eine nachhaltige Leistungsfähigkeit, stabile Gesundheit und robuste Belastbarkeit so dringend benötigen wie die Luft zum Atmen, sind Momente der Freude mit viel Spaß und Genuss.

Die Macht der guten Gefühle

Unter einer positiven Stimmungslage fällt es uns leichter, an unser Leistungspotential zu gelangen und es dauerhaft auszuspielen. Vor allem kognitiv beanspruchende Aufgaben lassen sich deutlich effektiver und erfolgreicher erledigen, wenn unter einer heiteren Grundstimmung agiert wird. Der ewig harte, verbissene und sich keinerlei Freuden gönnende Kämpfer gerät spätestens dann auf die Verliererstraße, wenn es sein Leistungslevel ausdauernd auf einem hohen Niveau zu halten gilt. So berichtet beispielsweise der Wissenschaftsjournalist Jürgen Brater in seinem Buch „Mehr Power! – Woher unsere körperliche und geistige Energie kommt" davon, dass „zahlreiche Studien eindeutig bewiesen, dass eine positive, optimistische Stimmung entscheidend dazu beiträgt, Aufgaben nicht nur schneller und besser zu bewältigen, sondern dabei auch erheblich weniger Energie zu verbrauchen, also mit viel weniger Anstrengung viel mehr Erfolg zu haben."

Info-Box 10.1: Der Körper als Stimmungsbarometer und -motor

Unsere Stimmungslage kann kulturübergreifend anhand unserer Gesichtsmimik abgelesen und an der Art unserer Körperhaltung erkannt werden. Freude und Spaß lassen unser Gesicht erstrahlen, richten unseren Körper auf. Bei mieser Stimmung wandern unsere Mundwinkel nach unten und unser Körper verkrampft oder sackt vollends in sich zusammen.

Diese Effekte sind allerdings keine Einbahnstraße. Stimmungen und Gefühlslagen lassen sich durch willentliche Steuerung von Mimik und Körperhaltung umgekehrt ebenso beeinflussen. Der Grund dafür liegt in der engen Koppelung von Muskelaktivität und hormoneller Steuerung. So bewirkt beispielsweise das bewusste Anspannen der Lachmuskulatur in unserem Gehirn eine vermehrte Ausschüttung von Glückshormonen. Die Ausgangslage für eine positivere Stimmung verbessert sich damit deutlich. Den gleichen Effekt erhalten Sie übrigens, wenn Sie sich über ein bis zwei Minuten hinweg einen Stift quer zwischen die Zähne stecken.

Solcherlei Selbstmanipulation wird zwar nicht dazu führen, dass Sie sich aus tiefer Trauer urplötzlich in eine unbeschwerte Glückseligkeit zoomen, doch es lässt sich immerhin einem Absacken in eine völlig negative und destruktive Stimmungslage entgegensteuern. In unangenehmen oder gar bedrohlichen Situationen kann der Gefahr, sich völlig in Ärger, Furcht oder gar Verzweiflung zu verlieren, entgegengetreten und der Fokus auf das Mögliche gehalten werden.

Selbsterlaubnis

Obwohl sich die Bedeutung von Freude, Spaß und Genuss sogar mit leistungsbezogenen Argumenten stützen lassen, werden solcherlei Themen in unserer vom Schaffens- und Arbeitsgedanken dominierten Gesellschaft doch eher als Luxus abgetan. Wenn überhaupt, so darf man sich der Leichtigkeit des Seins nur nach einem harten und erfolgreichen Arbeitstag zuwenden – oder gar erst im Urlaub (immerhin muss man sich ja auch in der Freizeit noch um den eigenen Garten kümmern, sein Kind zum Förderunterricht fahren, die eigene Fortbildung vorantreiben ... richtig?).

Vor allem sehr leistungsorientierte Menschen neigen dazu, umso mehr auf Freude, Spaß und Genuss zu verzichten, je stärker sie beruflich eingespannt sind. Schnell liegt ihr Lebensfokus nur noch auf den Aufgaben, die es Tag für Tag zu bewältigen gilt. Abschalten wird zum Fremdwort und nach und nach stirbt die Freude an anderen Dingen vollends ab. Irgendwann wird das komplette Dasein nur noch durch Gereiztheit, Hektik und Nervosität bestimmt.

Gerade für solche Personen ist es wichtig zu verstehen, dass sie mit ihren Aufgaben umso besser zurechtkommen, je mehr sie sich selbst die Erlaubnis für Freude, Spaß und Genuss geben – und entsprechende Momente in ihrem Leben ganz bewusst einpflegen.

Lukas Podolski ließ sich auch in schwierigen Phasen seiner Fußballkarriere sein gut gelauntes Naturell nicht nehmen. So gilt er nicht nur innerhalb der DFB-Nationalmannschaft als Fels in der Brandung, wenn es auf und neben dem Platz um Spaß und gute Laune geht.

Spaß und Genuss bewusst pflegen

Füllen Sie Ihr Leben mit Tagen oder Ihre Tage mit Leben? Wird Ihr Leben eher durch Pflichten bestimmt und weniger durch Dinge, die Sie tun wollen? Was hat Ihnen in den vergangenen 24 Stunden Freude, Spaß und Genuss beschert?

Erfahrungsgemäß gehen die angenehmen Dinge des Lebens im normalen Alltag schnell unter, wenn sie nicht bewusst gepflegt werden. Wie können Sie es also selbst unter hohen Anforderungen und Belastungen schaffen, regelmäßig spaß- und genussreiche Momente zu erleben, und sie zum festen Bestandteil Ihres Lebens werden zu lassen?

Spaß und Genuss sind individuell

Dies wirft zuerst die Frage auf, was für Sie überhaupt angenehme Dinge sind. Wann erleben Sie Genuss, was bereitet Ihnen Freude? Welche Dinge machen Ihnen wirklich Spaß? Sämtliches Erleben ist immer ein höchst individueller Vorgang. Daher erlebt auch Freude, Spaß und Genuss jeder Mensch anders und die Auslöser sind abhängig von ganz persönlichen Neigungen und Interessen. Wollen Sie für mehr Freude im Alltag sorgen, lohnt sich daher im ersten Schritt, herauszufiltern, was Ihnen tatsächlich gut tut. Dabei sollten Sie allerdings im Auge behalten, dass es hier um die

Suche nach Alltagsfreuden geht. Damit Sie diese regelmäßig erleben können, ist es wichtig, dass Ihre Spaß- und Genussinseln ohne größeren Zeit- und Materialaufwand erreichbar sind.

Genuss versus Konsum

Es wäre ein Missverständnis, würden Sie Spaß und Genuss mit möglichst viel Konsum gleichsetzen. Ganz im Gegenteil: Eine grundlegende Basis für Genuss ist zu verstehen, dass ein Zuviel auf Dauer sättigt und seinen Reiz verliert. So reagieren beispielsweise die Geschmacksnerven auf das erste Glas Wein noch sehr intensiv. Je mehr Gläser hinzukommen, desto mehr stumpft das intensive Geschmackserlebnis ab. Ein an und für sich edler Wein kann so schnell zum reinen Alkoholabfüller werden.

Aus psychologischer Sicht lässt sich ein ungebremster Konsum eher als eine impulsbehaftete Überkompensation von Stress verstehen denn als bewusste Seelenpflege durch Genuss. Wird das Leben durch Gereiztheit, Hektik und Nervosität einseitig dominiert, lässt dies – wie in Kapitel 2 dargestellt – die Balance kippen und das Bedürfnis nach Freude, Spaß und Genuss meldet sich als ungebremster und maßloser Unwert.

Genussempfehlungen

Sollen die Spaß- und Genussmomente den Alltag auf lange Sicht hin bereichern, so geht es um Qualität, keinesfalls um Masse oder gar dauerhafte Verfügbarkeit. Gönnen Sie sich gelegentlich das Beste, werden Sie daran Ihre Freude behalten. Weitere grundlegende Genussempfehlungen sind:

- Gönne dir selbst das Erleben von Genuss und lasse verkrampfte Selbstverbote oder gar nachfolgende Reuegefühle fallen.
- Schaffe dir ausreichend Zeit und Raum für gute Gefühle und genieße ohne Hektik oder allzu straffe Zeitbeschränkung.
- Genuss benötigt Aufmerksamkeit und Konzentration auf sich selbst – besinne dich daher ganz auf den Genuss im Augenblick und schalte dabei andere Tätigkeiten komplett aus.
- Genieße nach deinen persönlichen Interessen und Neigungen.

Spaß und Genuss wiederentdecken

Aus der Feder von Robert Pfaller, Ordinarius für Philosophie an der Universität für angewandte Kunst in Wien, entstammt eine „Liste der vom Aussterben bedrohten guten Lebensmomente“. Hier lassen sich Dinge finden, die mit Tätigkeiten verwandt sind, wie ich sie bereits in Kapitel 9 unter der Überschrift „Alltagsentspannung“ aufgeführt habe. Laut Pfaller sind es aber nicht die Gelegenheiten für Genuss an sich, die den Menschen unserer Zeit abhandengekommen sind, sondern vielmehr die Fähigkeit, sie als lustvoll zu erleben.

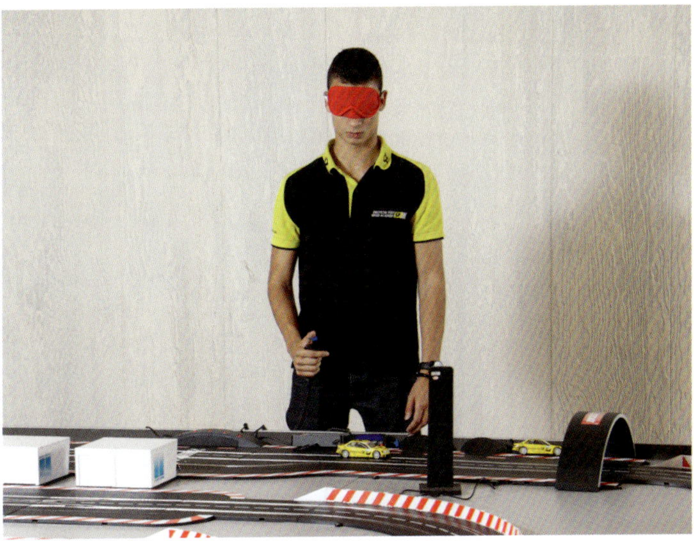

Mit einem bewussten Training der Sinne lassen sich im Sport auch Übungen zur Schulung der allgemeinen Konzentrationsfähigkeit durchführen. Im Bild der Formel 1-Junior von Mercedes, Pascal Wehrlein, beim Fahren auf einer Carrera-Bahn mit verbundenen Augen. Durch volle Konzentration auf die Fahrgeräusche ist er in der Lage, das Modellauto ähnlich schnell durch den Kurs zu steuern wie bei geöffneten Augen.

Plädiert er für mehr Mut zur Hingebung an echte Genüsse, so führt der Gesundheitspsychologe Dr. Gert Kaluza mit den Teilnehmern seiner Stresskurse ganz gezielte Genuss-Übungen durch. Dabei geht es – ähnlich wie bei dem gegenwärtig sehr populären Achtsamkeitstraining – um die Anregung einer bewussten und differenzierten sinnlichen Wahrnehmung. Da vor allem Riechen und Schmecken mit unmittelbaren emotionalen Reaktionen verbunden sind, findet zu Beginn eine gezielte Schärfung dieser Sinne statt. Im ersten Schritt wird sich ausgiebig auf isolierte Eindrücke konzentriert, beispielsweise den Geruch einzelner Gegenstände oder den Geschmack isoliert dargebotener Lebensmittel. Sind dadurch die Sinne sensibilisiert worden, geht es im zweiten Schritt darum, mit einem größeren Angebot von Sinnesreizen zu experimentieren und die einzelnen Dinge herauszuriechen, -schmecken, -tasten oder aber auch aus einer Komposition von Klängen und Tönen die einzelnen Geräuschquellen klar und deutlich herauszuhören. Als Schritt drei erfolgt schließlich der Übertrag der neu gewonnenen Sinnessensibilität in den Alltag durch das bewusste Wahrnehmen, Empfinden und Genießen von unterschiedlichen Düften in einem Park, Regentropfen und Sonnenstrahlen auf der Haut oder den geschmacklichen Explosionen, die ein im Mund langsam schmelzendes Schokoladenstück oder ein facettenreicher Wein auf Zunge und Gaumen bescheren können.

Alles Gute und viel Erfolg!

So schließe ich nun dieses Buch in der Hoffnung, Ihnen nicht nur Anregungen für einen vernünftigen Umgang mit sich, Ihrem Geist und Ihrem Körper gegeben zu haben. Wollen Sie umfassend gut mit sich und Ihren Möglichkeiten umgehen, geht es ebenso um Lebenslust sowie Freude, Genuss und Spaß am eigenen Dasein und den Dingen, die man tut und die man anstrebt. Achten Sie also darauf, dass Sie sich nicht durch allzu starken Ehrgeiz verkrampfen und sich bei dem Wunsch nach Perfektion nicht verlaufen.

Wenn du es eilig hast, gehe langsam!

Zum Leben gehört, dass nicht immer alles klappen kann und man manchmal auch mehr Zeit benötigt, als eingeplant war. Daher zum Abschluss noch ein paar Tipps, die Ihnen helfen sollen, Dinge, die Sie in diesem Buch zur Bereicherung Ihres Lebens und Harmonisierung von Stress entdeckt haben, gelassen und erfolgreich umzusetzen.

1. **JETZT anfangen!**
   Wenn Sie sich etwas vorgenommen haben, sollten Sie unmittelbar aktiv werden und ins Handeln kommen. Erfahrun-

gen zeigen, dass die besten Vorsätze nicht in die Tat umgesetzt werden, wenn nach dem Entschluss eine Zeit von 72 Stunden verstreicht, in der nichts Weiteres passiert.

2. **Mit dem Wichtigen anfangen!**
   Es gibt immer Dinge, die wichtiger sind als andere. Suchen Sie die für Sie wichtigen und dringlichsten Punkte heraus und versuchen Sie, diese als erstes umzusetzen.
3. **Weniger ist mehr – nicht zu viel auf einmal!**
   Wenn Sie sich zu viel auf einmal vornehmen, wächst die Gefahr, dass alles schiefgeht. Beginnen Sie daher mit nur ein oder zwei Punkten. Erst wenn Sie diese geschafft haben und Ihnen die Umsetzung keine Mühe mehr bereitet, kommen die nächsten dran.
4. **Steter Tropfen höhlt den Stein – Geduld haben!**
   Manchmal klappt nicht immer alles sofort und es sind mehrere Anläufe notwendig. Überlegen Sie, wenn etwas nicht geklappt hat, woran es gelegen haben könnte, und versuchen Sie, die identifizierten Faktoren beim nächsten Versuch auszuschalten.
5. **Erfolg hinkt dem Aufwand hinterher – Durchhalten!**
   Verhaltensveränderungen sind mühsam. Die ersten Bemühungen dienen dazu, alte Gewohnheiten bewusst aufzubrechen und das Rad der Veränderung langsam in Bewegung zu setzen. Nur wenn Sie diese erste mühsame Phase durchhalten, besteht Aussicht darauf, dass irgendwann Schwung in die Sache kommt und sich daraus eine Verhaltensgewohnheit entwickelt, die ohne viele Mühen über das Unterbewusstsein organisiert wird.
6. **Besser geht es gemeinsam!**
   Suchen Sie sich Mitmenschen, die ähnliche Ziele und Vorstellungen haben wie Sie selbst. Reden Sie mit ihnen über Ihr Vorhaben und machen Sie sich gemeinsam ans Werk. So lassen sich vor allem neue Ideen besser umsetzen.
7. **Erfolge anerkennen – sich selbst belohnen!**
   Seien Sie stolz auf sich, wenn Ihnen eine anvisierte Veränderung gelungen ist. Das ist nicht selbstverständlich! Feiern Sie Ihren Erfolg, indem Sie sich mindestens mit einer Kleinigkeit belohnen! Damit steigt Ihre Motivation, auch den nächsten Punkt anzugehen.

Literatur

A

Agassi, A. (2009) Open. Das Selbstporträt. Droemer Verlag, München

Arnsten, A.; Sinha, R.; Mazure, C. (2013) Biologie des Blackouts. In: Spektrum Der Wissenschaft SPEZIAL 1/13: Geheimnisvolles Gehirn S. 36–41.

B

Barnow, Sven (2013) Gefühle im Griff! Springer Verlag, Berlin/Heidelberg

Besser-Siegmund, C.; Siegmund, H. (2013) wingwave-Skript. Besser-Sigmund-Institut, Hamburg

Berndt, C. (2013) Resilienz – Das Geheimnis der psychischen Widerstandskraft. Deutscher Taschenbuch Verlag GmbH & Co. KG, München

Brater, J. (2008) Mehr Power! Eichborn AG, Frankfurt a.M.

C

Chibici, B. (2005) Alle Reden ... keiner hört zu. Holzhausen Verlag GmbH, Wien

Coyle, D. (2005) Armstrongs Kreuzzug. Covadonga Verlag, Bielefeld

Csikszentmihalyi, M.; Jackson, S.A. (2000) Flow im Sport. BLV Verlagsgesellschaft mbH, München

D

Damásio, A. (1994) Descartes' Irrtum – Fühlen, Denken und das menschliche Gehirn. List-Verlag, München

Damásio, A. (2002) Ich fühle, also bin ich – Die Entschlüsselung des Bewusstseins. List-Verlag, München

De Marées, H. (2002) Sportphysiologie. Sportverlag Strauß, Köln

Dobelli, R. (2011) Die Kunst des klaren Denkens. Carl Hanser Verlag, München

Dobelli, R. (2012) Die Kunst des klugen Handelns. Carl Hanser Verlag, München

E

Emberger, G.; Prinz, A. (2013) Rennfahrertraining. Heel Verlag GmbH, Königswinter

F

Friedman, H. S.; Schustack, M. W. (2004) Persönlichkeitspsychologie und Differenzielle Psychologie. Pearson Education Deutschland GmbH, Halbergmoos/München

G

Gatterburg, A.; Großbongardt, A. (Hrsg.) (2012) Diagnose Burnout. Deutsche Verlags Anstalt, München

Goleman, D. (2008) Emotionale Intelligenz. Deutscher Taschenbuch Verlag GmbH & Co. KG, München

H

Hamilton, T.; Coyle, D. (2012) Die Radsport Mafia und ihre schmutzigen Geschäfte. Piper Verlag GmbH, München

Huber, A.; Lapenat, S (2008) Motivstrukturanalyse MSA – Schulungsmaterial. MSAprofile Lld., Bayreuth

Hüther, G. (2013) Bedienungsanleitung für ein menschliches Gehirn – Die Macht der inneren Bilder – Biologie der Angst. Limitierte Sonderausgabe Vandenhoeck & Ruprecht GmbH & Co. KG, Göttingen

K

Kaltenbrunner, G., Steinbach, K. (2012) Ganz bei mir. Leidenschaft Achttausender. NG Taschenbuch, Hamburg

Kaluza, G. (2012) Gelassen und sicher im Stress. Springer-Verlag Berlin/Heidelberg

Kast, V. (2013) Trauern: Phasen und Chancen des psychischen Prozesses. Kreuz Verlag, Freiburg

Kasparow, G. (2007) Strategie und die Kunst zu Leben. Piper Verlag GmbH, München

Kogler, A. (2006) Die Kunst der Höchstleistung. Springer-Verlag, Berlin/Heidelberg

Kurbjuweit, D. (2005) Unser effizientes Leben. Rowohlt Taschenbuch Verlag GmbH, Reinbek bei Hamburg

L

Loehr, J.E. (1998) Die neue mentale Stärke. BLV, München

Löhr, J. (2007) Lebe Deine Stärken! CD-Audioprogramm Edition Erfolg Verlag, Augsburg

Lotter, W. (2014) Ruhe, bitte! In: brand eins – Wirtschaftsmagazin, Heft 04/2014 S. 65–72

Lutz, H. (2008) Life-Kinetik: Gehirntraining durch Bewegung. BLV Buchverlag, München

M

Mayer, H.; Okresek, K. (2009) Das Rennen meines Lebens. Ullstein Buchverlage GmbH, Berlin

Müsseler, J. (Hrsg.) (2008) Allgemeine Psychologie. Springer Spektrum, Berlin/Heidelberg

N

Nadal, R.; Carlin, J. (2011) Rafa – Mein Weg an die Spitze. Edel Germany GmbH, Hamburg

O

Ophir, E.; Nass, C.; Wagner, A.D. (2009) Cognitive control in media multitaskers. In: PNAS Early Edition 08/2009, S. 1–5

R

Reulecke, W. (1991) Konzentration als trivalente Performanzvariable. In: Janssen, J.P.; Hahn, E.; Strang, H. (Hrsg.) Konzentration und Leistung. Hogrefe-Verlag, Göttingen, 1991 S. 63–73

Reiss, S. (2010) Das Reiss Profil. Gabal Verlag Offenbach

Roenneberg, T. (2012) Wie wir ticken: Die Bedeutung der Chronobiologie für unser Leben. DuMont Buchverlag, Köln

Rosentritt, M. (2010) Sebastian Deisler. Zurück ins Leben, Knaur TB, München

Rossbach, G. (2010) Endlich wieder gut schlafen. Der ganzheitliche Schlafratgeber. O.W. Barth/S. Fischer Verlag GmbH, Frankfurt a.M.

Rühle, H. (2011) Drehbuch für ein perfektes chaotisches Zeitmanagement. Vandenhoeck & Ruprecht GmbH & Co. KG, Göttingen

S

Schneider, F.J. (2013) Schlaf – der ruhige Weg zum sportlichen Erfolg. In: Leistungssport 3/2014 S. 36–43

Schulz von Thun, F. (2008) Miteinander reden 2, Rowohlt Taschenbuch Verlag GmbH, Reinbek bei Hamburg

Schüle, K.; Huber, G. (Hrsg.) (2000) Grundlagen der Sporttherapie. Urban Fischer Verlag, München/Jena

Schwartz, T.; Loehr, J. (2003) Die Disziplin des Erfolgs. Econ Verlag, München

Schwarz, F. (2010) Verstehen Sie Ihren Verstand? Haufe-Lexware GmbH & Co. KG, Freiburg

Seligman, M.E.P. (2010) Der Glücks-Faktor. Bastei Lübbe GmbH & Co. KG, Köln
Selye, H. (1981) Geschichte und Grundzüge des Stresskonzepts. In: Nitsch, J.R. (Hrsg.): Stress – Theorien, Untersuchungen, Maßnahmen. Bern, Stuttgart, Wien
Solms, A. (2012) Konzentration trainieren. Compact Verlag GmbH, München
Spitzer, M. (2005) Entwicklungsneurobiologie. DVD Auditorium Netzwerk, Mühlheim/Baden
Spork, P. (2007) Das Schlafbuch. Rowohlt Verlag GmbH, Reinbek bei Hamburg
Sprenger, R.K. (2010) Mythos Motivation Wege aus einer Sackgasse.. Campus Verlag GmbH, Frankfurt a.M.
Steiner, V. (2011) Energiekompetenz. Pendo Verlag, München
Steiner, V. (2013) Konzentration leicht gemacht. Piper Verlag GmbH, München
Storch, M.; Krause, F. (2010) Selbstmanagement – ressourcenorientiert. Verlag Hans Huber, Hogrefe AG, Bern
U
Ulsamer, B. (2012) Die gestresste Seele. Kösel-Verlag, München
Tracy, B. (2002) Eat that frog. Gabal Verlag GmbH, Offenbach
V
Vaitl, D.; Petermann, E. (2000) Handbuch der Entspannungsverfahren. Beltz PVU, Weinheim/Basel
Verhaeghe, P. (2013) Und ich? Identität in einer durchökonomisierten Gesellschaft. Verlag Antje Kunstmann GmbH, München
Voelcker-Rehage, C.; Tittlbach, S.; Jasper, B.M.; Regelin, P.; Staudinger, U. M. (2011) Gehirntraining durch Bewegung. DTB-Broschüre, Frankfurt
W
Westdeutscher Rundfunk (Hrsg.) (2014) Gesund essen – was ist das? Tipps für eine ausgewogene Ernährung. WDR, Köln
Z
Zehentbauer, J. (2001) Körpereigene Drogen. Patmos-Verlag, München
Zimbardo, P.G.; Gerrig, R.J. (2008) Psychologie. Pearson GmbH, München
Zulley, J. (2005) Mein Buch vom guten Schlaf. Verlag Zabert Sandmann, München

Bildnachweis

dpa picture-alliance, Frankfurt: S. 24 (Sven Simon), 44 (CITY-PRESS 24), 62 (Norbert Schmidt), 72 (Eibner-Pressefoto), 87, 94 (augenklick/Roth), 123 (AP Photo), 129 (Sven Simon), 132, 146 (Back Page Images), 150, 153, 179 (Sportreport), 180, 200, 219, 223, 264 (Sven Simon), 272 (EXPA/picturedesk.com), 314 (Sven Simon), 348, 365 (augenklick/firo Sportphoto)

Gernot Emberger: alle Grafiken sowie S. 9, 35 (www.renault-presse.de), 80, 119, 160, 217, 235, 300, 306 (alle), 309 (alle), 310 (alle), 311 (alle), 312 (alle), 322 (info@ruinenfotografie.com), 326 (alle), 327 (alle), 328 (alle), 329 (alle), 332, 333, 334 (alle), 335 (alle), 336 (alle), 337 (alle), 338 (alle), 339 (alle), 340 (alle), 341 (alle), 344, 353, 367

Fotolia: Titelbild (vitaliy_melnik), S. 297 (panco)

Arist und Björn von Schlippe „Paradoxer Alltag" (2012, S. 60): S. 103

Aktion Gesunder Rücken e. V.: S. 305

Icons: Mit freundlicher Genehmigung von Alexandra Bischoff aus ihrem Buch „Ich wünsche mir Gelassenheit. Ein Balancierkurs für die Seele", Ellert & Richter, Hamburg 2013

Danksagung

Ein herzliches Dankeschön geht an Masood Azadpour, Michael Schmitz und Katharina Völker. Alle drei Personen haben auf ganz unterschiedlichen Ebenen erheblichen Anteil daran, dass dieses Buchprojekt entstanden ist.

Für die Zurverfügungstellung von Fotomaterial bedanke ich mich vielmals bei Gerlinde Kaltenbrunner, Greta-Isabella Völker, Alexander Huber, Jürgen Schlegelmilch sowie dem Team Giant-Alpecin, der Deutschen-Post-Speed-Academy und den Motorsportabteilungen der Firmen Mercedes, Porsche und Renault; dafür, dass er als Fotomodell für die Bewegungsübungen zur Verfügung stand, bei Alexander Prinz.

Ein ganz besonderer Dank für eine ebenso angenehme wie kompetente Zusammenarbeit geht zudem an meine Lektorin Frau Sophie Torp sowie den gesamten Ellert & Richter Verlag, hier insbesondere an den Chef Gerhard Richter.

Last but not least noch ein dickes Dankeschön an meine Lebenspartnerin Ira und unsere Tochter Edda für die liebevolle Unterstützung meiner zahlreichen Unternehmungen, darunter auch das Schreiben dieses Buches.

Impressum

Bibliografische Information der Deutschen Nationalbibliothek
Die Deutsche Nationalbibliothek verzeichnet diese Publikation in der Deutschen Nationalbibliografie; detaillierte bibliografische Daten sind im Internet über
http://dnb.d-nb.de abrufbar.

ISBN 978-3-8319-0615-4

Titelfoto: © Fotolia (vitaliy_melnik)
Text: Gernot Emberger, Köln
Lektorat: Sophie Torp, Hamburg
Gestaltung: BrücknerAping Büro für Gestaltung GbR, Bremen
Gesamtherstellung: Drukarnia Interak Sp. z o.o., Czarnków

www.ellert-richter.de